全国高等职业教育口腔医学/口腔医学技术专业新形态规划教材

供口腔医学、口腔医学技术等专业使用

可摘局部义齿工艺技术

主　编　张秀景

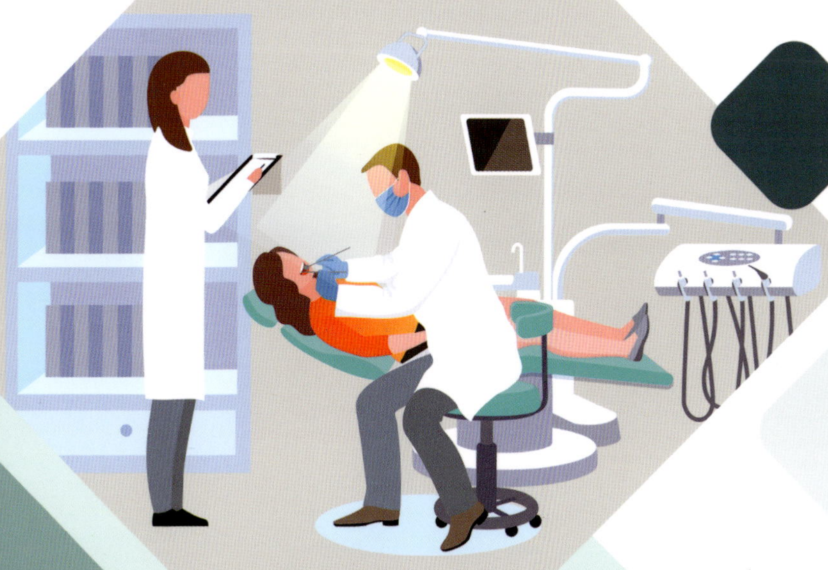

中国协和医科大学出版社

配套
数字教材

新形态教材 简介

本套教材创新性融合现代信息技术，将纸质内容与数字资源深度融合，形成新形态教材体系。每本教材均配有数字资源和完整的数字教材，读者可通过扫描封底激活码便捷获取。

1. 数字资源涵盖教学视频、微课、课件、思维导图、岗位对标考试等知识点总结、能力测试等。

2. 数字教材完整复刻纸质教材内容与版式，支持多终端浏览，并内置目录导航、全文检索功能，方便与纸质教材配合使用，实现随时随地灵活学习。

数字教材激活方法

方法一（电脑端）

输入网址：https://yxjy.pumcp.com/，登录后在个人中心-激活商品页面，输入激活码，激活数字教材。

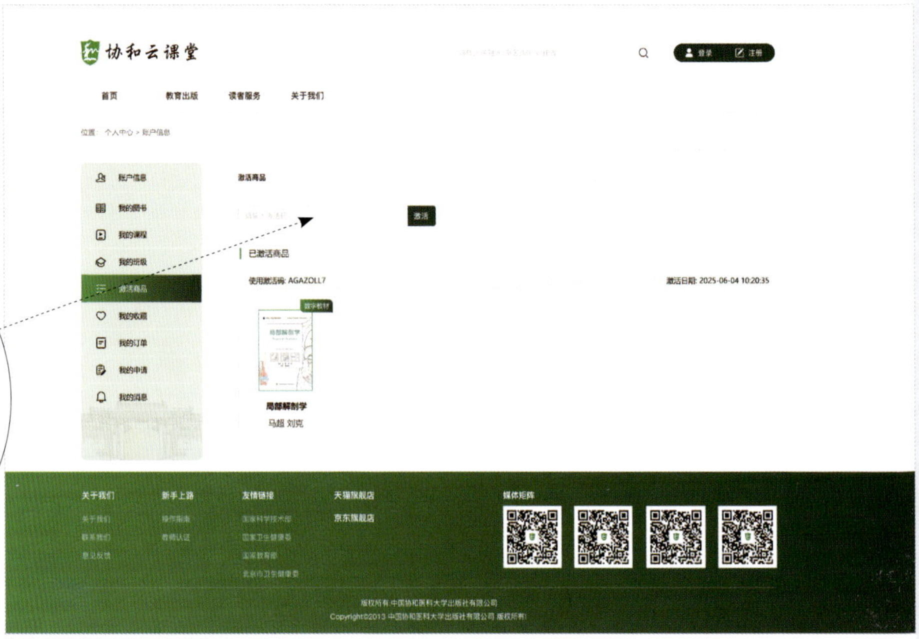

方法二（移动端）

进入“协和云课堂”小程序，在“我的”菜单，进入【激活】页面，输入激活码，激活数字教材。

— 全国高等职业教育口腔医学 / 口腔医学技术专业新形态规划教材 —

可摘局部义齿工艺技术

（供口腔医学、口腔医学技术等专业使用）

主　编　张秀景

中国协和医科大学出版社

北　京

内容提要

本教材是“全国高等职业教育口腔医学 / 口腔医学技术专业新形态规划教材”之一，系根据本套教材的编写指导思想和原则要求，结合专业培养目标和本课程要求的教学目标编写而成，内容涵盖了可摘局部义齿基本理论、印模与模型制作工艺技术、弯制支架制作工艺技术、铸造支架制作工艺技术等。此外，本教材还增加了丰富的数字资源，包括教学视频、微课、课件、思维导图、岗位对标考试等知识点总结、能力测试等，丰富了教材内容，增强了线上和线下教学的联动性，以提升学生学习的主动性和积极性。

本教材主要供口腔医学、口腔医学技术等专业使用，还可作为一线工作人员的参考书。

图书在版编目（CIP）数据

可摘局部义齿工艺技术 / 张秀景主编. -- 北京：中国协和医科大学出版社，2025. 7. --（全国高等职业教育口腔医学、口腔医学技术专业新形态规划教材）. -- ISBN 978-7-5679-2623-3

Ⅰ. R783.6

中国国家版本馆 CIP 数据核字第 2025BN9534 号

主　　编　张秀景
策划编辑　张秋艳
责任编辑　魏亚萌
封面设计　邱晓俐
责任校对　张　麓
责任印制　黄艳霞
出版发行　**中国协和医科大学出版社**
（北京市东城区东单三条 9 号　邮编 100730　电话 010-65260431）
网　　址　www.pumcp.com
印　　刷　三河市龙大印装有限公司
开　　本　889mm×1194mm　1/16
印　　张　20
字　　数　520 千字
版　　次　2025 年 7 月第 1 版
印　　次　2025 年 7 月第 1 次印刷
定　　价　68.00 元

全国高等职业教育口腔医学/口腔医学技术专业新形态规划教材建设指导委员会

编者名单

主　　编　张秀景

副 主 编　张　静　王美艳　董　伟

编　　者（按姓氏笔画排序）

马晓琳（菏泽家政职业学院）

王邓莉（西安外事学院）

王美艳（承德护理职业学院）

王翠杰（滨州职业学院）

毕云艳（毕节医学高等专科学校）

李振兴（石家庄医学高等专科学校）

宋　巍（黑龙江护理高等专科学校）

张　静（齐鲁医药学院）

张秀景（菏泽家政职业学院）

董　伟（陕西能源职业技术学院）

数字教材编者名单

主　　编　张秀景

编　　者（按姓氏笔画排序）

张秀景（菏泽家政职业学院）

郑　伟（山东华新义齿有限公司）

胡祖红（红河卫生职业学院）

出版说明

随着我国人口老龄化进程的加速和居民口腔健康意识的显著提升，口腔医疗行业正迎来前所未有的发展机遇与挑战。人工智能辅助诊断系统、口内扫描仪、3D 打印技术等创新工具的应用，正在重塑传统诊疗模式。然而，很多基层医疗机构虽配备了先进设备，却面临专业人才短缺的困境。在此背景下，系统化培养掌握数字化技术、熟悉新型材料与设备操作的专业人才，是填补供需缺口、提升医疗服务质量的核心路径。作为衔接前沿技术与临床实践的核心纽带，新型教材体系将成为破解“技术迭代快于人才培养”困局、实现“数字技术下沉”与“基层能力提升”双向奔赴的核心支撑。

本套教材以实践科学发展观为指导思想，以服务教学、指导教学、规范教学、适应我国医学教育改革为宗旨，立足高等职业教育教学实际，以胜任能力培养为目标，使课程设置与理论实践紧密衔接，突出教材内容的实用性、先进性、科学性和通用性。本套教材为新形态教材，具体体现为：体现教育改革精神与职业教育特色；注重产教融合，突出实践教学；以实际操作技能为导向，融入新技术、新方法；融合思政，强化价值引领；以学生为中心，丰富模块设计；纸质教材与数字教材融合；教材编写在贯彻职业教育理念的同时，亦充分体现现代化的教育思想和方法，以全面提升学生的创新精神、人文素养、胜任能力等综合素质，培养适应医疗卫生体制改革的复合型和应用型人才。

同时，本套教材的编写遵循教材编写的基本规律，秉持“三基、五性、三特定”的原则，注重基础理论、基本知识和基本技能的培养，内容深度和广度适应全国高等职业教育的需求。教材编写以口腔医学 / 口腔医学技术专业的培养目标为导向，着重培养学生的职业技能，满足职业岗位需求、学生学习需求和社会需求。教材内容涵盖了口腔医学 / 口腔医学技术领域工作岗位所需的知识、技能和素质，帮助学生全面理解工作岗位，培养学生科学的临床思维和学习方法，以满足社会对学生知识和技能的要求，强调培养学生的创新能力、信息获取技能和终身学习能力，确保教材的启发性。在编写过程中，我们充分考虑到高等职业教育的多样性，确保教材既能适应不同院校的需求，又能满足学生毕业时的知识和技能要求。

本套教材涵盖口腔内科学、口腔颌面外科学、全口义齿工艺技术、数字化口腔修复技术等 16 门课程，定位清晰、特色鲜明，具有以下特点。

一、构建高质量、互动性强的创新形态教材体系

本系列教材为创新形态教材，教材所有内容，均实现数字化呈现；同时，为纸质教材提供配套教学视频、微课、思维导图、教学课件、在线练习等丰富教学资源，学生可直接获取与教材内容相关联的课程资源；支持多媒体资源嵌入与实时更新；配套的数字教材平台，支持在线教学、资源共享、数据分析等功能，实现教学全流程数字化管理，满足多样化教学需求。这种创新的学习方式，不仅提高了教学效果，也丰富了学习体验，使学习更加便捷，提升了学生的学习积极性和主动性。

二、强化价值引领，助推专业教育与思政教育相融合

本套教材以专业知识为载体，以思政教育为引领，深度挖掘专业课程蕴含的思政资源，巧妙融入教材内容，全方位助推专业教育与思政教育深度交融，培育德技兼修人才。在教材编写中，我们注重以口腔案例为切入点，将社会主义核心价值观、医者仁心的职业精神、中华优秀传统文化等思政元素自然融入专业知识点。引导学生树立正确的职业价值观，具备社会责任感，在实践教学环节强化人文关怀培养，使学生在掌握专业技能的同时，自觉践行“健康所系，性命相托”的医者担当。

三、体现教育改革精神与职业教育特色

本套教材深入贯彻国家职业教育改革精神，坚持以人为本、能力为重，强调实践操作和技能培训，注重培养学生的职业素养和实际工作能力。内容贴近职业实践，力求使学生能够顺利进入职业领域，成为胜任基层医疗机构或口腔医学 / 口腔医学技术相关岗位的高级技术型专业人才。编写过程中，我们注重教材内容与实际工作岗位匹配，确保教材内容符合基层实际工作的需求。

四、注重产教融合，突出实践教学

高等职业教育强调产教深度融合，创新培养模式，这是职业教育的重要发展方向。本套教材的建设始终把提高人才培养质量放在首位，密切联系实际，突出实践教学，将专业内容设置与行业需求对接；推动教学与行业技术发展同步，使课程内容与职业标准对接；完善职业教育教学过程机制，使教学过程与实际工作过程对接。

五、贴合考试，对接行业需求

本教材严格遵循《国家职业教育改革实施方案》及职业教育规划教材建设要求，以口腔医疗及相关行业职业标准为核心，将岗位技能、职业技能竞赛、职业资格考试内容有机融入教材，实现“岗课赛证”融通，助力学生无缝对接行业需求。

六、以学生为中心，丰富模块设计

考虑到职业教育学生的年龄和学习特点，本套教材的模块设置丰富多样，包括案例导入、思维导图、考试知识点总结、习题等模块。这种结构不仅有助于学生理解和记忆知识点，还能提高学生的学习兴趣和学习效果。每个模块设计精细，既有理论讲解，又有实践应用，旨在全面提升学生的综合素质。

希望本套教材的出版，能够推动高质量口腔医学 / 口腔医学技术专业人才的培养，促进我国口腔医学 / 口腔医学技术专业领域的教材建设与教育发展，为促进我国口腔医疗事业的发展和保障人民健康作出积极贡献。

前 言

随着我国高等职业教育的蓬勃发展，口腔医学及口腔医学技术专业对高素质技能型人才的需求日益增长。本教材主要依据全国高等职业教育口腔医学及口腔医学技术专业培养目标、主要就业方向及职业能力要求，严格按照本套教材编写指导思想和原则要求，紧密结合“可摘局部义齿工艺技术”课程教学大纲，由来自全国多所院校、长期深耕教学和生产一线的教师及学者共同精心编写而成。

“可摘局部义齿工艺技术”是口腔医学及口腔医学技术专业的核心课程，能够为后续“全口义齿修复工艺技术”“口腔修复学”“口腔正畸学”等课程的学习，以及未来从事口腔修复技师、口腔医学技术师等岗位工作，奠定扎实的理论与技能基础。教材内容主要涵盖常规可摘局部义齿的理论知识与制作工艺技术，同时深入探讨套筒冠义齿、覆盖义齿、附着体义齿等特殊类型可摘局部义齿的基本知识与制作工艺技术；此外，还对可摘局部义齿的辅助技术，如平行研磨技术、可摘局部义齿的数字化技术、可摘局部义齿种植上部结构制作技术等，进行了详细阐述。

本教材具有以下主要特点和编写原则：注重实用性，紧密结合临床实际，突出实践操作技能的培养；内容编排由浅入深，符合学生的认知规律；紧跟行业发展趋势，融入最新的技术与理念，保持教材的先进性。同时，本教材还配有教学视频、微课、思维导图、教学课件、章节试题等丰富的在线教学资源，为学生提供全方位的学习支持。

本教材主要适用于全国高等职业院校口腔医学及口腔医学技术专业的师生，旨在为培养高素质应用型口腔医学技术人才提供优质教学资源，也可作为相关从业人员的参考资料。

在编写过程中，尽管我们竭尽全力，但由于水平有限，难免存在不足之处，恳请广大读者批评指正。我们将不断改进，持续优化教材内容，更好地服务于口腔医学、口腔医学技术专业教学与人才培养。在此，我们向所有参与编写、给予支持和帮助的同人表示衷心的感谢！

编　者

2025 年 4 月

目　录

绪　论

一、可摘局部义齿工艺技术的地位与重要性

可摘局部义齿工艺技术在口腔修复领域占据着基础性与支撑性的关键地位，是口腔医学技术专业知识体系与实践技能框架中不可或缺的核心组成部分。在恢复患者咀嚼功能、改善面部美观、促进口腔健康及提升生活质量等多方面均具有极为重要的意义。

可摘局部义齿工艺技术是以医学、口腔解剖生理学、口腔材料学和工艺学等学科知识为基础，利用人工材料，通过工艺制作过程，制作出可摘修复体，用以恢复、重建患者缺损的牙列、畸形及颌面部缺损，从而恢复患者口腔形态和功能的一门学科。

可摘局部义齿修复最主要的工作任务是修复牙列缺损。牙列缺损在口腔内的表现形式十分复杂，从只有一颗牙齿缺失到仅残留一颗牙齿，缺损样式多达数万种，而这些繁多的缺损种类几乎都可以用可摘局部义齿来进行修复。所以，学习和掌握制作可摘局部义齿的知识和技术，是进行口腔修复治疗必须具备的基础。

二、可摘局部义齿工艺技术的发展历程与现状

人类修复缺失牙的历史可以追溯到几千年前，公元前一千多年的古埃及人墓葬中发现了用金属丝结扎的假牙，但远古时期假牙使用的真实情况已无从查考。可摘局部义齿用于修复牙列缺损出现的年代也很早，但因固位及制作材料的问题，其难以被广泛地应用。

有记录的是，1746 年 Claude Mouton 首先把卡环应用于可摘局部义齿，有效地解决了义齿的固位问题。1757 年 Bernard Burden 采用金合金制作义齿的基托，使口腔内的舒适感及其抗折强度得到了很大的提高。

现代口腔医学起源于 20 世纪初，随着材料的进步，口腔修复也有了质的飞跃。1924 年 George W. Stryker 首次将树脂用于全口义齿的基托材料，1925 年 Edward Kennedy 建立了可摘局部义齿分类体系，1940 年德国人发明的聚甲基丙烯酸甲酯塑料被应用于可摘局部义齿的基托，这些都逐渐丰富了可摘局部义齿的设计和制作技术，使其在临床的应用得以推广。

目前，可摘局部义齿的人工牙和基托仍然用丙烯酸甲酯类材料制作，其支架和固位体用金属制作。义齿的设计结合了生物机械学原理。金属整体铸造支架的可摘局部义齿较锻丝卡环、树脂基托的义齿更坚固，固位、支持和稳定作用更好，义齿体积明显减小，修复效果更佳，深受患者欢迎。

近年来，随着科技的高速发展，不断地出现了新材料、新技术，使可摘局部义齿从设计到制作

技术方面，都有了长足的发展，而口腔修复与信息科学、计算机学、材料科学、机械学及生物医学的紧密结合，也促进了口腔修复的飞速发展。随着社会的发展和人们生活水平的不断提高，患者口腔健康意识不断提升，对修复体的要求也越来越高，修复体不仅是一个咀嚼工具，更作为一个人工器官而发挥其功能。这就要求修复体不仅要恢复患者的缺损牙列，恢复缺损、缺失部位的软硬组织形态和功能，还要保护周围组织的健康，满足患者的生理需要和心理需要。因此，必须融汇社会医学的内容，才能使修复体和谐地长存于患者口内。对于牙列缺损的修复治疗需追求功能和美学的不断融合，使修复治疗产生功能和美学的高度统一，努力使修复体与天然牙齿、牙龈、口周软组织、面部、口颌系统乃至整个机体的功能及美观协调，从而塑造完美的口颌系统外形及功能。

三、学习可摘局部义齿工艺技术的目的与意义

学习本工艺技术的目的在于成为具备专业技能的口腔修复技术人才。通过掌握可摘局部义齿工艺技术，在临床口腔修复工作中，可摘局部义齿是常见的修复手段之一，熟练掌握其工艺技术，能够根据不同患者的口腔条件、需求与期望，制订个性化的义齿制作方案，确保为患者提供高质量、精准适配的修复体，提高修复治疗的成功率与满意度，这对于恢复患者的咀嚼、发音、美观等口腔功能具有关键意义，可以直接提升患者的生活质量与社交自信。同时也为进一步学习和研究口腔修复领域的其他相关技术、推动口腔修复学科不断发展进步奠定坚实的基础。

（张秀景）

项目一　可摘局部义齿基本理论

教学课件

任务目标

素质目标

（1）具有严谨专业的态度，在可摘局部义齿设计制作中恪守职业道德，严格把控修复质量，切实保障患者安全。

（2）树立辩证创新的思维，积极探索义齿修复的新方法，主动传播口腔健康知识，全力提升大众对可摘局部义齿使用与维护的认知水平。

知识目标

（1）掌握：可摘局部义齿的定义；Kennedy 分类的方法及其特点。

（2）熟悉：可摘局部义齿的优缺点；可摘局部义齿根据咬合压力承受方式分类的方法。

（3）了解：可摘局部义齿的其他分类方法；可摘局部义齿设计对口腔组织的影响。

能力目标

（1）能够对患者进行全面的口腔检查和评估，并运用所学知识初步判断患者是否具备可摘局部义齿修复的条件。

（2）能够根据患者的具体情况，独立制订合理的可摘局部义齿修复方案。

可摘局部义齿修复是牙列缺损最主要的修复方法之一。牙列缺损（dentition defect）是指在上颌或下颌的牙列内有数目不等的牙缺失，同时仍余留不同数目的天然牙。常见病因包括龋病、牙周病、根尖周病，此外还有颌骨和牙槽骨外伤、颌骨疾患、发育性疾病等。

任务一　可摘局部义齿基本知识

任务案例

【案例】

患者，男，55 岁。因上颌多颗牙齿缺失影响咀嚼功能及美观前来就诊。检查发现上颌右侧 346 缺失。余留牙有不同程度的牙龈退缩、牙石堆积和牙槽嵴轻度吸收。口腔卫生状况一般，无明显系统性疾病。

【问题】

1. 针对患者上颌右侧多颗牙齿缺失，且余留牙存在牙龈退缩、牙石堆积等问题，可摘局部义齿相较于其他修复方式，有哪些优势？

2. 如何通过有效的健康宣教，帮助患者树立正确的口腔卫生观念，养成良好的口腔卫生习惯？

【任务分析】

依据专业知识，全面分析患者口腔状况，精准判断可摘局部义齿的适用性。秉持严谨的科学态度，对各种修复方式进行权衡，确保为患者提供最适宜的治疗方案，通过有效的健康宣教，帮助患者树立正确的口腔卫生观念，养成良好的口腔卫生习惯。基于以上分析，阐述可摘局部义齿的基本知识，为后续制订科学合理的修复方案提供坚实基础。

【知识链接】

可摘局部义齿（removable partial denture，RPD）是利用天然牙、基托下黏膜和骨组织作支持，依靠义齿的固位体和基托等部件装置获得固位和稳定，用人工牙和基托恢复缺失牙及相邻软硬组织的形态和功能，且患者能够自行摘戴的一种修复体。

一、可摘局部义齿的优缺点

（一）优点

1. 对基牙的要求不高、适应范围广，可修复牙列中任何部位的缺损。
2. 基牙预备时磨除牙体组织较少。
3. 患者能自行摘戴，便于清洗，夜间摘除义齿后，基牙及支持组织可得到休息。
4. 制作简单、费用较低，便于修理等。

（二）缺点

1. 义齿附属装置较多，体积较大，初戴时异物感明显，有时会影响发音，引起恶心。
2. 义齿的稳定性不足，咀嚼效率恢复不理想。
3. 若存在义齿设计不合理、制作质量差，或患者口腔卫生习惯差等情况，可能对患者带来基牙损伤、黏膜溃疡、龋病、牙周炎、牙槽嵴加速吸收和颞下颌关节病等不良后果。

二、可摘局部义齿的适应证与禁忌证

（一）可摘局部义齿的适应证

可摘局部义齿的适用范围非常广泛，从个别牙缺失到上颌或下颌仅余留单个牙的缺损，甚至同时伴有软硬组织缺损时均可采用可摘局部义齿进行修复。其适应证如下。

1. 各种牙列缺损，尤其是游离端缺牙者。
2. 天然牙缺失，并伴有牙槽骨、颌骨或软组织缺损者。
3. 拔牙创愈合过程中需制作过渡性义齿者。
4. 青少年缺牙需维持缺牙间隙者。
5. 牙周病需活动夹板固定松动牙者。
6. 殆面重度磨损或多颗牙缺失等原因造成咬合垂直距离过低，需恢复垂直距离者。
7. 拔牙后需要戴用即刻义齿者。
8. 有特殊需求的化妆义齿者。

（二）可摘局部义齿的禁忌证

可摘局部义齿的使用范围虽广，但也有临床注意事项，有以下情况不宜采用。

1. 缺牙间隙过小或殆龈距离过低，导致义齿强度不足者。
2. 基牙牙冠形态异常，不能为义齿提供足够固位力者。
3. 因精神疾病生活不能自理、不便摘戴、保管、清洁，甚至有误吞义齿危险者，如痴呆、癫痫、精神病等患者。
4. 严重的牙体、牙周或黏膜病变未得到有效治疗控制者。
5. 对义齿材料过敏或对义齿异物感明显而又无法克服者。

【任务评价】

详见表 1-1。

表 1-1　可摘局部义齿基本知识任务评价

主要测评项目		评价标准	分值 / 分	得分
专业知识掌握程度（50 分）	可摘局部义齿的定义（10 分）	能够准确阐述可摘局部义齿的定义	8 ～ 10	
		对可摘局部义齿的定义有一定了解但不够准确	4 ～ 7	
		完全不了解可摘局部义齿的定义	0 ～ 3	
	可摘局部义齿的优缺点（20 分）	详细且准确地列出可摘局部义齿的优缺点	16 ～ 20	
		能列出部分可摘局部义齿的优缺点	8 ～ 15	
		只能模糊说出一些可摘局部义齿的优缺点	4 ～ 7	
		完全不了解可摘局部义齿的优缺点	0 ～ 3	

续　表

主要测评项目		评价标准	分值 / 分	得分
专业知识掌握程度（50 分）	可摘局部义齿的适应证与禁忌证（20 分）	能够准确阐述可摘局部义齿的适应证与禁忌证	16 ～ 20	
		对可摘局部义齿的适应证与禁忌证有一定了解但不够准确	8 ～ 15	
		只能模糊说出一些可摘局部义齿的适应证与禁忌证	4 ～ 7	
		完全不了解可摘局部义齿的适应证及禁忌证	0 ～ 3	
应用能力（30 分）	案例分析（20 分）	能准确运用所学知识分析案例，并对患者进行健康宣教	16 ～ 20	
		能分析部分问题，但不够全面	8 ～ 15	
		分析有较大偏差	4 ～ 7	
		无法进行案例分析	0 ～ 3	
	实际场景模拟（10 分）	能在模拟场景中正确选择合适的修复方案	8 ～ 10	
		修复方案的选择有一定问题	4 ～ 7	
		修复方案的选择完全错误	0 ～ 3	
素质能力（20 分）	专业素养（5 分）	对可摘局部义齿基本知识表现出积极的态度和专业精神	1 ～ 5	
	团队合作（5 分）	在小组学习或讨论中，积极参与，与他人合作良好	1 ～ 5	
	责任心（5 分）	对学习任务认真负责，确保学习质量	1 ～ 5	
	创新能力（5 分）	能够提出新颖的可摘局部义齿的应用思路或改进方法	1 ～ 5	
学生自我评价与反思				
小组评价				
教师评价				
总评成绩				

▶任务拓展

固定义齿修复与可摘局部义齿修复的区别

牙列缺损的修复方法有固定义齿修复、可摘局部义齿修复、固定 - 可摘联合修复及种植义齿修复等。固定义齿修复与可摘局部义齿修复的具体区别如表 1-2 所示。

表 1-2　固定义齿修复与可摘局部义齿修复的区别

特点	可摘局部义齿修复	固定义齿修复
适用范围	适用范围广，缺牙数目及软硬组织缺损量不受限制	适应证严格，要求缺牙数目少，一般无软组织缺损

续　表

特点	可摘局部义齿修复	固定义齿修复
支持方式	利用牙、黏膜或牙槽骨作支持	利用牙作支持
固位形式	利用卡环及基托固位	利用基牙牙冠及粘接剂固位
基牙条件的要求	对基牙要求不高	对基牙要求高
牙体预备	预备量少	预备量较大
咀嚼效能	咀嚼效能不高	咀嚼效能高
对发音的影响	初期有影响，适应后改善	一般无影响
舒适度	稍差	较好
清洗方式	摘下口外清洗	口内清洗
制作工艺	制作工艺相对简单	制作工艺复杂
义齿修理	易修理	不易修理
使用寿命	使用寿命较短	使用寿命较长

任务二　可摘局部义齿的分类

任务案例

【案例】

患者，男，72岁。左下颌1267缺失，右下颌56缺失，患者余留牙健康，咬合关系正常，缺牙区牙槽嵴丰满，要求制作活动义齿。

【问题】

1. 根据缺牙情况分析，该患者属于Kennedy分类中的哪种类型？
2. 该患者应设计成哪种支持形式的可摘局部义齿？

【任务分析】

通过扎实的专业知识，严谨地分析患者的缺牙情况，准确判断患者在Kennedy分类中的类型，根据患者的口腔状况设计合适的支持形式，并基于以上分析，探讨 Kennedy 分类的具体内容以及各种支持形式的可摘局部义齿特点，从而为该患者确定最适合的义齿设计方案。

【知识链接】

不同的牙列缺损患者，由于其缺牙数目及缺牙部位不同，可以有上万种样式复杂、种类繁多的缺损形式。为了便于研究与讨论，使可摘局部义齿修复设计和制作条理化、规律化，同时方便临床病历记录和统计、许多学者便对牙列缺损和可摘局部义齿的形式进行了归纳、总结和分类。

一、根据牙列缺损分布状态分类

微课：Kennedy 分类

最经典的根据牙列缺损分布状态的分类方法是 Edward Kennedy 于 1925 年提出的分类法，其根据缺失牙在牙弓中的部位及其与存留天然牙的关系，提出将牙列缺损分为四类。

Kennedy 第一类：指牙弓两侧后部牙缺失，远中无天然牙存在，即牙列双侧游离端缺损（图 1-1）。若此类缺损伴有另外的 1 个或 2 个缺隙，则根据缺隙数目，称为第一类的第 1 亚类或第 2 亚类，以此类推（图 1-2）。

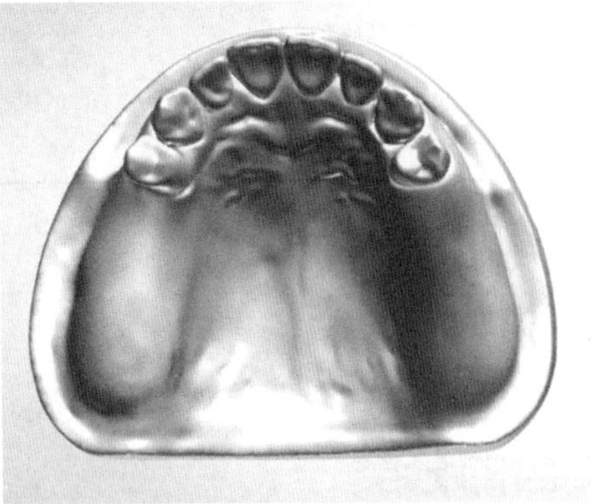

图 1-1　Kennedy 第一类

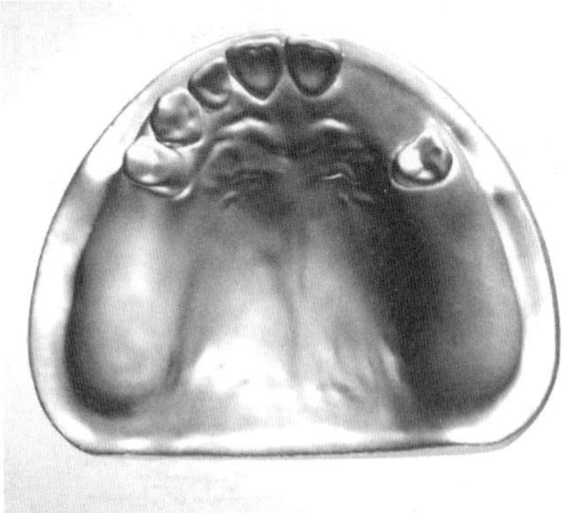

图 1-2　Kennedy 第一类第 1 亚类

Kennedy 第二类：指牙弓一侧后部牙缺失，远中无天然牙存在，即牙列单侧游离端缺损（图 1-3）。若此类缺损伴有同侧或对侧另外的缺隙，则根据缺隙数目，称为第二类的第 1 亚类或第 2 亚类等，以此类推（图 1-4）。

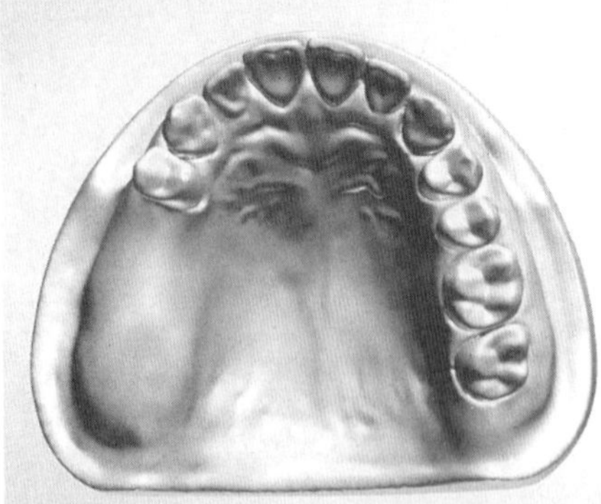

图 1-3　Kennedy 第二类

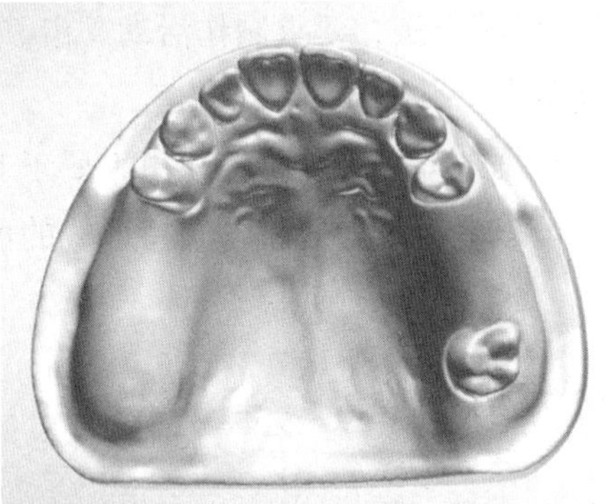

图 1-4　Kennedy 第二类第 1 亚类

Kennedy 第三类：指牙弓的一侧牙缺失，且缺隙两端都有天然牙存在，即单侧牙列缺损，缺隙前后均有余留天然牙（图 1-5）。若此类缺损伴有另外的同侧或对侧牙缺损，根据缺隙的数目，则称为第三类的第 1 亚类或第 2 亚类等，以此类推（图 1-6）。

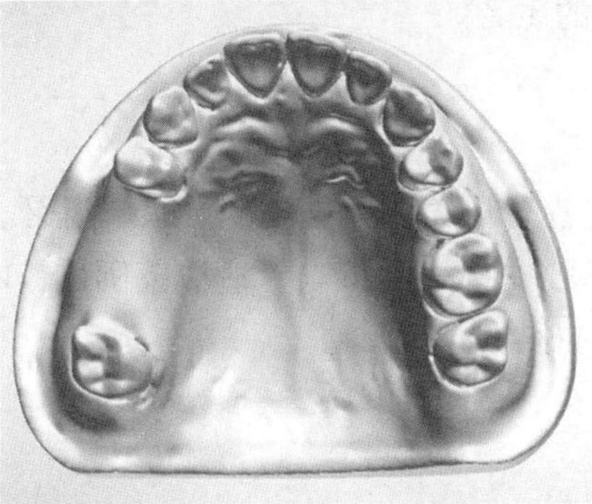

图 1-5　Kennedy 第三类

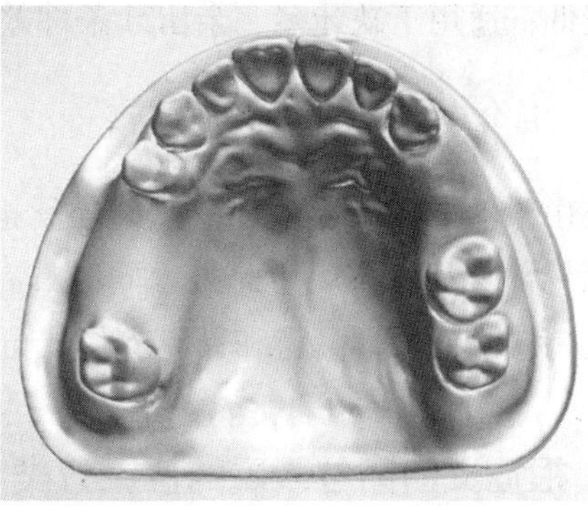

图 1-6　Kennedy 第三类第 1 亚类

Kennedy 第四类：指牙弓前部牙连续缺失并跨过中线，余留天然牙在缺隙的远中（图 1-7）。此类缺损没有亚类。

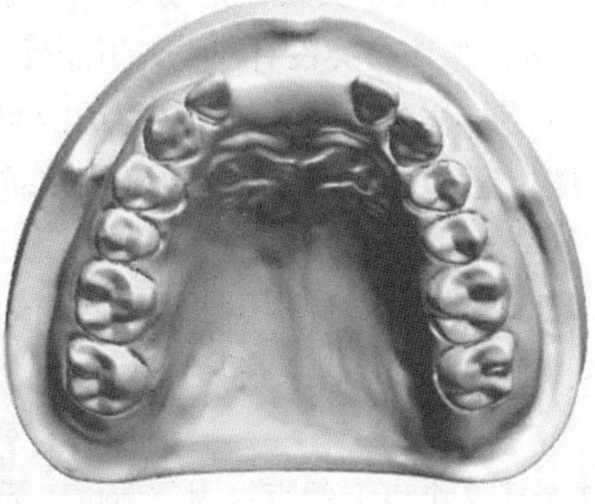

图 1-7　Kennedy 第四类

此种方法简单，易于掌握。但也有一定局限性。该分类法虽然能很好地反映缺牙部位、缺牙间隙的数目，但是不能反映缺牙数目及前牙复杂的缺失情况。其中亚类也无法表明部位，所以不能反映出缺牙对患者口腔的生理、功能和心理的影响。该分类法也不能反映可摘局部义齿的支持、固位、结构等。虽然 Kennedy 分类法存在一些缺点，但此分类法目前仍是国内外应用最普遍的一种分类方法。

二、根据咬合压力承受方式分类

可摘局部义齿在行使咀嚼功能时会产生咬合压力，根据口腔组织承担咬合压力的方式将可摘局部义齿分为牙支持式、黏膜支持式和混合支持式三种类型。

（一）牙支持式可摘局部义齿

主要由天然牙承担义齿所产生的咬合压力，在缺隙两端的基牙都设置支托。牙支持式可摘局部义齿修复效果好，咀嚼效率较高，适用于缺牙数目少，基牙稳固的患者。

（二）黏膜支持式可摘局部义齿

主要由黏膜及其下方的牙槽骨承担义齿所产生的咬合压力，虽然在缺隙的一端或两端有天然牙存在，但是因为余留牙有松动或存在咬合过紧的情况，不宜设置支托。黏膜支持式可摘局部义齿咀嚼效率较低，适用于缺牙多、余留牙条件差或咬合关系差的患者。

（三）混合支持式可摘局部义齿

主要由天然牙、黏膜、牙槽嵴共同承担义齿所产生的咬合压力，基托适当伸展，基牙上设置支托，可摘局部义齿大多属于此类。同时具有牙支持式和黏膜支持式的特点，适应范围广，咀嚼效率介于牙支持式可摘局部义齿和黏膜支持式可摘局部义齿之间。

三、根据义齿固位装置的位置分类

Cummer 于 1942 年按照可摘局部义齿直接固位体在牙弓中的位置（主要是起支点作用的支托在牙弓中的位置）提出了 Cummer 分类法，又称库氏分类。Cummer 分类法将可摘局部义齿分为四类（图 1-8）。

直接固位体的连线称为支点线或支托线。其特点是按支点线或转动轴划分，便于指导可摘局部义齿的固位稳定设计和固位体的设置，但该分类没有亚类，不能反映多缺隙牙列缺损修复的情况。

Cummer 第一类：斜线式，2 个直接固位体分别位于牙弓的两侧，相连后的支点线斜割牙弓。此类可摘局部义齿的两个直接固位体相连为直线，容易导致可摘局部义齿发生旋转，因此常需要设计间接固位体辅助固位。

Cummer 第二类：横线式，2 个直接固位体分别位于牙弓两侧，相连后的支点线横割牙弓。此类可摘局部义齿的两个直接固位体相连也是直线，义齿易发生旋转，也常需要设计间接固位体来保证义齿的稳定。

Cummer 第三类：纵线式，2 个或 2 个以上的直接固位体位于牙弓的同侧，支点线相连呈前后方向。此可摘局部义齿通常不需要设计间接固位体来帮助义齿的稳定。

Cummer 第四类：平面式，3 个或 3 个以上的直接固位体分布于牙弓的两侧，支点线构成三角形或多边形。此情况义齿不需要间接固位体也能获得稳定。

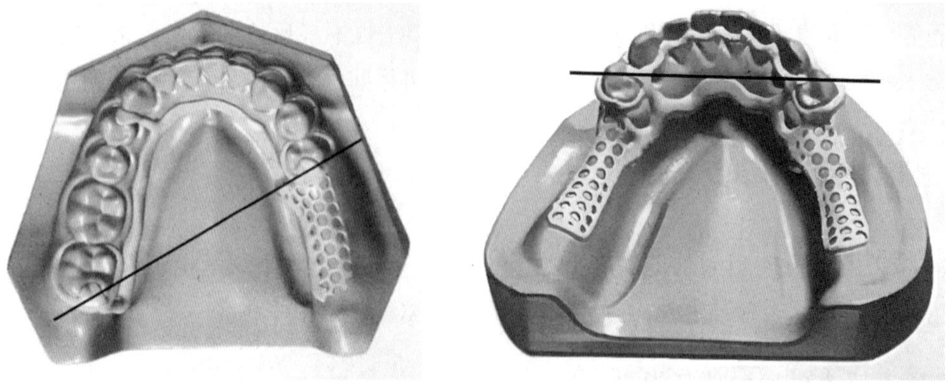

A　　B

图 1-8　Cummer 分类法

A. 斜线式；B. 横线式；C. 纵线式；D 平面式。

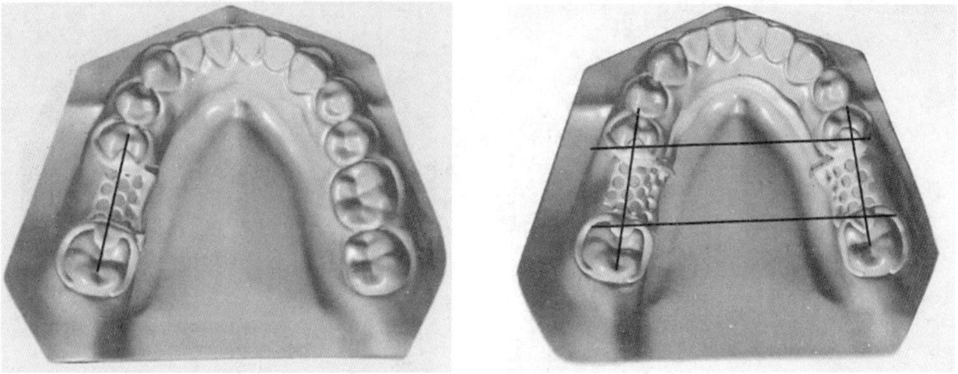

C　　　　D

图 1-8 （续图）

四、可摘局部义齿其他分类

（一）王征寿六类分类法

我国原第四军医大学王征寿教授于 1959 年提出王征寿六类分类法，是根据可摘局部义齿的最终完成形式进行分类（图 1-9）。此分类方法根据缺牙部位和缺隙数目将可摘局部义齿归纳为六大类。此分类的优点是以号码命名可摘局部义齿，便于临床使用，在记录、归档、教学等方面都有实用价值。

王征寿六类分类法用三位数码命名，百位数表示第一类至第六类，十位数表示义齿的实际卡环数，个位数表示除决定分类的主要缺牙区以外附加的缺隙数量。如前后均有缺牙，分类发生矛盾时，以后牙缺隙为主。

第一类：缺牙在一侧，其前后都有基牙，与对侧不相连者。

第二类：一侧后牙缺失，基牙在缺隙的前端或后端，不与对侧相连者。

第三类：一侧后牙缺失，无论义齿末端是否为游离端，但需连到对侧者。

第四类：缺牙在两侧基牙前面。

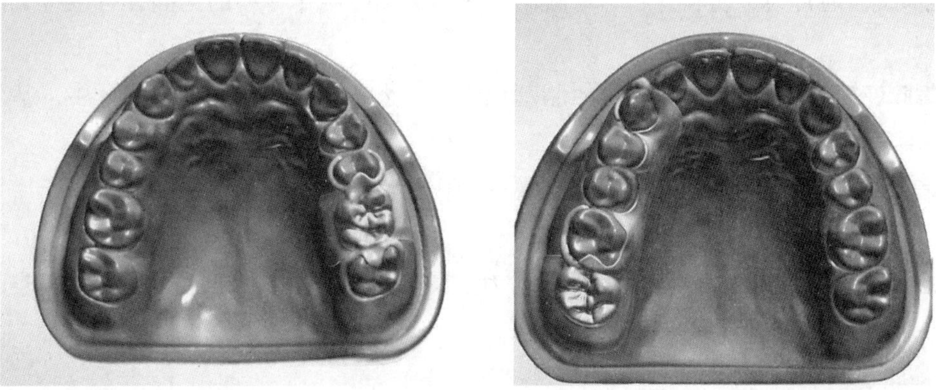

A　　　　B

图 1-9　王征寿六类分类法

A. 第一类；B. 第二类；C. 第三类；D 第四类；E. 第五类；F. 第六类。

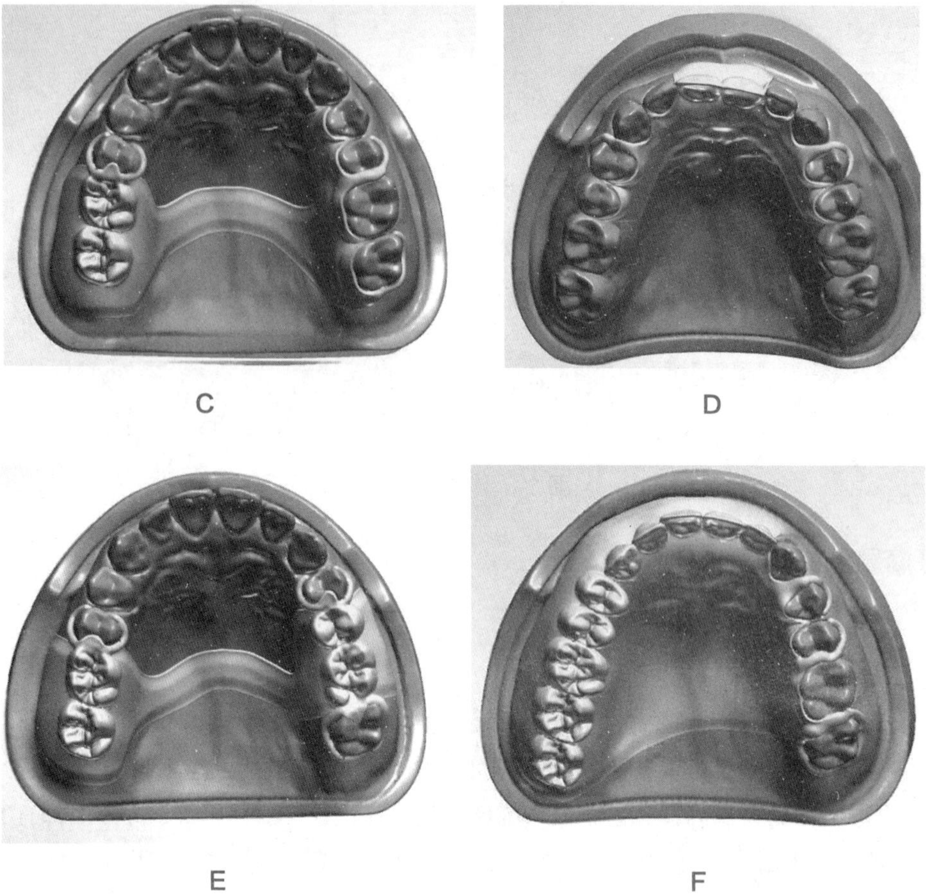

图 1-9 （续图）

第五类：两侧后牙缺失，无论义齿末端是否为游离端，但需两侧连成一整体者。

第六类：缺牙超过牙弓一侧，基牙全部在另一侧（该侧可缺牙亦可不缺牙）。

（二）根据制作义齿的材料结构分类

可摘局部义齿通常为金属和树脂等材料制成。根据义齿制作材料的不同，可以将义齿分为以下几类。

1. 树脂胶连托式可摘局部义齿 用树脂基托连接义齿各部分，多用于缺失牙多，基牙健康条件差者。

2. 铸造支架式可摘局部义齿 主要以金属支架作为义齿的主要连接部分，多用于后牙缺失和缺牙前后均有基牙，基牙健康状况良好者。

3. 全金属可摘局部义齿 义齿的各部分均为金属铸造而成，多用于后牙区，修复空间不足和咬合力过大者。

【任务评价】

详见表 1-3。

表 1-3　可摘局部义齿的分类任务评价

主要测评项目		评价标准	分值 / 分	得分
专业知识掌握程度（50 分）	牙列缺损的 Kennedy 分类（10 分）	能够准确阐述 Kennedy 分类法	8～10	
		对 Kennedy 分类法有一定了解但不够准确	4～7	
		完全不了解 Kennedy 分类法	0～3	
	可摘局部义齿根据咬合压力承受方式进行分类（10 分）	能够准确根据咬合压力承受方式将可摘局部义齿分类	8～10	
		对根据咬合压力承受方式将可摘局部义齿分类有一定的了解	4～7	
		对根据咬合压力承受方式将可摘局部义齿分类完全不了解	0～3	
	可摘局部义齿根据义齿固位装置的位置进行分类（10 分）	能够准确根据义齿固位装置的位置将可摘局部义齿分类	8～10	
		对根据义齿固位装置的位置将可摘局部义齿分类有一定的了解	4～7	
		对根据义齿固位装置的位置将可摘局部义齿分类完全不了解	0～3	
	可摘局部义齿的其他分类（20 分）	能够准确阐述王征寿六类分类法和根据制作义齿的材料结构分类	16～20	
		只能够准确阐述王征寿六类分类法或根据制作义齿的材料结构分类	8～15	
		只能模糊说出王征寿六类分类法和根据制作义齿的材料结构分类	4～7	
		完全不记得王征寿六类分类法和根据制作义齿的材料结构分类	0～3	
应用能力（30 分）	案例分析（20 分）	能准确运用所学知识分析案例，判断患者牙列缺损的类型，并为患者选择合理的可摘局部义齿支持形式	16～20	
		能分析部分问题，但不够全面	8～15	
		分析有较大偏差	4～7	
		无法进行案例分析	0～3	
	实际场景模拟（10 分）	能在模拟场景中正确选择合适的可摘局部义齿类型	8～10	
		修复方案有一定问题	4～7	
		完全错误	0～3	
素质能力（20 分）	专业素养（5 分）	对可摘局部义齿分类的学习表现出积极的态度和专业精神	1～5	
	团队合作（5 分）	在小组学习或讨论中，积极参与，与他人合作良好	1～5	
	责任心（5 分）	对学习任务认真负责，确保学习质量	1～5	
	创新能力（5 分）	能够提出新颖的可摘局部义齿的分类方法	1～5	
学生自我评价与反思				
小组评价				
教师评价				
总评成绩				

▶任务拓展

Applegate 对 Kennedy 分类提出的 8 条法则

Applegate 对 Kennedy 分类提出的 8 条法则主要用于更准确地对牙列缺损情况进行分类，具体如下。

1. 分类应该在拔牙后进行，以免因拔牙前天然牙的存在而影响分类的准确性。
2. 如果第三磨牙缺失而不修复，则分类时不考虑。
3. 如果第三磨牙存在并作为基牙使用，则分类时应考虑。
4. 如果第二磨牙缺失而不修复，则分类时不考虑。
5. 以最后部缺隙作为主要缺隙来决定分类。比如，若同时存在前部和后部缺隙，主要根据后部缺隙来分类。
6. 决定分类的主要缺隙以外的其他缺隙以其数目命名为亚类。
7. 前后都有缺牙，如果前牙连续缺失数目较多，且跨越中线，此时应视为一个主要缺隙，归类为第四类。
8. 牙弓两侧后部牙缺失，若一侧为远中游离端缺牙，另一侧为非游离端缺牙，以远中游离端缺牙侧为基准进行分类。

任务三　可摘局部义齿设计对口腔组织的影响

任务案例

【案例】

患者，女，70 岁。后牙缺失，要求修复。检查发现左下颌 67 缺失，右下颌 56 缺失，余留牙无松动，牙龈无红肿、出血，牙槽嵴丰满。请为患者设计一副可摘局部义齿。

【问题】

1. 在为该患者设计可摘局部义齿时，如何避免对余留牙产生不良影响？
2. 在设计过程中如何考虑义齿对口腔软组织的长期影响？

【任务分析】

分析不同义齿设计对余留牙的影响，合理设计义齿的固位体、卡环等结构，分散咬合力，避免对余留牙产生过大侧向力，防止牙齿松动移位。关注义齿设计对口腔黏膜的影响，确保义齿边缘光滑、贴合，避免对黏膜产生损伤。通过专业能力守护患者口腔健康。

【知识链接】

可摘局部义齿要求能够保护口腔余留天然牙及其他余留组织，特别是对基牙的保护，还要能够恢复口腔的功能，维持口颌系统的健康。因此，在设计可摘局部义齿时必须充分考虑生物力学的因素，若设计不当，可能会影响口颌系统的健康，如产生基牙松动、龋坏，颌骨吸收、变形，黏膜炎症等不良后果。

一、基牙的受力及其影响

不同支持形式的可摘局部义齿，承受咬合压力的形式也不同。牙支持式可摘局部义齿的咬合压力由基牙承担，混合支持式可摘局部义齿的咬合压力由基牙、黏膜及其下方的牙槽嵴共同承担，因此在设计时必须充分考虑基牙承担力量的大小和形式。

由于健康的天然牙具有一定的牙周储备力，因此可以设计为可摘局部义齿的基牙，承担义齿产生的咬合压力。但基牙既要承担自身的咬合力量，又要分担义齿额外施加的力量，若基牙承受的负荷过重，有可能导致基牙的疼痛、松动，甚至因其难以保留而拔牙。因此，各类可摘局部义齿在设计时必须考虑基牙所承受的负荷量，以寻求合理的设计方案。

为了合理地利用基牙，在设计义齿时要了解基牙承担义齿施加的力量。基牙承受的负荷大体可分为水平向负荷和垂直向负荷两种。若基牙受到过大的垂直力时，则有可能产生牙槽骨和牙根吸收的情况。若基牙受到过大的水平力，则有可能导致受压侧的牙槽骨吸收，牵引侧的牙槽骨新生，从而引起基牙的松动和移位。天然牙抵抗水平力的能力要远低于抵抗垂直力的能力，因此在可摘局部义齿的设计过程中，应当防止基牙承受过大的力，特别应当减少水平向力的产生。

二、卡环和基托对牙龈组织的影响

设计和制作可摘局部义齿时，应当充分考虑与牙龈组织邻近的基托或卡环部分的位置和形状，以免给牙龈组织带来不良影响。

在义齿基托与牙龈组织相邻处，要进行必要的缓冲，保持距离，避免牙龈组织受到压迫。舌侧基托应避开牙龈组织，与天然牙的非倒凹区轻轻接触，使其免受损伤。牙齿颊舌面的卡环等固位体，其走行部位和厚度应尽量不影响食物对牙龈的冲刷和按摩作用，避免牙龈局部的菌斑堆积，导致牙龈炎。

三、基托对牙槽骨的影响

黏膜支持式和混合支持式可摘局部义齿在口腔内行使咀嚼功能时，咬合力量通过义齿基托传导到下方的黏膜及颌骨组织，若承受的力量过大，则有可能导致黏膜的溃疡、颌骨的吸收等情况。可摘局部义齿的基托要与其下方的黏膜均匀接触，并且适当伸展基托的范围，使咬合力均等地分散到黏膜组织的每个部分，对于黏膜较薄的区域，应做缓冲处理，黏膜较厚的区域应适当增加压力，使颌骨受压均匀，获得类似生理性的刺激。

【任务评价】

详见表1-4。

表1-4 可摘局部义齿设计对口腔组织的影响任务评价

主要测评项目		评价标准	分值/分	得分
专业知识掌握程度（50分）	基牙的受力及其影响（15分）	能够准确阐述基牙的受力及其影响	11～15	
		对基牙的受力及其影响有一定了解但不够准确	6～10	
		完全不了解基牙的受力及其影响	0～5	
	卡环和基托对牙龈组织的影响（20分）	能够准确阐述卡环和基托对牙龈组织的影响	16～20	
		对卡环和基托对牙龈组织的影响有一定了解但不够准确	8～15	
		完全不了解卡环和基托对牙龈组织的影响	0～7	
	基托对牙槽骨的影响（15分）	能够准确阐述基托对牙槽骨的影响	11～15	
		对基托对牙槽骨的影响有一定了解但不够准确	6～10	
		完全不了解基托对牙槽骨的影响	0～5	
应用能力（30分）	案例分析（20分）	能准确运用所学知识分析案例，正确把握基牙受力的影响及卡环、基托对牙槽骨的影响	16～20	
		能分析部分问题，对基牙受力的影响及卡环、基托对牙槽骨的影响把握不够全面	8～15	
		分析有较大偏差	4～7	
		无法进行案例分析	0～3	
	实际场景模拟（10分）	能在模拟场景中根据患者具体情况分析基牙受力，正确选择合适的修复方案	8～10	
		能在模拟场景中根据患者具体情况分析基牙受力有一定问题	4～7	
		不能完成实际场景模拟	0～3	
素质能力（20分）	专业素养（5分）	对本节内容学习表现出积极的态度和专业精神	1～5	
	团队合作（5分）	在小组学习或讨论中，积极参与，与他人合作良好	1～5	
	责任心（5分）	对学习任务认真负责，确保学习质量	1～5	
	创新能力（5分）	能够提出新颖的基牙受力分析思路，提出义齿设计的改进方法	1～5	
学生自我评价与反思				
小组评价				
教师评价				
总评成绩				

考试知识点总结

项目小结

协和云课堂……　拓展练习及参考答案

（毕云艳　郑　伟）

教学课件

项目二　可摘局部义齿的组成

任务目标

素质目标

（1）具有系统全面的认知思维，深入理解可摘局部义齿各组成部分（固位体、基托、连接体等）的功能与相互关联，在义齿设计中树立整体观念，确保各部件协同发挥最佳修复效果。

（2）树立精益求精的职业态度，在分析可摘局部义齿组成结构时，注重细节把控，严格遵循设计原则，将对患者负责的理念贯穿每一个部件的选择与制作过程中。

知识目标

（1）掌握：可摘局部义齿各组成部分的定义、作用及分类；卡环的结构及作用。

（2）熟悉：不同类型人工牙的特点及基托的设计要求。

（3）了解：人工牙的选择和间接固位体的要求。

能力目标

（1）能够正确说出可摘局部义齿的组成部分及其作用。

（2）具备根据患者的具体情况选择合适人工牙、基托、固位体和连接体的能力。

可摘局部义齿通常由人工牙、基托、固位体、连接体四部分组成（图 2-1）。

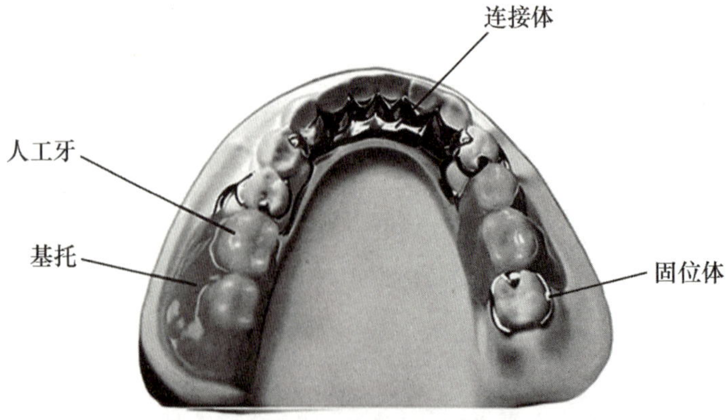

图 2-1　可摘局部义齿的组成

按其组成部分所起的作用，可归纳为三个部分，即修复缺损部分——人工牙、基托，固位稳定部分——固位体、基托，连接传力部分——连接体、基托。

任务一　人工牙

任务案例

【案例】

患者，男，65 岁。上颌双侧 124567 缺失，下颌左侧 67 缺失，余留牙有不同程度的磨耗，牙周状况尚可。现要求制作可摘局部义齿修复缺失牙，恢复咀嚼功能和达到美观的效果。

【问题】

1．人工牙的材质应如何选择？

2．人工牙的形态和颜色应该怎样与患者口内余留牙相协调，以达到美观自然的效果？

【任务分析】

结合患者缺失牙较多，余留牙有磨耗的情况，权衡利弊，为患者选择最适宜的材质。仔细观察患者余留牙的排列特点、咬合关系等细节。依据这些情况，精心设计人工牙的形态，包括牙尖的高度、斜度，牙冠的大小、形状等，让人工牙与余留牙在咀嚼过程中能够完美配合，形成稳定的咬合接触，高效地完成咀嚼动作，设计出能有效恢复咀嚼功能的可摘局部义齿修复方案。

【知识链接】

人工牙（artificial tooth）是可摘局部义齿结构中用来代替缺失牙，恢复缺失牙的解剖形态和咀嚼、发音等功能的部分。

一、人工牙的分类

微课：人工牙的分类

（一）按制作材料分类

按制作材料可以分为塑料牙、瓷牙、金属－树脂牙三种。

1. 塑料牙　多选用成品硬质树脂牙。它与基托为化学性结合，不易脱落，色泽美观，韧性好，不易折断，易磨改；但硬度差，易磨损，易变色，咀嚼效能稍低。

2. 瓷牙　为成品陶瓷牙，借助其盖嵴部的固位钉或孔固定在基托塑料内，为机械固位。瓷牙色泽好、不易污染变色，硬度高，耐磨损，咀嚼效率高；但脆性大，易折裂，不易调磨。

3. 金属－树脂牙 是由金属和树脂材料共同组成，用于比较特殊的情况。①金属舌面牙：多用于前牙，由成品树脂牙面和金属舌面背板组成。金属舌面背板表面用成品树脂牙面与热凝树脂结合覆盖，树脂牙面可以更换。适用于前牙重度磨耗、咬合间隙较小者。②金属𬌗面牙：人工牙的𬌗面用金属制作，利用金属固位装置与树脂相连接，金属𬌗面耐磨损，不易折裂，能承担较大𬌗力。适用于后牙缺失间隙小或缺隙𬌗龈距低者。

（二）按𬌗面形态分类

按𬌗面形态可以分为解剖式牙、半解剖式牙、非解剖式牙三种（表 2-1，图 2-2 ～图 2-4）。

表 2-1　人工牙按𬌗面形态分类

类型	牙尖斜度	特点	适应证	图示
解剖式牙	30°或 33°	与初萌的天然牙相似。牙尖交错𬌗时，上下颌牙齿的尖窝锁结关系良好，咀嚼功能好。但咀嚼运动时侧向力较大，对牙槽嵴的创伤较大	牙槽骨健康状况较好的患者	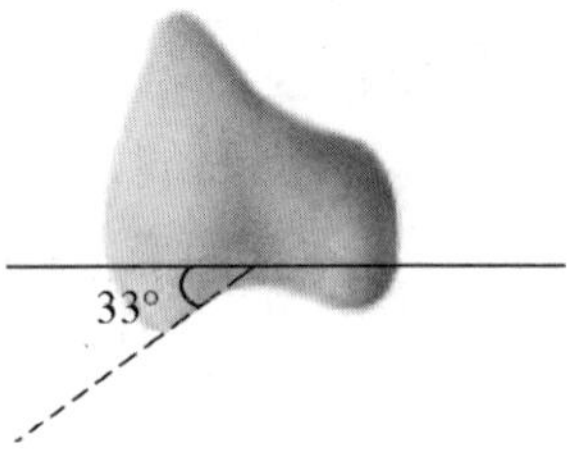 图 2-2　解剖式牙
半解剖式牙	20°	𬌗面有一定的磨耗。正中𬌗时，上下颌牙有一定的尖窝锁结关系，咀嚼功能较好。咀嚼运动时侧向力较小	大部分患者	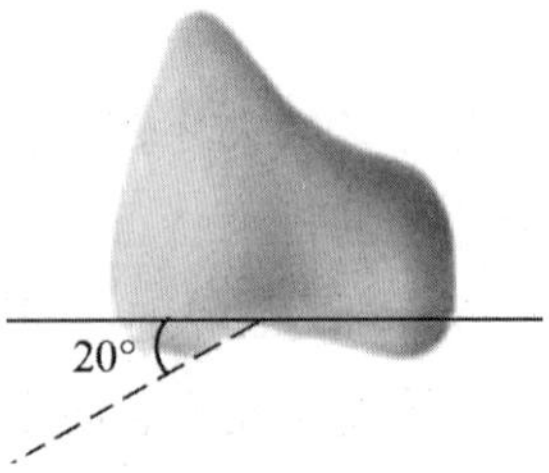 图 2-3　半解剖式牙
非解剖式牙	0°	𬌗面没有牙尖，又称为无尖牙。其颊舌轴面形态与解剖式牙类似，𬌗面有食物溢出沟。牙尖交错𬌗时，上下颌牙齿的无尖窝锁结关系，咀嚼功能差。咀嚼运动时产生的侧向力小，对牙槽嵴的损害小，有助于义齿的稳定	牙槽嵴吸收严重及颌位不稳定的患者	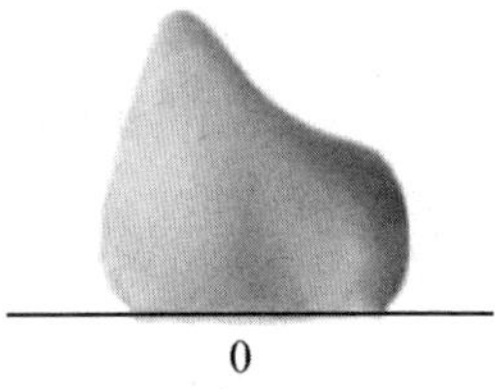 图 2-4　非解剖式牙

二、人工牙的选择

人工牙的选择在义齿修复中起重要作用。应根据口腔内的具体情况，结合颜色、形状、大小和种类等因素进行选择，使其既具有良好的美观效果，又有利于义齿发挥良好的功能。

（一）前牙的选择

1. 颜色　单个前牙缺失，以余留相邻牙及对侧同名牙为参照；多数前牙缺失，应和患者的肤色、性别、年龄相适应。

2. 形态　单个前牙缺失，应选择形态与同名牙相似，与邻牙协调的人工牙，尽量恢复前牙的美观与协调；多数前牙缺失，可根据患者的面型，如卵圆型、方圆型或尖圆型分别选择卵圆形牙、方形牙或尖形牙（图 2-5）。

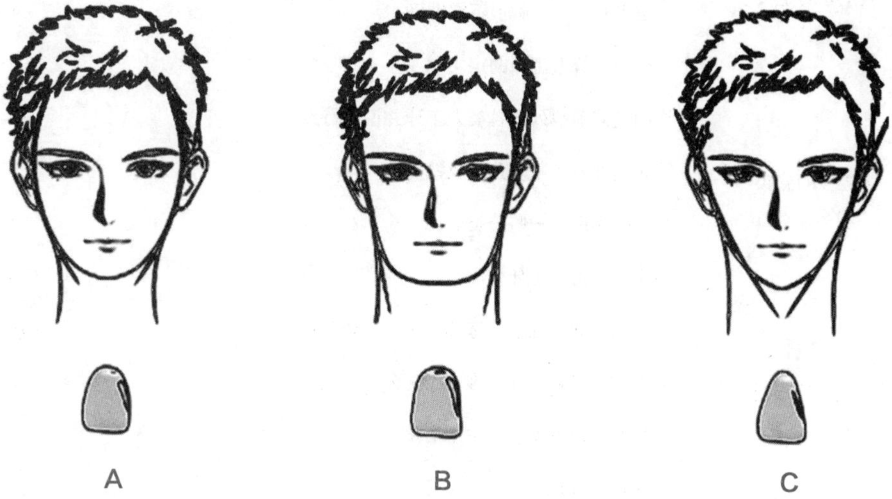

图 2-5　面型与牙齿外形

A. 卵圆型；B. 方圆型；C. 尖圆型。

3. 大小　单个前牙缺失，根据缺牙间隙大小和对侧同名牙大小选择人工牙，并且可以对人工牙进行适当的磨改；多数前牙缺失，可参照患者缺牙前的照片、记存模型或旧义齿的前牙，也可参照蜡𬌗堤上标记的口角线、唇高线及唇低线。

（1）口角线：两侧口角线之间𬌗堤唇面弧度为上前牙 321、123 的总宽度。

（2）唇高线及唇低线：参照唇高线至𬌗平面的距离为上中切牙切 2/3 的高度，由此推算出上前牙的高度和宽度。根据下唇线至𬌗平面的距离为下中切牙的切 1/2 的长度，由此推算出下前牙的高度和宽度。

（二）后牙的选择

1. 颜色　单个后牙缺失，一般应与所选前牙相协调；多数后牙缺失，应和患者的肤色、性别、年龄相适应。

2. 形态　后牙缺失，可根据牙槽嵴吸收情况选择，如缺牙间隙大、𬌗龈距离高、牙槽嵴丰满、可承受较大𬌗力者，可选用解剖式瓷牙或半解剖式瓷牙；牙槽嵴吸收明显、游离缺失或𬌗龈间隙不充足时，选用半解剖式塑料牙；牙槽嵴重度吸收且缺牙多者，可选用非解剖式塑料牙。

3. 大小　单个后牙缺失，根据缺牙间隙大小和对侧同名牙大小选择人工牙；后牙如果全部缺失，后牙近远中总长度应该是由尖牙远中到磨牙后垫间的距离，并应参照前牙唇面长度和对颌牙的大小，尽量使其协调。人工后牙的颊、舌侧宽度，应比天然牙小，以减小𬌗力，减轻牙槽嵴的负荷。

【任务评价】

详见表 2-2。

表 2-2　可摘局部义齿人工牙任务评价

主要测评项目		评价标准	分值 / 分	得分
专业知识掌握程度（50 分）	人工牙的定义（10 分）	能够准确阐述人工牙的定义	8 ～ 10	
		对定义有一定了解但不够准确	4 ～ 7	
		完全不了解人工牙的定义	0 ～ 3	
	人工牙的分类（20 分）	详细且准确地列出各类人工牙并说明特点	16 ～ 20	
		能列出部分人工牙分类及特点	8 ～ 15	
		只能模糊说出一些分类名称	4 ～ 7	
		完全不记得人工牙分类	0 ～ 3	
	人工牙的选择（20 分）	能根据不同情况准确选择人工牙并说明理由	16 ～ 20	
		能大致选择人工牙但理由不充分	8 ～ 15	
		选择有一定偏差且理由不清晰	4 ～ 7	
		无法正确选择人工牙	0 ～ 3	
应用能力（30 分）	案例分析（20 分）	能准确运用所学知识分析案例中的人工牙选择是否合理，并提出改进建议	16 ～ 20	
		能分析部分问题，但不够全面	8 ～ 15	
		分析有较大偏差	4 ～ 7	
		无法进行案例分析	0 ～ 3	
	实际场景模拟（10 分）	能在模拟场景中正确选择和使用人工牙	8 ～ 10	
		人工牙的选择和使用有一定问题	4 ～ 7	
		人工牙的选择和使用完全错误	0 ～ 3	
素质能力（20 分）	专业素养（5 分）	对可摘局部义齿人工牙的学习表现出积极的态度和专业精神	1 ～ 5	
	团队合作（5 分）	在小组学习或讨论中，积极参与，与他人合作良好	1 ～ 5	
	责任心（5 分）	对学习任务认真负责，确保学习质量	1 ～ 5	
	创新能力（5 分）	能够提出新颖的可摘局部义齿人工牙材料的改进方法	1 ～ 5	
学生自我评价与反思				
小组评价				
教师评价				
总评成绩				

▶任务拓展

人工牙的发展历程

在古埃及，人们就开始尝试使用象牙、兽骨等材料来制作假牙，以替代缺失的牙齿。这些早期的尝试是为了恢复咀嚼功能和一定的美观，虽然制作工艺相对简单粗糙，但开启了人工牙的探索之路。古代中国也有使用牛骨等材料制作类似假牙的记载，反映出古人对恢复口腔功能的朴素追求。

在中世纪，假牙制作技术发展缓慢。直到 18 世纪左右，开始出现使用真人牙齿（通常从穷人或者尸体身上获取）制作假牙的情况。这种做法虽然在一定程度上能提供较好的外观和功能，但存在伦理和卫生问题。同时期，也有人尝试使用陶瓷材料来制作假牙，不过陶瓷牙在当时的制作工艺还不够成熟，强度和美观性仍有待提高。

19 世纪，随着化学工业的发展，出现了硫化橡胶作为假牙基托材料的情形。这使得可摘局部义齿的制作更加方便，同时也为人工牙的固定和排列提供了更好的基础。

塑料材料的出现是人工牙发展的一个重要里程碑。酚醛树脂等塑料被用于制作人工牙，其具有成本较低、容易加工、颜色可调节等优点，逐渐取代了一些传统材料。此外，塑料牙的耐磨性和韧性也在不断改进。

20 世纪以来，瓷牙的制作工艺得到了极大的提升。全瓷牙凭借其出色的美观性（与天然牙色泽极为相近、透明度高）、良好的生物相容性和较高的硬度，在口腔修复领域占据了重要地位。

金属材料也被广泛应用于人工牙的制作，如金属烤瓷牙，它结合了金属的强度和烤瓷的美观性。同时，各种合金材料不断被研发，以满足不同的口腔修复需求。

数字化技术的发展给人工牙带来了新的变革。通过计算机辅助设计与制造技术，可以精确地设计和制作人工牙，从牙齿的形态、大小到咬合关系等各方面都能进行个性化的定制，大大提高了人工牙的质量和修复效果。

人工牙的发展历程是一部人类智慧与勇气的奋斗史。当今数字化技术的应用凸显了当今时代跨学科融合的趋势。这提醒我们要培养跨学科思维，打破学科壁垒，同时也让我们看到了我国在数字化口腔领域的发展机遇与挑战。

任务二　基托

任务案例

【案例】

患者，女，55 岁。上颌双侧 67 缺失，前牙存在轻度松动，牙槽嵴中等程度吸收，口腔黏膜健康，对美观有一定要求，经济条件一般，日常饮食以软食和正常饮食为主。欲行可摘局部义齿修复。

【问题】

1. 考虑患者的口腔状况、美观需求和经济条件，应选择什么材质的基托？
2. 基托设计过程中应达到哪些要求？

【任务分析】

根据患者的口腔状况、美观需求和经济条件，从专业角度出发，了解不同基托材质的特性，结合患者日常饮食习惯，对基托的厚度、边缘等细节进行合理设计，确保基托在满足咀嚼功能需求的同时，保持舒适度。

【知识链接】

基托（baseplate）是可摘局部义齿部件中覆盖在缺牙区牙槽嵴及相邻唇、颊舌侧和硬腭区上的部分。其中位于缺隙部分的基托又称鞍基。

一、基托的功能

（一）连接传力作用

供人工牙排列和附着，并将义齿各组成部分连接成一个功能整体，还可以将人工牙受到的咬合力传导、分散到牙槽嵴。

（二）固位稳定作用

借助基托与黏膜之间的吸附力、大气压力及表面张力等获得固位，防止义齿翘起、旋转，利于义齿稳定。

（三）修复缺损作用

修复缺损的牙槽骨、颌骨及周围软组织。

二、基托的种类

按材料不同分为金属基托、塑料基托和金属塑料联合基托三种类型（表 2-3，图 2-6 ～图 2-8）。

表 2-3　基托按材料不同分类

种类	特点	适应证	图示
金属基托	优点：用金属铸造而成，强度高，不易折断；体积小而薄，戴用舒适；温度传导性好 缺点：色泽不美观；难以衬垫、修补，调改较困难；制作工艺复杂；对某些检查产生影响（如核磁共振）	适用于缺牙间隙小，塑料基托修复强度不够的患者	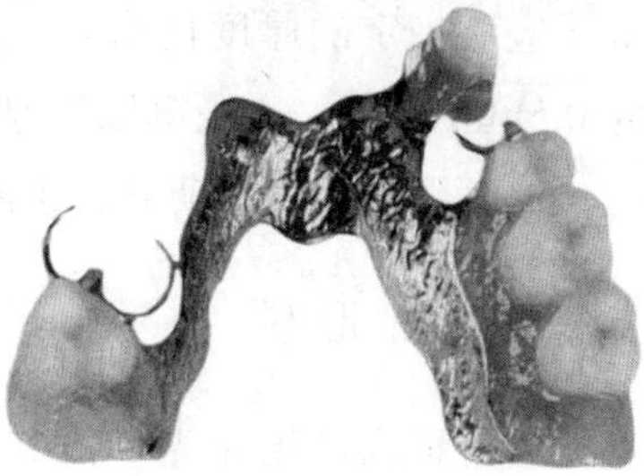 图 2-6　金属基托
塑料基托	优点：颜色与口腔组织接近，美观；重量轻；便于修补和衬垫；操作简便 缺点：基托强度较差；容易老化；体积较大，异物感明显；温度传导性差	适用于牙槽嵴吸收严重，需要扩大基托面积获得足够固位的患者	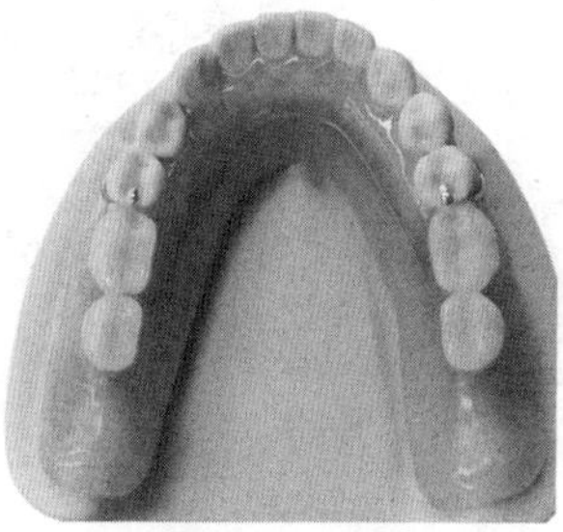 图 2-7　塑料基托
金属塑料联合基托	利用金属基托增加了强度，减少了体积，又具有塑料基托的美观	适用于咬合压力大且对美观要求高的患者	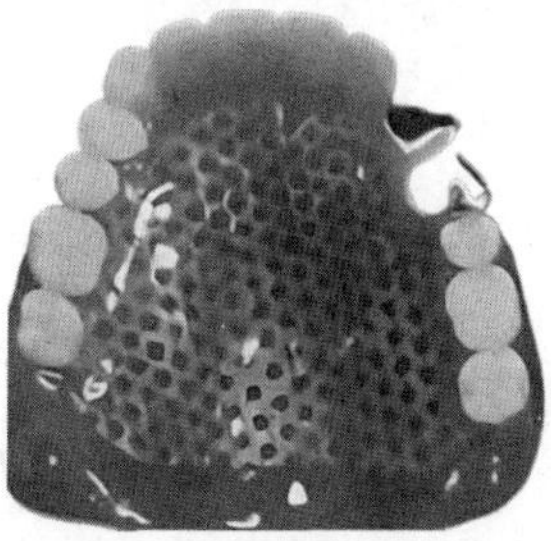 图 2-8　金属塑料联合基托

三、基托的要求

（一）基托的伸展范围

基托伸展范围应根据缺牙部位、数目、基牙健康状况、牙槽嵴吸收情况、相邻组织的缺损情况及𬌗力的大小等决定。牙支持式义齿的固位效果好，应尽量减小基托范围；混合支持式的游离缺失义齿，在不影响唇、颊舌活动的情况下，基托要尽量伸展，以加大基托与黏膜的接触面积，增强义齿固位，如上颌基托后缘的两侧可伸展到翼上颌切迹、中间可达腭小凹后 2mm 处，下颌后缘可覆盖磨牙后垫的 1/2 ～ 2/3 处。

（二）基托的厚度

基托应有一定的厚度且均匀一致，以保证其强度，过薄容易折断，过厚不舒适。铸造金属基托厚度为 0.5mm 左右，边缘可以稍厚至 1mm，并且圆钝；塑料基托厚度为 2mm 左右。在少数上前牙缺失时，上颌腭侧基托可薄些，以减少对发音的影响。

（三）基托的形态

基托磨光面需高度抛光，在上下颌唇、颊侧基托相当于牙根的位置，可形成牙根长度和突度外形，使其自然逼真。上下颌基托颊、舌（腭）面应为凹形弧面，以适应颊肌、舌肌的运动，有利于义齿稳定（图 2-9）。

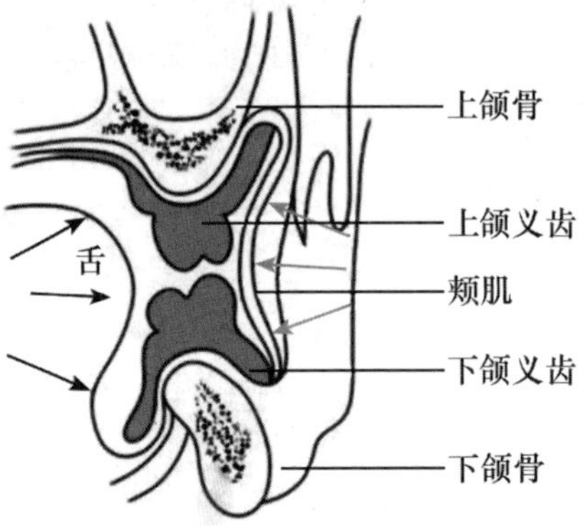

图 2-9　基托磨光面的形态与颊肌、舌肌运动

（四）基托与天然牙的接触关系

缺牙区基托应位于基牙邻面非倒凹区，舌腭侧基托边缘应与天然牙舌腭侧面非倒凹区密合而无静压力。基托覆盖的龈缘区应做缓冲，以免压迫牙龈，且利于义齿摘戴（图 2-10）。

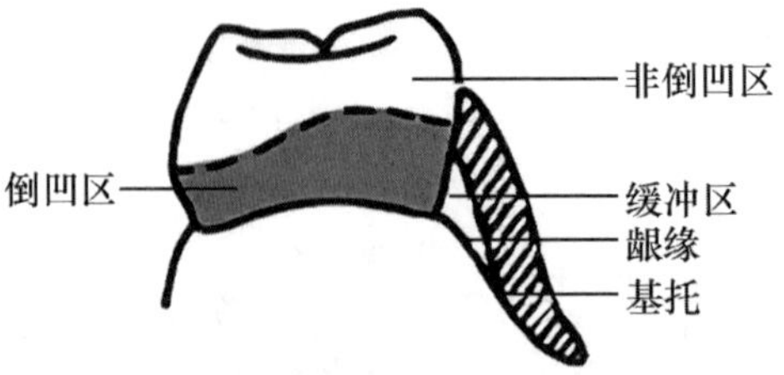

图 2-10　基托与天然牙的接触关系

（五）基托与黏膜的接触关系

基托组织面应与黏膜密合而无静压力，在上颌结节颊侧、上颌硬区、下颌隆突、下颌舌骨嵴及一些骨尖、骨嵴处应做缓冲处理，以免压迫组织而产生疼痛。

【任务评价】

详见表 2-4。

表 2-4 可摘局部义齿基托任务评价

主要测评项目		评价标准	分值 / 分	得分
专业知识掌握程度（50 分）	基托的定义（10 分）	能够准确阐述基托的定义	8 ～ 10	
		对定义有一定了解但不够准确	4 ～ 7	
		完全不了解基托的定义	0 ～ 3	
	基托的功能（20 分）	完整且准确地列出基托的各项功能，并详细说明	16 ～ 20	
		能列出部分功能但说明不充分	8 ～ 15	
		只能模糊说出一些功能	4 ～ 7	
		完全不记得基托的功能	0 ～ 3	
	基托的种类（20 分）	详细且准确地列出各类基托并说明特点	16 ～ 20	
		能列出部分基托分类及特点	8 ～ 15	
		只能模糊说出一些基托分类及特点	4 ～ 7	
		完全不记得基托分类及特点	0 ～ 3	
应用能力（30 分）	案例分析（20 分）	能准确运用所学知识分析案例中的基托选择是否合理，并提出改进建议	16 ～ 20	
		能分析部分问题，但不够全面	8 ～ 15	
		分析有较大偏差	4 ～ 7	
		无法进行案例分析	0 ～ 3	
	实际场景模拟（10 分）	能在模拟场景中正确选择和使用基托	8 ～ 10	
		基托的选择和使用有一定问题	4 ～ 7	
		基托的选择和使用完全错误	0 ～ 3	
素质能力（20 分）	专业素养（5 分）	对可摘局部义齿基托的学习表现出积极的态度和专业精神	1 ～ 5	
	团队合作（5 分）	在小组学习或讨论中，积极参与，与他人合作良好	1 ～ 5	
	责任心（5 分）	对学习任务认真负责，确保学习质量	1 ～ 5	
	创新能力（5 分）	能够探索新兴可摘局部义齿基托的制作工艺	1 ～ 5	
学生自我评价与反思				

续 表

主要测评项目		评价标准	分值 / 分	得分
小组评价				
教师评价				
总评成绩				

▶任务拓展

新型基托材料

1. 弹性树脂材料　具有高弹性，能够在一定程度上扭曲变形，这使得义齿在戴入时可以通过扭曲旋转的方式就位，就位后固位效果好，且封闭性佳，不易嵌塞食物；与基牙倒凹区的黏膜密合度好，对基牙产生的侧向应力较小，有利于保护基牙；材料具有一定的韧性，可做得薄而舒适，并且具有良好的美观性，颜色接近口腔黏膜，较为隐形。

2. 聚醚醚酮（PEEK）材料　强度高，能够承受较大的咀嚼压力和咬合力，不易断裂或损坏；生物相容性好，对人体无毒、无刺激，不引起过敏反应，与口腔组织的适应性良好；化学稳定性高，在口腔环境中不易发生化学反应，耐腐蚀性强；质量轻，佩戴起来的异物感较小，患者的舒适度较高；具有较好的耐磨性，长期使用不易磨损。

3. 氧化锆材料　硬度高，强度大，具有优异的耐磨性和抗折性，能够长期保持义齿的形状和功能；具有良好的美学效果，颜色与天然牙齿相近，且具有较高的透明度和光泽度，可以满足患者对美观的要求；生物相容性好，对口腔组织无刺激、无过敏反应；具有良好的化学稳定性，不易被口腔中的酸碱物质腐蚀。

任务三　固位体

任务案例

【案例】

患者，女，45 岁。因左侧下颌后牙长期龋坏未得到及时治疗，导致 67 缺失。患者日常工作需要经常与人交流，欲行可摘局部义齿修复，要求义齿舒适、稳固耐用。

【问题】

1. 根据患者的需求应设计哪种类型的固位体？

2. 该固位体的优点是什么？

【任务分析】

深入了解患者对义齿外观和稳定性的需求与口腔实际状况，凭借扎实的专业知识，在众多固位体类型中精准筛选，找到既能满足其稳固耐用需求，又不会影响美观的固位体，为患者提供专业且贴心的修复方案，确保义齿在行使功能时稳定可靠。

【知识链接】

固位体（retainer）是可摘局部义齿安放在基牙上用于抵抗脱位力而获得固位、稳定、支持义齿的重要部件（图 2-11）。根据所起作用不同可以分为直接固位体和间接固位体。

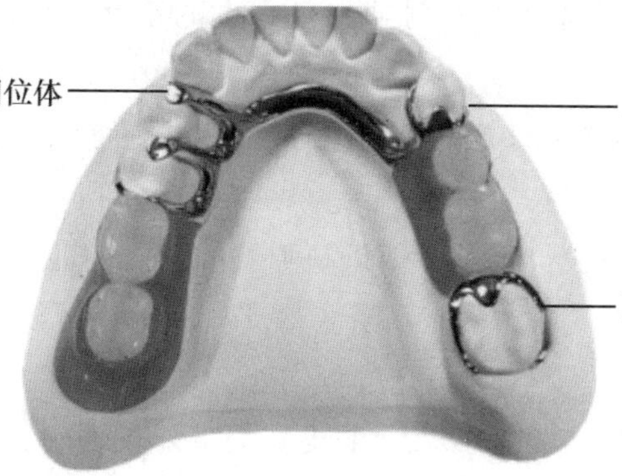

图 2-11　可摘局部义齿固位体

一、直接固位体

直接固位体是可摘局部义齿安放在邻近缺隙或毗邻间隙基牙上，防止义齿𬌗向脱位，起主要固位作用的部件。直接固位体按固位体放置在基牙的位置不同，可以分为冠内固位体和冠外固位体。冠内固位体主要包括栓体、栓道式冠内附着体；冠外固位体主要包括卡环型固位体、套筒冠固位体、附着体固位体。本节主要介绍卡环型固位体。

（一）卡环的结构、作用及要求

以典型铸造的三臂卡环为例，其由卡环臂、卡环体、小连接体和𬌗支托四部分构成（图 2-12）。

1. 卡环臂　为卡环的游离部分，位于基牙轴面，环抱基牙。卡环臂与卡环体相连接的部分比较坚硬为卡环的起始部，位于基牙非倒凹区，起稳定作用，防止义齿侧向移位。卡环臂的尖端位于基牙的倒凹区，起主要固位作用，防止义齿𬌗向脱位。

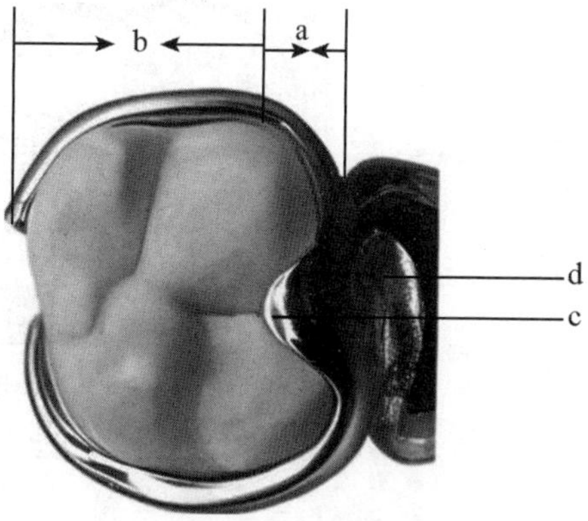

a. 卡环体；b. 卡环臂；c. 𬌗支托；d. 小连接体。

图 2-12　典型圆环形卡环的结构及其在基牙上的位置

2. 卡环体　又称卡环肩，为连接卡环臂、𬌗支托和小连接体的坚硬部分，位于基牙的非倒凹区，包绕基牙近缺隙侧的颊、舌轴面角，起稳定和支持义齿作用，阻止义齿龈向和侧向移动。卡环体要有较高强度，不易变形，且不影响咬合。

3. 小连接体 是卡环、支托等结构延伸与大连接体或基托相连的部分，主要起连接作用。小连接体应位于组织非倒凹区，不影响义齿就位。

4. 殆支托 是由卡环体伸向基牙殆面产生支持作用的部分，无弹性，有较高强度。常与卡环铸造成一个整体，把殆支托亦当成一个臂，故称三臂卡环。

（1）殆支托的功能

1）支持稳定义齿：放置在基牙的殆面上，防止义齿龈向移位。与卡环铸造成一个整体还可以防止义齿翘起、摆动，利于义齿稳定。

2）传递分散殆力：义齿受到的咬合力通过殆支托传导至基牙上，防止义齿下沉的同时，让基牙和黏膜共同承担咬合力，合理分散了殆力。

3）恢复咬合关系：与对颌牙无咬合接触或接触不良的基牙，可以通过加大殆支托恢复咬合关系。

4）防止食物嵌塞：相邻的两个基牙之间有间隙者，可以放置殆支托防止食物嵌塞。

（2）殆支托的设计要求

1）殆支托的位置：殆支托一般位于基牙邻近缺隙侧的殆面近远中边缘嵴上。磨牙若因咬合过紧，不易获得支托间隙，可设计在下颌磨牙的舌沟处或上颌磨牙的颊沟处。

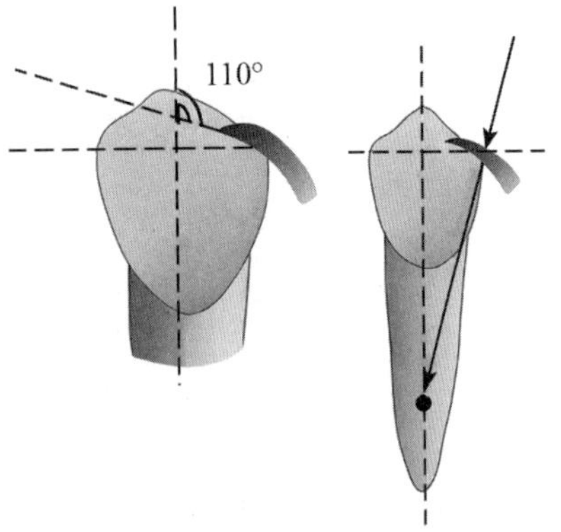

图 2-13　支托与基牙长轴线夹角为 110°

2）殆支托与基牙长轴的关系：殆支托凹底应与基牙的长轴线成 110°，使得殆力能够沿基牙长轴方向传递，基牙牙周应力分布最均匀（图 2-13）。

3）殆支托的形态和大小：铸造殆支托应呈圆三角形，近殆缘处最宽、最厚，向殆面中心处逐渐变窄。铸造殆支托的长度为磨牙近远中径的 1/4 或前磨牙近远中径的 1/3；宽度为磨牙颊舌径的 1/3 或前磨牙颊舌径的 1/2。铸造殆支托的厚度应为 1.0 ～ 1.5mm。锻丝卡环的殆支托可用厚 1.0 ～ 1.5mm 殆支托钢丝弯制（图 2-14）。

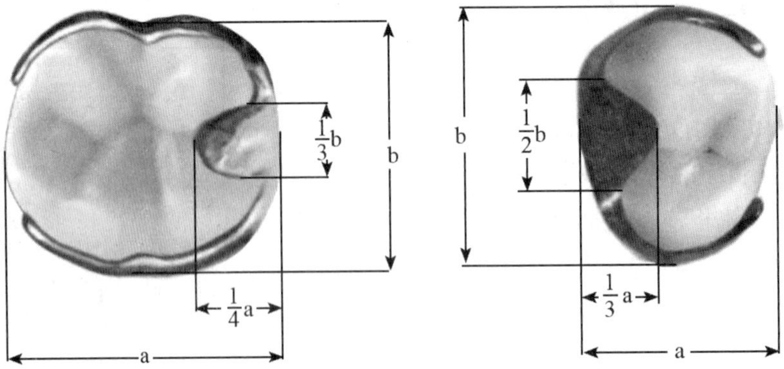

a. 近远中径；b. 颊舌径。

图 2-14　殆支托的形态和大小

（二）卡环的种类

1. 按制作方法不同分类　可分为铸造卡环和锻造卡环。

（1）铸造卡环：临床上通过制作熔模、包埋、失蜡后利用金属合金铸造而成。其优点是可根据基牙条件及基牙上观测线的位置，充分利用基牙上的有利倒凹，设计制造成任何形式的卡环臂，能很好地贴合基牙外形，其固位、支持、卡抱作用都比较理想。但精密铸造需要专用器械、材料和设备，以及相关的工艺技术。

（2）锻造卡环：是用不锈钢丝弯制而成。磨牙卡环用直径 0.9 ～ 1.0mm 钢丝弯制，前磨牙卡环多用直径 0.8 ～ 0.9mm 钢丝弯制。其优点是弹性较大，制作简便、经济，但固位效果比铸造的稍差。

2. 按卡环臂数量分类　可分为单臂卡环、双臂卡环和三臂卡环（图 2-15）。

（1）单臂卡环：只有一个弹性卡环臂，位于基牙颊侧，其舌侧则用高基托起对抗臂的作用，多为利用连接体作跨越𬌗外展隙的间隙卡环。

（2）双臂卡环：有颊、舌两臂。颊侧为固位臂，舌侧为对抗臂，无支托。

（3）三臂卡环：由颊、舌两臂及𬌗支托组成。

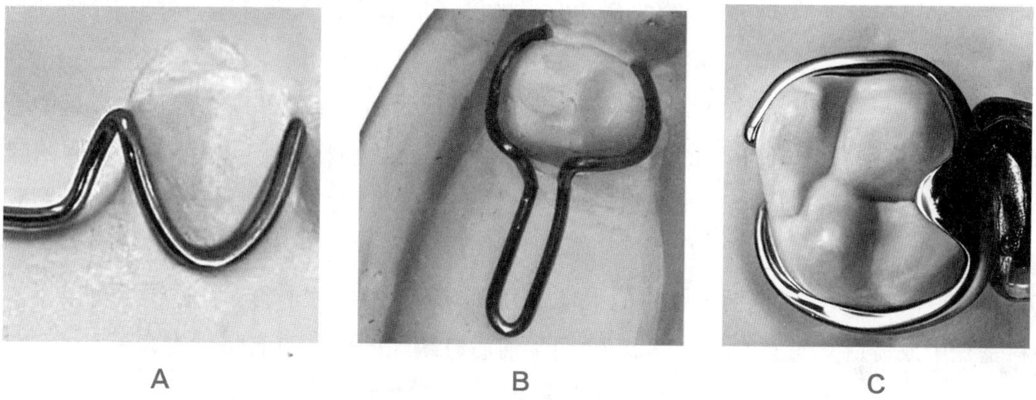

图 2-15　单臂、双臂及三臂卡环
A. 单臂卡环；B. 双臂卡环；C. 三臂卡环。

3. 按卡环与导线的关系分类　可分为Ⅰ型导线卡环、Ⅱ型导线卡环、Ⅲ型导线卡环（图 2-16）。

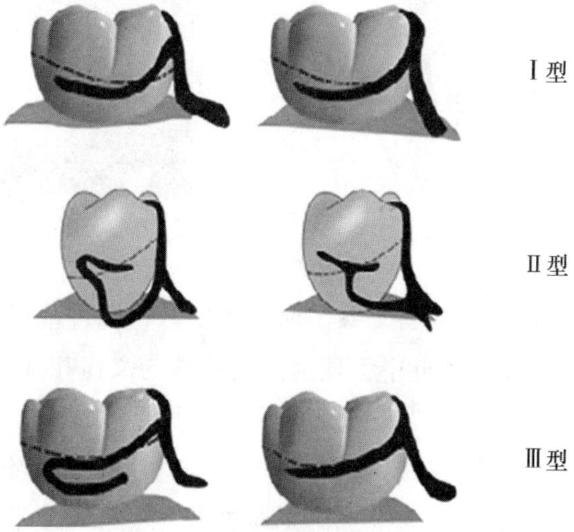

图 2-16　三类导线与相应的三类卡环
𬌗支托侧为近缺牙区。

（1）Ⅰ型导线卡环：一般为圆形卡环，卡环臂在倒凹区，卡环体在非倒凹区，此类卡环的固位作用及卡抱稳定作用良好。

（2）Ⅱ型导线卡环：铸造卡环为分臂卡环，锻丝卡环为上返卡环。分臂卡环的近缺牙区臂端及上返卡环的游离臂端在倒凹区，其另一端在非倒凹区，起对抗平衡作用。此类卡环有一定的固位作用，但因无卡环体，故稳定作用较差。

（3）Ⅲ型导线卡环：为靠近殆缘的高臂卡环或下返卡环，卡环臂端在倒凹区。此类卡环有一定的卡抱和稳定固位作用，但不如Ⅰ型导线卡环理想。要求卡环臂富有弹性，能通过基牙较高的突点进入倒凹。但必须注意卡环体既不能太低而进入倒凹区影响就位，亦不能太高影响咬合。卡环臂端不能进入倒凹区过深，否则在摘戴通过突点时，超过金属丝的弹性限度，卡环臂会产生永久性变形。

4．按卡环的形态结构分类 可分为圆环形卡环和杆形卡环。

（1）圆环形卡环：该卡环包绕基牙的3个面和4个轴面角，即包绕了基牙牙冠的3/4以上。这种卡环为Aker首先应用，故又称Aker卡环。此卡环适用于牙冠外形正常、健康的基牙，因其固位，稳定作用好，常用于牙支持式可摘局部义齿。常见的圆环形卡环有圈形卡环、对半卡环、回力卡环、联合卡环、延伸卡环、连续卡环、倒钩卡环、尖牙卡环等。

1）圈形卡环：亦称环形卡环。该卡环臂尖端位于颊或舌面主要倒凹区，经过基牙远中延伸至舌面或颊面非倒凹区。铸造圈形卡环的近、远中可分别或同时放置殆支托，还可加宽非倒凹区对抗臂或设计并行双臂，以提高其强度；锻丝圈形卡环在非倒凹区可用高基托，起对抗臂作用。适用于最后孤立的磨牙上，基牙向近中舌侧（多为下颌）或近中颊侧（多为上颌）倾斜（图2-17）。

2）对半卡环：由颊、舌侧两个相对的卡环臂分别与近、远中两个殆支托连接后再由小连接体连接到塑料基托中或铸造支架上（图2-18）。适用于前后有缺隙的孤立的前磨牙或磨牙。

图2-17 圈形卡环

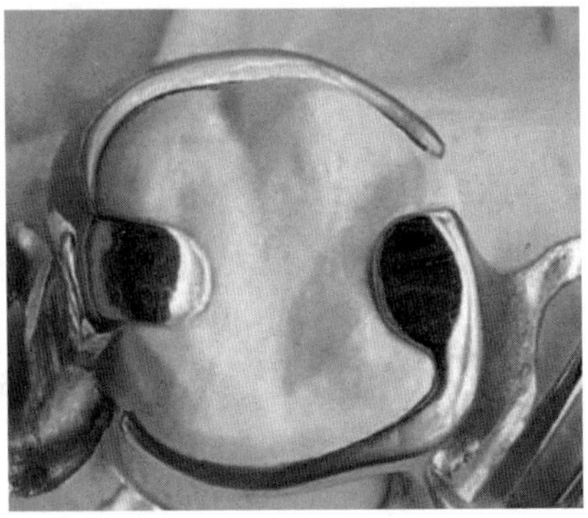

图2-18 对半卡环

3）回力卡环：卡环臂尖位于基牙唇（颊）面的倒凹区，绕过基牙的远中面与殆支托相连接，再转向基牙舌面的非倒凹区，在基牙近中舌侧通过连接体与义齿相连。在远中，殆支托不与基托或连接体相连接（图2-19）。如卡环臂尖位于基牙舌侧倒凹区，经过基牙非倒凹区与远中殆支托相连，再转向近中颊侧非倒凹区，通过连接体与义齿相连称为反回力卡环（图2-20）。两者均为铸造卡环。由于远中殆支托不与义齿直接相连，殆力则通过人工牙和基托首先传至基托下组织，可减轻基牙承受的殆力，起到应力中断的作用。适用于后牙游离端缺失，基牙为前磨牙或尖牙且牙冠较短或锥形牙。

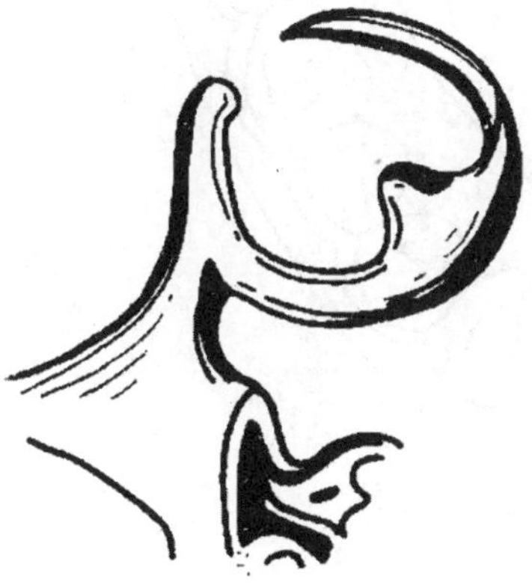

图 2-19　回力卡环

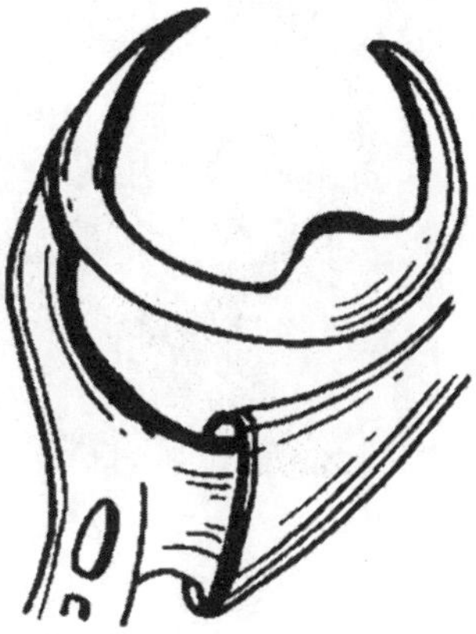

图 2-20　反回力卡环

4）联合卡环：由位于相邻两基牙上的两个卡环通过共同的卡环体相连而成。卡环体位于相邻两基牙的殆外展隙，并与伸向殆面的殆支托相连接（图 2-21）。此卡环需用铸造法制作。适用于基牙牙冠短而稳固，相邻两牙之间有间隙或有食物嵌塞者。

5）延伸卡环：又称长臂卡环。它是将卡环臂延长伸至邻牙的倒凹区以获得固位，同时对松动基牙有固定夹板的保护作用（图 2-22）。该卡环任何部件不应进入近缺隙松动基牙的倒凹区。适用于基牙松动或外形无倒凹无法获得足够固位力者。

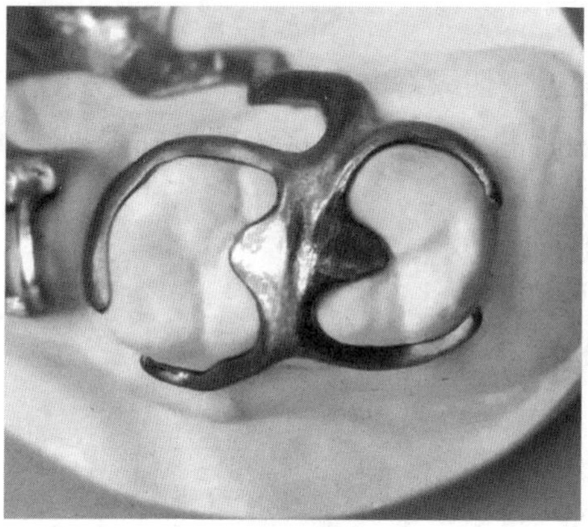

图 2-21　联合卡环

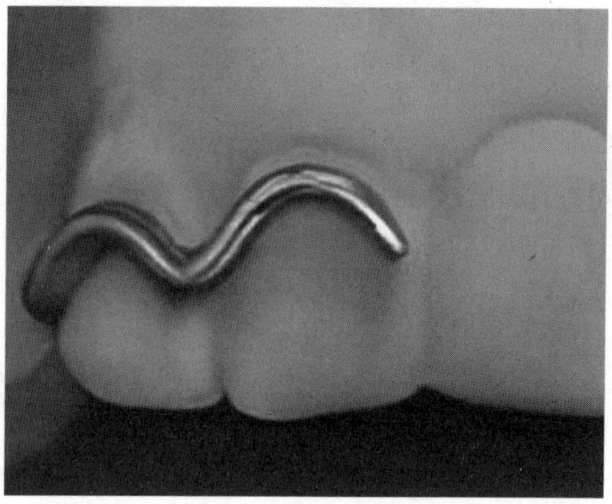

图 2-22　延伸卡环

6）连续卡环：多作为牙周夹板，放置在两个以上牙上。锻造连续卡环常可包括整个前牙区或后牙区，卡环臂很长，两端固定埋入基托，仅其中间部分弹性较大处可进入基牙倒凹区，其余部分与导线平齐（图 2-23）。此类卡环无游离臂端。连接体越过殆外展隙至舌侧，埋入基托内。铸造连续卡环位于两个或两个以上相邻基牙上，具有独立不相连的颊侧固位臂和各自独立的小连接体，而舌侧固位臂末端相连并与舌侧导线平齐，由于该类卡环弹性小，因此不宜过多进入倒凹，以免损伤基牙，只发挥摩擦固位和稳定作用。

7）倒钩卡环：常用于倒凹区在殆支托的同侧下方的基牙，又称下返卡环（图 2-24）。适用于软组织倒凹区无法使用杆形卡环的患者。

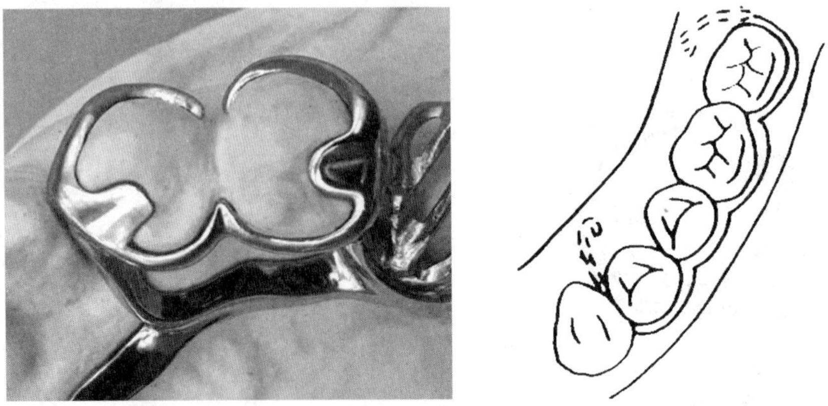

A　　　　B

图 2-23　连续卡环

A. 铸造连续卡环；B. 弯制连续卡环。

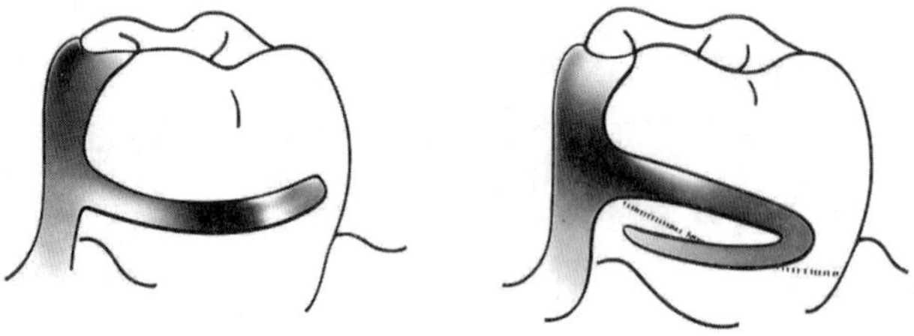

A　　　　B

图 2-24　倒钩卡环

A. 舌面观；B. 颊面观。

8）尖牙卡环：设近中切支托，卡环由切支托顺舌面近中切缘嵴向下，至舌隆突，方向上转，沿舌面远中边缘嵴至远中切角，反折至唇面，卡环臂在唇面进入近中倒凹区（图 2-25）。此卡环的支持，固位作用较好，适用于尖牙。

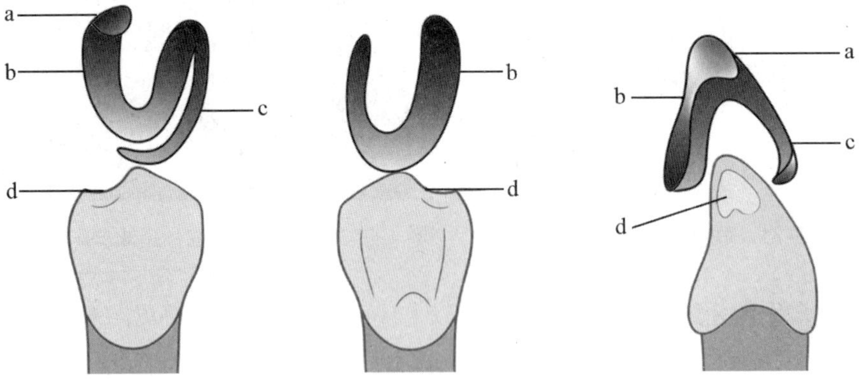

A　　　　B　　　　C

a. 切支托；b. 舌臂；c. 唇臂；d. 切支托凹。

图 2-25　尖牙卡环

A. 唇面观；B. 舌面观；C. 邻面观。

（2）杆形卡环：杆形卡环是 Roach 提出的，故又名 Roach 卡环。此类卡环从义齿基托中伸出，沿牙龈缘下方 3mm 的位置平行向前延伸至基牙牙冠唇、颊面的倒凹区，深度约 0.25mm，臂尖末端

2mm 与基牙表面接触。其固位作用是由下而上呈推型固位，故又称推型卡环。杆形卡环均用金属铸造制作。适用于后牙游离端缺失的邻缺隙区的基牙。

根据基牙的外形、倒凹位置和大小，将杆形卡环设计为不同形状（图 2-26）：如 I 型、T 型、U 型、L 型及 C 型等。杆形卡环的优点：①金属外露少，美观。②基牙外形磨改量少，推型固位作用强。③降低游离端末端基牙上的扭力。杆形卡环的缺点：①不宜应用于口腔前庭浅、软组织倒凹大、系带附着高等情况。②卡抱和稳定作用不如圆环形卡环，因此常与义齿其他部件组合应用。

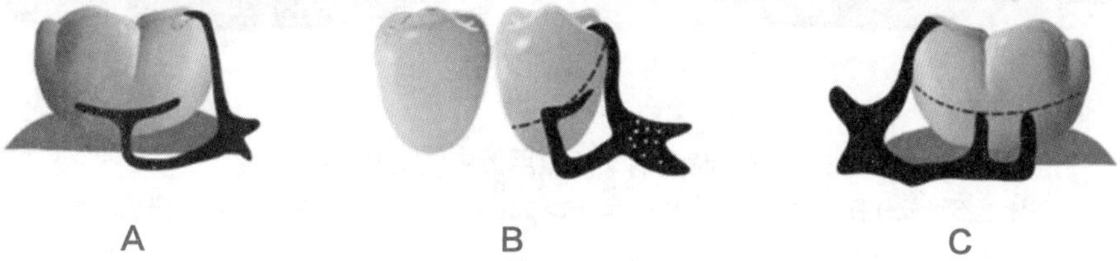

图 2-26　杆形卡环

A. T 型卡环；B. C 型卡环；C. U 型卡环。

（三）卡环的组合应用

根据临床上牙列缺损的程度、口内基牙及余留牙的条件以及义齿的设计要求，各种卡环可以灵活组合应用。

1. 混合型卡环　主要指Ⅰ、Ⅱ、Ⅲ型卡环的组合应用。

2. 结合型卡环　指铸造卡环臂与锻丝卡环臂组合应用。

3. RPI 卡环组　由近中𬌗支托、远中邻面板、颊侧Ⅰ型杆卡三部分组成。常用于远中游离端缺失的患者（图 2-27）。

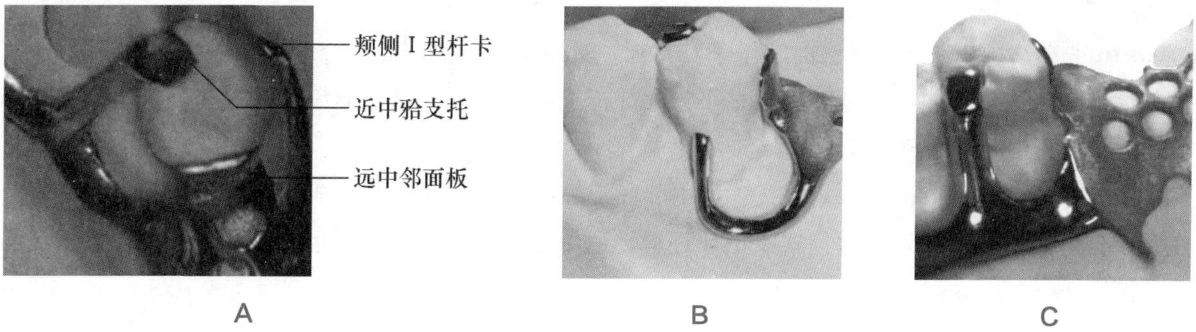

图 2-27　RPI 卡环组

A. 𬌗面观；B. 颊面观；C. 舌面观。

（1）近中𬌗支托：指远中游离端义齿在邻缺隙基牙的𬌗面近中边缘嵴放置的支托。支托的小连接体位于两邻牙的舌外展隙处，可与基牙形成小的导平面接触。当咬合力垂直作用于义齿时，近中𬌗支托受力使基牙向近中倾斜，但近中有邻牙支持，使基牙受力减少或抵消。由于近中𬌗支托将支点从远中移至近中，基牙上的卡环臂与游离端位于支点同侧，在𬌗力作用下，卡环臂与基托同时下沉，卡环与基牙脱离接触、对基牙无扭力作用（图 2-28A）。支点前移加大转动半径，使基托下组织受力方向接近垂直且均匀。因支点前移，游离距延长，在相同力的作用下，基牙受力减少，但基托下组织受力增加（图 2-28B）。

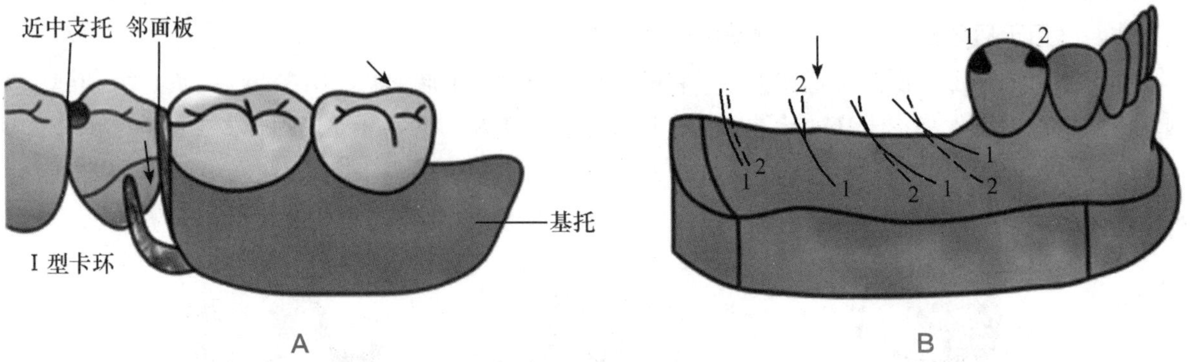

图 2-28 游离端义齿应用近中𬌗支托的优点

A. 支托前移，基牙上不形成杠杆式扭力；B. 支托由远中 1 移至近中 2 由于加大转动半径，使基托下组织受力均匀。

（2）远中邻面板：是与基牙邻面紧密贴合的金属板。经牙体预备后与邻面板接触的基牙邻面称导平面，与义齿就位道方向平行。邻面板与导平面相接触有利于义齿固位；向舌侧伸展至远舌轴面角，对抗颊侧卡环臂，起卡抱和稳定作用；预备导平面可以减小基牙邻面倒凹，防止食物滞留，且利于美观。但其𬌗向高度不得越过基牙远中邻面的外形高点，并且在咬合运动时，邻面板与导平面应脱离接触，减少基牙受力。

（3）颊侧 I 型杆卡：放置于基牙颊面倒凹区，与基牙接触面积小，对基牙损伤小，美观，固位作用好。

RPI 卡环组的优点：①在𬌗力作用下，游离端邻近缺隙基牙受力小，且作用力方向接近牙长轴；②游离端基托下组织受力虽然增加，但作用力较垂直于牙槽嵴，且较均匀。③远中邻面板可防止义齿与基牙间食物嵌塞，同时起舌侧对抗卡环臂的作用；④ I 型杆卡与基牙接触面积小，美观，龋患率低。

RPI 卡环组用于游离端义齿时，由于其在保护近缺隙基牙的同时，会增加缺牙区牙槽嵴的负担，在具体应用时，宜采取人工牙减数或减小人工牙近远中径、增大基托面积、增加间接固位体等减小𬌗力的措施，以降低牙槽嵴受力。

4. RPA 卡环组 由近中𬌗支托、远中邻面板和圆形卡环固位臂组成。与 RPI 卡环组的不同点在于以圆环形卡环固位臂代替杆式 I 型卡环臂。适用于口腔前庭深度不足或基牙下存在软组织倒凹者（图 2-29）。

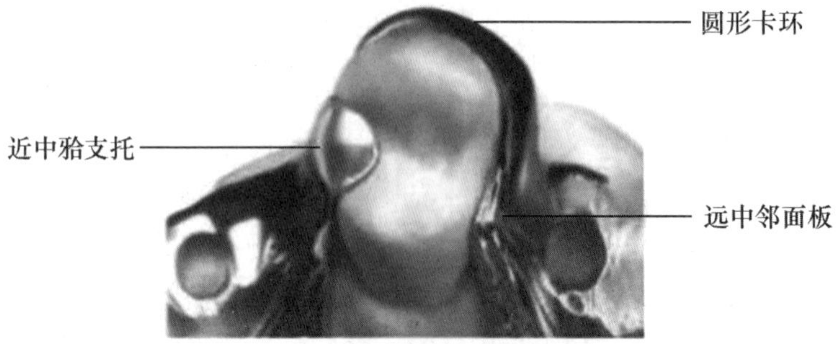

图 2-29 RPA 卡环组

二、间接固位体

间接固位体是辅助直接固位体固位，防止义齿翘起、摆动、旋转、下沉，增强义齿稳定的装置。常用于末端游离缺失的患者。

1. 间接固位体的作用

（1）防止义齿𬌗向脱位（翘起）：两侧磨牙均缺失，义齿在双侧末端基牙上安置固位体，两固位体支托连线横割牙弓，当游离端受脱位力时会以支托连线为轴心使义齿末端翘起。如果在两尖牙舌隆突上安置指支托可以阻止游离端基托翘起，减少基牙扭力（图 2-30）。

（2）防止义齿龈向下沉：远中游离缺失的义齿远端没有基牙，黏膜软组织具有可让性，末端游离义齿受力时，会导致义齿下沉，放置间接固位体可以减少义齿下沉。

（3）防止义齿水平向摆动：义齿受水平向力会产生以末端基牙垂直轴为轴，以垂直轴到义齿游离端基托为半径的摆动。此时在两侧尖牙舌隆突上安置指支托，抵及尖牙的牙冠硬组织，其反作用力抵消了义齿末端产生摆动的水平向力，稳定了义齿，保护了基牙（图 2-31）。

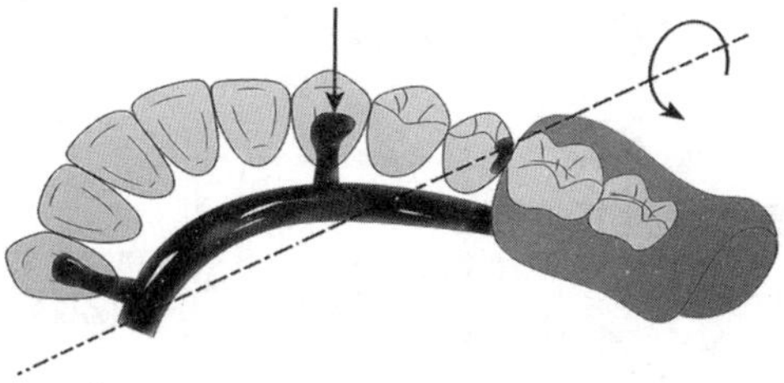

图 2-30　防止义齿𬌗向脱位

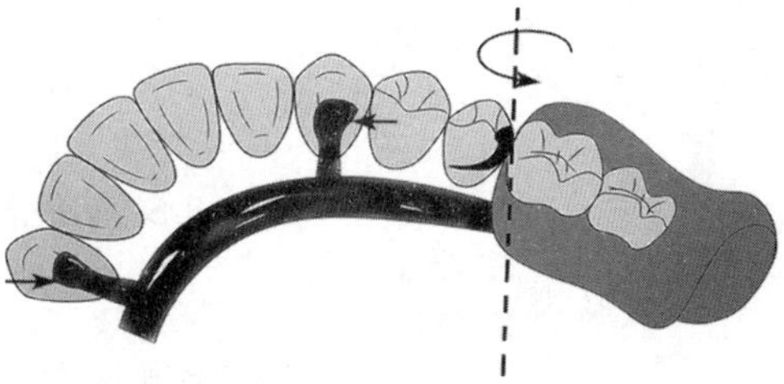

图 2-31　防止义齿水平向摆动

（4）防止义齿转动：义齿受水平侧向力产生义齿基托沿纵线支点线转动，同时还会造成末端基牙颊舌向倾斜移动，对基牙牙周组织造成损伤。此时在牙弓的两侧安置尖牙指支托可防止义齿基托的转动（图 2-32）。

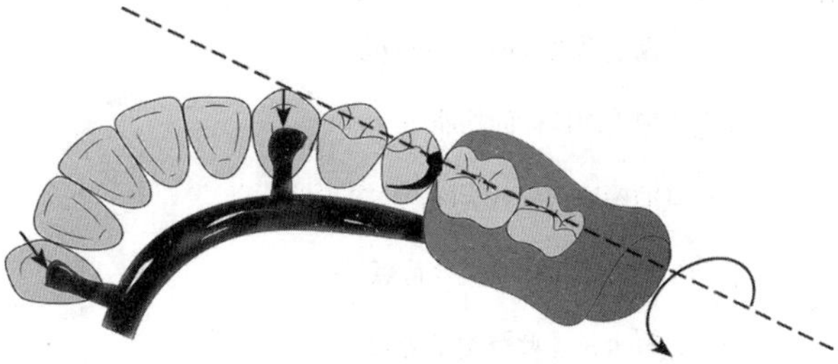

图 2-32　防止义齿水平向旋转

（5）分散𬌗力，减轻基牙负担：义齿承受的𬌗力通过连接体可传导到间接固位体，使其与基牙共同承担𬌗力。

2. 间接固位体的种类　常用的间接固位体有：尖牙舌隆突上安放的指支托；切牙远中或近中的切缘处安置的切支托；前磨牙和磨牙𬌗边缘嵴处的𬌗支托。此外，临床上，一些特定部位的义齿组成部分亦具有间接固位作用。

3. 间接固位体的设计　义齿间接固位体的放置和支点线密切相关。原则上间接固位体到支点线的垂直距离应大于或等于基托游离端到支点线的垂直距离。根据杠杆原理，受同样大小的力，力臂越长，力矩越大，因此，间接固位体距支点线越远，对抗转动力越强，支持间接固位体的基牙受力越小，且稳定作用也越好（图 2-33）。

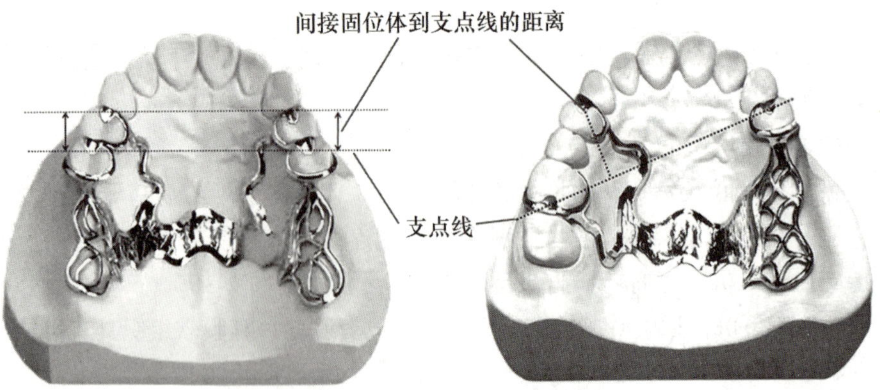

图 2-33　间接固位体与支点线的关系

【任务评价】

详见表 2-5。

表 2-5　可摘局部义齿固位体任务评价

主要测评项目		评价标准	分值 / 分	得分
专业知识掌握程度（50 分）	固位体定义（10 分）	能够准确阐述固位体的定义	8 ~ 10	
		对定义有一定了解但不够准确	4 ~ 7	
		完全不了解固位体的定义	0 ~ 3	
	固位体功能（20 分）	完整且准确地列出固位体的各项功能，并详细说明	16 ~ 20	
		能列出部分固位体的功能但说明不充分	8 ~ 15	
		只能模糊说出固位体的一些功能	4 ~ 7	
		完全不记得固位体的功能	0 ~ 3	
	固位体种类（20 分）	详细且准确地列出各类固位体并说明特点	16 ~ 20	
		能列出部分固位体分类及特点	8 ~ 15	
		只能模糊说出一些分类及特点	4 ~ 7	
		完全不记得固位体的分类及特点	0 ~ 3	
应用能力（30 分）	案例分析（20 分）	能准确运用所学知识分析案例中的固位体选择是否合理，并提出改进建议	16 ~ 20	
		能分析案例中的部分问题，但不够全面	8 ~ 15	
		案例分析有较大偏差	4 ~ 7	
		无法进行案例分析	0 ~ 3	
	实际场景模拟（10 分）	能在模拟场景中正确选择和使用固位体	8 ~ 10	
		固位体的选择和使用有一定问题	4 ~ 7	
		固位体的选择和使用完全错误	0 ~ 3	

续　表

主要测评项目		评价标准	分值 / 分	得分
素质能力（20 分）	专业素养（5 分）	对可摘局部义齿固位体的学习表现出积极的态度和专业精神	1 ~ 5	
	团队合作（5 分）	在小组学习或讨论中，积极参与，与他人合作良好	1 ~ 5	
	责任心（5 分）	对学习任务认真负责，确保学习质量	1 ~ 5	
	创新能力（5 分）	能够提出新颖的可摘局部义齿固位体的设计方案	1 ~ 5	
学生自我评价与反思				
小组评价				
教师评价				
总评成绩				

▶任务拓展

弹性固位体

弹性固位体主要是利用弹性材料的变形来实现义齿的固位。主要用于弹性卡环，一般由高分子弹性材料制成，如尼龙、聚氨酯等，具有良好的弹性和柔韧性。

当义齿戴入口腔时，弹性卡环在基牙上产生弹性变形，进入基牙的倒凹区，从而获得固位力。在咀嚼等口腔功能活动中，弹性固位体能够随着基牙的移动而发生相应的变形，减少对基牙的侧向力，保护基牙和牙周组织。

弹性固位体作为一种新型的可摘局部义齿固位装置，具有对基牙损伤小、美观性好、舒适度高、便于清洁等优点，但也存在固位力相对较弱、耐久性较差、制作工艺复杂等缺点。在临床应用中，需要根据患者的口腔情况和需求，合理选择固位体类型，以确保义齿的固位力和稳定性，提高患者的满意度。

任务四　连接体

任务案例

【案例】

患者，男，45 岁。因意外事故导致上颌右侧 123 缺失。检查：腭部形态较为平坦，口腔卫生状况良好。患者希望通过可摘局部义齿修复缺失牙，恢复美观和咀嚼功能，同时不影响日常的发音和社交活动。

【问题】

1．在为患者设计连接体时，该选择何种类型的连接体？

2．应该如何确定该连接体位置、形态和厚度以确保义齿的强度和稳定性？

【任务分析】

通过扎实的专业知识，对王先生的口腔条件进行细致分析，了解各类连接体，如腭杆、腭板等的性能差异，依据患者腭部平坦、注重美观的特点，选择最适宜的连接体类型。反复模拟、精心设计，避免连接体影响王先生的发音清晰度，降低口腔内的异物感。基于以上分析，探究连接体的类型、设计要点，为王先生设计契合需求的可摘局部义齿连接体修复方案。

【知识链接】

连接体是将义齿各组成部分连接成一个整体，具有传导并分散殆力作用的部件。可以分为大连接体和小连接体两类。

一、大连接体

大连接体（major connector）主要有腭杆、腭板、舌杆、舌板等结构。

（一）大连接体的作用

1．连接义齿各组成部分形成一个整体。

2．传导并分散殆力至其他基牙和邻近的支持组织。

3．减小了基托面积，增加义齿强度，减轻异物感。

（二）大连接体的要求

1．要有一定强度，质地坚韧，不变形，不断裂。

2．不能妨碍唇、颊、舌系带的运动。

3．根据不同位置、受力情况和支持组织健康情况，可呈不同大小、外形和厚度。因连接杆的挠曲变形性随长度增加而加大，因此，连接杆应随长度增加而加厚，杆的边缘应圆钝。

4．不能进入软组织倒凹，以防影响义齿就位和损伤软组织。在上颌硬区、下颌舌隆突及其他骨性突起应作缓冲，以防压迫黏膜。

（三）大连接体的种类

1．腭杆（palatal bar） 根据在腭部的位置不同，可分为前腭杆、后腭杆和侧腭杆（图 2-34）。

（1）前腭杆

1）位置：位于上颌腭皱之后，硬区之前，位于上颌双侧第一前磨牙之间。为了不影响发音，感觉舒适，可向后移至双侧第二前磨牙之间。

2）大小、形态：形态薄而宽，厚约 1mm，宽 6 ～ 8mm。

3）与黏膜的关系：离开龈缘 4 ～ 6mm，与黏膜组织密合而无静压力。

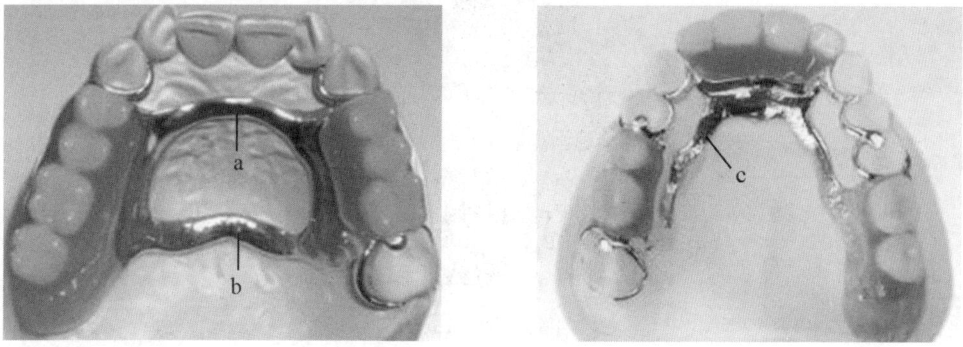

a. 前腭杆；b. 后腭杆；c. 侧腭杆。

图 2-34　腭杆

（2）后腭杆

1）位置：位于上腭硬区之后，颤动线之前，其两端弯向前至第一、第二磨牙之间。

2）大小、形态：形态稍厚而窄，宽约 3.5mm，厚 1.5 ～ 2.0mm。

3）与黏膜的关系：牙支持式义齿，后腭杆应与黏膜密合接触；游离缺失的混合支持式义齿，在杆和黏膜间应留一定的间隙，以防止义齿受殆力下沉时压迫黏膜。

（3）侧腭杆

1）位置：位于上腭硬区两侧。

2）大小、形态：与牙弓平行，宽 3.0 ～ 3.5mm，厚 1.0 ～ 1.5mm，用于连接前后腭杆。

3）与黏膜的关系：离开龈缘 4 ～ 6mm。

2. 腭板　是前腭杆向前伸展至前牙舌隆突之上而形成前腭板；若向左右两侧延伸形成马蹄状腭板（图 2-35A）；若再与后腭杆连接，则呈开“天窗”式腭板（图 2-35B）；若覆盖全腭区称全腭板（图 2-35C）。

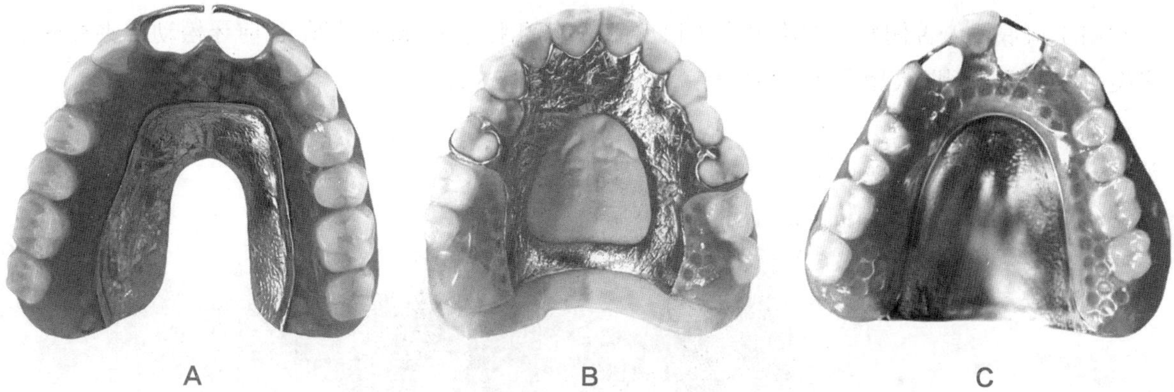

图 2-35　腭板

A. 马蹄状腭板；B.“天窗”式腭板；C. 全腭板。

3. 舌杆（lingual bar）

（1）位置：位于下颌舌侧龈缘与舌系带和口底黏膜皱襞之间，距龈缘 3 ～ 4mm。

（2）形态、大小：厚 2 ～ 3mm，宽 3 ～ 4mm，边缘薄而圆钝（图 2-36）。

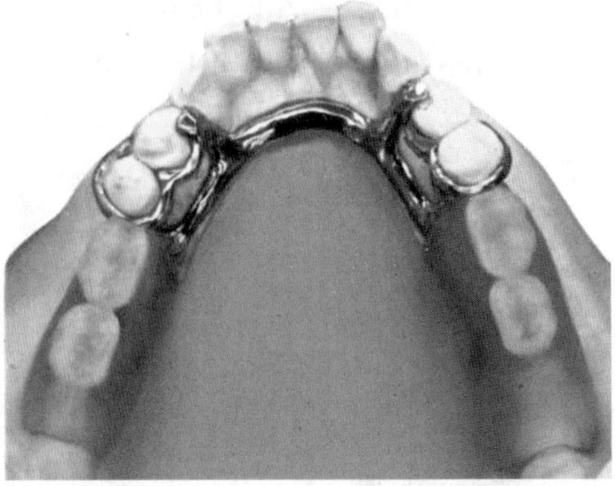

图 2-36　舌杆

（3）与黏膜的关系：舌杆与黏膜的接触关系应根据下颌舌侧牙槽嵴的三种形态而定。垂直型：舌杆应与黏膜平行接触；斜坡型：牙支持式的舌杆可与黏膜接触，混合支持式的舌杆应离开黏膜 0.3 ～ 0.4mm；倒凹型：舌杆应放在牙槽嵴的外形高点线上并与黏膜接触（图 2-37）。

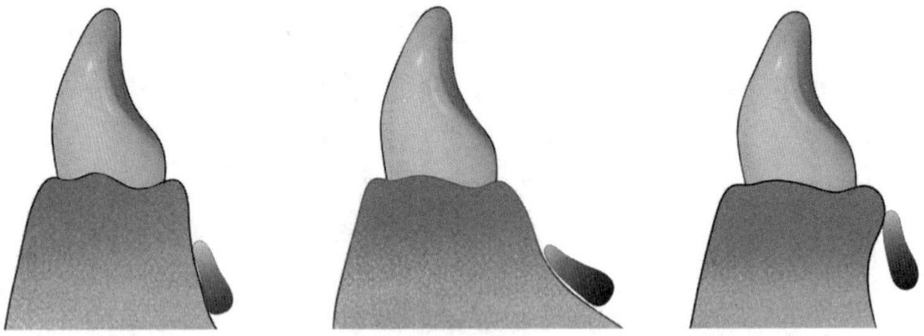

图 2-37　下前牙舌侧牙槽骨的形态与舌杆的关系

A. 垂直型；B. 斜坡型；C. 倒凹型。

4. 舌板　为下颌前牙舌侧板形大连接体，位于舌隆突之上，进入牙间舌侧外展隙，呈扇形波浪状。常用于口底浅、舌侧软组织附着高（口底到龈缘的距离在 7mm 以下）、前牙松动需夹板固定、舌隆突明显、舌侧倒凹大用舌杆不易取得就位道者（图 2-38）。

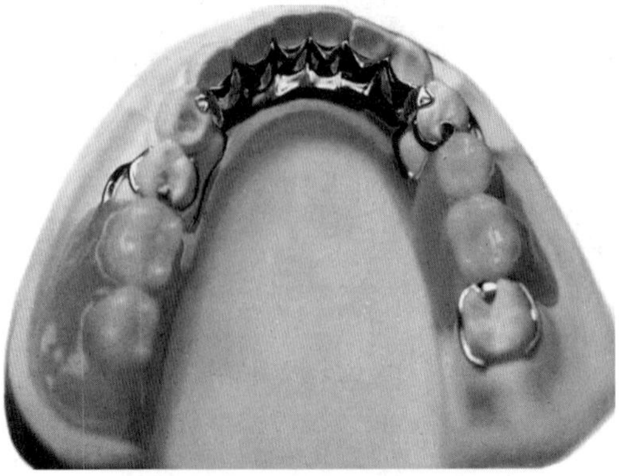

图 2-38　舌板

二、小连接体

小连接体是将可摘局部义齿金属支架上的各个部件与大连接体相连接的部分。应有足够的强度和硬度，表面光滑。与大连接体应呈垂直相连，离开龈缘少许，避免进入倒凹区，以免影响义齿就位。

【任务评价】

详见表 2-6。

表 2-6　可摘局部义齿连接体任务评价

主要测评项目		评价标准	分值 / 分	得分
专业知识掌握程度（50 分）	连接体的定义（10 分）	能够准确阐述连接体的定义	8 ~ 10	
		对连接体的定义有一定了解但不够准确	4 ~ 7	
		完全不了解连接体的定义	0 ~ 3	
	连接体的功能（20 分）	完整且准确地列出连接体的功能，并详细说明	16 ~ 20	
		能列出连接体的部分功能但说明不充分	8 ~ 15	
		只能模糊说出一些连接体的功能	4 ~ 7	
		完全不记得连接体的功能	0 ~ 3	
	连接体的种类（20 分）	详细且准确地列出各类连接体并说明特点	16 ~ 20	
		能列出部分连接体分类及特点	8 ~ 15	
		只能模糊说出连接体的一些分类名称	4 ~ 7	
		完全不记得连接体分类	0 ~ 3	
应用能力（30 分）	案例分析（20 分）	能准确运用所学知识分析案例中的连接体选择是否合理，并提出改进建议	16 ~ 20	
		能分析部分问题，但不够全面	8 ~ 15	
		案例分析有较大偏差	4 ~ 7	
		无法进行案例分析	0 ~ 3	
	实际场景模拟（10 分）	能在模拟场景中正确选择和使用连接体	8 ~ 10	
		连接体的选择和使用有一定问题	4 ~ 7	
		连接体的选择和使用完全错误	0 ~ 3	
素质能力（20 分）	专业素养（5 分）	对可摘局部义齿连接体的学习表现出积极的态度和专业精神	1 ~ 5	
	团队合作（5 分）	在小组学习或讨论中，积极参与，与他人合作良好	1 ~ 5	
	责任心（5 分）	对学习任务认真负责，确保学习质量	1 ~ 5	
	创新能力（5 分）	能够提出新颖的可摘局部义齿连接体的设计方案	1 ~ 5	

续　表

主要测评项目	评价标准	分值/分	得分
学生自我评价与反思			
小组评价			
教师评价			
总评成绩			

▶任务拓展

改良腭板连接体

1. 结构形态　是一种面积较大的板状结构，覆盖部分或全部腭部。它可以根据腭部的形态进行个性化设计，与腭黏膜有更广泛的接触面积，能够更好地贴合腭穹隆的形状。

2. 应力分布特点　能够更均匀地分散咬合力。因为它与腭部黏膜接触面积较大，咬合力可以通过腭板传递到更大范围的支持组织上，使基牙和周围组织所受的应力峰值明显降低。在同样的咬合力下，改良腭板连接体使基牙各部位（如颈部和根尖部）的应力分布更加均匀，减少了应力集中对基牙的损害。

3. 对口腔功能的影响　虽然提供了更好的固位和稳定性，但由于覆盖面积较大，可能在一定程度上影响患者的发音和舌体的运动。不过，经过一段时间的适应，这种影响通常会逐渐减小。

4. 临床适用情况　适合牙列缺损较多、剩余基牙支持力不足、咬合力较大或需要更好的义齿稳定性的患者。比如，在多个后牙缺失甚至伴有前牙缺失，且基牙有一定程度的松动或者牙槽嵴吸收明显的情况下，改良腭板连接体能够提供更强的支持和连接作用，保证义齿的正常使用。

—• 考试知识点总结 •—

—• 项目小结 •—

—• 协和云课堂……　拓展练习及参考答案 •—

（张秀景）

项目三　可摘局部义齿的固位稳定及相关影响因素

教学课件

任务目标

素质目标

（1）具有科学严谨的分析思维，系统剖析可摘局部义齿固位稳定的原理，深入探究基牙条件、卡环设计、基托形态等影响因素的内在联系，在临床实践中精准评估与优化义齿固位效果。

（2）树立精益求精的工匠精神，在处理义齿固位稳定问题时，严格遵循技术规范，注重细节打磨，以高度的责任心和专业态度，确保每一个影响因素都得到妥善考量，保障患者佩戴的舒适性与安全性。

知识目标

（1）掌握：可摘局部义齿固位力的影响因素、可摘局部义齿不稳定的原因。

（2）熟悉：义齿固位性和稳定性设计原则。

（3）了解：倒凹深度和倒凹坡度与义齿固位关系、消除义齿不稳定的方法。

能力目标

（1）能够对患者口腔局部条件进行检查与评估，分析其对可摘局部义齿固位和稳定的影响，并制订合理的诊疗计划。

（2）能够根据患者的具体情况，正确设计可摘局部义齿的固位体和连接体，确保义齿具有良好的固位和稳定性能。

任务一　可摘局部义齿的固位稳定

任务案例

【案例】

患者，男，68 岁。上颌左侧 4567 缺失，右侧 567 缺失；下颌左侧 67 缺失，右侧 567 缺失。余留牙普遍存在不同程度磨耗，其中上颌右侧 3、左侧 34，下颌左侧 45、右侧 45 牙体组织有少量龋坏，尚未累及牙髓。部分余留牙牙龈退缩 2 ～ 3mm，探诊深度 3 ～ 4mm，牙石Ⅱ度，欲行可摘局部义齿修复。

【问题】

1．鉴于患者复杂的牙齿状况，如何通过合理设计可摘局部义齿的固位装置，确保义齿有足够固位力，防止其脱落？

2．考虑到余留牙磨耗、龋坏及牙龈问题，怎样维持义齿在口腔内的稳定性，避免晃动、翘动？

【任务分析】

依据专业知识，全面分析患者的口腔状况。在选择固位体时，要考虑到余留牙的磨耗程度、牙体健康状况、牙周支持能力及义齿稳定对患者咀嚼功能的重要性，分析导致义齿不稳定的因素，采取相应措施，制作出具有良好固位和稳定的可摘局部义齿。

【知识链接】

可摘局部义齿的固位和稳定是义齿发挥良好功能的两个关键因素，它们在义齿的使用过程中发挥着不可替代的作用。固位和稳定相互依存。固位是稳定的前提，只有义齿先固定在口腔内合适的位置，才能进一步考虑其稳定性；良好的稳定作用有利于义齿的固位，同时也有利于义齿咀嚼功能的发挥。

微课：可摘局部义齿的固位

一、可摘局部义齿的固位

可摘局部义齿的固位（retention of RPD）是指义齿在口腔就位后，不因口腔生理功能运动的外力作用而向殆向或就位道相反的方向脱位。抵抗脱位的力叫作固位力。

（一）固位力的组成

义齿的固位力主要为义齿各部件（包括卡环固位体、基托等）与天然牙之间的摩擦力，以及基托与黏膜之间的吸附力、表面张力和大气压力。

1．摩擦力（friction） 是指义齿的各部位和天然牙摩擦而产生的力。主要包括卡环的卡抱作用产生的摩擦力、制锁状态产生的摩擦力、各固位体相互制约产生的摩擦力。

2．吸附力（adhesion and cohesion） 是指两个物体分子之间的吸引力，包括附着力和黏着力。附着力是指不同分子之间的引力，黏着力是指相同分子之间的凝聚力。可摘局部义齿与所覆盖的黏膜之间有一薄层唾液存在。基托与唾液之间、唾液与黏膜之间都有附着力。唾液本身之间有黏着力。附着力和黏着力构成了基托与黏膜之间的吸附力，可以增加义齿的固位力。

3. 表面张力（interfacial surface tension） 是指在义齿基托与唾液之间的液体表面层，由于分子间的吸引力而产生的一种力。

4. 大气压力（atmospheric pressure） 是指当义齿基托与黏膜紧密贴合时，基托和黏膜之间形成的一种负压吸引力。即当义齿基托与黏膜紧密贴合时在基托和黏膜之间形成一个潜在的密闭空间。在这个空间中，外界的大气压力会对基托产生垂直向的压力，从而起到辅助义齿固位的作用。

（二）影响固位力的因素

1. 摩擦力的影响因素

（1）卡环的卡抱作用产生的摩擦力及影响因素：卡环的卡抱作用产生的摩擦力是可摘局部义齿重要的固位力之一。当卡环臂进入基牙倒凹区，对基牙产生环抱力，在义齿受到脱位力时，卡环与基牙之间就会产生摩擦力来对抗脱位力，从而起到固位作用。

1）脱位力的大小和方向：卡环的脱位力越大，义齿的摩擦力越大。

2）卡环的形状和粗细：卡环臂越粗，在相同变形程度下对基牙的正压力越大，摩擦力越大。卡环臂的形状如果设计合理，能更好地贴合基牙，增加环抱力，也会使摩擦力增加。卡环越粗，义齿的摩擦力越大。

3）卡环材料的刚度和弹性限度：卡环材料的刚度和弹性限度越大，义齿的摩擦力越大。

4）基牙倒凹的深度和坡度：倒凹深度适当增大，卡环臂对基牙的正压力增加，摩擦力增大。但倒凹深度过大，会使义齿摘戴困难。倒凹坡度大，在相同的脱位力下，卡环臂对基牙的正压力大，摩擦力大。

（2）制锁状态所产生的摩擦力及影响因素：当义齿就位方向与脱位方向不一致时，会产生制锁作用，形成制锁状态。在这种状态下，义齿部件与基牙或邻牙之间产生摩擦力，这种摩擦力能抵抗义齿脱位，增强固位。

1）制锁角大小：制锁角是义齿就位道与脱位道之间的夹角。制锁角越大，产生的摩擦力越大，固位力越强。但制锁角过大也会导致义齿摘戴困难，可能损伤基牙及周围组织。

2）接触面积和压力：义齿部件与基牙或邻牙之间接触面积越大，并且在咬合力等作用下压力越大，产生的摩擦力就越大。比如在制锁状态下，卡环与邻牙的接触面积大，且受到较大咬合力时，抵抗脱位的摩擦力就会增加。

3）各固位体相互制约产生的摩擦力：在可摘局部义齿中，各固位体相互制约产生的摩擦力有助于义齿的整体固位。

（3）制约状态所产生的摩擦力及影响因素：当多个固位体（如卡环）同时发挥作用时，它们之间相互制约、协同合作。一个固位体受到脱位力作用而产生位移趋势时，其他固位体能够通过相互连接的支架结构等对其产生约束，从而产生摩擦力来对抗脱位力。

1）固位体的分布和数量：适当增加固位体数量可以增强这种相互制约产生的摩擦力，但数量过多会增加患者的不适感，也可能影响口腔正常生理功能，同时还会增加义齿制作的复杂程度。可摘局部义齿一般有 2 ～ 4 个固位体，安置在不同的基牙上。如果固位体分布均匀，能够从不同方向对义齿进行制约，形成更稳定的摩擦力。

2）固位体之间的连接方式：固位体之间通过支架紧密、稳固地连接是很重要的。比如，采用焊接或者精密铸造等高质量的连接方式，能够保证固位体之间良好的协同作用。如果连接不牢固，在受到脱位力时，固位体之间的约束作用就会减弱，产生的摩擦力也会相应减小。

2. 吸附力、表面张力和大气压力的影响因素

（1）基托的边缘封闭：良好的边缘封闭可以阻止空气从边缘进入基托和黏膜之间的空间。如果基托边缘封闭差，空气容易进入，会导致大气压力无法有效发挥作用，进而影响大气压力的固位。

（2）基托与黏膜的密合程度：基托与黏膜贴合得越紧密，形成的密闭空间越好，大气压力的作用就越显著，吸附力也越强，义齿固位效果越好。

（3）基托与黏膜的接触面积：接触面积越大，吸附力、大气压力就越强。所以在制作义齿时，尽量使基托伸展适当，通过增加与黏膜的接触面积来增强固位力。

（4）唾液的质和量：唾液的黏稠度影响内聚力，较黏稠的唾液分子间的内聚力较强，有利于吸附力的产生。适量的唾液能够填充基托与黏膜之间的微小间隙，使二者更好地贴合，并且能保证吸附力的发挥。如果唾液分泌过少，基托与黏膜之间难以形成良好的吸附；而唾液分泌过多，可能会在基托与黏膜之间形成过多的液体层，稀释吸附作用。

（三）调节固位力的措施

1. 增减直接固位体的数目 一般情况下，固位力的大小与固位体的数目成正比。在正常情况下，2～4个固位体即可达到固位要求。

2. 调整基牙的固位形 基牙应选用牙冠有一定倒凹者。可以通过磨改基牙和调节就位道使之达到要求，一般倒凹深度应小于1mm，倒凹坡度应大于20°。

3. 调整基牙间的分散程度 基牙越分散，各固位体间的相互制约作用越强，分散基牙可以起到增强固位的作用。

4. 调整卡环臂进入倒凹区的深度和部位 可以将卡环固位臂安置在不同倒凹深度的位置上，调节固位力的大小。

5. 调整就位道的方向 使基牙倒凹的深度及坡度、制锁角的大小发生改变，即可达到增减固位作用的目的。

6. 选用适宜材料 选用刚性及弹性限度较大的材料以增强固位力。

二、可摘局部义齿的稳定

微课：可摘局部义齿的稳定

可摘局部义齿的稳定（stability of RPD）是指义齿在口内行使功能过程中，保持自身位置的平衡，无翘起、下沉、摆动、旋转等现象。

（一）义齿不稳定的原因

1. 支持组织具有可让性 黏膜具有较强的可让性，这使得可摘局部义齿的游离端在咀嚼过程中易出现龈向的位置移动。

2. 支持组织可让性的差异 基牙与黏膜的可让程度有所不同，上颌硬区与非硬区以及牙槽嵴不同部位的黏膜组织，在可让性方面也存在差异。这些差异会致使放置在基牙上的卡环、支托或者上颌硬区成为义齿翘动的支点，进而破坏义齿的稳定性。

3. 义齿结构中的转动因素 在Cummer分类里，除平面式义齿外，其余三类义齿在特定情况下，会以支点线作为横轴或者纵轴发生转动，这种转动现象会导致义齿的不稳定状态出现。

4. 力的不平衡问题 对于后牙缺失数量较多、余留牙较少的游离端可摘局部义齿，当受到重力或者食物黏着力作用时，由于作用力与平衡力的力矩无法达到平衡，义齿就容易出现翘起等不稳定的情况，从而影响其正常使用。

（二）义齿不稳定的临床表现

1. 下沉 指义齿受合力作用时向黏膜组织下压，混合支持式及黏膜支持式义齿易出现此现象。

2. 翘动 游离端义齿受食物黏着力、上颌义齿重力等作用，游离端向殆向转动脱位，但不脱落。

3. 摆动 指义齿游离端受侧向合力作用而造成的向唇（颊）舌向的摆动。

4. 旋转 指义齿绕纵支点线轴转动。单侧线支承义齿易出现此现象。

（三）义齿不稳定的消除方法

1. 消除支点法（avoid of pivot） 义齿的转动性不稳定如果是由于义齿某些部位的支点造成的，在去除支点后，义齿即可稳定。可摘局部义齿可能存在的支点有两种：一种是殆支托、卡环等在余留牙上形成的支点，另一种是基托或连接体与其下的组织之间形成的支点。一般由人工牙排列在牙槽嵴上的位置不当和咬合关系不当、黏膜厚薄不均、牙槽嵴凹凸不平引起。

2. 平衡法（balancing） 消除转动轴的不稳定需采用平衡法来解决。即采用间接固位体或间接固位装置来解决。它们安装的位置相对支点线而言，应在义齿鞍基所在位置的对侧，而且距离支点线越远，平衡作用越好，义齿的稳定性就越好。

【任务评价】

详见表 3-1。

表 3-1 可摘局部义齿固位和稳定任务评价

主要测评项目		评价标准	分值 / 分	得分
专业知识掌握程度（50 分）	固位和稳定的定义（10 分）	能够准确阐述可摘义齿固位和稳定的定义	8 ~ 10	
		对可摘义齿固位和稳定的定义有一定了解但不够准确	4 ~ 7	
		完全不了解可摘义齿固位和稳定的定义	0 ~ 3	
	固位力影响因素（20 分）	详细且准确地列出可摘义齿固位力的影响因素	16 ~ 20	
		能列出部分可摘义齿固位力的影响因素	8 ~ 15	
		只能模糊说出一些可摘义齿固位力的影响因素	4 ~ 7	
		完全不记得可摘义齿固位力的影响因素	0 ~ 3	
	固位性和稳定性设计原则（20 分）	能根据不同情况准确掌握可摘义齿固位性和稳定性设计原则	16 ~ 20	
		能大致复述可摘义齿固位性和稳定性设计原则但理由不充分	8 ~ 15	
		可摘义齿固位性和稳定性设计有一定偏差且理由不清晰	4 ~ 7	
		无法正确描述可摘义齿固位性和稳定性设计原则	0 ~ 3	

续 表

主要测评项目		评价标准	分值 / 分	得分
应用能力（30 分）	案例分析（20 分）	能准确运用所学知识分析案例中的固位和稳定设计是否合理，并提出改进建议	16 ~ 20	
		能分析案例中部分问题，但不够全面	8 ~ 15	
		对固位和稳定设计分析有较大偏差	4 ~ 7	
		无法进行对固位和稳定设计案例分析	0 ~ 3	
	实际场景模拟（10 分）	能在模拟场景中正确设计出固位性和稳定性良好的可摘局部义齿	8 ~ 10	
		对固位性和稳定性设计有一定问题	4 ~ 7	
		对固位性和稳定性设计完全错误	0 ~ 3	
素质能力（20 分）	专业素养（5 分）	对可摘局部义齿固位和稳定的学习表现出积极的态度和专业精神	1 ~ 5	
	团队合作（5 分）	在小组学习或讨论中，积极参与，与他人合作良好	1 ~ 5	
	责任心（5 分）	对学习任务认真负责，确保学习质量	1 ~ 5	
	创新能力（5 分）	能够提出新颖的可摘局部义齿固位和稳定的设计方案	1 ~ 5	
学生自我评价与反思				
小组评价				
教师评价				
总评成绩				

任务二　生物学与生物力学对可摘局部义齿固位稳定的影响

任务案例

【案例】

患者，女，68 岁。上颌双侧 567 缺失，下颌双侧 4567 缺失。检查发现上颌左侧 34、右侧 34，下颌左侧 345、右侧 345 存在不同程度磨耗，部分牙体表面釉质磨损，牙本质暴露。余留牙牙龈普遍退缩 2 ～ 3mm，探诊深度 4 ～ 5mm，牙龈红肿，有牙结石Ⅱ～Ⅲ度，口腔卫生状况欠佳。来我院口腔科就诊，希望通过可摘局部义齿恢复咀嚼功能。

【问题】

1. 考虑牙体磨耗、牙龈退缩，从生物力学角度分析，义齿受力及分布会产生何种改变，导致哪些固位稳定问题？

2. 针对患者情况，怎样结合生物学与生物力学知识，优化义齿设计，保障其固位稳定且有利于口腔健康？

【任务分析】

患者口腔黏膜菲薄且存在炎症，这极大地降低了其对义齿的耐受性。在义齿佩戴过程中，极易引发疼痛，同时导致义齿移位，严重影响义齿的固位与稳定。从生物力学角度分析，当前义齿在行使功能时，咬合力分布不均。由于患者余留牙存在不同程度磨耗、牙龈退缩等问题，义齿所受的力无法有效分散。秉持科学严谨的态度，应从优化义齿部件设计入手。合理调整基托面积、形状，精准设计卡环等固位装置，以此实现咬合力均匀分散。为患者精心定制修复方案，在确保义齿固位稳定、性能良好的同时，全方位维护患者的口腔健康。

【知识链接】

要使可摘局部义齿既有良好的功能，又有美观的外形，同时还能保护基牙和牙槽骨及黏膜不受较大的损伤，义齿的设计是个非常关键的问题。但是口腔的情况千变万化，因人而异，缺牙数目、余留牙情况、咬合关系及无牙区牙槽骨吸收情况的不一样，均可使义齿的设计复杂化，并增加了设计的难度。要设计一副较为理想的可摘局部义齿，从生物学和生物力学的观点出发，应考虑以下几方面。

一、生物学与可摘局部义齿固位和稳定的关系

（一）基牙的生物学反应

基牙是可摘局部义齿固位稳定的重要基础。基牙牙周的健康状况直接影响义齿的修复效果。

1. 基牙的牙周膜　基牙的牙周膜是感受和传递咬合力的重要组织。健康的牙周膜能准确地感受咬合力的大小和方向，通过神经反射调节咀嚼肌的收缩，保证义齿在功能运动中的稳定。例如，当义齿受到侧向力时，基牙牙周膜的纤维会通过弹性变形来缓冲和分散力，防止基牙移位和义齿松动。

2. 基牙的牙龈　牙龈组织环绕基牙，其健康状况直接影响基牙的稳固性。如果牙龈出现炎症、退缩等情况，会改变基牙的临床牙冠高度和外形，从而影响卡环的固位效果。例如，牙龈退缩后，卡环的固位臂可能会部分暴露，导致其固位力下降。

从生物学角度看，基牙受到卡环等固位体的长期作用力会产生相应的反应。如果固位力过大，会对基牙造成病理性的牙周组织损伤，如引起基牙的松动和牙周膜的损伤。而适当的固位力则有利于维持基牙的健康，同时保证义齿的正常固位。

（二）牙槽嵴黏膜的适应性

口腔黏膜是可摘局部义齿基托的主要承托组织。黏膜的厚度、弹性和韧性在义齿固位中起着关键作用。例如，厚而有弹性的黏膜能提供更好的基托吸附力，其吸附作用有助于义齿的固位。而较薄的黏膜在承受义齿压力时，缓冲能力相对较弱，可能影响义齿的稳定性。

牙槽嵴黏膜会对义齿的压力产生适应性变化。良好的义齿基托组织面形态能够使压力均匀分布在牙槽嵴黏膜上。在初戴义齿时，黏膜可能会出现压痛等不适症状，这是因为黏膜还没有适应义齿的压力。随着时间推移，黏膜会发生改建，在合适的压力下，能够为义齿提供良好的支持，有助于义齿的稳定。如果压力过大，可能会导致黏膜溃疡、牙槽嵴吸收加快等不良后果，影响义齿的固位和稳定。

二、生物力学与可摘局部义齿固位和稳定的关系

（一）力的传导

可摘局部义齿在口腔内会受到咀嚼力等多种力。合理的设计能使这些力通过义齿的人工牙、基托传导到基牙和牙槽嵴黏膜上。比如，在咬合力作用下，人工牙将力传递给卡环和基托，卡环将部分力分散到基牙上，基托将力分散到牙槽嵴黏膜。这要求卡环有良好的弹性，能够缓冲部分力，避免基牙受到过大的冲击力。

（二）固位体受力分析

以卡环为例，在行使功能时，卡环臂会受到脱位力。卡环的形态和材料特性影响其对力的抵抗。如果卡环臂过细或者材料弹性模量不合适，在较小的脱位力作用下就可能变形，导致义齿固位不良。而合适的卡环设计，如合理的卡环臂长度、粗细和进入倒凹的深度，能使卡环在受到脱位力时保持足够的弹性形变来抵抗脱位，同时又不会因为变形过大而损坏基牙。

（三）稳定的力学因素

义齿的稳定性与力的平衡有关。当咬合力分布不均匀时，义齿可能出现翘起、摆动、旋转或下沉等情况。通过合理设计间接固位体的位置和数量，可以形成对抗这些不稳定力的平衡力系。例如，在游离端缺失的可摘局部义齿中，在支点线对侧放置间接固位体，能够有效对抗义齿游离端下沉的趋势，从力学角度增强义齿的稳定性。

三、生物力学在可摘局部义齿设计中的应用

在可摘局部义齿设计中，通过生物力学分析来优化设计，尽可能利用生物力学原理控制义齿在功能负荷下发生的移位，维持修复体的稳定，以利于其在口腔功能活动时发挥良好的功能。

（一）尽量减少非垂直向力

正常情况下，牙列中的每一颗牙都悬吊于牙周膜内。当行使口腔功能活动时，牙齿会受到颊舌方向、近远中方向和垂直方向的力。对于可摘局部义齿来说，基牙除了受到颊舌方向、近远中方向和垂直方向的力，还可能受到扭力或水平向力。其中，基牙能够承受的垂直方向的力量是最大的。所以，在可摘局部义齿设计和制作当中，应当尽量使得咬合力沿垂直方向传递。

1. 船支托的设计

（1）要有合适的长度和宽度，避免产生侧向力。

（2）船支托的底面与支托凹呈球凹接触，避免应力集中。

（3）支托凹底与基牙牙体长轴尽量垂直，使殆力尽量沿垂直方向传递。

（4）近游离端基牙上最好设置近中殆支托，减小对基牙产生的扭力。

2. 人工牙的排列

（1）后牙功能尖要尽量排列在牙槽嵴顶上，使殆力沿垂直方向传递到牙槽嵴。

（2）当牙槽嵴条件较差时，后牙人工牙在选择时可选择半解剖式牙或非解剖式牙，降低牙尖斜度，减小基牙所受到的侧向力。

3. 间接固位体的设置　当游离端缺失时，可摘局部义齿容易出现以支点线为纵轴或横轴发生转动从而产生非垂直向力，这时需要设置间接固位体或增大游离端基托面积来对抗旋转力。

（二）避免出现不利的杠杆作用

杠杆分为三种类型，即一类杠杆（图 3-1）、二类杠杆（图 3-2）、三类杠杆（图 3-3）。

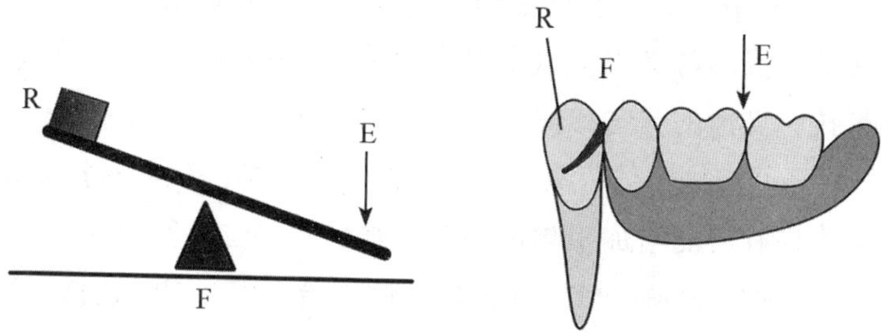

F. 支点；R. 阻力；E 动力。

图 3-1　一类杠杆

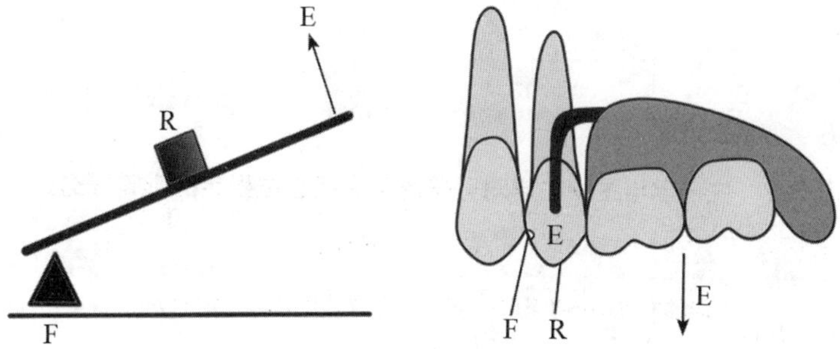

F. 支点；R. 阻力；E 动力。

图 3-2　二类杠杆

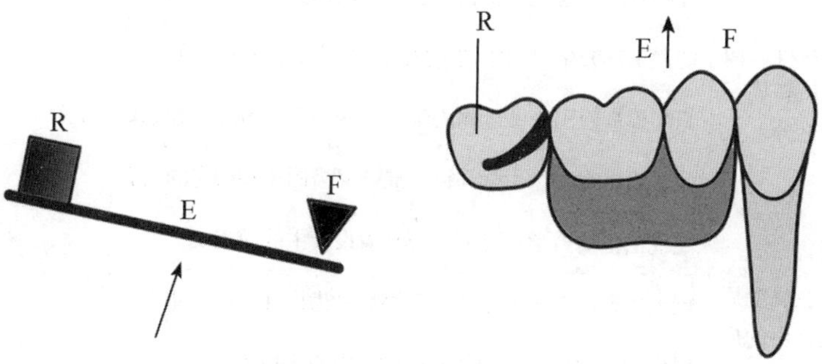

F. 支点；R. 阻力；E 动力。

图 3-3　三类杠杆

杠杆上的支撑点称为支点，杠杆可以绕支点转动。当受到杠杆力作用时，即使可摘局部义齿实际移位量很小，也会对基牙造成很大的损害。

在游离端可摘局部义齿的设计中，近游离端基牙常设置三臂卡环，此时，固位臂卡臂尖端部分位于基牙近中倒凹区，远中𬌗支托起支持作用。当游离端受力时，基托下沉，𬌗支托成为支点，卡环臂给基牙向𬌗方的力量，形成一类杠杆，容易造成基牙损伤。对于游离端可摘局部义齿来说，可以通过设置近中𬌗支托，改变支点位置从而改变卡环的移位方向，减少对基牙的危害。

（三）减少可摘局部义齿的移位

可摘局部义齿的移位分为三种，即龈向移位、𬌗向移位和水平向移位。在很多情况下，义齿的移位可能很小，但基牙上的固位体会使基牙受到杠杆力作用从而对基牙造成损伤。其中，混合支持式可摘局部义齿的移位最明显。可摘局部义齿的移位量与下列因素有关：固位体的刚度和抗扭曲强度，基托下支持组织质量、基托的密合程度和伸展范围，功能负荷大小。

双侧末端游离缺失的可摘局部义齿会以支点线为轴发生旋转。此时，义齿的龈向移位通过𬌗支托和缺牙区牙槽嵴来抵抗；义齿的𬌗向移位通过近缺隙侧基牙上的固位臂、小连接体和支点线对侧的间接固位体来抵抗。对于间接固位体，其距离支点线越远，能提供的对抗脱位的力量就越强。

人工牙排列位置不当也有可能增加咀嚼运动中的水平向移位。所以在人工牙排列时，要保证后牙排列在牙槽嵴顶上，与对颌牙协调一致，无前伸、侧方𬌗干扰，同时选择合适牙尖斜度的人工牙，以减小侧向力，防止义齿水平移位。

【任务评价】

详见表 3-2。

表 3-2　生物学与生物力学对可摘局部义齿固位稳定的影响任务评价

主要测评项目		评价标准	分值 / 分	得分
专业知识掌握程度（50 分）	生物学与可摘局部义齿固位和稳定的关系（10 分）	能够准确阐述生物学与可摘局部义齿固位和稳定的关系	8 ～ 10	
		对生物学与可摘局部义齿固位和稳定的关系有一定了解但不够准确	4 ～ 7	
		完全不了解生物学与可摘局部义齿固位和稳定的关系	0 ～ 3	
	生物力学与可摘局部义齿固位和稳定的关系（20 分）	详细且准确地说出生物力学与可摘局部义齿固位和稳定的关系	16 ～ 20	
		能说出部分生物力学与可摘局部义齿固位和稳定的关系	8 ～ 15	
		只能模糊说出一些生物力学与可摘局部义齿固位和稳定的关系	4 ～ 7	
		完全不记得生物力学与可摘局部义齿固位和稳定的关系	0 ～ 3	
	生物力学在可摘局部义齿设计中的应用（20 分）	能说出生物力学在可摘局部义齿设计中的应用	16 ～ 20	
		能大致说出生物力学在可摘局部义齿设计中的应用	8 ～ 15	
		对生物力学在可摘局部义齿设计中的应用不清楚	4 ～ 7	
		不能说出生物力学在可摘局部义齿设计中的应用	0 ～ 3	

续　表

主要测评项目		评价标准	分值 / 分	得分
应用能力（30 分）	案例分析（20 分）	能准确运用所学知识分析案例中的力学分析是否合理，并提出改进建议	16 ~ 20	
		能分析部分问题，但不够全面	8 ~ 15	
		对案例中的力学分析有较大偏差	4 ~ 7	
		无法进行案例中的力学分析	0 ~ 3	
	实际场景模拟（10 分）	能在模拟场景中正确进行可摘局部义齿力学分析	8 ~ 10	
		力学分析有一定问题	4 ~ 7	
		力学分析完全错误	0 ~ 3	
素质能力（20 分）	专业素养（5 分）	对可摘局部义齿的力学分析表现出积极的态度和专业精神	1 ~ 5	
	团队合作（5 分）	在小组学习或讨论中，积极参与，与他人合作良好	1 ~ 5	
	责任心（5 分）	对学习任务认真负责，确保学习质量	1 ~ 5	
	创新能力（5 分）	能够提出新颖的可摘局部义齿力学分析的思路	1 ~ 5	
学生自我评价与反思				
小组评价				
教师评价				
总评成绩				

▶任务拓展

三维有限元应力分析法

三维有限元应力分析法是一种基于计算机仿真技术的工程分析方法，用于评估复杂结构在受力情况下的应力分布和变形情况。

三维有限元应力分析法的核心是将复杂的连续体分割成有限数量的小单元（称为“有限元”），这些单元通过节点连接。每个有限元内部的物理行为可以用简单的数学模型来描述。通过建立整个结构的有限元模型，并应用适当的边界条件和载荷，可以计算出每个节点上的位移和应力。包括几何建模、材料属性定义、网格划分、边界条件和载荷施加、求解以及后处理。在几何建模阶段，需要创建或导入待分析结构的几何模型。接下来，定义材料的属性，如弹性模量、泊松比等。然后，将几何模型划分为有限元网格，这是进行有限元分析的基础。之后，根据实际工况施加边界条件和载荷，通过求解器计算得到结果，最后进行后处理，提取和分析感兴趣的数据，如应力分布、变形情况等。

三维有限元应力分析广泛应用于机械工程、土木工程、航空航天、生物医学工程等领域。例如，在机械工程领域，可以用来分析机械零件的强度和刚度；在土木工程领域，用于分析建筑结构和桥梁的稳定性；在航空航天领域，用于飞行器的结构设计和优化；在生物医学工程领域，用于模拟人体骨骼和关节的力学行为。

通过三维有限元分析法，可以比较不同基托设计下基牙与缺牙区黏膜的应力分布情况。研究表明分裂式基托设计相比普通基托设计，在垂直集中载荷、水平载荷和斜向载荷下，基牙的 Von Mises 力值均有所下降，且缺牙区黏膜受力更加均匀。这有助于保护基牙，减少其受到的扭转力，同时降低牙槽骨的刺激性吸收。通过三维有限元分析法，还可以优化可摘局部义齿的设计，如调整基托形状、增加连接杆等，以提高其稳定性和固位力，减少对基牙的依赖和损伤，这有助于提高患者的舒适度和咀嚼效率，延长义齿的使用寿命。

考试知识点总结

项目小结

协和云课堂……　拓展练习及参考答案

（李振兴）

项目四　印模与模型制作工艺技术

教学课件

任务目标

素质目标

（1）具有系统全面的工艺认知思维，深入理解印模与模型制作中各关键要素的功能与相互关联，在工艺实施中树立整体观念，确保印模制取与模型制作各环节协同达到最佳效果。

（2）树立精益求精的职业态度，在进行印模与模型制作时，注重细节把控，严格遵循工艺规范，将对最终修复效果负责的理念贯穿每一个操作步骤中。

知识目标

（1）掌握：印模材料的种类和性能、口腔模型材料的定义、种类、使用方法和注意事项。

（2）熟悉：印模及模型的消毒方法。

（3）了解：印模制取的方法和数字化印模系统。

能力目标

（1）能够熟练、准确地为患者制取印模，操作规范，确保印模完整、清晰、准确。

（2）能够利用模型制作的基本技能，制作出符合临床要求的高质量模型。

可摘局部义齿的制作需在口外模型上完成，因此先取得反映口腔内软、硬组织情况的印模，翻制成与口腔形态完全一致的模型，才能保证制作出准确的高质量的义齿。

任务一　印模制取

任务案例

【案例】

患者，女，52 岁，教师。因牙齿缺失影响美观与咀嚼功能，前来就诊要求进行可摘局部义齿修复。口腔检查发现，上颌左侧 456 缺失，右侧 56 缺失。余留牙整体健康状况良好，仅上颌左侧 3、右侧 4 存在轻微磨耗，牙龈色泽正常，无明显红肿及牙周袋，牙齿稳固无松动。

【问题】

1. 针对患者的牙齿缺失情况，怎样选择最合适的印模材料，确保制取的印模精准且完整？

2. 为获得一副准确的印模，在制取印模的操作过程中应注意哪些问题？

【任务分析】

凭借扎实的专业知识，结合患者的具体情况，根据各类印模材料特性，在选择印模材料时，既要保证义齿制作所需的精度，又不能过度增加其经济负担。操作过程中，秉持严谨态度，从印模材料的调拌比例把控，到托盘准确就位，再到印模的取出，都要严格把控每个步骤，力求制作出高质量的印模，为后续的可摘局部义齿修复工作奠定坚实基础。

【知识链接】

印模（impression）是物体的阴模。口腔印模是在临床修复操作中利用托盘和印模材料获得的反映与修复相关的口腔软、硬组织的阴模。在可摘局部义齿的制作过程中，制取印模是必不可少的重要步骤，所取得的印模能否真实反映口腔组织情况与最终修复体的制作精度紧密相关。高质量的印模是翻制精准模型，进而制作精良修复体的重要前提。

一、印模的种类

根据印模制取时患者的开闭口情况，印模可分为开口式印模和闭口式印模；根据印模制取时是否对黏膜加压，印模可分为压力式印模、非压力式印模和选择性压力式印模；根据印模制取的次数，印模可分为一次印模法和二次印模法；根据印模灌注时模型所反映的口腔组织状况，印模可分为解剖式印模和功能性印模。

（一）解剖式印模

解剖式印模是在义齿的软、硬组织处于静止状态下取得的印模，属于无压力印模，灌注的模型仅能反映休息状态下口腔软、硬组织的解剖形态。通常用成品托盘和稠度较小、流动性较好的弹性印模材料一次性取得，制取过程相对简单。它可以准确地反映牙齿和牙槽嵴的解剖形态，据此制作的义齿对牙和周围相关组织均不产生压力。牙支持式和黏膜支持式义齿均可采用这种印模。前者的咬合力主要由基牙承担，基托面积可适当减小，故印模的边缘不宜过度伸展；后者的咬合力主要由黏膜和牙槽骨承担，可适当增大基托面积，故印模边缘宜充分伸展，但应注意避免妨碍附近组织的正常生理活动。

（二）功能性印模

功能性印模是在对不同组织选择性加压的状态下取得的印模，又称选择性压力印模，灌注的模型可以反映患者在船力作用下黏膜的位置和形态。一般采用个别托盘、二次印模法进行制取。适用于混合支持式义齿，特别是牙列缺损类型为 Kennedy Ⅰ类和Ⅱ类的义齿修复。这种义齿在功能状态时，义齿鞍基远中端下沉程度较近基牙端明显，导致近缺隙基牙受到远中向的扭力。但目前还没有一种材料在制取印模时，能够一次性同时取得牙列的解剖外形和缺牙区黏膜在功能状态下的外形。因此，对缺牙区牙槽嵴吸收明显、黏膜及黏膜下组织松软，动度较大的游离端缺失的病例，最好采用压力印模技术，以减少义齿鞍基远中端下沉过多所带来的不良影响。此印模目前临床应用最多。

取印模时，为确保边缘准确需行肌功能修整。肌功能修整是指在制取印模过程中，印模材料尚未凝固前，模仿周围软组织的正常生理活动，对印模进行整塑，使印模既能伸展到黏膜皱襞区，又不致延伸过度而有碍肌功能活动。肌功能修整有主动和被动两种，主动修整为患者自行做一些动作，如大开口、轻轻活动上下唇、伸舌向前并左右摆动、吞咽、鼓腮等；被动修整为操作者帮助患者做一些口腔周围软组织的功能活动，如用手指牵拉患者的唇颊部，在上颌应向前下方向拉动，在下颌应向前上方向拉动。有时亦可主动和被动修整同步进行。

二、托盘

托盘是承载印模材料在口内制取印模的一种工具。要制取一个高质量的印模，选择一副适合患者口腔情况的托盘非常重要。取印模前要根据患者的牙弓大小、形状，缺牙区牙槽嵴的高度和印模材料的不同，选择合适的托盘。

（一）成品托盘

1. 成品托盘的分类

（1）按托盘的结构和使用目的分为全牙列托盘（图 4-1、图 4-2）、部分牙列托盘（图 4-3）、无牙颌托盘（图 4-4）。

（2）按托盘材质分为金属托盘（图 4-2 ～图 4-4）、塑料托盘和金属支架外部涂塑托盘。

（3）按托盘是否有孔分为有孔托盘和无孔托盘。

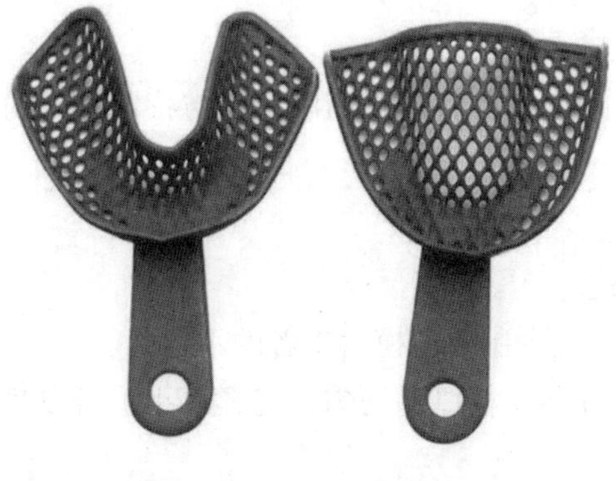

图 4-1　全牙列托盘（金属支架外部涂塑材质）

图 4-2　全牙列托盘（金属材质）

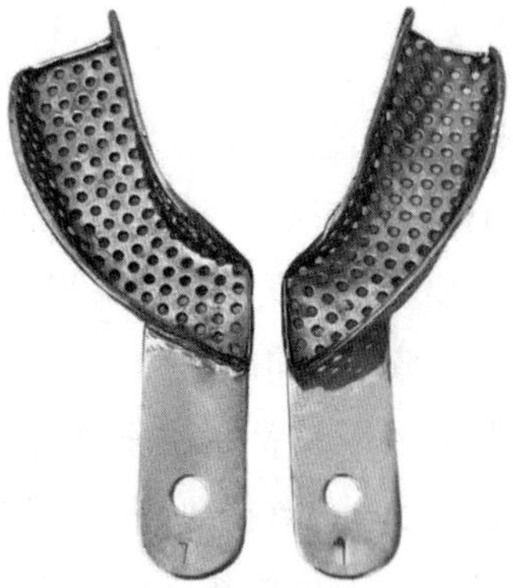

图 4-3　部分牙列托盘（有孔型）

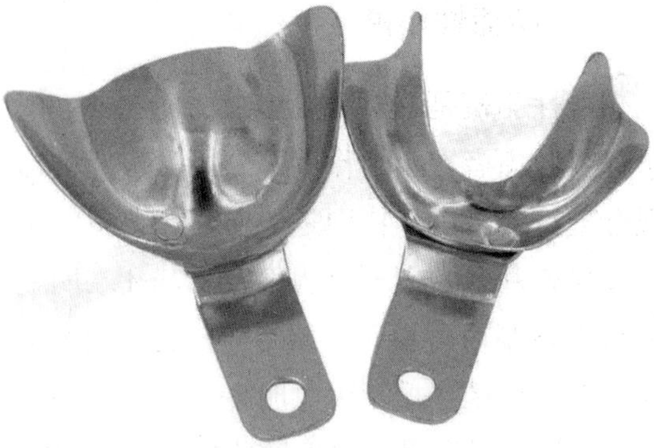

图 4-4　无牙颌托盘

2. 成品托盘的选择要求： 成品托盘有各种大小、形状和深浅的型号，选用成品托盘时，有以下要求。

（1）大小：托盘的大小要合适。其长度应比牙弓长出 4 ～ 5mm，以确保能全部覆盖牙列。上颌托盘后缘应盖过上颌结节和颤动线，下颌托盘后缘应盖过最后一颗磨牙或磨牙后垫；宽度应在牙弓内外侧各有 3 ～ 4mm 的间隙，以容纳印模材料。

（2）高度：托盘的高度要适宜。托盘边缘距离黏膜皱襞约 2mm，不能妨碍唇、颊、舌及口底软组织的功能活动，在其唇、颊系带部位亦应有相应切迹，确保印模取得准确的边缘形态。

（3）形态：托盘的形状要尽量符合牙弓形态，与牙弓内外侧贴合，使印模材料均匀分布。

3. 成品托盘的选择　如果成品托盘某个部位与口腔情况不太匹配，可用技工钳加以调改或用蜡、印模膏添加托盘边缘长度及高度。

（1）若个别后牙缺失，缺隙前后余留牙的𬌗关系正常，且义齿设计仅限于缺失侧牙弓，则可选用覆盖修复体涉及牙位及周围组织的部分托盘。

（2）若双侧后牙游离缺失，且缺隙处牙槽嵴明显吸收，则应选择一种前牙区底平而深，后牙区底浅而为椭圆形的托盘。

（3）采用弹性印模材料取模时，应首选有孔托盘或边缘有倒凹的托盘，若选用无孔托盘时，应在其边缘加蜡或绕贴一圈胶布，以加强印模材料与托盘间的固位，防止脱模。

（4）采用无弹性的印模膏取模时，则应选用光滑无孔、无倒凹的托盘，以便在处理完成模型翻制后的印模时，印模膏与托盘较容易分离。

（二）个别托盘

个别托盘是在用成品托盘取得的研究模型上利用个别托盘材料制作而成的，与特定患者的牙弓和牙槽嵴相吻合的托盘。

1. 个别托盘的优点

（1）用个别托盘制取印模时，就位后稳定，不易移位。

（2）易于进行肌功能修整，与患者的口腔组织吻合，减少制取印模时患者的不适感。

（3）可准确反映义齿基托伸展范围，且托盘内各部分印模材厚度均匀，变形率小，所以最终获得的印模更准确。

2. 个别托盘的制作　由于患者口腔的个体差异，在有些情况下，很难选出一个完全符合某一特定患者情况的成品托盘。若成品托盘不能满足临床印模的要求，则需要制作个别托盘来为患者制取印模。

（1）制作方法一：利用树脂材料在初模型上制作个别托盘。

1）研究模型的制作：先用普通成品托盘为患者制取一副印模，灌注后作为研究模型备用。

视频：数字化个别托盘的制作

2）确定边缘位置：根据操作者对义齿边缘伸展的设计要求，用铅笔在修整后的研究模型上画出个别托盘的边缘位置。一般在有余留牙的部分，边缘应完全覆盖余留牙；在缺牙区，边缘伸展至比前庭沟底短 2 ～ 3mm 处，上颌后缘为翼上颌切迹与腭小凹后 2 ～ 3mm 的连线，下颌后缘盖过磨牙后垫 2/3 处；避让唇、颊舌系带（图 4-5A）。

3）模型填倒凹：用模型观测仪在研究模型上画出余留牙及牙槽嵴等组织倒凹，用蜡或填倒凹材料填去画出的托盘边缘线内部分过大倒凹，使个别托盘戴取顺利（图 4-5B）。之后在模型表面涂布一层分离剂。

4）保留印模材间隙：在研究模型表面铺蜡片，使将来个别托盘与组织之间保留适当印模材的间隙。根据取模时选用的印模材料及压力要求不同，在模型上铺不同厚度的蜡片。一般在余留牙上铺 0.5 ～ 2.0mm 厚的蜡片，而在缺牙区铺 1.0mm 厚的蜡片或不铺蜡片（图 4-5C）。

5）制作终止点：铺完蜡片后，在余留牙的𬌗面、切缘或义齿承托区部位的蜡片上开几个大小约 2mm×2mm 方形小窗作为终止点。但应注意避开设置支托的部位。

6）制作托盘：准备好形态预成的片状光固化树脂，或将面团期普通自凝树脂压成 2mm 厚的片状，在已处理好的研究模型上按压成型，按压时注意范围应超过托盘边缘线，保持各部位厚度均匀，并无皱褶形成。在材料固化前，用锐利的雕刻刀切除超过个别托盘边缘线的多余树脂，并用这些树脂在托盘前部正中部位及下颌托盘后牙区牙槽嵴顶区制作手柄（图 4-5D）。制作时应注意手柄的大小和角度，以不妨碍口唇运动为准。光照托盘或等待托盘固化。

7）打磨修整：材料固化后，从模型上取下个别托盘，检查其组织面、厚度及整体形态等没有问题后，用低速手机和钨钢磨头对托盘进行边缘修整，形成两个小斜面（图 4-5E）。

8）完成个别托盘：在需要肌功能修整的个别托盘的边缘（托盘后缘除外）上放置软化的棒状印模膏后，将其按压就位于研究模型上。印模膏变硬后，用锐利刀具去除多余印模膏并修整托盘外形，使托盘整体厚度、宽度均匀，边缘伸展充分、适度。最后用喷灯将托盘边缘的印模膏表面喷光（图 4-5F）。

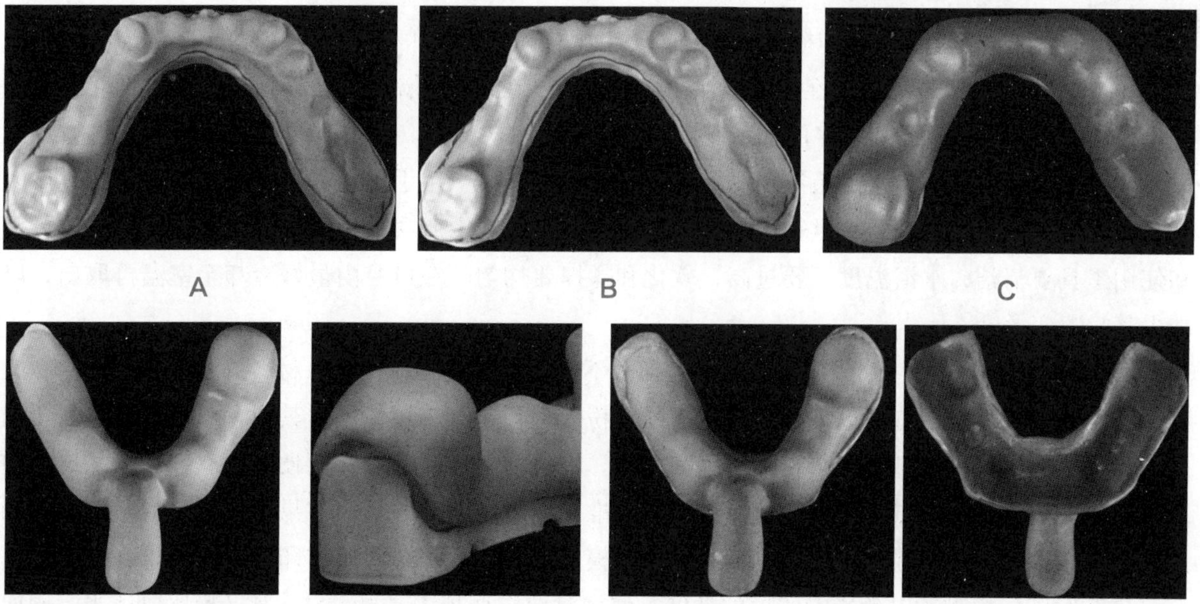

A　B　C

D　E　F

图 4-5　个别托盘的制作

A. 确定边缘位置；B. 模型填倒凹；C. 保留印模材间隙；D. 制作托盘；E. 打磨修整；F. 制作完成。

（2）制作方法二：用印模膏在初印模上制作个别托盘。

1）取适量的完全软化的印模膏，揉捏成型后置于成品托盘中。

2）放入口内按压就位，经主动性或被动性肌功能修整完成印模后，用锐利刀具刮除印模膏以消除牙体及组织倒凹，并通过刮除量控制对组织的压力，一般在缺牙区均匀刮除约 2mm，缓冲部位可适当多刮除。

3）为增加与终印模材料的结合，于组织面刻出多条纵横凹痕或钻出多个固位孔。

三、印模材料

口腔印模是可摘局部义齿修复的基础，要制取精准的口腔印模，除与临床医生操作技术的熟练程度有关外，还与印模材料的选择有关，印模的质量主要取决于印模材料的质量和操作者使用材料的技能。这就需要对印模材料有比较深入的了解。

（一）印模材料的分类

根据印模材料成型后有无弹性，印模材料可分为弹性印模材料和非弹性印模材料；根据印模材料是否可以反复使用，印模材料可分为可逆性印模材料和不可逆性印模材料；根据印模材料凝固的形式，印模材料可分为化学凝固、加热凝固和室温凝固三种印模材料。

（二）印模材料要求

印模材料应具有良好的生物安全性和稳定性、操作过程中有良好的流动性、弹性，具有适当的凝固时间、与模型材料不发生化学反应、灌注模型时不发生变形、操作简便、价格合理等特点。

（三）常用印模材料

常用的印模材料主要包括印模膏、藻酸盐印模材料和硅橡胶印模材料等。

1. 印模膏 印模膏为非弹性、可逆性的印模材料，在口腔中流动性小，印模准确度低，一般不宜作为功能性印模材料，临床多用于制作个别托盘或制取初印模。使用时常将其放入 70℃左右水中均匀软化，最好使用恒温水浴箱控制温度，此时可塑性较好，用手捏均匀后置于托盘中，放入口内按压取模。印模膏还可被放在烘箱内加热软化，可避免材料中所含的重要成分流失。使用时注意手和使用工具要清洁，水浴温度不要过高，软化和揉捏要均匀，在口腔内最好冷却至室温再取出，以减少其收缩变形。

2. 藻酸盐印模材料 藻酸盐印模材料为弹性不可逆的印模材料。因该材料的分散介质是水，又称为水胶体印模材料，有粉剂型和糊剂型两种。粉剂型临床上应用最广，其内含胶凝剂，只需要加水调和即可使用；糊剂型则需与胶凝剂调和使用。该材料的优点是操作简便，富有弹性，从倒凹中取出时不易变形；但缺点是印模的尺寸稳定性和准确性维持时间较短，如果印模放置在空气中时间过长会失水收缩，浸泡在水中会吸水膨胀而使印模变形。因此，对水胶体印模材料要求在完成印模后，应及时灌注模型，以免影响印模的精度。使用时要求调拌工具要清洁、水 / 粉比要适当、同向旋转调拌、调和时间 45 ～ 60 秒，取模后须尽快（最好 15 分钟内）灌注模型。

3. 硅橡胶印模材料 硅橡胶印模材料是不可逆的弹性印模材料，其精度较高，近年来口腔修复临床应用广泛，一般由双组分组成，使用时按比例混合，口腔温度下 3 ～ 6 分钟凝固。该材料具有良好的弹性、韧性和强度，保证了在灌注模型时不会发生变形，同时流动性及可塑性好，永久变形率小，制取的印模精确度高，化学稳定性好，与模型材料不发生化学反应，容易脱模，可以置于 5% ～ 10% 次氯酸钠溶液中消毒而不影响印模的精确性，是目前可摘局部义齿制作中较理想的一类印模材料，取模后在 1 小时内灌注模型。

4. 琼脂印模材料 琼脂印模材料是一种弹性可逆的印模材料，它受热时熔化为液胶，冷却时凝固为凝胶，两者可以相互转化。琼脂印模材料和藻酸盐印模材料相比具有流动性好、精确度高、不易变形、表面再现性和复制精细结构的能力较强等优点，但也存在失水后体积收缩，操作不方便等缺点。琼脂印模材料目前主要用于复模，很少用于制取印模。使用时注意加热和搅拌工具要清洁，同向搅拌防止带入气泡，复模时温度不要太高，取模后尽快灌注模型。

四、印模技术及注意事项

（一）制取印模前的准备

制取印模时，先调整椅位，使患者处于舒适而自然的体位。取上颌印模时，操作者位于患者的右后方，患者的上颌应与操作者的肘部相平或稍高，开口时，上颌牙弓的𬌗平面与水平面约接近平行，以免印模材料后溢刺激咽部，引起恶心。取下颌印模时，操作者位于患者的右前方，患者的下颌应与操作者的上臂中部相平，下颌牙弓的𬌗平面与水平面平行。

（二）制取印模的方法

1. 制取解剖式印模

（1）取上颌印模时，用左手食指或口镜牵引患者左侧口角，右手持盛有印模材料的成品托盘，以旋转方式将其放入患者口内，使托盘柄正对面部中线，左手轻轻牵拉上唇向上前，将托盘由前向后上轻微均匀加压，使其就位。操作者用食指和中指支持在托盘的左右前磨牙区，以保持托盘稳定。在印模材料凝固前，做主动性或被动性的肌功能修整。待印模材料凝固后，先行后部脱位，再沿牙长轴方向取下印模，将印模自口内取出。

（2）取下颌印模时，用左手食指或口镜牵引患者右侧口角，右手持成品托盘旋入患者口内，嘱患者舌尖伸向前上，使托盘就位于正确位置后，嘱患者舌尖左右摆动，以达到主动性肌功能修整的目的，但应注意舌不能过分上抬，否则会破坏印模边缘的准确性。同时操作者进行唇颊侧被动性肌功能修整，待印模材料凝固后，将印模自口内小心取出。

2. 制取功能性印模

（1）制作义齿鞍基区的个别托盘，托盘边缘应离开余留天然牙，在鞍基区上作蜡堤，然后用印模膏取缺牙区咬合时的印模。因取印模时缺牙区的软组织受到咬合力，所以取得的印模下面的黏膜组织已有一定程度的下沉移位。之后修去托盘边缘和伸展到余留牙的多余印模材料，使其留在原位不动。

（2）选一成品托盘，用弹性印模材料，制取整个牙弓及相关组织的印模。此印模即游离鞍基在咬合压力下的功能性压力印模，而余留牙区为解剖式印模。用此印模灌制的模型而制作的义齿，其基托在承受𬌗力时，鞍基不再有下沉或下沉较少，基牙所受扭力亦相应减少，符合基牙的生理功能要求。

（三）制取印模的注意事项

取印模是修复体制作的第一步，直接关系到修复体的精确度，所以要求必须准确无误地反映患者口腔的解剖形态及牙齿缺失情况。在取印模时，应注意以下事项。

1．取印模前，根据要求调整适当的椅位，使患者感觉舒适和便于临床工作者进行操作。

2．选择合适的托盘和印模材料，托盘的大小、形状必须与患者口腔解剖形态一致，并有容纳印模材料的空间，若成品托盘达不到要求时，应制作个别托盘。同时根据具体的修复方法结合患者的要求选择合适的印模材料。

3．在取印模时应该戴医用手套，防止交叉感染。在取印模时要求在印模材料凝固前要进行肌功能修整，在凝固过程中托盘在口腔中保持稳定的位置，同时两侧压力要均匀，避免托盘移动，导致印模不准确。

4．在印模材料凝固后从患者口腔中取出，取出印模时应采用较快且稳定的拉力。在印模从口内取出后，对印模进行检查，检查印模是否完整，有无分层现象，印模表面是否光滑，印模边缘伸展是否足够，主要区域有无气泡、撕裂，印模材料是否与托盘分离等，若不符合要求，需重新制取印模。

5．确认印模取出符合要求后，在灌注石膏模型前清洗印模，以免影响模型的准确性。

（四）印模的消毒

印模是从患者口腔中取出，表面带有患者唾液和血液，病原体附着在印模表面易造成医源性交叉感染，因此需对印模进行消毒处理。印模消毒时首先应使用流动水冲洗表面，然后用化学药物浸泡、喷雾或紫外线等方式杀灭附着在印模表面的病原体。

1．浸泡消毒法 浸泡消毒法是目前最常用的印模消毒方法。常用的浸泡消毒剂有 2% 戊二醛、0.5% 次氯酸钠、聚维酮碘等，浸泡时间一般在 10 分钟左右。临床采用浸泡消毒效果虽好，但不同的消毒剂对印模材料的稳定性、表面的湿润性等会有一定程度的影响，或对托盘有一定的腐蚀，也有可能引起印模和托盘的分离现象等，在消毒过程中应注意。

2．喷雾消毒法 喷雾消毒法也是目前常用的印模消毒方法，主要采取的是聚维酮碘喷雾和 0.5% 的次氯酸钠溶液喷雾，这种方法对印模的稳定性影响较小，但由于口腔解剖的特殊性，这种方法对某些部位有可能消毒不完全。

3．紫外线消毒法 紫外线能够破坏细菌的 DNA 或 RNA 结构，从而达到杀菌的效果。紫外线消毒具有无污染、无残留的优点，但需要注意紫外线的照射时间和强度，以确保消毒效果。

（五）印模完成后的质量检查

印模制取是口腔修复工作者最基本的操作技能，在印模取出后必须进行仔细的检查，如印模是否清晰、完整，表面是否光滑，同时检查是否与托盘有分离，印模内的附件是否有移位或遗失等。在检查印模过程中，多余的部分可以用器械去除，然后用流动水冲洗干净残留的唾液、血液、食物残渣等，检查无误的印模在消毒后要及时灌注石膏模型，防止在空气中失去水分导致印模变形，影响修复体的准确或修复体制作失败等。

五、数字印模系统

随着口腔修复技术的提高，很多品牌推出了椅旁数字化印模系统，通过口内扫描获取修复体的数字化印模，并将印模用于后续的修复体加工。随着计算机辅助设计和制作技术在口腔医学领域中的广泛应用，口腔数字印模技术逐渐成为口腔修复学设备发展的热点之一，使得口腔印模的数字化成为计算机辅助修复的核心部分。数字化印模系统对于全牙列的印模制取有一定优势，但在可摘局部义齿修复治疗中，牙列缺损的范围超出一个象限或多数牙缺失时，数字化印模系统的表现则有待改善。

【任务评价】

详见表 4-1。

表 4-1　可摘局部义齿印模制取任务评价

主要测评项目		评价标准	分值 / 分	得分
专业知识掌握程度（50 分）	印模的定义及种类（20 分）	能够准确阐述印模的定义和分类	16 ~ 20	
		对印模的定义和分类有了解但不够准确	8 ~ 15	
		只能简述部分印模的定义和分类	4 ~ 7	
		完全不了解印模的定义和种类	0 ~ 3	
	印模材料的种类和选择（20 分）	详细且准确地列出各类印模材料的种类和选择方法	16 ~ 20	
		能说出部分印模材料的种类和选择	8 ~ 15	
		只能模糊说出一些印模材料的种类和选择	4 ~ 7	
		完全不记得印模材料的种类和选择	0 ~ 3	
	印模的制取方法（10 分）	能准确描述印模制取方法和操作步骤	8 ~ 10	
		能大致描述印模制取方法和操作步骤	4 ~ 7	
		无法正确描述印模制取方法和操作步骤	0 ~ 3	
应用能力（30 分）	案例分析（20 分）	能准确运用所学知识分析案例中的印模制取是否合理，并提出改进建议	16 ~ 20	
		能分析部分问题，但不够全面	8 ~ 15	
		分析有较大偏差	4 ~ 7	
		无法进行案例分析	0 ~ 3	
	实际场景模拟（10 分）	能在模拟场景中正确进行印模材料和工具的选择，并完成印模制取	8 ~ 10	
		选择和使用有一定问题	4 ~ 7	
		完全错误	0 ~ 3	

续　表

主要测评项目		评价标准	分值 / 分	得分
素质能力（20 分）	专业素养（5 分）	对可摘局部义齿印模的制取学习表现出积极的态度和专业精神	1 ~ 5	
	团队合作（5 分）	在小组学习或讨论中，积极参与，与他人合作良好	1 ~ 5	
	责任心（5 分）	对学习任务认真负责，确保学习质量	1 ~ 5	
	创新能力（5 分）	能够提出新颖的可摘局部义齿印模制取的方法	1 ~ 5	
学生自我评价与反思				
小组评价				
教师评价				
总评成绩				

任务二　模型制作

任务案例

【案例】

患者，女，52 岁，教师。因牙齿缺失影响美观与咀嚼功能，前来就诊要求进行可摘局部义齿修复。口腔检查发现，上颌左侧 456 缺失，右侧 56 缺失。余留牙整体健康状况良好，仅上颌左侧 3、右侧 4 存在轻微磨耗，牙龈色泽正常，无明显红肿及牙周袋，牙齿稳固无松动。

【问题】

1. 为保证后续修复体的制作效果，为该患者灌注模型时应注意哪些问题？
2. 判断该病例的模型是否合格的标准有哪些？

【任务分析】

在选择模型材料时，需全面权衡性能与成本。优质材料可保障模型质量，也需考虑患者经济承受力，复制口腔结构需要精湛的技艺，以及专业专注的精神。从材料调和、灌注到模型修整，每个环节都要高标准、严要求，精确呈现基牙形态，以精益求精的态度，为患者打造优质义齿修复基础。

【知识链接】

模型即物体的阳模。口腔模型是指在口腔印模内用某种模型材料灌注而成的，脱模后能够完整再现与修复相关的口内余留牙及相应软、硬组织形态结构的阳模。可摘局部义齿就是在模型的基础上制作完成的。在义齿制作过程中，模型的任何破损和磨损都可能影响修复体的精确性。

一、模型的基本要求

1．模型应能反映口腔软、硬组织的精细解剖结构，尺寸稳定精度高，表面清晰无缺陷。

2．模型的范围大小应符合修复体制作的要求。

3．模型应有一定的形状和厚度。模型的基底面与殆平面大体平行，侧壁与基底面垂直，最薄处不少于 10mm，边缘宽度 3 ～ 5mm（图 4-6）。

4．模型表面硬度高，能耐受修复体制作过程中的磨损，且抗压强度较大。

5．模型表面光滑，容易脱模。

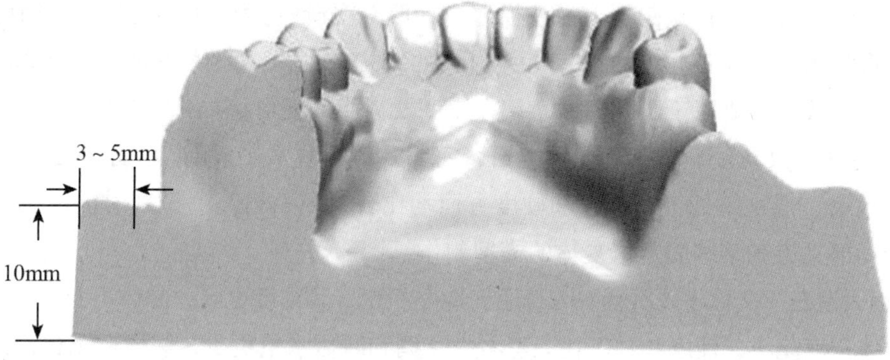

图 4-6 模型厚度及形状要求的剖面示意图

二、模型的类型

根据模型的不同作用，可分为研究模型、工作模型、记存模型和复制模型。

（一）研究模型

研究模型指在制订工作计划之前制取的、用于制订诊疗计划和设计修复体的模型。主要用于较复杂的牙列缺损设计以及殆重建治疗设计。

（二）工作模型

工作模型指用来制作各种修复体的模型，包括在可摘局部义齿制作流程中用不同材料翻制而成的模型。

（三）记存模型

记存模型指在治疗前后用来对比治疗效果的模型，一般用于正畸治疗及美容修复治疗的病例。

（四）复制模型

复制模型主要是制作代型，用于带模铸造，或是保留原有的模型，以用于修复体的精确性检测和修整等。

三、模型材料

（一）模型材料要求

有良好的流动性和稳定性、有合适的凝固时间、模型体积变化小、精确度高、模型材料抗压强度大、硬度高等性能。

（二）常用模型材料

目前修复临床常用的模型材料主要包括普通熟石膏、普通人造石和高强度人造石等。

1. 普通熟石膏 普通熟石膏由生石膏经开放式加热脱水煅烧而成。临床使用时，先将水放入橡皮碗内，再按照合适的水 / 粉比逐渐放入石膏粉进行调拌。临床上以石膏全部浸湿，没有多余的水为准。均匀搅拌约 1 分钟，在振荡器上灌注模型。一般 15 分钟初凝，1 小时基本凝固可以脱模，24 小时后石膏强度最大。由于调拌时混水率大，材料的结构疏松，结晶体间的相互胶结现象少，材料的硬度和强度均较低。主要用于研究模型、记存模型及树脂基托可摘局部义齿的工作模型的灌制。

2. 普通人造石 又称硬质石膏，是由生石膏密闭式加热脱水制成的。由于该工艺脱水均匀，纯度较高，结晶致密，混水率低，在强度和硬度方面均比普通熟石膏高。调和时需水量减少，可用于金属支架可摘局部义齿和某些固定修复体的模型制作。

3. 高强度人造石 又称超硬石膏。与普通人造石相比，其纯度更高，晶体不变形，混水率比人造石低，凝固时体积变化小，硬度和强度比人造石大。调和时需水量更少，一般用于精密铸造的义齿的模型制作，如较大型的固定桥、较复杂的各种嵌体、冠、精密附着体义齿、金属支架可摘局部义齿等。

四、模型的灌注及修整技术

模型的制取是义齿修复过程中极为重要的操作步骤。在取得准确印模后，应及时用熟石膏、硬质石膏或超硬石膏等模型材料进行灌注，以获得精确的、高质量的工作模型。

（一）模型的灌注方法

1. 一般灌注法 指制取印模后不做处理，按正确的水 / 粉比混合并调拌均匀的模型材料直接灌注模型。灌注时，为了使模型材料均匀流入到印模的各部并减少气泡形成，一般将模型置于专用振荡器上，用手固定。也可不使用振荡器，仅用手轻轻振荡，灌注模型。此方法操作简单、省时，但经验不足者可能造成灌注不全或出现气泡等现象，影响模型质量。

2. 围模灌注法 用蜡条和蜡片等沿着印模的边缘将印模围绕起来，称为围模。先在距印模边缘处，用直径 3 ～ 5mm 的黏蜡条将印模包绕一周。对于下颌印模则需在舌侧包绕黏蜡条后，再用蜡片封闭相当于口底的位置。然后用蜡片沿黏蜡条外缘垂直围绕印模，使蜡片边缘高于印模最高点以上 10mm。用蜡封闭黏蜡条与蜡片间的间隙（图 4-7）。将完成围模后的印模置于专用振荡器上，用

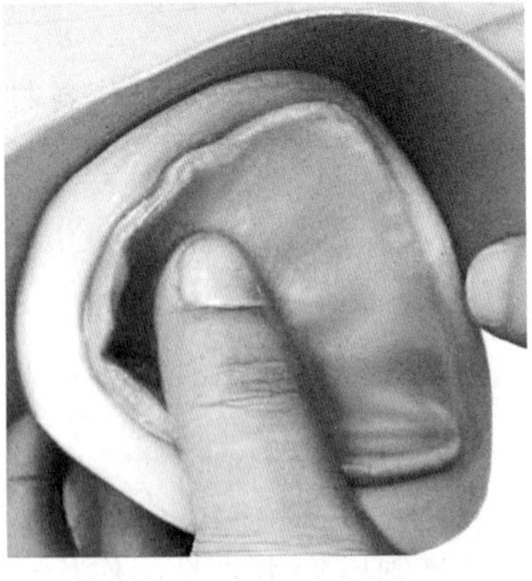

图 4-7 围模灌注法示意图

调拌好的模型材料进行灌注。此方法灌注制成的模型厚度适宜、外观整齐、方便义齿制作，但操作复杂、费时。

3. 分段灌注法　指仅在印模组织面灌注硬质石膏或超硬石膏，而其他部分用普通熟石膏灌注的方法。此方法既可保证模型工作面的强度和硬度，又可节省材料，降低成本。但需注意应在超硬石膏未完全凝固前灌注普通熟石膏，以免分离模型时二者分开。

（二）灌注与获取模型技术

1. 灌注模型技术　按产品说明中水 / 粉比与调和时间调拌模型材料，在专用振荡器上自一个位置逐渐灌注，特别是余留牙的牙冠处避免混入气泡，对于牙冠以外的部分也需要边振荡边灌注。在余留牙及牙槽嵴部充满石膏后，再在上部加石膏，然后将印模翻转过来，平放在玻璃板上，用石膏调拌刀将周围石膏刮平，模型的远中部分一定要加够石膏，下颌的舌侧也要刮平。模型咬合面与模型底部的厚度：下颌为 3.5 ～ 4.0cm，上颌为 4.0 ～ 4.5cm。

2. 分离获取模型　根据不同的印模材料分别采取不同的脱模方法。待模型材料充分凝固后，一般是灌注模型 1 ～ 2 小时脱模比较合适，先拆除围模蜡片和蜡条，在确保余留牙不折断的前提下，谨慎地按托盘取戴方向取下托盘和印模材料。如遇有牙齿倾斜、缺牙或孤立牙等，脱模时先去掉托盘，将印模材料分段后完整取出模型。如石膏凝固后没有及时脱模造成脱模困难，可将模型和印模托盘放在热水中 15 ～ 20 分钟后再脱模。

（三）修整模型技术

用石膏模型修整机（打磨机）对模型进行切割或修整。修整时，必须握紧模型靠近砂轮进行加工，以防因抖动而损坏模型，也防止伤到自己。修整后的模型基底面与平面平行，基底面至上颌腭部或下颌口底的厚度为 10mm 左右，模型侧壁与基底面垂直，并确保在黏膜皱襞外有 3 ～ 5mm 的宽度，以保护模型的边缘。基底面的后缘与中线呈直角，上颌模型的后缘应达翼上颌切迹的后方，下颌应处于磨牙后垫的后方，下颌模型的舌侧要修平整。

（四）灌注模型时注意事项

1. 在灌注模型之前，必须对印模进行消毒。

2. 用于调拌模型材料的工具和装置都必须清洁。调拌模型材料时，如有石膏残渣等杂质混入，将影响材料的凝固时间和膨胀率。

3. 严格按模型材料的产品使用说明进行调拌。在调拌过程中发现水 / 粉比不合适，不可再加水或粉继续调拌，应弃之，重新按正确的水 / 粉比进行调拌。

4. 调拌模型材料时搅拌速度不宜过快。否则，不但人为造成气泡增多，还会引起结晶中心形成过多，降低模型材料强度。

5. 不同种类的石膏不可混合使用。因为不同种类的石膏凝固时间各异，混合使用会使模型的质量明显下降。

6. 灌注模型时应从印模的最高点处开始灌注，使模型材料自高处流向四周或自一侧向另一侧灌注，以减少气泡的形成。

7. 不同模型材料灌注模型后所要求的模型分离时间不同。过早从印模中分离模型可致模型的薄弱部分折断。一般普通熟石膏应在灌模后 1 小时、硬质石膏和超硬石膏应在灌模后 6 小时再分离模型。

8. 先去除托盘周围多余的石膏，然后按先前设置的就位道的方向小心地把印模自模型上取下来。

9. 为防止孤立牙折断，可在灌模时事先在印模中该牙的部位，插入小竹签或金属钉以加强该石膏牙的强度。

五、模型的消毒

由于对石膏模型的准确度和强度的要求较高，因而对工作模型消毒时，不但要考虑消毒的效果，还要考虑对模型的强度和表面性能的影响。

（一）浸泡、喷雾消毒法

此法已广泛地应用于印模和模型的消毒，但是浸泡消毒有可能会使模型变形，或导致模型的表面腐蚀、强度降低等现象出现，最终会影响修复体的制作。喷雾消毒法较浸泡消毒法对模型材料表面的影响较小，但存在消毒不完全的情况。

（二）熏蒸消毒法

常用的熏蒸消毒剂是甲醛和戊二醛，这类消毒剂的消毒效果好，对芽孢有一定的杀灭作用，效率高，而且对模型表面影响极小，但由于毒性和刺激性较大，在消毒过程中需注意操作者的个人防护。

（三）微波消毒法

微波消毒的特点是快速而均匀的升温，瞬间达到高温，从而达到消毒灭菌的作用，是一种简便、实用的石膏模型消毒方法，同时可以加快石膏模型的凝固和干燥，对石膏模型表面没有影响，是一种高效的石膏模型消毒方法。

（四）臭氧消毒法

臭氧是一种广谱杀菌剂，杀菌效果好，采用臭氧消毒杀菌机对石膏模型消毒必须有足够的消毒时间，一般 30 分钟可达到理想的消毒效果，而且在消毒过程中对石膏模型的表面精确度和强度没有影响。

（五）紫外线消毒法

紫外线是临床常用的消毒方法，具有广谱、便捷、有效的杀菌作用，对石膏模型的表面精确度和强度没有影响。但由于模型外形不规则，表面结构较复杂，会引起消毒不彻底，影响消毒效果，同时由于时间较长使工作效率较低。

上述是石膏模型消毒常用的几种方法，在实际操作中，为了达到更好的消毒效果又不影响石膏各方面的性能，常几种方法联合应用，以达到高效、彻底、理想的消毒效果。

六、模型完成后的质量检查

1. 仔细检查模型表面是否光滑清晰，有无缺陷，确认在无咬合记录的情况下上下颌模型存在咬合接触。

2. 模型的范围大小应符合修复体制作的要求。

3. 模型应有一定的形状和厚度。模型的基底面与𬌗平面大体平行，侧壁与基底面垂直，最薄处不小于 10mm，边缘宽度 3 ～ 5mm。

4. 模型表面有较高的硬度，能耐受修复体制作过程中的磨损，且抗压强度较大。

七、模型变形的原因及分析

（一）托盘选择不当

临床采用成品托盘取印模，往往与患者口腔的解剖有一定的出入，所以在没有合适成品托盘的情况下，应先制作个别托盘，然后用个别托盘取印模，避免印模不准确。

（二）临床操作不当

印模材料的种类很多，临床常用的是藻酸盐类的印模材料，如果在调拌过程中操作不当，也会影响模型的准确性。

1. 材料调拌不当 没有按照材料的比例要求调拌或调拌不均，口腔内操作时间太长等，都可导致取出的印模表面粗糙或局部不清晰、不完整的现象出现。

2. 未行肌功能修整 正确的肌功能修整是制取形态清晰完整印模边缘的主要手段，操作者在印模材料可塑期内没有行肌功能修整或方法不正确，或患者紧张、配合不到位，也无法获得准确的印模和模型。

3. 组织受压不均匀 在取印模时，要求托盘稳定，组织受压均匀，如果两侧压力不均，也会影响印模和模型的准确性。

4. 印模取出时，如印模与托盘分离，在印模检查时被忽略，也会导致印模和模型的不准确。如脱模后没有及时灌注石膏，印模脱水变形，体积收缩，灌注的模型也会不准确。

5. 灌注模型时，水 / 粉比不正确，气泡排出不到位，会造成模型硬度下降和气泡存在等不良后果。在灌注模型后，将模型倒置修整时，压力过大，也会导致模型的不准确。

八、模型保管

制作完成的模型必须妥善地保管，同时附上修复体制作设计单，填写好相关信息，包括取模医师信息、患者信息、取模时间等。然后由医师填写修复体制作设计单上的其余内容。模型和修复体制作设计单是医技交流信息的最主要载体，模型是其中最关键的部分，因此必须妥善保管，直到其送达口腔技师处为止。

【任务评价】

详见表 4-2。

表 4-2 可摘局部义齿模型制作任务评价

主要测评项目		评价标准	分值 / 分	得分
专业知识掌握程度（50 分）	模型的基本要求（10 分）	能够准确阐述模型的要求	8 ~ 10	
		对模型的要求有了解但不够准确	4 ~ 7	
		完全不了解模型的要求	0 ~ 3	
	模型的类型和材料的选择（20 分）	详细且准确地列出各类模型、模型材料的种类和选择方法	16 ~ 20	
		能区分不同模型，能列出模型材料的种类和选择	8 ~ 15	
		只能模糊说出一些模型材料的种类和选择	4 ~ 7	
		完全不记得模型材料的种类和选择	0 ~ 3	
	模型的灌注及修整技术（10 分）	能准确描述模型的灌注、修整方法和操作步骤	16 ~ 20	
		能大致描述模型的灌注、修整方法和操作步骤	8 ~ 15	
		对模型的灌注、修整方法和操作步骤有了解但不准确	4 ~ 7	
		完全不了解	0 ~ 3	
应用能力（30 分）	案例分析（20 分）	能准确运用所学知识分析案例中的模型灌注是否合理，并提出改进建议	16 ~ 20	
		能分析部分问题，但不够全面	8 ~ 15	
		分析有较大偏差	4 ~ 7	
		无法进行案例分析	0 ~ 3	
	实际场景模拟（10 分）	能在模拟场景中正确进行模型材料和方法的选择，并完成模型灌注	8 ~ 10	
		对模型材料和方法的选择有一定问题	4 ~ 7	
		对模型材料和方法的选择完全错误	0 ~ 3	
素质能力（20 分）	专业素养（5 分）	对可摘局部义齿模型的灌注学习表现出积极的态度和专业精神	1 ~ 5	
	团队合作（5 分）	在小组学习或讨论中，积极参与，与他人合作良好	1 ~ 5	
	责任心（5 分）	对学习任务认真负责，确保学习质量	1 ~ 5	
	创新能力（5 分）	能够提出新颖的可摘局部义齿模型灌注方法	1 ~ 5	
学生自我评价与反思				
小组评价				
教师评价				
总评成绩				

—• 考试知识点总结 •—

—• 项目小结 •—

—• 协和云课堂……　拓展练习及参考答案 •—

（董　伟）

教学课件

项目五　模型观测与颌位关系记录

任务目标

素质目标

（1）具有结构化的专业思维体系，能精准完成模型观测中观测线的绘制、基牙倒凹的测定，以及颌位关系的记录，在修复实践中培育全局把控思维，为义齿精密设计提供可靠支撑。

（2）树立精益求精的职业准则，在开展模型观测与颌位关系记录工作时，严格遵循操作规范，紧盯每项测量数据的精确性，将保障患者口腔功能与修复质量的理念贯穿全流程操作环节。

知识目标

（1）掌握：颌位关系记录的概念及确定颌位关系的方法、模型设计的原则、观测线和倒凹的定义。

（2）熟悉：𬌗架的种类及上平均值𬌗架的方法、观测仪的使用和填倒凹的方法。

（3）了解：观测仪的结构和功能。

能力目标

（1）能够独立、精准地运用颌位关系转移的各类工具将颌位关系完美转移至𬌗架上。

（2）能灵活操作模型观测仪，并能依据观测数据为不同修复体方案提供可靠依据。

（3）能够针对颌位关系转移与模型观测中出现的各类问题，提出有效的应对策略。

任务一　模型观测

任务案例

【案例】

患者，男，65岁。因多颗后牙缺失前来就诊。口腔检查发现，患者上颌右侧567缺失、左侧456缺失，余留牙有不同程度的磨耗和牙龈退缩。要求制作可摘局部义齿。

【问题】

1. 面对患者余留牙情况，如何利用模型观测确定最佳就位道，保证义齿固位与稳定？

2. 模型观测后，判断该患者属于哪一型观测线？倒凹区和非倒凹区的分布情况是怎样的？

【任务分析】

对患者多颗牙齿缺失的复杂情况进行全面分析，秉持科学严谨的态度，运用专业知识和技能，细致入微地操作仪器，反复测量和评估，准确获取基牙倒凹数据，从而设计出最合适的卡环类型和位置，确保义齿就位顺利且摘戴方便。

【知识链接】

模型观测是指用连接到模型观测器垂直分析杆上的各种附件，对牙颌模型进行观测分析，通过检查各基牙及软组织的倒凹情况，确定可摘局部义齿的就位道，并用碳标记杆画出各基牙导线的过程。模型观测作为模型设计的重要内容之一，是确定修复治疗计划和可摘局部义齿最终设计的重要条件。

一、观测仪

观测仪是用来分析和检查各基牙、余留牙、缺牙区牙槽嵴及口腔黏膜组织的情况，判断各部位倒凹的大小，来确定义齿共同就位道的一种仪器。使用观测仪对模型进行分析和设计，可以准确地取得义齿的共同就位道，实现临床医师对义齿的合理设计，提升修复效果。

（一）观测仪的结构

不同的观测仪具有不同的结构，但都有共同的构件。观测仪一般由支架、观测台、分析杆及附件组成。

1. 支架　包括基座、支柱、横臂。基座又称平台，表面光滑有利于观测台在其上自由滑动，其上可放置观测台，并在一侧边缘与支柱相连。支柱又称为垂直支柱，位于基座的一侧，垂直于基座，并与横臂相连。横臂又叫水平杆，与支柱相连，与基座平行，横臂的一端上有多个活动关节，便于观测臂在水平方向灵活移动。

2. 观测台　放置在基座上，用来安放和固定模型，有一活动关节，能做旋转，可使台面做前后左右不同方向和角度的倾斜，从而使模型可以向需要的方向倾斜，倾斜度确定后可用台面下的旋钮固定。

3. 分析杆　上端与横臂连接，且与之垂直，可垂直升降，下端附有一夹持器，可固定观测过程中需要的观测用具，分析杆也必须能流畅地进行升降运动。分析杆下面的工具夹用来固定观测仪的附件。

4. 附件　包括测量规、碳标记杆与笔芯鞘、成型刀、倒凹规、蜡刀、锥度规等。

（1）测量规：是使用观测仪操作时，先测量余留牙（特别是基牙）及牙槽嵴倒凹的状况，并用于决定义齿就位方向的直而细的金属棒。

（2）碳标记杆与笔芯鞘：碳标记杆为普通的铅笔芯，描记观测线时安装在分析杆上。为防止笔芯的折断，增加了套管状的金属鞘，称为笔芯鞘。

（3）成型刀：一端为圆柱状金属杆与分析杆连接，另一端为刀刃状，填塞倒凹后，使用成型刀去除过剩的石膏粉等填塞倒凹材料。

（4）倒凹规：是直而细的金属棒，前端带有金属盘，盘缘与金属棒间距有 0.75mm、0.5mm、0.25mm 三种常用规格，用于测量基牙倒凹的深度。

（5）蜡刀：与成型刀相似，用于填塞倒凹后，去除过剩的蜡等填塞倒凹材料。

（6）锥度规：一端为圆柱状金属杆与分析杆连接，另一端为下细上粗的锥形金属杆。锥度通常有 2°、4°与 6°三种规格，使用锥度规消除过剩的填塞倒凹材料，切削面可形成与锥度规相同的角度。

（二）观测仪的作用

观测仪是义齿修复设计中的主要工具，它的使用不仅提高了义齿质量，增强了修复效果，也为临床医师戴牙带来了便利。具体有以下几方面的作用。

1. 有利于正确选择和确定义齿就位道。

2. 有利于制订一个合理的口腔预备计划，包括预备基牙邻面的导平面，基牙外形磨改以利于卡环对抗臂和固位臂的放置等。

3. 有利于描绘观测线。观测线是区分口腔软、硬组织的倒凹区和非倒凹区的分界线，是义齿设计的基础，是卡环、连接体设计和基托伸展范围的依据。不同的观测线类型对应不同的卡环类型，并要求不同的基托伸展范围和不同的连接体位置。

4. 有利于确定基牙邻面是否预备成平行面，作为义齿摘戴的导平面。临床可以通过观测模型，确定预备导平面的部位和范围。

5. 有利于确定基牙的倒凹深度　观测仪的倒凹量规可以测量基牙的倒凹深度，并根据卡环类型、卡环材料、基牙状况、所需固位力大小等因素选择卡环的合适位置。

6. 有利于确定倾斜牙和移位牙的情况，便于修复体外形的设计。

7. 有利于确定牙和软、硬组织干扰区域是需手术去除，还是选择其他就位道来避开。

8. 用于指导个别托盘设计、辅助制作卡环蜡型、指导冠内附着体、冠内支托的放置等。

（三）观测仪的使用方法

对于可摘局部义齿，模型观测仪主要用于观测诊断模型确定最佳就位道，制订一个合适的口腔预备计划和观测工作模型来科学地设计义齿。

1. 口腔预备之前，可以先取诊断模型，并进行观测。将石膏模型固定在观测仪的观测台上，分析杆末端装上测量规，把观测台向各个方向倾斜，分析杆与模型成不同的角度，代表着不同的就位道，分析杆方向即义齿就位道方向。

2. 就位道确定后，把观测台台面下的旋钮拧紧固定，用红笔在诊断模型上标记需要磨改的区域，再用倒凹测量尺测量能够去除的牙体组织量，以不暴露牙本质为准，然后用测量仪上的铣刀切削石膏模型上标记的区域，确定需要磨除牙体的角度和量。

3．取下诊断模型，注意记录模型与所选择就位道的位置关系，记录观测仪上观测台位置的坐标，以确定共同就位道方向，为以后观测工作模型做参考。也可以在模型上确定三个点或平行线，由此建立一个相对于观测仪垂直臂的水平面。然后，根据诊断模型观测的结果进行牙体预备。基牙颊侧应保留一定的倒凹，舌腭侧应尽量消除倒凹；远中游离缺失者，缺失近中应尽量消除倒凹。

4．口腔预备完成后，采取工作模型进行观测。参考诊断模型把工作模型放到观测台上，按照选好的就位道方向固定观测台，在分析杆上安装描记铅笔芯，水平移动分析杆或观测台，使分析杆铅笔芯在基牙及邻牙的所有轴面上画出观测线。此外，还可以使用倒凹量规测量每颗基牙的倒凹深度，填塞倒凹后，可以用铣刀削除多余的材料，也可以使用锥度规削除多余的材料，形成一定的锥度。

二、模型观测确定义齿就位道

视频：模型观测

（一）模型观测的目的

1．确定可摘局部义齿的共同就位道。

2．在基牙上画出导线，并根据导线类型确定卡环的种类。

3．用倒凹测量尺确定并记录基牙倒凹的深度，标记固位卡环臂尖进入基牙倒凹的位置。

4．在软组织上画出导线，明确不利倒凹区，确定基托范围与大连接体的位置，指导个别托盘的设计。

5．通过对研究模型的观测分析，辅助临床医师进行基牙牙体预备工作。

6．标记等高的三点定位标记点，以便对模型进行再观测时恢复模型的原始位置和原始就位道。

7．用于附着体义齿制作时，按就位道方向转移、固定附着体附件。分析杆上安装电动手机后也可用来研磨附着体。

8．用于测量固定桥基牙间的平行性。

（二）确定义齿的就位道方向

牙列缺损的患者，其各个基牙的位置、形态、倾斜度、倒凹及缺牙间隙等情况有差别，并且义齿一般有 2 个或 2 个以上固位体，义齿必须顺着一定的方向和角度，才能在口内就位和取出。可摘局部义齿在口内戴入的方向就是义齿的就位道。

1．选择就位道原则

（1）就位道应便于患者摘戴义齿。

（2）根据义齿的固位需要选择就位道。

（3）根据义齿的稳定需要选择就位道。如果固位和稳定有矛盾时，应首先从义齿的稳定来选择就位道。

（4）选择的就位道不应使义齿与邻牙间出现过大的空隙，尤其在前牙区，否则会影响美观。

（5）在口腔预备时，应根据所设计的就位道，对基牙外形进行必要修整，尽量做到既能满足固位的要求，又能兼顾稳定的需要。

2. 决定就位道的因素

（1）导平面因素：导平面是在基牙邻面预备的用来引导义齿摘戴的平行面。导平面可以引导义齿的坚固部分顺利通过干扰区，使患者顺利地摘戴义齿而不造成义齿本身或与其接触牙齿的损伤，也不会损伤义齿覆盖的软组织。导平面使义齿沿正确的就位道方向摘戴，减小了卡环臂的受力变形，是卡环发挥固位作用的重要因素。

（2）固位区因素：义齿固位区随就位道的变化而变化。在义齿摘戴过程中，固位臂在通过基牙的凸面时受力弯曲，当义齿就位后，固位臂恢复弹性形变，并与固位区接触，起固位作用。在选择就位道时，须考虑义齿的固位以及固位区，使设计的义齿具有合适的固位力。

（3）干扰因素：义齿选择就位道时应不受余留牙和组织的干扰，使其能顺利摘戴，如在选择的就位道上存在干扰，须通过口腔预备或适度填塞倒凹来去除。在口腔准备过程中，可以通过手术、拔牙、调磨牙面或用修复等措施来去除干扰。

（4）美观因素：选择义齿就位道时，应尽量减少金属卡环和基托材料的暴露，使人工牙位于较美观的位置，达到美学效果。通过选择就位道或借助于基牙修复体改变基牙的形态使卡环位于牙面的远中龈向区域，减少金属的外露。如前牙缺失进行局部义齿修复时，美观因素也会影响就位道的选择。因此，通常需要选择一个较垂直的就位道，这样人工牙和相邻的天然牙都不必做过多的磨改，就能达到美观的目的。

3. 确定就位道的方法 可摘局部义齿在口内摘戴必须顺应一定的角度和方向，就位与摘下时的角度相同，但方向相反（图 5-1）。可摘局部义齿至少有 2 颗或 2 颗以上的基牙，各基牙上的固位体必须沿同一方向戴入，义齿方能就位。但由于基牙的位置、形态、倾斜度、倒凹大小及缺牙部位和组织倒凹大小等情况均不相同，所以需要借助模型观测器采用下列方法进行义齿就位道的确定。

（1）平均倒凹法（均凹法）：是通过调整工作模型的倾斜方向和角度，使缺隙两端或牙弓两侧的基牙倒凹被平均分配，保证各基牙均获得有效的固位倒凹的方法。此方法可充分发挥各基牙的固位作用，以及固位体之间的交互对抗作用，有利于义齿的固位和稳定。多用于缺牙间隙多、基牙倒凹大的病例（图 5-2）。

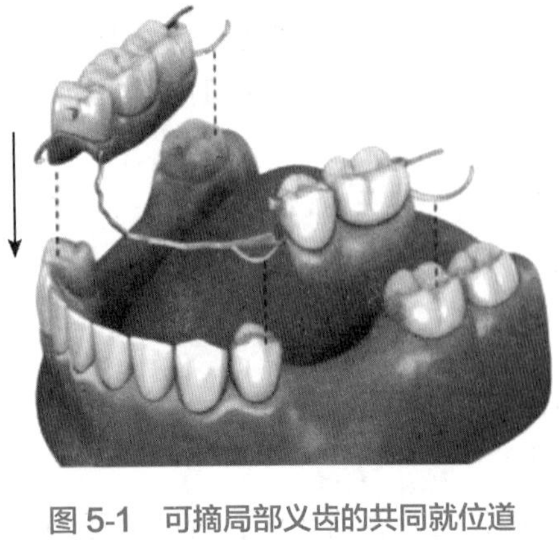

图 5-1 可摘局部义齿的共同就位道

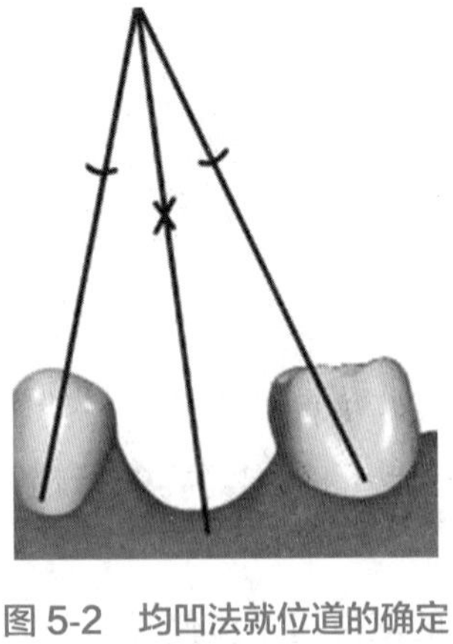

图 5-2 均凹法就位道的确定

（2）调节倒凹法（调凹法）：是根据设计的需要，通过将模型向一侧倾斜，使倒凹集中于缺隙一侧的健康基牙的有利位置。义齿采用斜向就位，可利用制锁作用，增强义齿的固位。此方法也可消除组织倒凹的干扰，有利于基托的伸展（图 5-3）。

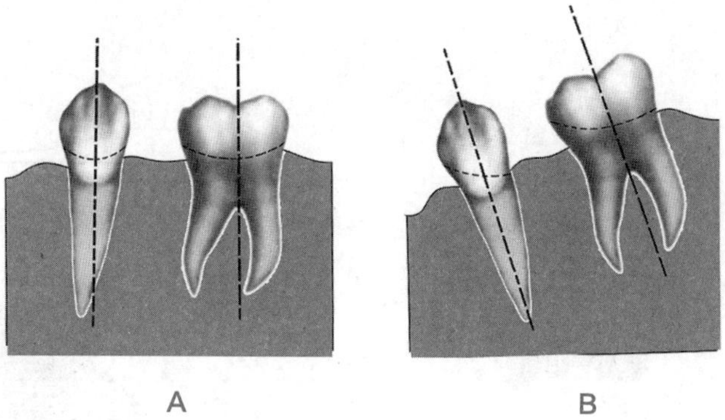

图 5-3　调节倒凹

A. 基牙长轴彼此平行；B. 模型向近中倾斜。

（三）绘制观测线

观测线又称导线，是依据义齿就位道描画出来的，用于区分口腔软、硬组织的倒凹区和非倒凹区的分界线（图 5-4）。观测线用于指导卡环的设计和指明基托边缘可以伸展的范围，根据观测线合理制作的修复体在共同就位道上能顺利取戴。在牙体预备时就应考虑观测线，适当磨改基牙或余留牙，以调节倒凹，确保能合理利用倒凹。

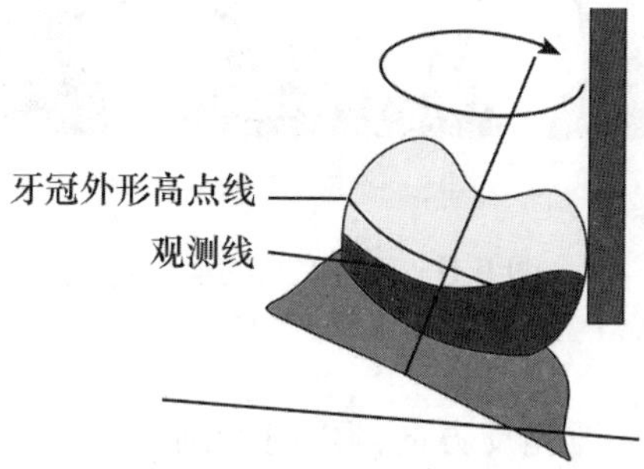

图 5-4　观测线

1. 绘制观测线的方法　将模型安放在观测仪的观测台上，根据所选择的就位道固定模型，分析杆末端装上铅笔芯，并与基牙牙冠轴面轻轻接触，转动分析杆，即可在基牙的轴面上绘出观测线。把观测线延伸到牙龈上，可在笔芯中部触及牙冠轴面时，笔芯的尖端也同时触及牙龈后描绘，明确倒凹标记，利于填塞倒凹。观测仪分析杆的方向代表义齿的就位道方向。观测线并非基牙的解剖外形高点线，它们既有区别又有联系。

（1）区别：外形高点线是一个解剖学概念，它是牙齿的解剖外形高点的连线，不随模型位置、倾斜度、义齿就位道等的变化而变化，每颗牙齿的外形高点是固定的。而观测线不是解剖学概念，它与义齿就位道有关，随义齿就位道的变化而变化，当基牙牙冠有不同程度的倾斜时，观测线的位置也随之改变。

（2）联系：当牙长轴与水平面垂直时，也就是当就位道方向与牙长轴一致时，分析杆围绕牙冠轴面转动一周所画出的观测线与外形高点线一致，此时，外形高点线就是观测线（图 5-5）。也就是说，随着模型向不同方向倾斜，同一基牙可以画出无数条观测线，外形高点线是其中一条。另外，观测线是沿义齿就位道方向的牙体轴面最突点的连线，可以理解为是沿义齿就位道方向的外形高点线。

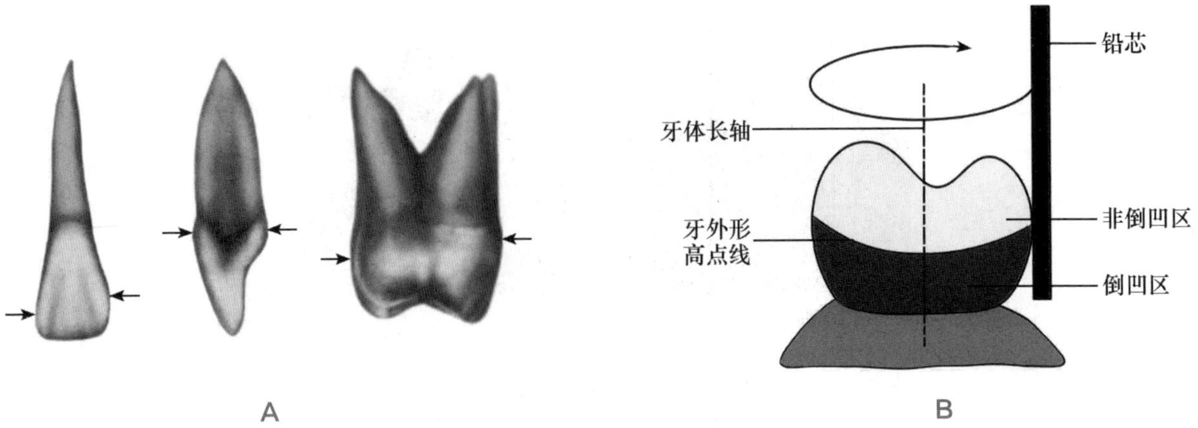

图 5-5　牙冠外形高点及外形高点线

A. 牙冠外形高点；B. 外形高点线。

2. 观测线的类型　设计义齿时，将模型放在观测仪的观测台上，调节观测台，使分析杆与牙列𬌗平面呈现不同的角度，则可描绘出不同的基牙观测线。根据基牙的倾斜方向和倒凹位置，观测线可分为三种不同类型（图 5-6）。

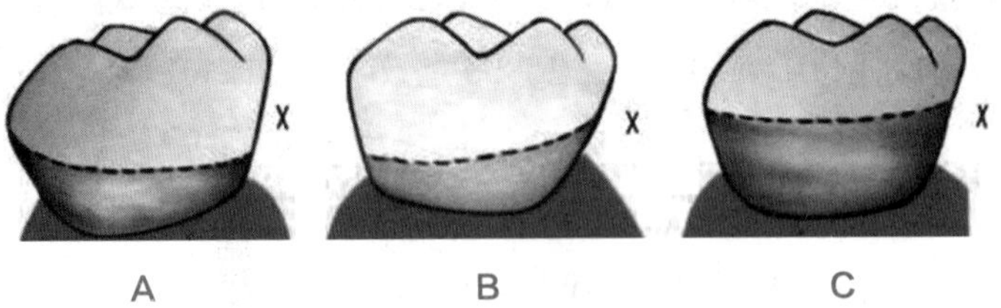

图 5-6　三种类型的观测线

A. Ⅰ型观测线；B. Ⅱ型观测线；C. Ⅲ型观测线。

（1）Ⅰ型观测线：为基牙向缺隙相反方向倾斜时所画出的观测线。此线在基牙的近缺隙侧距𬌗面远，远缺隙侧距𬌗面近，其倒凹区主要位于基牙的远缺隙侧，而近缺隙侧倒凹区小。该类型的基牙上应设计Ⅰ型卡环。

（2）Ⅱ型观测线：为基牙向缺隙方向倾斜时所画出的观测线。此线在基牙的近缺隙侧距𬌗面近，远缺隙侧距𬌗面远，其倒凹区主要位于基牙的近缺隙侧，而远缺隙侧倒凹区小。该类型的基牙上应设计Ⅱ型卡环。

（3）Ⅲ型观测线：为基牙向颊侧或舌侧倾斜时所画出的观测线。此线在近缺隙侧和远缺隙侧距𬌗面都近，倒凹区较大，非倒凹区较小。该类型的基牙上应设计Ⅲ型卡环。

（四）量度倒凹并确定卡环的位置

物体在光源投照方向下的阴影部分，称为倒凹。口腔修复专业所谓的倒凹是用来描述口腔软、硬组织的情况，依据观测线来定义，观测线以上𬌗向部分为非倒凹区，观测线以下龈向部分为倒凹区（图 5-7）。观测模型时，观测仪分析杆、基牙牙面及牙龈组织三者构成的三角形区域即倒凹区。

绘制观测线后，基牙的倒凹区和非倒凹区已经明确。卡环是可摘局部义齿的主要固位部件，其坚硬部分，如卡环体、𬌗支托等应位于非倒凹区，起稳定和支持作用；其弹性部分，如卡环臂应位于倒凹区，起固位作用。

临床上，基牙倒凹是控制卡环固位力的重要因素。设计义齿时应该考虑基牙倒凹深度和倒凹坡度。倒凹深度是指观测器的分析杆至基牙倒凹区牙面间的水平距离。倒凹坡度是指倒凹区牙面与基牙长轴间构成的角度（图 5-8）。在卡环臂的弹性限度内，倒凹深度越大，产生的正压力越大，固位力越强。但对义齿的固位来说，同样深度的倒凹，由于其坡度不同，固位力亦有所不同。在倒凹深度相同情况下，坡度越大，固位力越大。一般倒凹的深度应小于 1mm，倒凹的坡度应大于 20°。

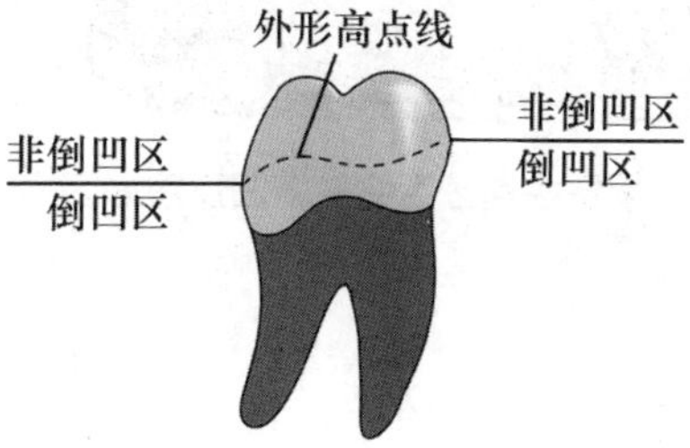

图 5-7　基牙的倒凹区和非倒凹区

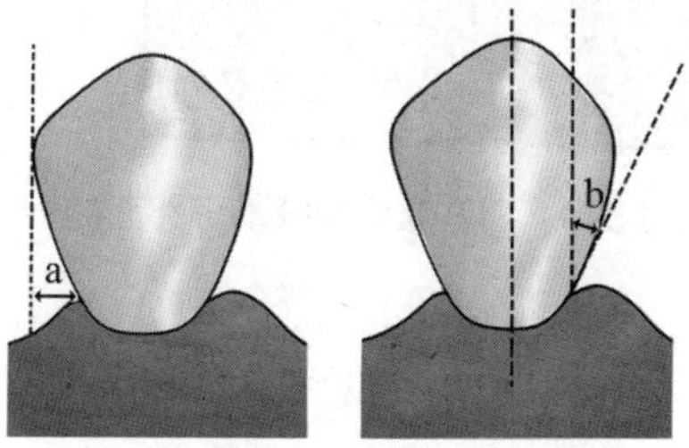

a. 倒凹深度；b. 倒凹坡度。

图 5-8　基牙倒凹的深度和坡度

卡环臂尖进入倒凹的深度需根据具体情况而决定。为了选择与卡环相称的倒凹深度可使用倒凹量规测量基牙倒凹的深度。不同规格的倒凹量规适用于不同类型的卡环。卡环臂的种类和应用的材料不同，其安放的位置也不同，即卡环臂进入倒凹区的深度不同。钴铬合金铸造的卡环臂一般需要 0.25mm 的倒凹深度；圈形卡环臂的固位臂较长，需要的倒凹深度可稍大些；前磨牙较短者，卡环的固位臂只要 0.25mm 的倒凹深度；不锈钢锻丝卡环臂需要的倒凹深度可达 0.75mm；金合金铸造的卡环臂常需要 0.5mm 的倒凹深度；弯制的金合金丝卡环臂常规需要 0.5mm 的倒凹深度。

三、填塞倒凹

为了避免在义齿制作过程中，卡环的坚硬部分、小连接体和基托进入倒凹区而影响义齿的摘戴，同时又不至于形成基托与基牙之间过大的间隙，需要在制作卡环和基托之前，在模型上对基牙、余留牙和黏膜的不利倒凹进行处理，使得修复后的义齿能摘戴自如，避免造成食物嵌塞及对美观的影响。

（一）填塞倒凹的目的

1. 确保义齿能顺利就位，并易于摘戴。
2. 消除义齿基托对牙龈和口腔黏膜的压迫。
3. 避免基托与口内余留牙之间形成过大的间隙。

（二）填塞倒凹的部位

1. 靠近缺隙的基牙、邻牙邻面的倒凹（图 5-9），颊侧不应超出颊轴面角。
2. 基托覆盖区内所有余留牙舌（腭）侧的倒凹及龈缘区（图 5-10）。
3. 妨碍义齿就位的软组织倒凹。

4. 基托覆盖区的骨尖处、硬区及未愈合的伤口。

5. 义齿设计范围内小气泡造成的模型缺损处。

6. 必要时还可填补基牙颊侧部分倒凹，如 RPI 卡环中的 I 杆接触点下方的倒凹。

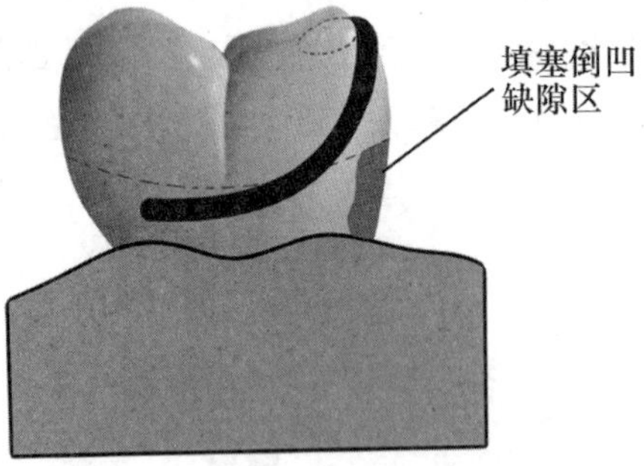

图 5-9 填塞靠近缺隙基牙邻面的倒凹

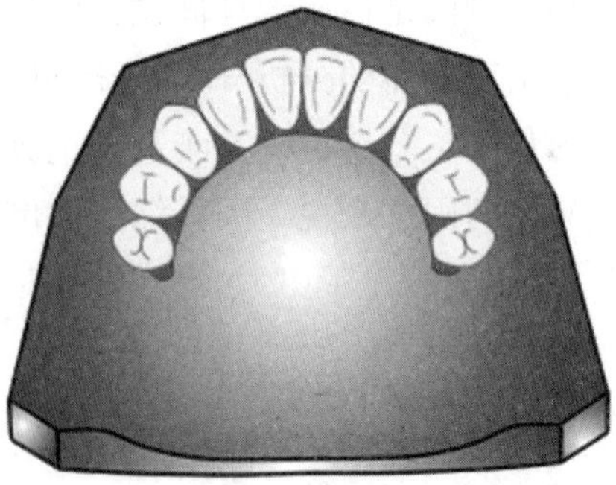

图 5-10 填塞余留牙舌侧的倒凹及龈缘区

（三）填塞倒凹的材料

常用的填塞倒凹的材料有蜡、磷酸锌粘固粉、石膏等。若用石膏填倒凹，最好选用与工作模型颜色不同的石膏，以示区别。

（四）填塞倒凹的方法

1. 器材准备 填补倒凹的器材有粘固粉调拌刀、小橡皮碗、毛笔、清水盆、毛巾、不同颜色的石膏粉和蜡等。

2. 模型准备 先将工作模型浸泡于清洁的水盆中，一般浸泡 10 分钟左右。浸泡时间的长短视模型的干燥情况而定。模型取出后要用毛巾擦干，以利于填补的石膏与模型结合牢固。

3. 填塞过程

（1）先在模型上对要填塞的倒凹区用雕刻刀或车针刻纹。

（2）用粘固粉调拌刀在小橡皮碗内调拌石膏粉，调拌均匀后，用调拌刀挑起适量石膏糊剂填入牙冠轴面与牙龈的两条观测线之间，从龈缘向𬌗方进行填补。填塞牙冠轴面倒凹时，应注意刀面与就位道保持一致。

（3）在石膏固化前用雕刻刀和铣蜡刀刮除多余的石膏粉。不足处再添加，使之完全合适。

（4）用小排笔沿就位道方向，从龈到冠方将石膏刷平。

（5）清除观测线以上非倒凹区和𬌗支托凹内的石膏粉。

（6）石膏初步凝固后进行精修。将模型放回到观测仪的观测台上，按模型的设计原则，顺就位道方向，用带刃的分析杆去除多余的填倒凹材料，但要求适量、适度。也可使用锥度规修整填塞处，牙冠长的基牙采用 2°锥度规；牙冠短的基牙采用 6°锥度规。

4. 注意事项

（1）填倒凹材料不宜过多或过少。若填凹材料过多，义齿虽容易就位，但与天然牙之间留有较大间隙，易造成食物嵌塞，若在前牙区还会影响美观；过少则达不到填倒凹的目的。填倒凹材料的多少可使用模型观测仪的分析杆进行检查确定。

（2）填倒凹材料应终止于观测线之下，这样才能使义齿就位后，支架、基托与天然牙牙冠之间保持接触。尤其是殆支托窝、隙卡沟等处不得填塞，上述各处若有填倒凹材料进入，则必须清理干净。

（3）卡环固位臂进入基牙倒凹区处不得填塞，因为该处为有利倒凹，填补后会影响义齿固位。

（五）缓冲区和边缘封闭处理

义齿基托覆盖区内的骨突、骨嵴或骨尖、未愈合的伤口、上颌隆突、上颌结节、下颌隆突、下颌舌骨嵴等。因其表面覆盖的黏膜很薄，义齿受力时会产生压痛感。故可在模型上的骨突区薄薄地涂一层调拌好的磷酸锌粘固粉予以缓冲。也可采用磨托法来达到缓冲的目的。

当缺牙较多，余留牙较少，主要依靠基托吸附力和边缘封闭作用来加强固位时，应在模型的后缘刮取少许石膏形成后堤区。

【任务评价】

详见表 5-1。

表 5-1　可摘局部义齿模型观测任务评价

主要测评项目		评价标准	分值 / 分	得分
专业知识掌握程度（50 分）	模型观测的相关概念（10 分）	能够准确阐述模型观测的相关概念	8 ~ 10	
		对模型观测的相关概念有了解但不够准确	4 ~ 7	
		完全不了解模型观测的相关概念	0 ~ 3	
	观测线的类型（20 分）	详细且准确地区分观测线的类型及各类型的特点	16 ~ 20	
		能够区分观测线的类型及各类型的特点但内容不够全面	8 ~ 15	
		只能说出部分观测线的类型及其类型的特点	4 ~ 7	
		对观测线的类型及各类型的特点完全混乱	0 ~ 3	
	模型观测的方法（20 分）	能准确应用观测仪、确定合适的就位道画出观测线并填塞倒凹	16 ~ 20	
		能大致知道观测仪的使用方法、确定合适的就位道画出观测线并填塞倒凹	8 ~ 15	
		对观测仪的应用、确定就位道画出观测线并填塞倒凹的方法步骤有了解但不准确	4 ~ 7	
		完全不了解模型观测的过程	0 ~ 3	
应用能力（30 分）	案例分析（20 分）	能准确运用所学知识分析案例中的模型观测是否合理，并提出改进建议	16 ~ 20	
		能分析部分问题，但不够全面	8 ~ 15	
		分析有较大偏差	4 ~ 7	
		无法进行案例分析	0 ~ 3	
	实际场景模拟（10 分）	能在模拟场景中正确进行就位道的选择，并完成模型观测	8 ~ 10	
		对就位道的选择及模型观测存在一定问题	4 ~ 7	
		对就位道的选择及模型观测完全错误	0 ~ 3	

续 表

主要测评项目		评价标准	分值 / 分	得分
素质能力（20 分）	专业素养（5 分）	对可摘局部义齿模型的模型观测学习表现出积极的态度和专业精神	1 ~ 5	
	团队合作（5 分）	在小组学习或讨论中，积极参与，与他人合作良好	1 ~ 5	
	责任心（5 分）	对学习任务认真负责，确保学习质量	1 ~ 5	
	创新能力（5 分）	能够提出新颖的可摘局部义齿模型观测的方法	1 ~ 5	
学生自我评价与反思				
小组评价				
教师评价				
总评成绩				

▶任务拓展

Ⅳ型及Ⅴ型观测线

除正文三种基本类型外，也有学者提出Ⅳ型观测线和Ⅴ型观测线概念。Ⅳ型观测线是基牙向颊侧或舌侧倾斜，基牙的近、远缺隙侧均没有明显的倒凹，倒凹区小而非倒凹区大。Ⅴ型观测线是基牙向缺隙方向或者反缺隙方向极度倾斜，观测线形似对角斜线式。

任务二　颌位关系记录

任务案例

【案例】

患者，男，65 岁。因多颗后牙缺失前来就诊。口腔检查发现，患者上颌右侧 567 缺失、左侧 456 缺失，余留牙有不同程度的磨耗和牙龈退缩。要求制作可摘局部义齿。

【问题】

1. 如何确定该病例的颌位关系？
2. 确定好颌位关系后，该病例的模型上𬌗架时的注意事项有哪些？

【任务分析】

准确获取颌位关系是义齿修复成功的关键。面对患者复杂的口腔状况，要凭借扎实的专业知识和丰富的临床经验，选择合适的方法，严谨细致地进行颌位关系记录，向患者清晰阐释颌位关系记录的重要性，帮助患者顺利完成记录。

【知识链接】

一、确定颌位关系

确定颌位关系是指在口腔修复治疗过程中，准确地找出并记录患者上下颌骨之间相对位置关系的操作。包括确定垂直颌位关系和水平颌位关系。

（一）确定颌位关系的方法

1. 在模型上利用余留牙确定　此法适用于缺牙少，余留牙的上下颌咬合关系正常者。具体方法：将上下颌模型根据㊣面形态相互对合，使上下颌牙达到广泛、紧密的接触，即上下颌牙的正确位置关系。用有色铅笔在上下颌模型的相关位置如牙齿的颊面画对位线，标出关系，便于在义齿制作过程中反复校对关系。

2. 利用蜡㊣记录确定　此法适用于缺牙较多，在模型上难以确定准确的㊣关系，但有可以保持上下颌垂直关系的后牙者。具体方法：将蜡片烤软叠成2层宽约1cm的蜡条，置于患者口内下颌牙列的㊣面上，让患者咬合在多次练习后已经确定的牙尖交错位上。待蜡条硬化后取出，用锐利的刀片修整牙尖印迹以外，尤其是与黏膜接触部分的多余的蜡，再放回口内确认咬合关系正确后，取出蜡㊣记录并准确复位于模型上，对好上下颌模型，即可获得正确的颌位关系。

3. 利用㊣托记录确定　此法适用于因余留牙与缺牙间隙的位置关系、患者的习惯性咬合等导致下颌位置不稳定或缺失牙齿较多的患者，具体如下。

（1）缺失牙多，余留牙少，且余留牙的分布局限于某一区，其他区域不能保持正确㊣关系者。

（2）单侧或双侧游离端缺牙，且每侧连续缺牙两颗以上，上下牙列所缺牙无对颌牙相对者。

（3）咬合紊乱，在口外模型上找不到一个恒定的牙尖交错㊣关系者。

（4）因咬合磨耗等原因致垂直距离过低，需升高咬合者。

（5）上下颌交叉缺牙，对颌牙伸长或缺牙区㊣龈距离过低，修复困难，需升高咬合者。

（6）一颌牙列为无牙颌，另一颌牙列为牙列缺损者。

（7）后牙缺失，前牙覆㊣加深致垂直距离过低者。

记录方法：利用㊣托在口内重新确定垂直距离和正中关系。

（二）㊣托的制作

㊣托作为颌位关系记录的载体，由基托和㊣堤两部分组成。基托（多为暂基托）是㊣托的基底，应与缺牙区牙槽嵴及口腔黏膜紧密贴合，产生一定固位力。㊣堤是位于基托上相当于缺失的牙列及吸收的牙槽嵴部分，反映人工牙的位置、高度和丰满度。制作时应注意避开口内余留牙，由于余留牙的存在使基托形态复杂，更易变形和折裂，因此有时需在特定部位添加增力丝。

1. 暂基托的制作　此基托为暂时性基托，简称暂基托，为记录颌位关系时用，暂基托要有一定的强度和精确度，并且在口腔内就位后不变形。其外形线一般与完成后的义齿一样，有时视情况可设置临时卡环，以增加基托的稳定性。暂基托可用可塑性片状材料应用在模型的缺牙区及大连接体的相应部位来制作，待材料硬化后修整边缘。常用的暂基托材料有基托蜡片、室温固化树脂和光固化基托树脂板。

（1）蜡质暂基托的制作：将双层蜡片烤软粘在一起，轻按蜡片于模型上使蜡基托与模型表面紧密贴合，在舌腭侧基托中埋入增力丝，形状与牙槽嵴的舌腭侧组织面大体一致，靠近上殆托后缘处也要埋入一根横行的增力丝。

（2）树脂暂基托的制作：将模型上的软、硬组织倒凹用蜡填塞消除后，在模型表面涂布一薄层分离剂，取预成的光固化树脂基托板或适量的调拌至胶黏期的室温固化树脂在模型上按压成型，保证基托厚度为2mm左右。去除多余树脂后用光固化灯照射使其固化或待其自然固化。

2. 殆堤的制作 殆堤是代替天然牙及吸收牙槽嵴所占据的空间。通常用操作性能较好的基托蜡片制作，与牙槽嵴顶走向相一致。其尺寸以余留牙的宽度和高度为准。如果无余留牙作参照，则按照全口义齿殆堤要求制作。殆堤在记录上下颌位置关系的同时还可以作为排列人工牙的标准，预测修复后容貌的恢复程度。具体制作过程如下。

（1）根据缺牙间隙的大小，切取宽度适当的基托蜡片。

（2）均匀软化后，自一端卷成蜡条，注意勿卷入气泡。

（3）将软化成型的蜡条置于缺隙处的基托上，用手指捏成大致形态后，用蜡刀将其烫固。

（4）用雕刻刀修整殆堤，使其宽度与余留牙的颊舌径相同，后牙区高度与邻牙边缘嵴等高，前牙区与上颌前牙切缘一致，唇向弯曲同自然牙弓。

（5）用喷灯喷光殆堤表面，完成殆托的制作。

（三）颌位关系记录时的注意事项

1. 记录颌位关系之前，必须反复确认患者的正中关系位及牙尖交错位时口内余留牙间的接触关系，同时确定好垂直距离。

2. 记录颌位关系时，殆托在口内必须稳定，基托部分与黏膜紧密贴合。避免其移位、变形造成结果误差。避免患者下颌前伸或偏斜造成颌位记录错误。蜡片必须充分软化，无阻力，以防咬合力量过大导致基托变形。

3. 确定颌位关系后，要削除牙尖印迹以外的蜡，尤其是与黏膜接触的部分，避免多余的蜡影响模型的对合。

（四）颌位关系记录完成后的质量检查

1. 上下颌暂基托边缘是否到达封闭区，暂基托边缘是否光滑，是否在系带部位进行了避让，是否在伸展区做了适当的伸展，基托与模型是否全面贴合，制作良好的基托在模型上是否有翘动和摆动。

2. 上下蜡堤的位置是否合适，是否牢固地粘在基托上，是否正确恢复了患者的咬合关系，蜡堤的表面是否平滑，垂直距离是否正确。

3. 对于前牙缺失的患者，蜡堤的形态是否与颌弓的形态一致，上下中线是否与面中线一致，蜡堤的突度能否恢复患者的面容。

4. 对于后牙缺失的患者，蜡堤的后部中线与牙槽嵴中线是否一致，多余的蜡是否去除干净。

二、转移颌位关系

转移颌位关系又称上殆架，是在临床确定了颌位关系后，将上下颌模型用石膏正确地固定在殆架上的操作过程。𬌗架（articulator）又称咬合器，是一种固定上下𬌗托和模型的工具，它具备与人体咀嚼器官相当的部件和关节，并能在一定程度上模拟下颌的运动。通常𬌗架由固定上下颌模型的上、下颌体及连接上下颌体的关节结构构成。

（一）𬌗架的作用及意义

1. 转移颌位关系　通过固定患者上下颌模型到𬌗架，能将上下颌高度、颌位关系转移至𬌗架上。还可借助面弓把上颌对颞下颌关节的固有位置关系转移到𬌗架，再依据颌位记录固定下颌部分，确保上下颌模型位置稳定，为后续修复体制作奠定基础。

2. 便于口外操作　全口义齿、可摘局部义齿及固定义齿修复体的排牙、蜡型制作、选磨调𬌗等工序可在口外依托𬌗架进行，利用𬌗架确定和调整修复体咬合接触关系，实现口腔修复体的间接法工艺制作，提高制作精度和效率。

3. 促进形态和功能协调　𬌗架能模拟人体咀嚼器官的结构和功能，使得在𬌗架上完成的修复体戴入口腔后，能与机体在形态和功能上达到协调统一，提升修复效果和患者舒适度。

4. 多种治疗辅助　除用于修复体制作外，𬌗架也是咬合分析、正畸、正颌外科治疗时的关键辅助工具，为口腔医学各领域提供重要支持，有助于优化治疗方案和提升治疗质量。

（二）𬌗架的种类

1. 根据𬌗架的调节性能不同，可将其分为不可调节𬌗架、平均值𬌗架、半可调节𬌗架和全可调节𬌗架。

（1）不可调节𬌗架：结构最简单，上下颌体之间为铰链轴，仅可模拟下颌的上下开闭口运动（图 5-11）。可保持上下颌模型的位置关系及上下牙列的一种咬合接触，但前伸𬌗及侧方𬌗的咬合关系需在口内调磨。一般用于牙体缺损修复，不宜用于牙列缺损及牙列缺失的义齿修复。

（2）平均值𬌗架：上下颌体之间有近似于颞下颌关节的髁球与具有固定倾斜角度的髁槽结构相连接，髁球可在髁槽内旋转和滑动。不仅可模拟下颌的开闭口运动，还能在一定程度上模拟下颌的前伸及侧向运动。该𬌗架的切导斜度及髁球间距离为固定的平均值（图 5-12），但由于不同个体间存在差异，其模拟下颌运动的准确性较差。可用于较短的固定桥、可摘局部义齿及全口义齿修复。

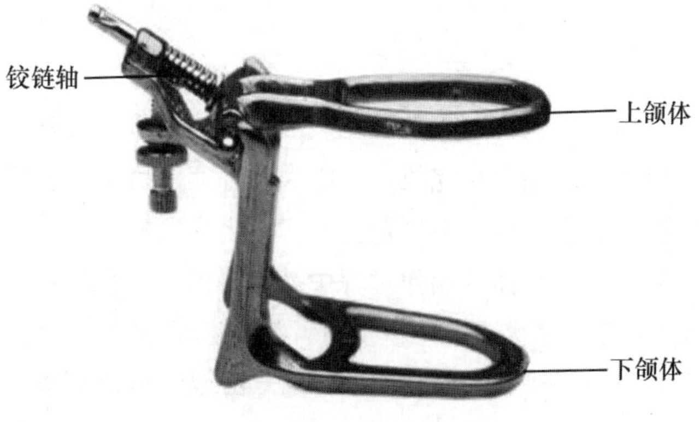

图 5-11　不可调节𬌗架

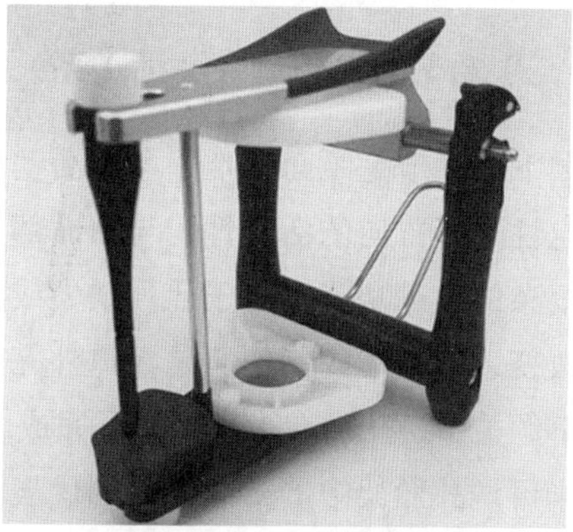
图 5-12　平均值𬌗架

（3）半可调节𬌗架：该类𬌗架均配有面弓，能通过面弓将上颌与颞下颌关节的位置关系准确地转移到𬌗架上。在模拟下颌运动程度上大于平均值𬌗架，其前伸和侧方髁导斜度均可根据患者的实际情况进行调节，可在很大程度上模拟下颌的前伸及侧向运动（图 5-13）。适用于牙列缺损较严重的固定义齿、可摘局部义齿和全口义齿的修复。

（4）全可调节殆架：模拟下颌运动程度比半可调节殆架更精确，除髁导斜度外，殆架的髁球间距亦可调节，也可模拟迅即侧移等下颌运动特征，即可将患者所有的有关参数转移至殆架上（图 5-14）。由于此种殆架结构和操作均复杂，仅适用于全口咬合重建治疗或科研工作。

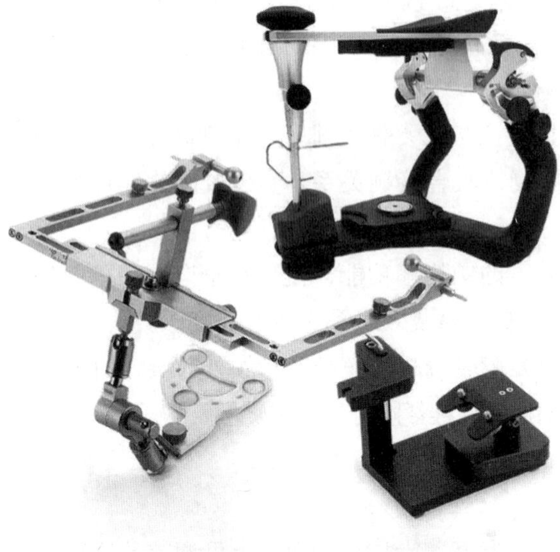

图 5-13　半可调节殆架

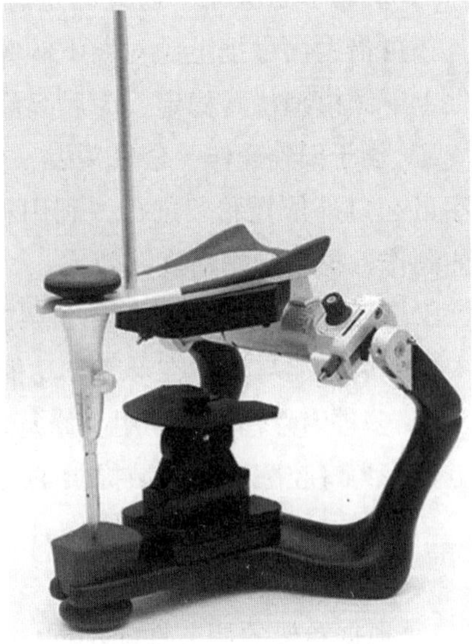

图 5-14　全可调节殆架

2. 根据髁导结构的位置不同可将殆架分为 Arcon 型和 Nonarcon 型两类。

（1）Arcon 型殆架：髁导盘置于上颌体，髁球置于下颌体者被称为 Arcon 型殆架。此类殆架与人体的颞下颌关节的结构相似，下颌模型可以进行开闭口、前伸和侧方运动，而且升降颌间距离也不会影响髁导斜度。

（2）Nonarcon 型殆架：将髁球置于上颌体，髁导盘置于下颌体者被称为 Nonarcon 型殆架。这种殆架通过上颌模型的开闭口、前伸和侧方运动来模拟患者下颌的运动，因此颌间距离的改变会影响髁导斜度。

（三）殆架与颞下颌关节的关系

颞下颌关节是颌面部唯一可以活动的左右联动关节，也是人类最复杂最灵活的关节，具有一定的稳定性与多方向的活动性，与颌面部其他组织器官协同作用完成口腔咀嚼、吞咽、语言及表情等各项复杂的生理功能。对于牙列缺失或缺损的患者而言，由于咀嚼器官的病变会导致颞下颌关节相应的改变，修复体的制作又是在口外完成的，所以在修复体的制作过程中就需要借助一个仪器来替代颞下颌关节，从而在生理状态下完成修复体的制作，最大可能地恢复患者各项生理功能。

半可调式殆架中上下颌体分别代表了患者的上下颌骨，下颌体的前部有切导盘，可以调节切导斜度。殆架侧柱上部髁球中心有髁杆穿过，相当于以双侧髁突为中心的假想的轴侧柱上部有圆形的髁导盘，可以根据患者情况调节髁导斜度。面弓可以将患者的上颌对颞下颌关节的位置关系转移到殆架上，这个位置与患者的情况是一致的。通过上殆架就将患者口内的关系转移到口外，通过在殆架上制作的修复体基本符合患者的生理要求。

（四）上𬌗架前的准备

1. 检查咬合关系　将蜡记录复位在上下颌的工作模型上，检查上下颌模型的咬合关系是否正确。

2. 工作模型的准备　按照模型修整的方法在模型修整机上修整模型，使上下颌模型的高度在𬌗架上下颌体的高度范围内，但是模型底座不能修整太多，必须保持模型要有一定的抗压强度。

3. 模型修整完成　在模型底座上用雕刻刀刻出固位槽以增加固位，同时在上下颌模型后壁的中线位置画线，以利于上𬌗架时模型的正确对位，然后将模型放在水中浸湿以备上𬌗架。

4. 准备𬌗架　根据𬌗架种类的不同，检查上颌体的固定螺丝有无松动，调紧𬌗架穿钉两端的螺丝，使𬌗架只能做上下运动。根据上下颌模型的高度调节升降螺丝，使上下颌体间的距离大于上下颌模型间的高度。如果是平均值𬌗架还要确定切导针与切导盘是否接触，各部位固定螺丝是否固定等。

（五）上𬌗架的方法

1. 上不可调节𬌗架的方法　将𬌗架放在操作台上，打开𬌗架，以适宜的水 / 粉比调拌石膏，放在𬌗架下颌体上，再把浸湿的下颌模型固定在下颌体上；按照正确的咬合关系将上颌模型和蜡𬌗记录放在下颌模型上，闭合𬌗架，用石膏将上颌模型固定在上颌体上。同时用调拌刀刮去模型周围多余的石膏，并将石膏表面涂抹光滑，然后用橡皮筋加压固定。

2. 上平均值𬌗架的方法

（1）检查上下颌模型的咬合关系及𬌗架各部件的固定位置是否正确。

（2）在𬌗架的上、下颌体表面涂布凡士林，置于𬌗架平面板上。

（3）将上下颌模型的基底面制备出固位沟后充分浸水。

（4）将上颌模型固定在𬌗平面板上，使其𬌗平面与𬌗平面板一致，模型中线与切导针方向一致。

（5）用石膏将上颌模型固定在𬌗架的上颌体。

（6）卸下𬌗平面板，倒置𬌗架，依据咬合记录将下颌模型就位于上颌模型并暂时固定。

（7）用石膏将下颌模型固定在𬌗架的下颌体。

（8）确认切导针与切导盘相接触。

（9）用橡皮筋加压固定，防止切导针上浮。

（六）上𬌗架的注意事项

1．在上𬌗架前模型底部要刻出固位沟，然后在模型底部涂分离剂，同时模型在上𬌗架前一定要浸湿。

2．检查𬌗架上的各个螺丝是否拧紧，以免造成咬合关系的错位。

3．用简单𬌗架上上颌模型时，一定要使上颌体与调节升降螺丝的顶部接触，以免咬合升高。

4．上平均值𬌗架时，用石膏固定模型时不能移动已定位的模型，模型应位于𬌗架的中心，𬌗托的中线应与𬌗架的中线一致。

5．上平均值𬌗架时，随时注意切导针与切导盘是否接触。

6．为了防止切导针上浮，可使用加速剂以减少石膏的膨胀率，或适当加大水的比例，分两次上石膏等。

7．在上𬌗架完成后，为了防止由于石膏膨胀引起的垂直高度改变，用皮筋加压固定直至石膏完全固化。同时洗干净殆架上多余的石膏，避免因石膏残渣影响殆架各部位的固位和殆架的运动。

（七）上殆架后的质量检查

1．检查上下颌模型的咬合关系是否正确无误，上下颌模型的前后中线是否一致。

2．检查切导针与切导盘是否接触。简单殆架上殆架时，一定要使上颌体与调节升降螺丝的顶部接触。

3．检查殆架各部位残留的石膏是否去除干净。

【任务评价】

详见表 5-2。

表 5-2　可摘局部义齿颌位关系记录任务评价

主要测评项目		评价标准	分值 / 分	得分
专业知识掌握程度（50 分）	颌位关系的相关概念（10 分）	能够准确阐述颌位关系的概念及确定颌位关系的方法	8 ～ 10	
		对颌位关系的概念及确定颌位关系的方法有了解但不够准确	4 ～ 7	
		完全不了解颌位关系的概念及确定颌位关系的方法	0 ～ 3	
	殆架的种类和选择（20 分）	详细且准确地说出各类殆架、能区分不同殆架的特点	16 ～ 20	
		能说出各类殆架、能区分不同殆架的特点但不够准确	8 ～ 15	
		只能模糊说出一些殆架及个别殆架的特点	4 ～ 7	
		完全不了解各类殆架及不同殆架的特点	0 ～ 3	
	上平均值殆架的方法（20 分）	能准确描述上平均值殆架的方法	16 ～ 20	
		能大致描述上平均值殆架的方法	8 ～ 15	
		对上平均值殆架的方法有了解但不准确	4 ～ 7	
		完全不了解	0 ～ 3	
应用能力（30 分）	案例分析（20 分）	能准确运用所学知识分析案例中殆架的使用方法	16 ～ 20	
		能选择合适的殆架但不会使用	8 ～ 15	
		案例分析有较大偏差	4 ～ 7	
		对案例分析混乱	0 ～ 3	
	实际场景模拟（10 分）	能在模拟场景中正确进行殆架的选择和使用	8 ～ 10	
		选择和使用有一定问题	4 ～ 7	
		完全错误	0 ～ 3	
素质能力（20 分）	专业素养（5 分）	对可摘局部义齿颌位关系的记录学习表现出积极的态度和专业精神	1 ～ 5	
	团队合作（5 分）	在小组学习或讨论中，积极参与，与他人合作良好	1 ～ 5	
	责任心（5 分）	对学习任务认真负责，确保学习质量	1 ～ 5	

续　表

主要测评项目		评价标准	分值 / 分	得分
素质能力（20 分）	创新能力（5 分）	能够提出新颖的可摘局部义齿颌位关系的记录方法	1 ~ 5	
学生自我评价与反思				
小组评价				
教师评价				
总评成绩				

考试知识点总结

项目小结

协和云课堂……　拓展练习及参考答案

（董　伟）

教学课件

项目六　弯制支架制作工艺技术

任务目标

素质目标

（1）具备较强的逻辑思维，从支架材料选择、弯制工具使用和制作流程设计等方面，对多样的弯制支架制作工艺形成系统的认识。

（2）具备严谨扎实的工作态度和不断探索的科学精神，结合口腔材料学、口腔修复学和生物力学知识，正确完成弯制支架的制作，正确指导临床进行义齿佩戴与调整。

知识目标

（1）掌握：锻丝卡环及支架的弯制技术、锻丝卡环和支架的制作要求。

（2）熟悉：不同锻丝卡环的作用。

（3）了解：弯制锻丝卡环的器械、材料。

能力目标

（1）能够根据口腔修复设计方案，独立完成支架整体结构的构思与规划，并根据牙齿模型或患者口腔实际情况，独立选择卡环的类型，设计形态与位置，确保卡环能为义齿提供良好的固位、稳定和支持作用。

（2）能够熟练运用弯丝钳、技工钳等专业工具，准确地对卡环丝进行弯制操作。

弯制支架的制作是指按照义齿设计的要求，利用各种器械对成品不锈钢丝和金属杆进行冷加工，形成各种卡环、连接体，并将弯制好的部件连接部分延伸至树脂基托中连接成一个整体的过程。采用弯制法制作的卡环、大连接体等具有弹性好、易于调改、价格低廉等优点。这种包含锻丝卡环、成品金属杆，以及人工牙和树脂基托的可摘局部义齿，即弯制支架式可摘局部义齿（图 6-1）。

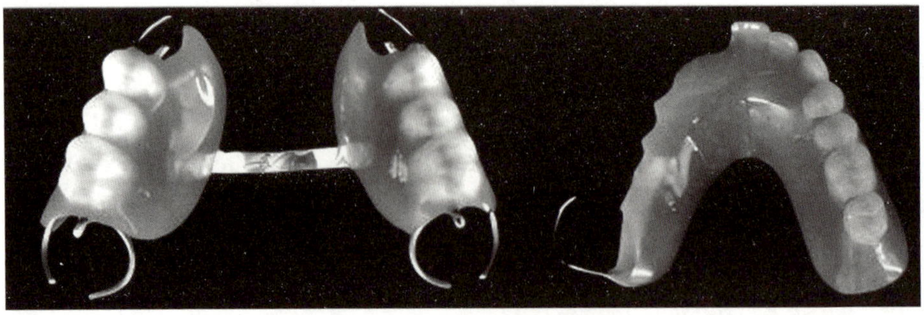

图 6-1　弯制支架式可摘局部义齿

任务一　锻丝卡环的弯制

任务案例

【案例】

患者，女，60 岁。因下颌双侧多颗后牙缺失前来就诊。检查发现下颌左侧 56 缺失，下颌右侧 6 缺失。剩余牙齿轻度磨耗，牙龈轻度萎缩，牙槽嵴吸收程度中等，口腔卫生状况一般，余留牙无明显松动，咬合关系基本正常，要求行可摘局部义齿修复。

【问题】

1. 在弯制卡环时，怎样调整卡环臂的长度、弧度，确保义齿稳定？
2. 在弯制过程中，怎样控制卡环各部位形态，使其贴合基牙且不损伤余留牙？

【任务分析】

秉持严谨认真的态度，运用专业知识，精确分析，结合患者口腔卫生状况进行卡环合理设计，精准弯制锻丝卡环的角度和弧度，避免损伤余留牙与牙龈，确保义齿稳定，提升义齿修复效果，以满足患者当前的义齿修复需求。

【知识链接】

锻丝卡环作为弯制支架的关键部件，其弯制工艺直接影响着义齿的固位、稳定与功能。锻丝卡环弯制是一项精细且极具挑战性的技术操作，它要求口腔修复技师凭借精湛的技艺与丰富的经验，将金属丝巧妙地弯曲塑型。

一、锻丝卡环的优缺点

（一）优点

1. 卡环臂弹性大，对基牙负担小，减轻对基牙的侧向力，可避免过度损伤基牙。
2. 卡环臂较细，可进入倒凹较深，避免金属过度暴露，美观性较好。

（二）缺点

1. 因卡环臂弹性过大，卡抱作用减小，影响义齿的稳定性。
2. 锻丝横截面为圆形，且由卡环臂尖端到卡环体粗细相等，异物感强，且卡环臂起始部位容易应力集中折断。

3．密合性较差。

二、锻丝卡环的制作要求

（一）整体要求

1．严格按照义齿的最终设计要求进行手工弯制。在弯制过程中检查卡环与模型的贴合状况时，不得磨损石膏模型。

2．弯制卡环时，用技工钳夹持、固定钢丝的一端，另一端用手指推弯钢丝成型。

3．卡环的弯制顺序一般是从唇 / 颊侧或舌侧的卡环尖端开始，由卡环臂至卡环体，再到小连接体。当采用整体法弯制时顺序相反。

4．卡环臂应呈光滑连续的弧形，弹性部分应进入倒凹区的适当部位，卡环体及坚硬部分应位于基牙非倒凹区，并与工作模型上的基牙密合，以免影响就位和稳定。

5．卡环最好一次弯制完成，尽量避免在同一部位反复钳夹或弯折扭转钢丝，以防卡环折断。

6．卡环臂的尖端应用锉刀或磨石调磨圆钝，防止义齿摘戴时刺伤口腔组织。卡环尖端不应顶靠邻牙，避免就位时出现障碍。

7．卡环的转弯处应圆滑，并且要避免不必要的拐角。

8．卡环各组成部分均不能影响咬合，卡环连接体（小连接体）水平部分应距离模型 0.5 ～ 1.0mm，以便能被基托材料完全包埋。

9．卡环、支托、小连接体应用焊锡或自凝树脂固定在一起，连接固定部位应能被完全包埋在基托材料中。

10．隙卡的卡环体位于外展隙，与基牙上预备的隙卡沟密合，卡环体和卡环臂交界的部分位于颊外展隙，以免影响咬合。

（二）具体要求

1．卡环臂要求

（1）位置和形状：卡环臂尖应位于基牙倒凹区，一般在外形高点线以下 0.25 ～ 0.50mm 处。其形状要与基牙颊（舌）面外形贴合，以提供良好的固位力，同时避免过度深入倒凹而不易摘戴。

（2）弹性和硬度：要有适当弹性，使卡环在义齿摘戴过程中能够发生弹性变形，进入和离开倒凹区。但弹性不能过大，否则会导致固位力不足。还要有适当硬度使其在口腔环境中能长期保持形状，不会因为反复变形而折断。

2．卡环体要求

（1）位置：卡环体要位于基牙的非倒凹区，不妨碍咬合，并且与基牙的贴合要紧密，稳定地环抱基牙，这样能增强义齿的稳定性。

（2）与邻牙关系：与邻牙要有适当接触，防止食物嵌塞，同时也有助于义齿在口腔内的整体稳定，不过不能压迫邻牙，以免引起邻牙移位或损伤。

3．𬌗支托要求

（1）位置：一般放置在基牙的近远中边缘嵴上，磨牙的𬌗支托长度约为近远中径的 1/4，前磨牙约为 1/3。𬌗支托窝的深度应该适当，使𬌗支托能充分发挥支持作用，传导咬合力。

（2）形态：𬌗支托呈三角形或匙形，底面与基牙长轴垂直，其轴线与𬌗支托凹底面的垂线的角度应小于 90°，能更好地传导垂直向的咬合力，避免对基牙产生侧向力而造成损伤。

三、锻丝卡环弯制的材料

（一）弯制卡环材料

圆形的不同直径的牙科用不锈钢丝，大多为 18-8 镍铬不锈钢制品。其具有良好的生物安全性、对口腔组织无不良刺激、机械性能好、坚硬而富有弹性、抗腐蚀性能良好等特点。采用何种粗细的不锈钢丝应根据基牙牙冠大小，以及基牙稳固的情况进行选择。

（二）弯制𬌗支托材料

半圆形的牙科用不锈钢丝或牙科用不锈钢扁钢丝。常用不锈钢丝的规格和用途如表 6-1 所示。

表 6-1　常用不锈钢丝规格和用途

钢丝号	直径 / mm	用途
18	1.20	适用于弯制𬌗支托
19	1.00	适用于弯制𬌗支托和磨牙卡环
20	0.90	适用于弯制前磨牙和磨牙卡环
21	0.80	适用于弯制前磨牙和尖牙卡环
22	0.70	适用于弯制前牙卡环或隙卡

四、锻丝卡环弯制的器械

弯制锻丝卡环的器械有三德钳、三叉钳、平头钳、梯形钳、日月钳、切断钳等（图 6-2）。

（一）三德钳

三德钳又名三用钳，是口腔修复技工最常用、一钳多能的器械，用于弯制各种卡环。

1. 结构　嘴的背部较宽，头部逐渐变细而圆，并有齿纹用以稳固夹住金属丝。嘴的腹部有切刃，可切断钢丝。

2. 作用　腹部的圆孔可用于直径 2.0mm 以下金属丝的转弯。钳的两侧背部外形，可便于钢丝的圆缓或直角转弯。

3. 特点　优点是能稳定夹持金属丝。缺点是易在钢丝上留下钳痕，造成金属丝损伤。

（二）三叉钳

1. 结构　三叉钳又名小三头钳，有三个喙，一侧两个，另一侧一个。

2. 作用 其作用与日月钳相同，主要用在金属丝的较短距离上，做较大角度的弯曲，如弯制卡环的连接体和加强丝。

3. 特点 对金属丝损伤较大，金属丝上常有钳夹痕迹。

（三）平头钳

1. 结构 两嘴长而扁平，根据在两嘴的接触面上是否有齿纹分为有齿平头钳和无齿平头钳两类。

2. 作用 主要用于调整金属丝的弯曲度，靠拢两金属丝之间的距离，也可用于弯制𬌗支托。

3. 特点 易于弯曲任何形状，固定钢丝已弯制成型的部分，在卡环臂部位尽量使用无齿平头钳，避免在钢丝上留下齿痕。

（四）梯形钳

1. 结构 钳喙细长弯曲，尖端精细，钳喙形状接近梯形，相对宽且厚实。

2. 作用 常用于弯制小圈曲、垂直曲等精细弯曲，更适合夹持和扭转弓丝，或对弓丝进行大幅度弯曲和调整，能提供更强夹持力，避免过度损伤弓丝。

3. 特点 夹持力强，操作稳定且对弓丝损伤小。

（五）日月钳

1. 结构 钳嘴的横断面一侧为圆形，一侧为新月形。

2. 作用 主要用于弯制卡环、𬌗支托和调整连接杆弧度等。

3. 特点 弯制时较为省力，对金属丝损伤小，但不如弯丝钳灵活。

（六）切断钳

1. 结构 嘴较短，两刃锋相对。

2. 作用 用于切断金属丝。

3. 特点 切口平整、无过多毛刺，功能专一、针对性强，能精准切断所需长度的金属丝。

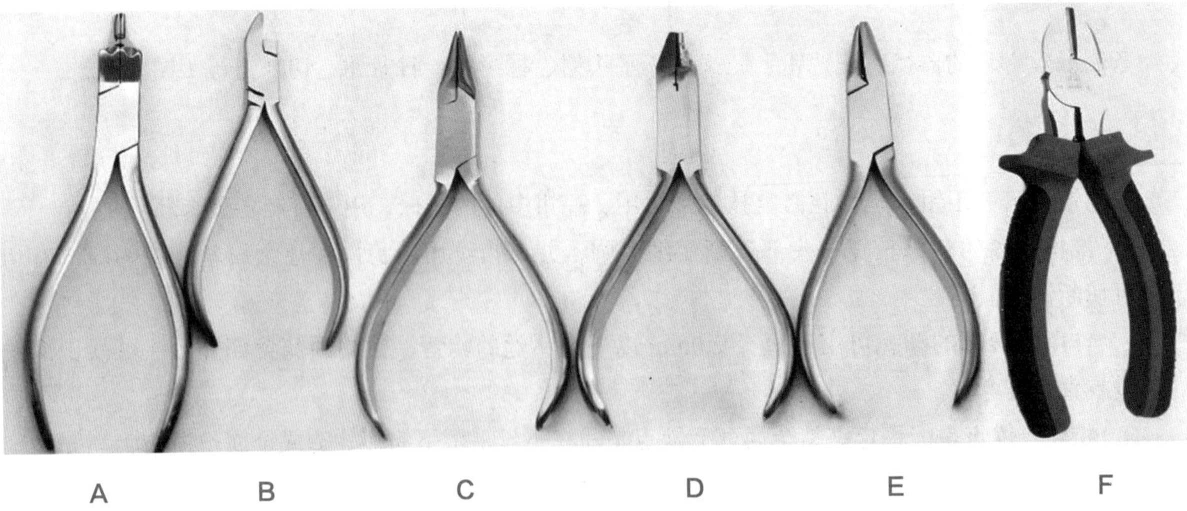

图 6-2 弯制锻丝卡环的器械

A. 三德钳；B. 三叉钳；C. 平头钳；D. 梯形钳；E. 日月钳；F. 切断钳。

五、锻丝卡环的弯制方法

（一）单臂卡环的弯制

单臂卡环用在直接固位体的基牙上，紧靠缺牙间隙，此类卡环只有一个卡环臂，位于基牙的唇颊面，其末端弹性较大部分进入倒凹区起固位作用。相应地，在基牙的舌腭侧设计基托进行对抗。这类卡环无支持作用。具体弯制方法如下。

视频：单臂卡环的弯制

选取 20 号或 21 号不锈钢丝，先将钢丝的尖端磨圆钝。左手持不锈钢丝，右手握持平头钳，夹住钢丝的末端，左手拇指放在钢丝下面，两手同时缓慢地反方向转动，形成钢丝末端的弧形。在模型上比试并进行适当的调整，使其最终与基牙的唇轴面轮廓吻合。然后在需要转弯的地方用红色铅笔标记。将钳子夹在记号的稍后处，左手拇指压钢丝向下弯曲，再用钳子夹住卡环连接体转弯处，顺连接体走向弯曲。在模型上比试看转弯是否合适。必要时可用日月钳进行调改，但切忌反复调改。一般来说，卡环的连接体与基牙的邻面应有大约 0.5mm 的间隙，与模型的其他部分应相距 0.5 ～ 1.0mm。完成后，用蜡将卡环固定在模型上（图 6-3）。

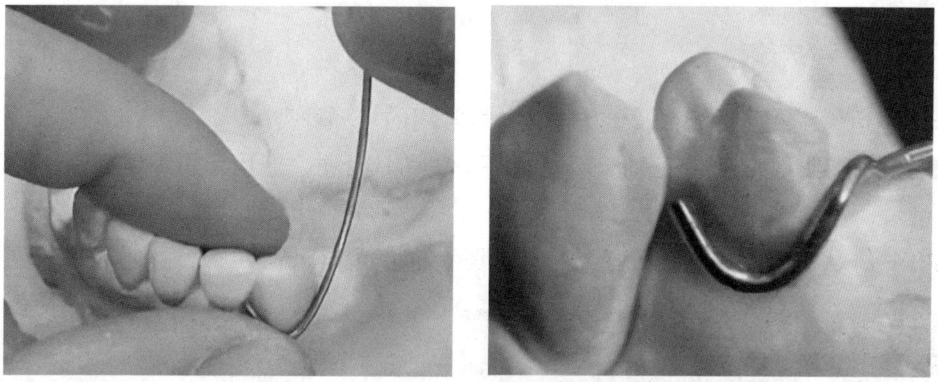

A　　B

图 6-3　单臂卡环的弯制

A. 比试；B. 完成。

（二）双臂卡环的弯制

双臂卡环多用于松动基牙，也可用于咬合紧无法设计出支托凹位置的病例。在基牙的颊舌面各有一臂，颊侧为固位臂，舌侧为对抗臂。双臂卡环的弯制有单线法和双线法两种。

视频：双臂卡环的弯制

1. 单线法　又称整体法，即采用一根钢丝连续弯曲卡环臂及小连接体而完成整个卡环的弯制方法。与双线法相比，单线法对操作者的弯制要求较高。

采用平头钳或日月钳将卡环位于缺隙部位的连接体弯成 U 形，再将 U 形钢丝向上弯曲，斜行至基牙邻面导线上。在钢丝的转弯处标记，用平头钳夹住标记处的稍后处，用左手指加压钢丝，使颊侧钢丝弯向基牙的颊侧，按卡环线的走向形成与颊面密合的颊侧固位臂。同样的方法弯制舌侧的对抗臂（图 6-4）。

2. 双线法　又称分体法，即采用两根钢丝分别弯制唇 / 颊侧卡环臂及舌侧卡环臂的方法。与整体法相比，易于弯制，密合性好，多被采用。

（1）颊侧卡环的弯制：先从颊侧的卡环臂尖端开始弯制，沿模型上卡环线的走向弯向卡环体，卡环体的高度不得超过基牙的边缘嵴。之后弯制小连接体的垂直部及水平部，要求同单臂卡环。

（2）舌侧卡环的弯制：方法同颊侧卡环的弯制。

（3）最后对卡环整体进行研磨抛光。

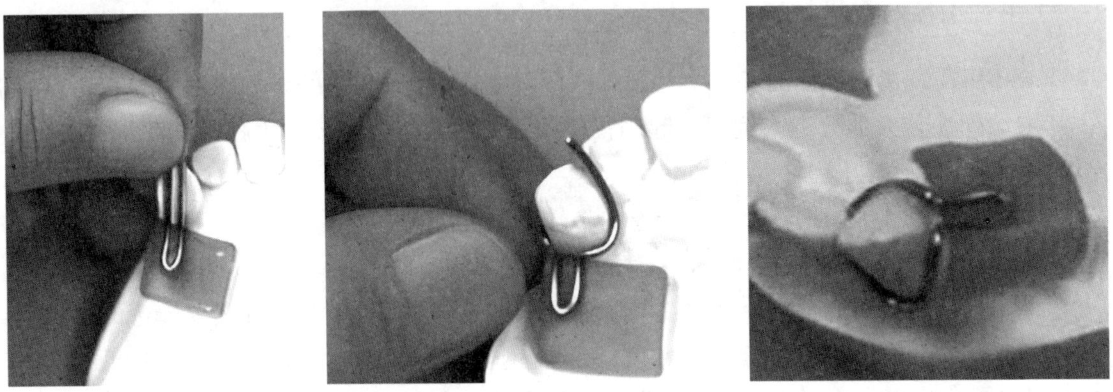

A　　B　　C

图 6-4　双臂卡环的弯制

A. 小连接体的弯制；B. 卡环的弯制；C. 完成。

（三）三臂卡环的弯制

三臂卡环包括颊侧臂、舌侧臂及𬌗支托，是最常用的卡环种类。

1. 𬌗支托的弯制　弯制𬌗支托的工具可选平头钳和日月钳，选用牙用不锈钢扁钢丝，弯制方法有两种。

（1）方法一：从一端基牙的𬌗面弯至另一端基牙的𬌗面（图 6-5）。其弯制步骤如下。

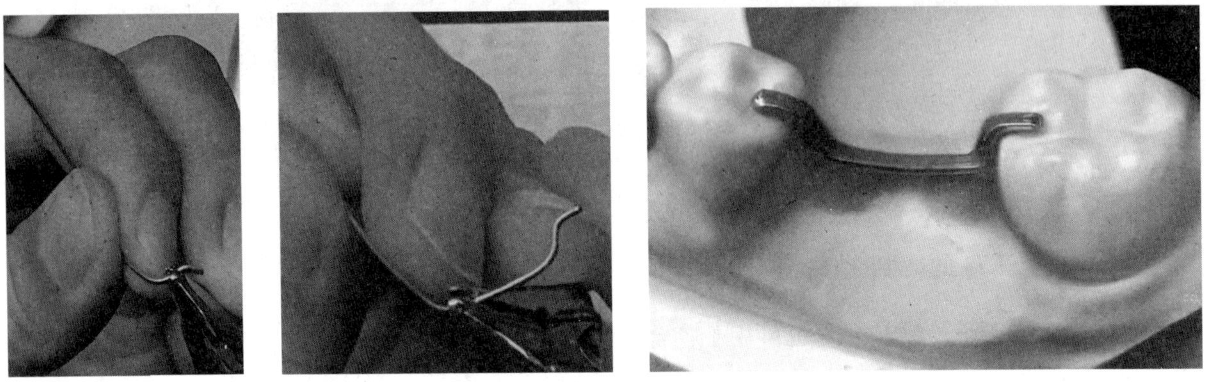

A　　B　　C

图 6-5　𬌗支托的弯制方法一

A. 𬌗支托降部的弯制；B. 𬌗支托水平部的弯制；C. 完成。

1）弯制前先将𬌗支托钢丝的一端磨圆钝，右手持技工钳，左手持钢丝。弯制时，用技工钳夹持一段与𬌗支托凹长度相等的钢丝，然后将其向下弯曲成钝角，目的是使𬌗支托的小连接体垂直段不进入牙冠邻面的倒凹区。

2）根据缺隙区牙冠的高度，在距牙槽嵴 0.5 ～ 1.0mm 处做记号，将钢丝呈水平方向弯向另一端，且与牙槽嵴顶平行。

3）在该水平段按缺隙区近远中距减短 2 ～ 3mm，将末端钢丝向上弯曲，与水平段成约 120°的夹角，形成第三个弯曲。

4）在模型上比试、调整，使钢丝与另一端䢌支托凹边缘轻轻接触，再做记号，将末端钢丝弯向䢌支托凹方向。

5）根据该䢌支托凹的长度切断钢丝的多余部分，并将䢌支托钢丝的末端磨圆钝，调整䢌支托，使其与䢌支托凹密合。

6）在工作模型上滴蜡固定䢌支托，注意蜡不能影响咬合和后面卡环的弯制以及焊接，一般在小连接体的垂直段滴蜡固定。

（2）方法二：先弯制䢌支托的连接体，再弯制䢌支托部分。其弯制步骤如下。

1）首先目测缺牙间隙大小，在䢌支托钢丝上取稍小于缺牙间隙近远中距离的一段钢丝，两端向上弯曲，弯曲角度约 60°，形成䢌支托连接体的水平段，且离开牙槽嵴顶 0.5 ～ 1.0mm。

2）放在模型上比试，调整两端钢丝，形成䢌支托连接体的垂直段，使钢丝与两端支托凹边缘轻轻接触，做记号，将末端钢丝向下弯曲形成䢌支托。

3）再次在模型上比试、调整，使䢌支托与䢌支托凹贴合，切断多余钢丝，并将䢌支托末端磨成圆三角形，调整，使其与䢌支托凹进一步贴合。

4）在垂直段处用蜡将䢌支托固定在模型上（图 6-6）。

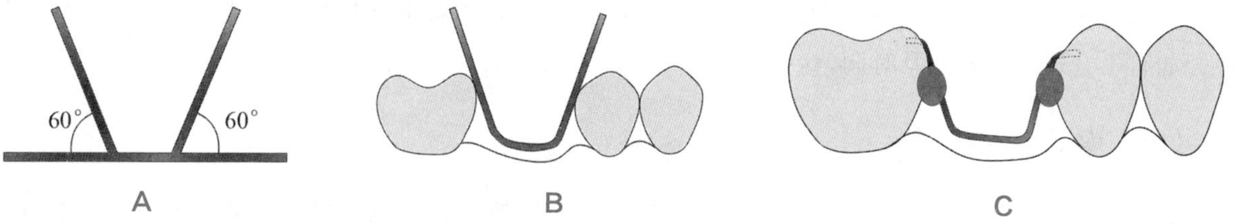

图 6-6　䢌支托弯制方法二

A. 䢌支托水平部弯制；B. 比试；C. 加蜡固定。

2. 颊侧卡环的弯制

（1）卡环臂的弯制：选取合适直径的不锈钢丝，先将钢丝末端打磨圆钝。用技工钳的钳缘在夹住钢丝的末端向外下旋转用力，并用左手拇指向下按压钢丝，将钢丝弯曲形成 U 形，U 形的大小和形状要根据基牙的大小和形状调整，放在模型上比试，使弧形和基牙的卡环线一致。

（2）卡环体的弯制：卡环臂弯制完成后，在转弯处用红色铅笔标记，右手握技工钳，钳喙放在卡环弧形的外侧，钳喙与弧形约成 30°，夹紧卡环靠近转弯的标记处。也可以在靠近转弯的标记处用弯丝钳夹紧弧面，这样容易控制钢丝，适用于弯制卡环臂弧度较小的卡环，用右手的大拇指固定卡环臂，用中指和环指夹住钢丝，以食指和中指用力将钢丝向龈方压，使其成 120°的转弯，然后将钳子反转，夹住转弯处，使钢丝向内（操作者方向）、向上弯曲。

（3）连接体的弯制　首先目测䢌龈距离，在适当的位置将钢丝微向上弯曲，使之与䢌支托的水平段平行，形成连接体的水平段，然后将其放在模型上比试，在适当的位置标记，再用弯制钳将钢丝向上做约 90°的弯曲，形成连接体的上升段，并搭在䢌支托的连接体上。

3. 舌侧卡环的弯制　方法同颊侧卡环的弯制（图 6-7）。

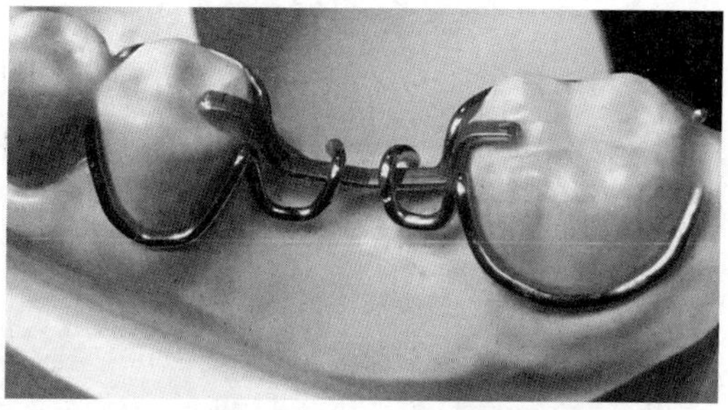

图 6-7　三臂卡环

（四）Ⅱ型卡环的弯制

又称分臂卡环或倒钩卡环，适用于颊侧为Ⅱ型导线的基牙。其位于基牙的颊面，卡环尖端止于基牙颊面近缺隙侧的倒凹区。有条件者，这类卡环最好用铸造法来制作。

1. 弯制卡环臂 用卡环钳夹住钢丝一端，先弯出一个小的弯曲，这个弯曲的位置一般在基牙的近中或者远中边缘嵴处，用于贴合基牙边缘嵴的起始部分。从起始弯曲开始，将钢丝顺着基牙颊侧（或舌侧）外形高点线稍下方弯制。Ⅱ型卡环臂有分臂的特点，要注意弯出一个类似“U”形的转折部分，转折处应圆滑过渡，避免形成锐角，这个部分主要是为了更好地进入基牙倒凹区来提供固位力。继续弯制，使钢丝末端能够合适地进入基牙颊侧（或舌侧）的倒凹区，但深度要适宜，一般在 0.25 ～ 0.50mm，以保证良好的固位效果并且能顺利摘戴义齿。

2. 弯制卡环体 在弯制好卡环臂后，将钢丝在基牙邻面非倒凹区弯制卡环体部分。卡环体应与基牙邻面紧密贴合，不能有缝隙，并且要保证有足够的强度来稳定卡环结构。

3. 弯制连接体 卡环体完成后，在基牙邻面合适位置弯制连接体。连接体要离开牙龈少许，一般至少 0.5mm，呈扁平状，并且其走向要不妨碍咬合关系，确保在口腔功能运动过程中不会对口腔组织和咬合造成不良影响。在整个弯制过程中，要不断将卡环放在模型上检查贴合度和位置是否合适，如有不合适的地方要及时调整。

（五）圈形卡环的弯制

为三臂卡环的一种变形。多用于向近中舌侧或近中颊侧倾斜的远中孤立的磨牙上。卡环的游离端位于基牙颊侧或舌侧的倒凹区内起固位作用，而位于舌侧或颊侧的非倒凹区部分起对抗臂作用。由于圈形卡环卡臂较长，故可选择粗一些的不锈钢丝（直径 1.0mm）进行弯制，或用树脂基托包埋固定起对抗作用的钢丝。

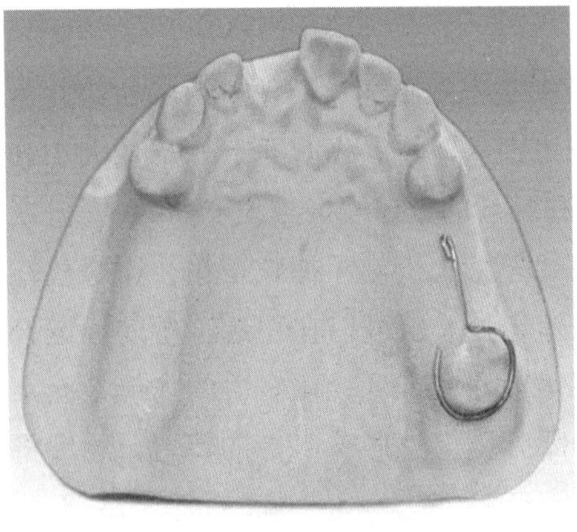

图 6-8 圈形卡环的弯制

在弯制圈形卡环之前，同法弯制𬌗支托并固定。然后可从圈形卡环的固位臂开始进行弯制。若基牙向近中舌侧倾斜，卡环则从舌侧倒凹区开始弯制，并沿基牙的远中面至颊侧轴面。卡臂在颊面的位置，以不影响与对颌牙的咬合为准。卡环由颊面转入基牙近中的缺隙区内，与支托连接体相连。若基牙向近中颊侧倾斜，弯制方法相同，但方向则与上述相反。在弯制圈形卡环时，注意轴面角转弯处应准确，角度要合适。另外，由于圈形卡环在模型上比试的次数较多，注意不要磨损石膏基牙（图 6-8）。

【任务评价】

详见表 6-2。

表 6-2 可摘局部义齿锻丝卡环的弯制任务评价

主要测评项目		评价标准	分值 / 分	得分
专业知识掌握程度（30 分）	锻丝卡环的优缺点及制作要求（10 分）	能够准确阐述锻丝卡环的优缺点及制作要求	8 ~ 10	
		对锻丝卡环的优缺点及制作要求有一定了解但不够准确	4 ~ 7	
		对锻丝卡环的优缺点及制作要求完全不了解	0 ~ 3	
	锻丝卡环弯制的材料和器械（10 分）	详细且准确地列出锻丝卡环弯制所需材料和器械并说明特点	16 ~ 20	
		能说出锻丝卡环弯制所需材料和器械及特点	8 ~ 15	
		只能模糊说出一些锻丝卡环弯制所需材料和器械及特点	4 ~ 7	
		完全不记得锻丝卡环弯制所需材料和器械及特点	0 ~ 3	
	锻丝卡环的弯制方法（10 分）	能根据不同情况准确选择锻丝卡环并阐述弯制方法	16 ~ 20	
		能大致阐述锻丝卡环弯制方法但不具体	8 ~ 15	
		阐述锻丝卡环弯制方法有偏差	4 ~ 7	
		无法正确阐述	0 ~ 3	
应用能力（50 分）	案例分析（10 分）	能准确运用所学知识在案例分析中选择合适的锻丝卡环，并选择合适的锻丝及弯制钳子	16 ~ 20	
		能分析部分问题，但不够全面	8 ~ 15	
		分析有较大偏差	4 ~ 7	
		无法进行案例分析	0 ~ 3	
	实际弯制锻丝卡环（40 分）	能在模型上正确弯制出合适的锻丝卡环	8 ~ 10	
		弯制的卡环形态不合适	4 ~ 7	
		弯制的卡环形态完全不符合要求	0 ~ 3	
素质能力（20 分）	专业素养（5 分）	对锻丝卡环弯制的学习表现出积极的态度和专业精神	1 ~ 5	
	团队合作（5 分）	在小组学习或讨论中，积极参与，与他人合作良好	1 ~ 5	
	责任心（5 分）	对学习任务认真负责，确保学习质量	1 ~ 5	
	创新能力（5 分）	能够提出新颖的锻丝卡环的弯制方法	1 ~ 5	
学生自我评价与反思				
小组评价				
教师评价				
总评成绩				

▶任务拓展

卡环弯制的要点

卡环弯制要点可概括为“三定一控制”。

1. “三定”

（1）定位：确定卡环在基牙上的位置。

（2）定点：确定在何处转弯，用红蓝铅笔准确地做上标记，钳夹的位置略在标记以下，使得转弯恰在标记处。

（3）定向：牢记卡环各部位在基牙上的位置、走行方向，做到心中有数，转弯时固定卡环，勿使其转动。

2．“一控制” 控制好转弯时用力的大小。

任务二　支架的弯制

任务案例

【案例】

患者，女，60 岁。因下颌双侧多颗后牙缺失前来就诊。检查发现下颌左侧 67 缺失，下颌右侧 567 缺失。剩余牙齿轻度磨耗，牙龈轻度萎缩，牙槽嵴吸收程度中等，口腔卫生状况一般，余留牙无明显松动，咬合关系基本正常，要求行可摘局部义齿修复。

【问题】

1．针对患者口腔状况，如何弯制支架，确保其与余留牙及牙龈贴合？

2．怎样设计与弯制支架的连接体和加强丝，以增强义齿稳定性？

【任务分析】

基于患者口腔卫生情况，凭借扎实专业知识，设计出便于清洁的支架结构，以便患者日常维护口腔卫生，降低口腔疾病风险。运用精湛技术精确弯制，确保支架能合理分散咬合力，有效避免因设计不当加重余留牙与牙槽嵴负担。同时，向患者解释支架弯制原理，以及其对义齿稳定性、耐用性的重要影响，以便患者理解并积极配合后续的义齿修复流程。

【知识链接】

一、弯制支架的制作要求

弯制支架通常是由卡环、连接杆及基托等部分组成，其制作的总体要求如下。

1．按照义齿共同就位道的设计，合理设计卡环各部分的位置及走向。

2. 合理布置卡环小连接体的位置及大小，使其既能与基托牢固连接，也不影响人工牙的排列。

3. 选择大小、形态合适、强度足够的成品连接杆作为大连接体。

4. 弯制好的连接杆放置在恰当的位置，不影响舌的运动，同时尽量减轻异物感。

5. 弯制好的连接杆与口腔软组织保持适当的距离，使义齿行使功能时既不压迫软组织，也不会导致食物嵌塞。

6. 弯制的卡环、连接杆的连接部分应与塑料基托连接牢固，并且包埋在基托的中央。基托的形态、大小及位置应设计恰当。

7. 弯制支架的各个连接部分都应保持光滑，卡环游离端应圆钝。

8. 弯制支架制作时，要求工作模型上𬌗架，以便保持上下颌正确的颌位关系，支架的任何部分都不能影响上下颌的咬合运动。

9. 弯制过程中任何步骤都不能损伤工作模型。

二、弯制支架的材料及器械

（一）常用材料

主要有不锈钢丝以及成品连接杆。目前我国使用的制作卡环的不锈钢丝大多为18-8铬镍不锈钢的锻制品，其具有良好的抗腐蚀性，对口腔组织无不良刺激，机械性能好，坚硬而富有弹性。根据基牙牙冠的大小可以选择不同规格的不锈钢丝。磨牙卡环常用直径0.9mm或1.0mm的不锈钢丝；前磨牙选择直径0.9mm或0.8mm的不锈钢丝；前牙多选择直径0.8mm的不锈钢丝；𬌗支托选用1.2mm的扁钢丝。连接杆有不锈钢成品腭杆、舌杆两种，一般分为大、中、小三个型号。

（二）常用器械

常用技工钳有三德钳、三头钳、平头钳、日月钳、尖头钳、切断钳、弯杆钳等，临床上根据支架的要求选择使用。

（三）𬌗架

在弯制支架以前，首先应检查工作模型，去除模型表面尤其是𬌗面和基牙上石膏瘤。然后将检查修整好的模型，按照其咬合关系记录上𬌗架，以保证弯制时模型具备正确的颌位关系。并用有色笔在上下颌模型相应部位画出支架和卡环的正确位置。

三、弯制支架的制作方法

（一）常用的弯制连接杆

常用的弯制连接杆有腭杆和舌杆，通过金属成品杆弯制而成。

成品连接杆中间较厚，两端较薄，末端有孔，或呈锯齿状，便于与塑料的连接，其尺寸大小有大、中、小三种型号。常用的有位于上颌腭侧的腭连接杆和位于下颌舌侧的舌连接杆。腭杆宽 3.5 ～ 4.0mm，厚约 1.3mm，成品腭杆一般只做后腭杆。成品舌杆的横断面为半梨形，宽 2.5 ～ 3.0mm，厚 1.5 ～ 2.0mm。

（二）常用的弯制工具

一般为弯杆钳、大日月钳、平头钳和切断钳等。

（三）弯制连接杆的要求和注意事项

1．连接杆与黏膜的接触关系因义齿的支持形式不同而不同。牙支持式义齿，连接杆可与黏膜轻轻接触；混合支持式义齿，其杆与黏膜间应有约 0.5mm 左右的间隙，以免义齿受力下沉时压迫黏膜。

2．在弯制过程中，连接杆在模型上要轻轻比试接触，以免损坏模型。另外，为保护模型不受到磨损，使连接杆与黏膜间有一定的间隙，可在放置连接杆的部位均匀地铺衬一层约 0.5mm 厚的基托蜡或粘一层胶布，但间隙不能过大，否则有可能会导致食物嵌塞或导致患者不适等不良反应。

3．连接杆不能进入黏膜组织和天然牙的倒凹区，以免影响义齿的摘戴。

4．弯制时不能在一处反复弯曲，以免造成连接杆的折断。

5．连接杆的两端应离开模型 0.5 ～ 1.0mm，以便为塑料所包埋。并与卡环或支托的连接体靠近，以便于焊接或自凝塑料胶固定，防止填塞塑料时连接杆移位。

6．连接杆弯制完成后，应适当打磨抛光，将连接杆表面的钳痕磨除。

（四）成品连接杆的弯制方法

1．成品腭杆的弯制 选择大小合适的成品腭杆一个，用平头钳或弯杆钳进行弯制。后腭杆的位置应在上颌硬区之后、颤动线之前，将腭杆在该部位模型上比试，通常先从腭部中间开始弯制，要求其中间与模型轻轻贴合，可用大日月钳或弯杆钳形成适当的腭杆弧度，并使之与模型均匀接触。然后再沿其中间向两侧分别弯制，使之与模型适合，腭杆两末端应微向前弯，位于第一、二磨牙之间，并离开模型约 1mm，以包埋在基托中。两端应与卡环、支托的连接体适当接触，以便焊接固定。

2．成品舌杆的弯制 弯制方法与腭杆基本相同。舌杆一般位于下前牙舌侧龈缘与口底之间，不妨碍舌的功能活动，舌杆不能进入舌侧的组织倒凹区，舌连接杆与模型的接触关系应根据义齿的支持形式和下前牙舌侧牙槽嵴的形态而定。倒凹形者，杆应位于倒凹之上；垂直形者，杆与黏膜可以轻轻接触；斜坡形者，如为牙支持式者可轻轻接触，如为混合支持式者则应离开黏膜 0.5mm。连接杆弯制完成后磨去弯制时留下的钳痕，将其用蜡固定在模型上。

【任务评价】

详见表 6-3。

表 6-3　可摘局部义齿支架的弯制任务评价

主要测评项目		评价标准	分值/分	得分
专业知识掌握程度（50分）	弯制支架的制作要求（10分）	能够准确阐述弯制支架各部分的制作要求	8 ~ 10	
		对弯制支架各部分的制作要求有一定了解但不够准确	4 ~ 7	
		对弯制支架各部分的制作要求完全不了解	0 ~ 3	
	弯制支架的材料及器械（20分）	详细且准确地说出弯制支架的材料及器械并说明特点	16 ~ 20	
		能说出大部分弯制支架的材料及器械并说明特点	8 ~ 15	
		只能模糊说出一些弯制支架的材料及器械并说明特点	4 ~ 7	
		完全不记得弯制支架的材料及器械，也不能说明特点	0 ~ 3	
	弯制支架的制作方法（20分）	能根据不同情况准确选择不锈钢成品连接杆并阐述弯制方法及注意事项	16 ~ 20	
		能大致阐述弯制方法但不具体	8 ~ 15	
		阐述弯制方法有偏差	4 ~ 7	
		无法正确阐述弯制方法	0 ~ 3	
应用能力（30分）	案例分析（10分）	能准确运用所学知识在案例分析中选择合适的不锈钢成品连接杆，并选择合适的弯制钳子	16 ~ 20	
		能分析部分问题，但不够全面	8 ~ 15	
		分析有较大偏差	4 ~ 7	
		无法进行案例分析	0 ~ 3	
	实际弯制支架（10分）	能在模型上正确弯制出合适的支架	8 ~ 10	
		弯制支架有一定问题	4 ~ 7	
		不能完成支架弯制	0 ~ 3	
素质能力（20分）	专业素养（5分）	对支架弯制的学习表现出积极的态度和专业精神	1 ~ 5	
	团队合作（5分）	在小组学习或讨论中，积极参与，与他人合作良好	1 ~ 5	
	责任心（5分）	对学习任务认真负责，确保学习质量	1 ~ 5	
	创新能力（5分）	能够提出新颖的支架的弯制方法	1 ~ 5	
学生自我评价与反思				
小组评价				
教师评价				
总评成绩				

考试知识点总结

项目小结

协和云课堂……　拓展练习及参考答案

（胡祖红）

项目七　铸造支架制作工艺技术

教学课件

任务目标

素质目标

（1）具备系统的工艺分析能力，从铸造合金选择、铸型结构设计到铸造完成等方面，全面掌握铸造支架制作的各环节技术关键。

（2）保持严谨细致的职业态度与勇于探索的创新精神，结合铸造工艺原理及材料科学知识，精准完成支架铸造全过程操作，妥善处理制作中的技术问题，保障成品的结构稳定性与临床适用性。

知识目标

（1）掌握：可摘局部义齿铸造支架的结构与组成，包括各种支托、卡环、连接体等部件的形态、位置及作用。

（2）熟悉：铸造支架材料的性能。

（3）了解：铸造支架制作的工艺流程。

能力目标

（1）能够独立完成可摘局部义齿铸造支架熔模的精准制作。

（2）能够正确选择和使用铸造设备与材料。

（3）能够处理常见的铸造设备故障和材料使用问题，分析原因并采取相应改进措施，并对制作完成的铸造支架进行质量检验与评估。

任务一　铸造支架基本知识

任务案例

【案例】

患者，男，65 岁。上颌多颗后牙缺失，自述咀嚼困难，影响进食。检查发现上颌右侧

567、左侧 67 缺失，剩余牙齿有不同程度的磨耗，牙龈轻度红肿，牙结石Ⅰ～Ⅱ度，口腔卫生状况一般。X 光片显示牙槽骨有一定程度吸收，但尚可支持义齿修复。

【问题】

1. 针对该患者的情况，铸造支架式可摘局部义齿是不是合适的修复方案？
2. 如何设计铸造支架，才能保证义齿的稳定性与舒适性？

【任务分析】

对患者复杂的口腔状况，需秉持敬业精神与专业素养，从患者的实际需求出发，设计铸造支架可摘局部义齿修复方案。在设计铸造支架过程中，践行“以患者为中心”的理念。确保其稳定与舒适，展现严格的职业操守。

【知识链接】

可摘局部义齿的支架（the framework of RPD）包括支托、直接固位体、间接固位体、大小连接体、加强丝或加强网等结构，均由金属制成（图 7-1）。可摘局部义齿支架按制作方法分为铸造支架义齿和弯制支架义齿。铸造支架相比弯制支架在组织结构、精确性和使用持久性等方面都较好，因此本章主要介绍可摘局部义齿铸造支架制作的工艺技术。

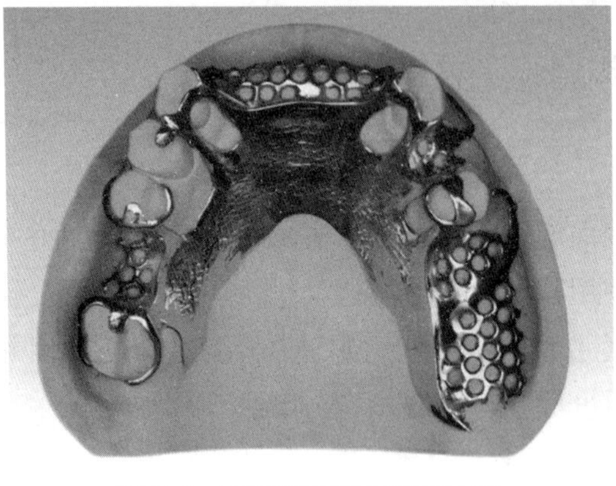

图 7-1　可摘局部义齿铸造支架

一、铸造支架的优缺点

（一）优点

1. 体积小，异物感少，舒适美观。
2. 机械强度高，固位好，不易折断。
3. 设计灵活并且有利于牙周组织的健康。
4. 可减少龋病和口腔炎症的发生。

5．密合性及金属传感性好。

6．具有较强的刚性，不易变形。

（二）缺点

1．发生变形或损坏后不易修理。

2．制作过程复杂，制作设备昂贵。

3．制作费用高，患者经济负担较重。

二、铸造支架的种类

1．按照支架的结构分类

（1）全金属型：与黏膜组织相接触的部分均是金属。适用于𬌗龈距离小、对树脂过敏、缺牙间隙过小的患者（图 7-2）。

微课：铸造支架的种类

（2）支架型：牙槽嵴黏膜大部分与树脂接触，只在腭侧或舌侧有部分金属与黏膜组织相接触，金属部分只起到连接和加强的作用。临床使用较多（图 7-3）。

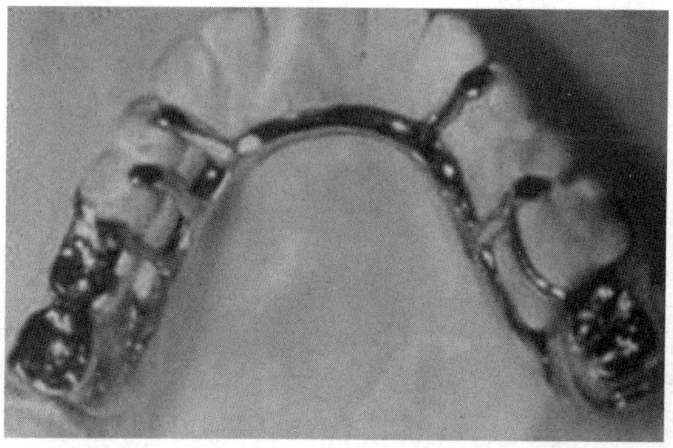

图 7-2　全金属型

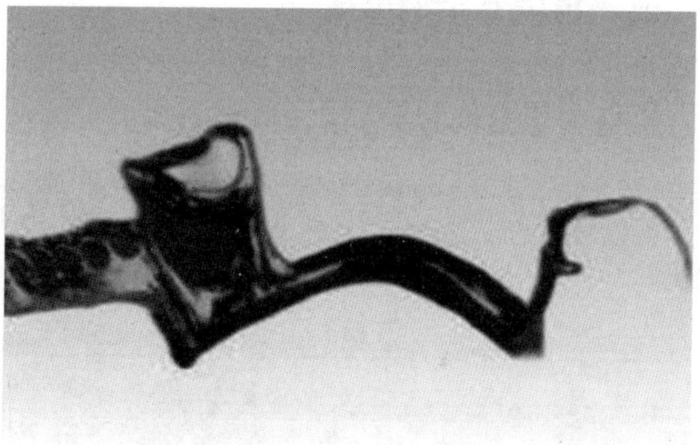

图 7-3　支架型

（3）基托型：与牙槽黏膜组织相接触的大部分为金属。只在唇、颊侧有部分树脂基托。适用于缺牙较多、咬合力较大、对舒适度要求较高的患者（图 7-4）。

（4）网状型：利用金属制作加强骨架，且与口腔黏膜相接触的均是树脂基托（图 7-5）。

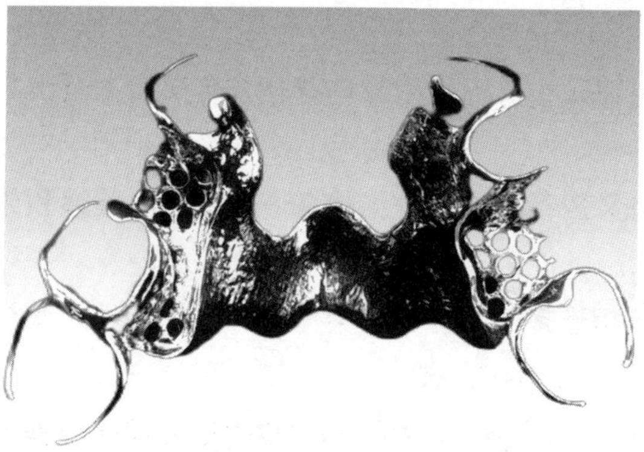

图 7-4　基托型

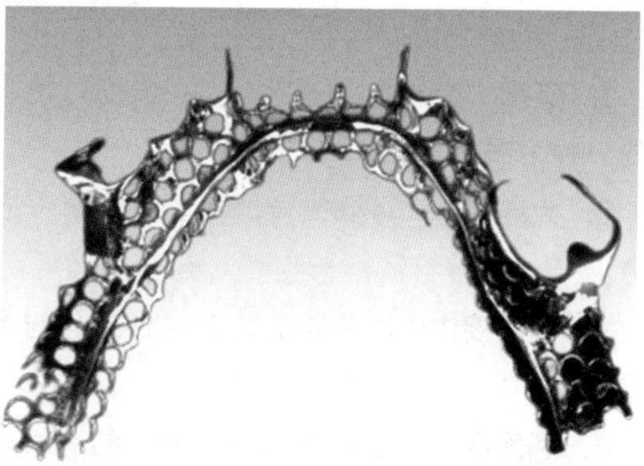

图 7-5　网状型

2. 按照支架的表面形态分类

（1）光滑型：用表面光滑的薄蜡片制作的熔模，经过包埋、铸造、打磨抛光后的表面为光滑面。大多数铸造支架采用这种方法制作（图 7-6）。

（2）皱纹型：用表面为花纹状或橘皮状的皱纹蜡片制作的熔模，经过包埋、铸造、打磨抛光后金属支架的表面仍为皱纹状。主要用于上颌基托型支架（图 7-7）。

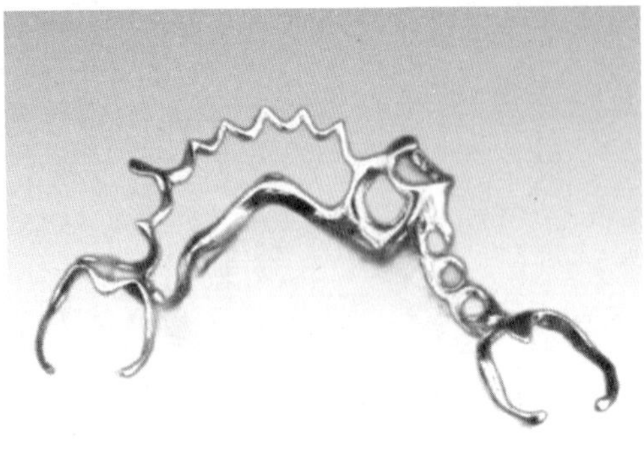

图 7-6　光滑型

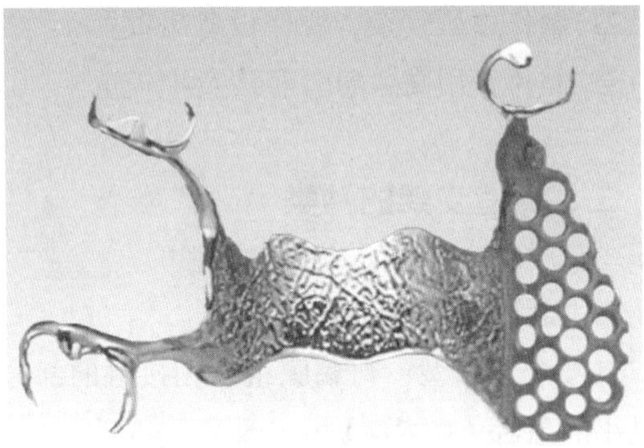

图 7-7　皱纹型

三、铸造支架的组成

根据其功能和主要作用，典型的铸造支架包含以下部分（图 7-8）。

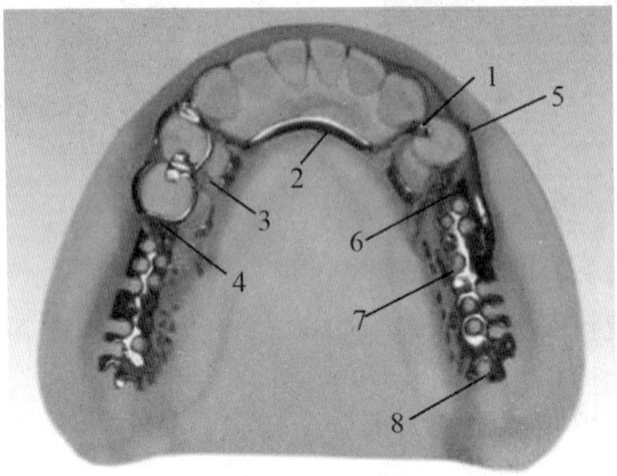

1. 支托；2. 大连接体；3. 小连接体；4. 邻面板；5. 固位体；6. 加强带；7. 网状连接体；8. 支架支点。

图 7-8　铸造支架的组成

1. 支托　指放置在基牙上，在义齿行使功能时可以防止义齿发生龈向移位及传递殆力至该基牙上的一种金属装置。

2. 大连接体　可摘支架的重要组成部分之一，将义齿各组成部分连接在一起，同时传递和分散殆力。

3. 小连接体　把金属支架上的各部分与大连接体相连接的部分，其类型有与一牙接触式和与两牙接触式。

4. 邻面板　指设置在与缺隙相邻的余留牙邻面的金属部分。分为与基牙紧密贴合式和与基牙部分贴合式。

5. 固位体　支架的重要组成部分，一般由金属制成。主要作用是对抗义齿的脱位力，使义齿在口腔内保持正确的位置，从而使义齿获得良好的固位、支持和稳定。

6. 加强带　位于大连接体与网状连接体相连处，并被包埋在树脂基托内的线条状金属部分。

7. 网状连接体　将人工牙与固位体、大连接体相连接的部分。分为成品网状式和蜡线组合式。

8. 支架支点　亦称为组织停靠或组织支点，是位于悬空的网状连接体远中游离端与工作模型表面相接触的金属凸起部分。

四、铸造支架各组成部分的制作要求

1. 固位体　既要有很好的固位作用，又要便于摘戴。同时还要考虑到美观、患者的舒适度和对基牙的保护作用。

（1）铸造卡环的截面呈外圆内平的半椭圆形。内平与基牙紧密贴合有利于固位；外圆减少异物感、易于清洁（图 7-9）。

（2）铸造卡环的宽度与厚度比应为 5∶4，体部粗，末端细。末端向体部每延长 5mm，其宽度与厚度按照 1∶8，同时应与卡环的种类、基牙牙冠的大小相协调。

（3）卡环末端进入基牙的倒凹深度应根据卡环的种类、基牙的位置及健康状况区别对待。一般铸造钴铬合金卡环臂进入倒凹深度约为 0.25mm，金合金约为 0.5mm。

（4）铸造卡环进入基牙倒凹的长度（除杆形卡环外）应为卡环臂全长末端的 1/3（图 7-10）。

（5）为了保障打磨抛光后的卡环臂符合义齿支架的设计要求，在制作卡环熔模时要适当加大卡环臂的宽度和厚度。

图 7-9　铸造卡环的截面形态

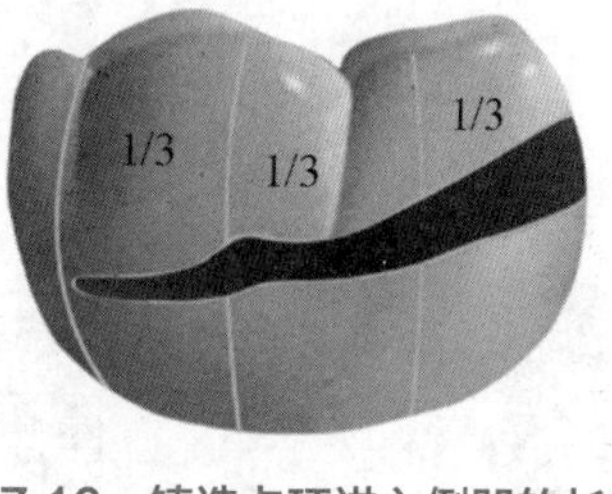

图 7-10　铸造卡环进入倒凹的长度

2. 支托　根据支托设置的位置不同，可分为𬌗支托、切支托和舌支托三种基本类型。

（1）具有承担𬌗力的足够强度。

（2）将𬌗力正确地传导于基牙牙根部位，保护基牙的健康。

（3）𬌗支托的宽度应是前磨牙颊舌径的 1/2、磨牙颊舌径的 1/3；长度应是前磨牙近远中径的 1/3、磨牙近远中径的 1/4，呈匙形，厚度≥ 1.3mm。

（4）切支托及舌支托的宽度为 1.5 ～ 2.0mm，厚度≥ 1.3mm。

（5）𬌗支托应正确地恢复与基牙相协调的𬌗面形态，舌支托应与基牙舌侧外形协调。

3. 大连接体

（1）腭杆：一般前腭杆位于上颌硬区之前，离开龈缘至少 6mm，宽而薄，宽为 6 ～ 8mm，厚为 0.8～1.0mm；后腭杆位于上颌硬区后部，较窄而厚，宽约为 3.5mm，杆的截面观最厚为 1.5～2.0mm；侧腭杆位于上腭硬区两侧对称的位置，离开龈缘应有 4 ～ 6mm，并且与牙弓平行（图 7-11）。

（2）腭板：腭板位于上颌腭部，应稍薄，一般在 0.5mm 左右，但板的中间部位应适当加厚以增加强度（图 7-12）。

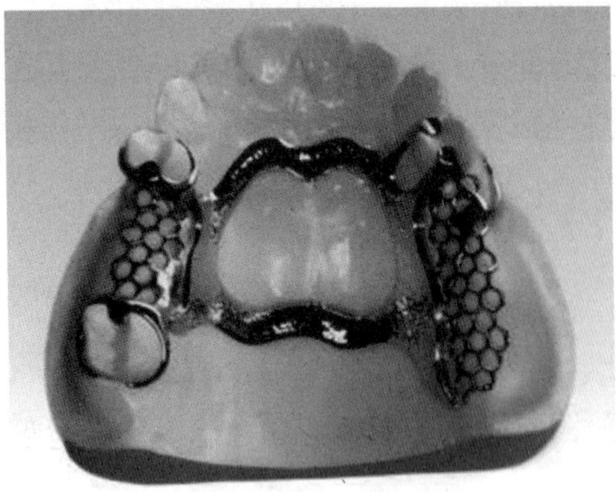

图 7-11　腭杆

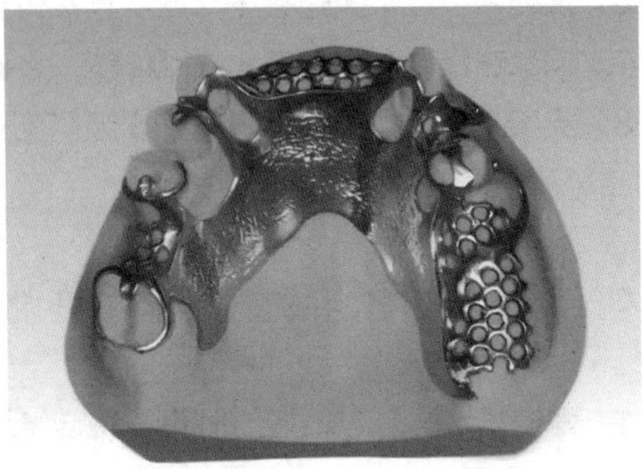

图 7-12　腭板

（3）舌杆：舌杆位于下颌舌侧龈缘与舌系带之间，离开龈缘的距离不小于 3mm，应窄而较厚，一般宽为 3 ～ 4mm，厚为 1.5 ～ 2.0mm，杆的截面观呈半梨状或上薄下厚的条状（图 7-13）。

（4）舌板：如舌侧口底浅，舌系带附着高，舌侧组织倒凹过大，无法设置舌杆时，可设计成舌板。舌板的上缘应覆盖于下前牙的舌隆突之上，后牙的导线之上，与余留牙呈移行状，如余留牙有重叠时必须做修整，以便基托与余留牙有良好的密封状态，防止食物嵌塞，板的最厚部位应位于下缘，1.0 ～ 1.2mm，呈圆钝形状。由于舌板将下颌余留牙的舌侧全部覆盖，不利于余留牙的牙龈健康（图 7-14）。

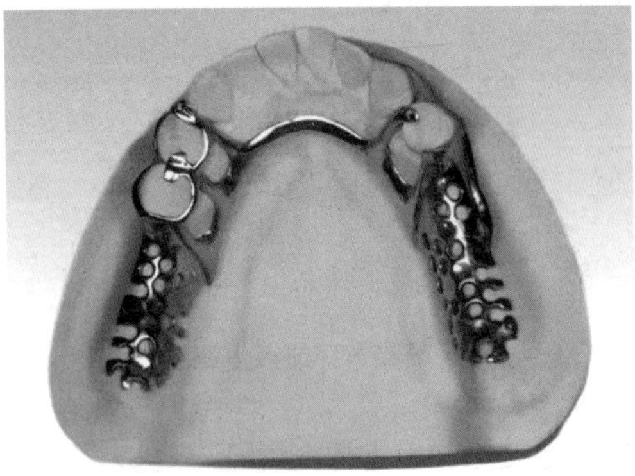

图 7-13　舌杆

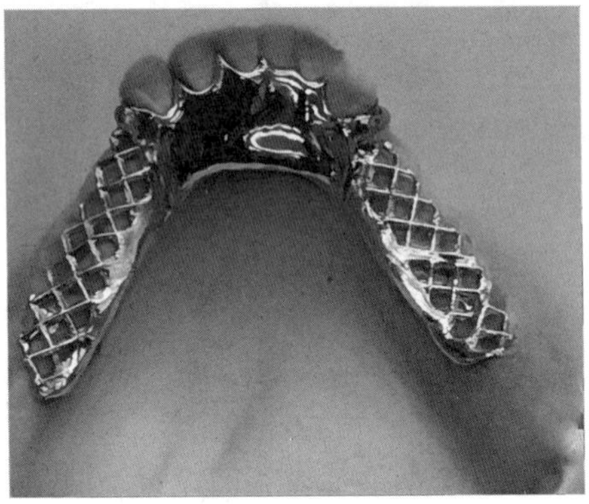

图 7-14　舌板

（5）金属基托：主要用于缺牙较多，咬合力较大或咬合过紧者，一般依金属基托的形态与大小决定厚度，大多为 0.5mm 左右。下颌金属基托的上端应位于余留牙的导线以上，前牙在舌隆突上，即可封闭倒凹、防止食物嵌塞，亦可起到间接固位的作用。

4．小连接体

（1）与基牙及牙槽嵴呈平面接触，与大连接体垂直相连。

（2）磨光面呈半圆形。

（3）若用于下颌时，当设置在前磨牙上时，厚度＞ 1.3mm。设置在磨牙上时，其厚度＞ 1.5mm，以确保具有足够的强度。若用于上颌时，可将其宽度适当增加。

（4）与大连接体相连接部位呈流线型，不得形成死角。

（5）形成与卡环相类似的由细变粗的自然过渡。

5. 邻面板

（1）邻面板的宽度应大于基牙颊舌径的 2/3，厚度为 0.8 ～ 1.0mm。同时颊侧不能暴露出金属以免影响美观。

（2）靠近殆面的部位呈移行状，并与基牙紧密接触。

（3）邻面板应完全封闭邻面，使完成后的义齿树脂部分与邻牙没有接触（图 7-15）。

6. 加强带　位于大连接体与网状支架之间，且埋藏于树脂基托内的带状金属，求要具有足够的强度，可以对抗应力的作用而不发生变形或折断。同时要求在其表面形成与树脂具有很好机械嵌合作用的形态，宽度一般为 1.5 ～ 2.0mm，厚度≥ 0.7mm，表面应形成便于树脂连接的锯齿状形态。

7. 网状连接体（网状支架）

（1）网状连接体的大小与缺牙的多少成正比。

（2）网状连接体应离开工作模型 0.5mm 以上，以便树脂基托包埋。

（3）厚度一般≥ 1.5mm。

（4）在连接杆或金属基托与树脂交接处有加强带结构，以防止义齿在此处折断。

（5）支架与基托树脂结合处应有小于 90°的内、外台阶（终止线），使树脂基托在连接处有一定的厚度（图 7-16）。

8. 支架支点　亦称为组织停靠或组织支点，位于网状连接体游离端的边缘与工作模型表面接触的金属突起部分，一般要求在组织面上形成一面积为 2mm×2mm 的方形或圆形的金属突起，即在牙槽嵴后部正中的缓冲蜡上开一小窗。义齿支架铸造完成后，在开窗处的支架组织面上形成一突起，与牙槽嵴贴合，而其他部分与牙槽嵴之间留有一间隙（图 7-17）。

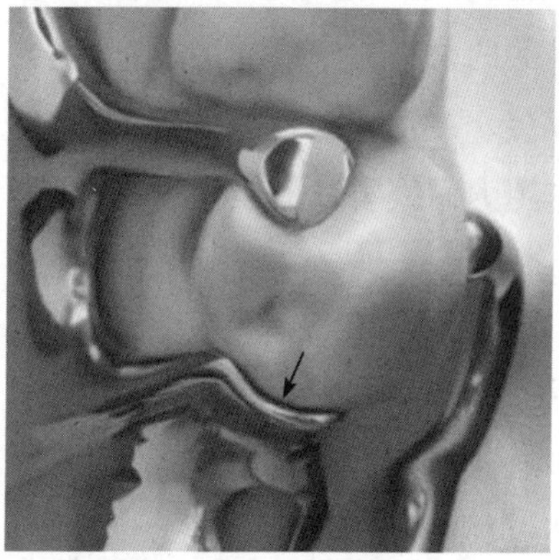

图 7-15　邻面板

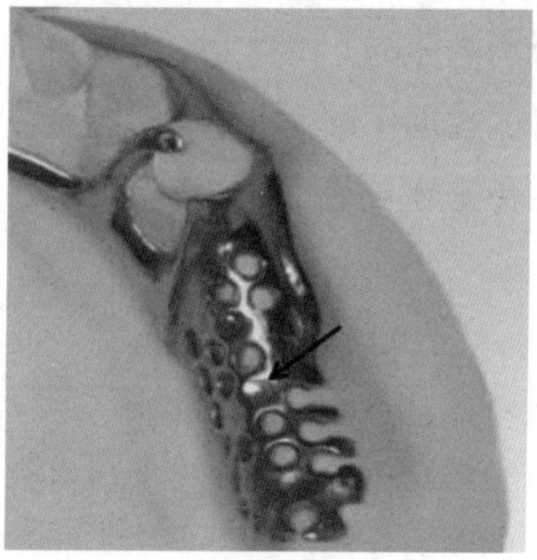

图 7-16　网状支架

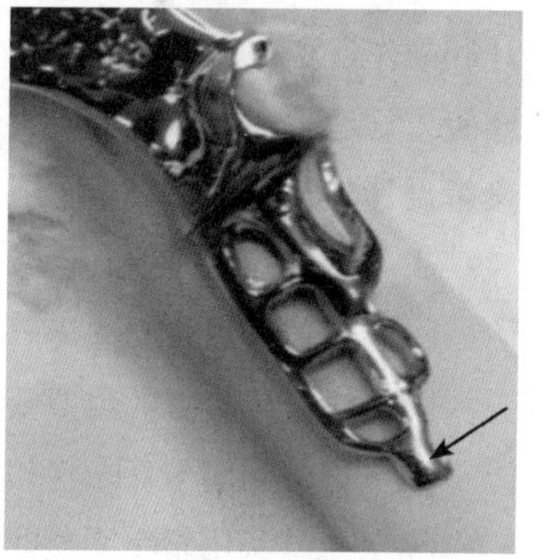

图 7-17　支架支点

五、铸造支架的设计

（一）铸造支架设计的要求

1. 良好的固位和稳定作用　良好的固位和稳定，是可摘局部义齿能够正常发挥口腔生理功能的前提。所以要求设计的义齿支架具有良好的支持、固位和稳定作用。

2. 坚固耐用，美观舒适　可摘局部义齿支架在设计和制作时，要求义齿材料应具有较高的强度，结构设计合理，义齿支架的体积尽量小巧，做到小而不弱，薄而不断。同时，合理安排义齿支架各组成部分之间的关系，义齿支架的各部件与周围组织也应尽量平滑衔接、和谐自然，以便使患者减少异物感。

3. 保护口腔各组织的健康 若义齿支架设计或制作不当，会引起口腔余留牙的牙体组织、牙周组织、缺牙区的牙槽嵴、口腔黏膜等组织的损伤。因此，义齿支架的设计必须以能够保护口腔组织的健康为原则。

4. 摘戴方便 义齿支架如果设计不当或制作不当，均可能引起固位较差或难以摘戴从而对基牙造成损伤或引起余留牙和牙周组织的损伤。所以，要求制作的义齿支架既要有足够的固位力，同时又必须方便患者摘戴。

（二）铸造支架设计的原则

可摘局部义齿支架的设计必须遵循生物学原则、生物力学原则、固位性设计原则、稳定性设计原则、连接设计原则、卫生设计原则和美学设计原则等。

1. 生物学原则

（1）修复体的材料对人体无害。

（2）恰当恢复功能，防止基牙受力过大，避免扭力、侧向力等损伤性外力。

（3）义齿应尽量减少对天然牙的覆盖，避免过多磨切牙体组织，义齿部件应与口腔组织密合，减少食物嵌塞、滞留，以避免龋坏与牙龈炎的发生。

（4）义齿不应妨碍周围组织、器官的正常功能性活动。

（5）患者容易适应。

2. 生物力学原则 生物力学是力学与生理学、医学等学科之间相互渗透的边缘学科。支架的设计和制作过程中，需遵循口腔生物力学原则，研究支架材料和与之相关的材料力学。应用经典力学、实验力学理论指导义齿支架的设计，在制作过程中还需掌握铸造、焊接、冷加工等技术工艺。总之，义齿设计应符合生物力学原则，避免基牙与基托下组织受到不利的作用力而损害其健康。

3. 固位性设计原则

（1）固位体数目要适当。

（2）固位体放置的位置要合理。

（3）充分利用卡环卡抱作用产生的摩擦力。

（4）充分利用多个固位体之间的制约作用。

4. 稳定性设计原则

（1）应用对角线二等分原理：在支点线的二等分处，作垂直于支点线的垂线，在该垂直线通过的牙上增加间接固位体（图 7-18）。

（2）应用三角形原理：按三角形放置固位体（图 7-19）。

（3）应用四边形原理：按四边形放置固位体（图 7-20）。

（4）应用中心一致原理：尽量使义齿固位体连线形成的平面的中心与义齿的中心一致或接近（图 7-21）。

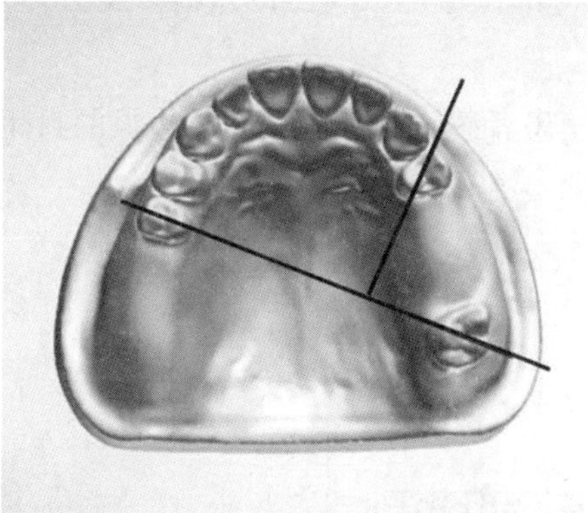

图 7-18　对角线二等分原理

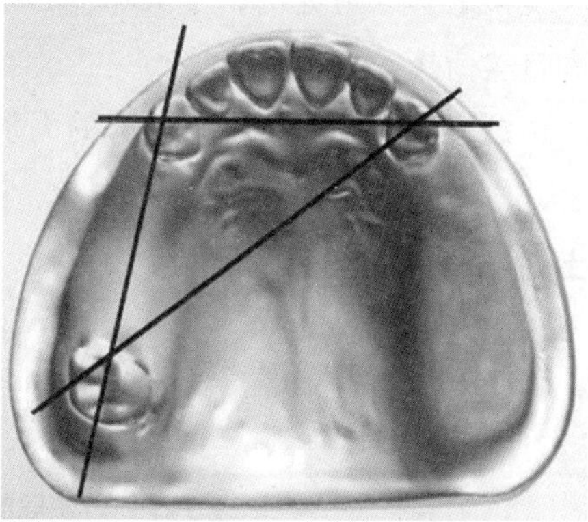

图 7-19　三角形原理

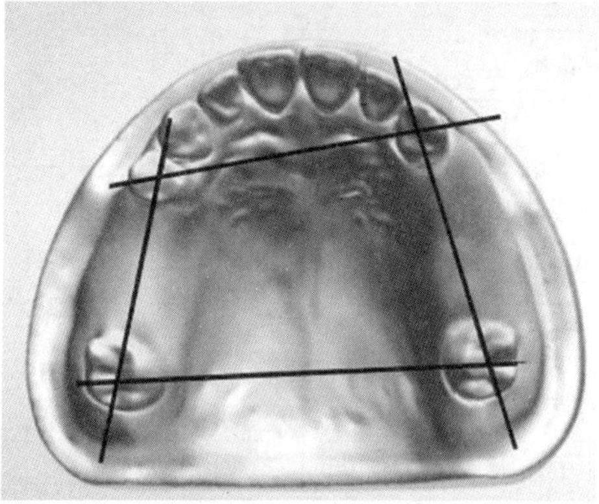

图 7-20　四边形原理

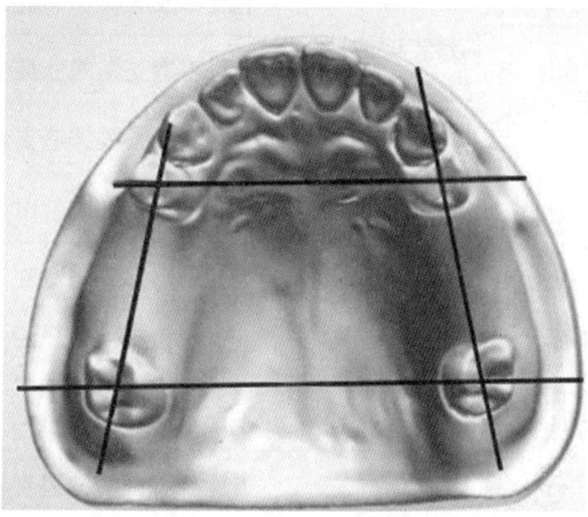

图 7-21　中心一致原理

5. 连接设计原则

（1）要求有一定强度、质地坚韧、不变形、不断裂、能承担及传递殆力。

（2）不影响周围组织的功能性活动。

（3）根据不同的位置、受力情况和组织情况等，可呈不同的大小、外形和厚度。

（4）不进入组织倒凹区，以免影响义齿就位及损伤组织，有利于余留牙的健康。

（5）各部位的连接体在相连的部位应呈流线型，不能有死角，同时形成自然过渡。

6. 卫生设计原则　有证据表明保持可摘局部义齿支架固位和稳定的各组成部分可能会对口腔组织造成长期有害的影响。现代的义齿支架设计通过应用“卫生原则”来尽量解决这个问题，它强调了牙龈清洁和简化设计的必要性。使用保持义齿支架稳定的最少数目的固位体可以达到较好的卫生设计要求，这就需要用铸造支架制作技术来代替传统的弯制支架的制作。

7. 美学设计原则

（1）在支架的各个组成部分应在满足功能的前提下，充分体现其美感，即线条流畅，起伏自然。同时在某些程度上还可以起到增加强度的作用。

（2）在支架的设计中要考虑到各组成部分的强度，要求比例协调，如连接杆的宽度和厚度的比例等。

（3）在不影响功能和佩戴舒适的前提下，支架各组成部分不要过于呆板，应富于变化，增加支架的美感。

（4）支架的边缘应光滑，支架中间最厚部位到边缘最薄部位应形成自然的过渡，充分体现支架的协调和自然衔接。

（5）注意支架的边缘与组织黏膜的关系，使支架既能使患者感觉舒适，又利于边缘的封闭作用。

【任务评价】

详见表 7-1。

表 7-1　可摘局部义齿铸造支架基本知识任务评价

主要测评项目		评价标准	分值 / 分	得分
专业知识掌握程度（50 分）	铸造支架的种类（10 分）	能够准确阐述铸造支架的分类	8 ~ 10	
		对铸造支架的分类有一定了解但不够准确	4 ~ 7	
		完全不了解铸造支架的分类	0 ~ 3	
	铸造支架的组成（20 分）	详细且准确地列出典型铸造支架的结构名称及特点	16 ~ 20	
		能列出部分铸造支架的结构名称及特点	8 ~ 10	
		只能模糊说出一些铸造支架的结构名称及特点	4 ~ 7	
		完全不记得铸造支架的结构名称及特点	0 ~ 3	
	铸造支架的各组成部分的制作要求（20 分）	能准确说明铸造支架的各组成部分的制作要求	16 ~ 20	
		能大致说明铸造支架的各组成部分的制作要求但不充分	8 ~ 15	
		铸造支架的各组成部分制作要求的说明有一定偏差且不清晰	4 ~ 7	
		无法正确掌握铸造支架的各组成部分的制作要求	0 ~ 3	
应用能力（30 分）	可摘案例设计（20 分）	能准确运用所学知识分析并设计案例中的铸造式可摘局部义齿	16 ~ 20	
		能分析部分问题，但设计不够全面	8 ~ 15	
		分析设计有较大偏差	4 ~ 7	
		无法进行案例分析与设计	0 ~ 3	
	铸造支架设计图绘制（10 分）	能正确对特定案例进行铸造支架设计图的绘制	8 ~ 10	
		能够绘制铸造支架设计图但存在一定问题	4 ~ 7	
		不能绘制铸造支架设计图	0 ~ 3	
素质能力（20 分）	专业素养（5 分）	对可摘局部义齿支架的学习表现出积极的态度和专业精神	1 ~ 5	
	团队合作（5 分）	在小组学习或讨论中，积极参与，与他人合作良好	1 ~ 5	
	责任心（5 分）	对学习任务认真负责，确保学习质量	1 ~ 5	
	创新能力（5 分）	能够提出新颖的铸造支架设计思路或改进方法	1 ~ 5	
学生自我评价与反思				

续　表

主要测评项目	评价标准	分值 / 分	得分
小组评价			
教师评价			
总评成绩			

任务二　铸造支架材料与设备

任务案例

【案例】

患者，男，65 岁。上颌多颗后牙缺失，自述咀嚼困难，影响进食。检查发现上颌右侧 567、左侧 67 缺失，剩余牙齿有不同程度的磨耗，牙龈轻度红肿，牙结石Ⅰ～Ⅱ度，口腔卫生状况一般。X 线片显示牙槽骨有一定程度吸收，但尚可支持义齿修复。

【问题】

1. 针对该患者的口腔条件，哪一种铸造支架材料既耐用又对口腔组织健康有利，能保障义齿长期稳定？

2. 为确保铸造支架精度，需要用到哪些专业设备？

【任务分析】

面对患者复杂的口腔状况，在选择铸造支架材料时，严谨对待每一个细节，考量材料特性，对生命健康高度负责，彰显敬业与关爱生命的职业道德。在设备选用方面，要践行严谨治学、精益求精的精神，追求高精度，以保障义齿修复的精准度。

【知识链接】

一、铸造支架制作材料

（一）铸造材料

口腔修复常用的铸造材料是金属铸造合金。

1. 性能要求　用于口腔的铸造合金应具备良好的机械性能、理化性能、抗腐蚀性能和生物性能，同时要求有优良的铸造性能。

2. 分类

（1）按熔化温度范围分

1）高熔铸造合金：熔点 1100℃以上，如钴铬合金、镍铬合金等。

2）中熔铸造合金：熔点 500 ～ 1100℃，如铜合金、金合金和银合金等。

3）低熔铸造合金：熔点 500℃以下。

（2）按是否含贵金属分

1）贵金属：包括高贵金属等。

2）非贵金属：如钴铬合金、铸造钛及钛合金等。

3. 临床常用铸造金属支架合金

（1）铸造钴铬合金：该合金早在 1929 年就已应用于口腔修复，其密度较小，机械性能低，抗腐蚀性较好，价格便宜，特别适用于制作可摘局部义齿的铸造金属支架。钴铬合金熔点都大于 1200℃，具有良好的生物性能，耐磨性好，但铸造时收缩较大，所以在铸造时应用高频铸造机，同时要求采用磷酸盐等高温包埋材料进行包埋。

（2）铸造镍铬合金：性能同铸造钴铬合金。合金中镍元素的含量增多，铬元素的含量少。镍是一种致敏原，目前有关镍铬合金过敏的报道时有出现，所以临床应用时需高度谨慎。

（3）铸造钛及钛合金：钛合金具有良好生物相容性和抗腐蚀性、质量轻、密度低、机械性能好等优异的性能，使钛合金在口腔医学领域中显示出很好的应用前景。由于纯钛密度低，因此常被用来制作可摘局部义齿的腭板。但纯钛的力学性能低于钴铬合金，制作纯钛卡环应比钴铬合金卡环粗一些。纯钛由于熔点高达 1668℃，且密度低，化学性质活泼，因此铸造比较特殊和困难。为了避免和空气中的气体发生反应，必须保证纯钛在真空和氩气保护的环境下进行熔化。熔解方式也非普通合金常用的高频方式熔解，而要采用电弧熔解法。

（二）包埋材料

铸造用的包埋材料（investment material）在可摘局部义齿的铸造过程中，主要用于制作耐火材料模型和支架熔模的包埋。

1. 性能要求

（1）粉末粒度细微，调和时为均匀的糊状，有良好的流动性，使铸件表面光滑。

（2）有合适的固化时间，包埋后凝固时间不宜过长，而且耐高温。

（3）能够补偿铸造过程中金属及熔模的收缩量，即具有合适的膨胀系数。

（4）能够承受铸造压力及冲击力，具有足够的强度，不会产生微裂纹。

（5）有良好的透气性，以利于铸型腔中的气体逸出。

（6）铸造时，不与熔模材料和液态的合金发生化学反应。

（7）铸造完成后，包埋材料容易清除，并且不会粘在金属修复体的表面。

2. 分类 包埋材料按照用途可以分为中熔合金铸造包埋材料和高熔合金铸造包埋材料、铸钛包埋材料以及铸造陶瓷包埋材料。

（1）中熔合金铸造包埋材料：又称石膏类包埋材料，适用于铸造熔化温度在 500 ～ 1100° C 的合金，如贵金属金合金、银合金、非贵金属铜基合金等。这类包埋材料一般用石膏作为结合剂，故又称石膏类包埋材料。在高温下，石膏会因分解而失去结合力。

（2）高熔合金铸造包埋材料：又称无石膏类包埋材料，适用于熔化温度在1100℃以上的高熔点合金，如常用的钴铬合金、镍铬合金等。此类包埋材料包括以下两种类型。

1）磷酸盐包埋材料：是最常用的高熔合金铸造包埋材料，用于临床已有几十年的历史。随着口腔医学的发展，磷酸盐包埋材料的性能也不断地改进，现在除用于高熔合金铸造及带模整体铸造外，也逐渐用于高精度的种植义齿上部结构的铸造、钛合金支架的铸造以及全瓷材料的铸造。它主要由石英砂、方石英为耐火材料，以磷酸二氢铵、磷酸二轻镁和氧化镁为结合剂的包埋材料。其膨胀率接近于高熔点合金的凝固收缩率，目前被广泛应用于高熔合金熔模的包埋。

2）硅胶包埋材料：硅胶包埋材料主要指正硅酸乙酯包埋材料和硅酸钠包埋材料。正硅酸乙酯包埋材料以正硅酸乙酯为结合剂，耐高温材料仍然由以二氧化硅形式存在的石英和方石英组成。此类材料的特点是耐高温、热膨胀系数大，但不易控制，加热后的强度尚可。

（3）铸钛包埋材料：是以二氧化锆和结合剂为主制成的新型高温包埋材料，可耐受1600℃以上的高温，适用于钛合金的铸造。

（4）铸造陶瓷包埋材料：主要成分有石英和磷酸盐。石英提供耐火性，磷酸盐起粘接作用。其膨胀性能好，能补偿陶瓷收缩，保证修复体精度。有良好的化学稳定性，可防止与陶瓷发生不良反应。

（三）复模材料

复模材料是在铸造工艺过程中，将石膏材料的工作模型复制成耐火材料工作模型的印模材料。最常用的复模材料是琼脂复模材料。该材料可以反复使用，用其制取的印模精确度高，但该材料容易脱水收缩，所以为了保证模型的精确度，要求在制取印模后立即灌注耐火材料模型。另外，临床上也可用硅橡胶复模材料进行复模。

1. 性能要求

（1）对人体无毒、无害，无不良气体产生，同时操作简单，配制容易。

（2）具有良好的流动性和可塑性，能保证所复制模型的准确和清晰。

（3）与模型材料不发生化学反应，两者容易分离脱模。

（4）具有一定的弹性同时又要有一定的强度，不易变形和破裂，在一定的时间范围内无体积的变化。

2. 种类

（1）琼脂复模材料：琼脂复模材料的主要组成部分是琼脂、高岭土、甘油和水。它具有很好的流动性，可以随温度的变化由液体到固体。但该材料的含水量较高，要求在复制好的阴模中立即灌注模型材料，以免失水变形。琼脂复模材料可反复使用，而且其制取的阴模的精确度很高。但要适当补充水分及添加新的材料以保证其性能。使用后应将材料洗干净，放置在密封的容器中低温保存。

（2）硅橡胶复模材料：硅橡胶属于高分子人工合成橡胶，是一种弹性不可逆复模材料。具有良好的弹性、韧性与强度，以及良好的流动性、可塑性和较小的体积收缩率，制取阴模精确度高，化学稳定性好，与模型材料不反应且易于脱模，是目前临床上较为理想的复模材料。

（四）熔模材料

熔模材料是指用于制作支架雏形的材料。

1. 性能要求

（1）对人体无毒、无害，价格低廉，能较长时间存放而不会影响其性能。

（2）在口腔所能耐受的温度范围内具有较好的可塑性、韧性，成型后不易变形。

（3）熔点在 60 ～ 100℃，软化点不低于 40℃。

（4）可以正确地制作出表面光滑、尺寸准确的熔模。

（5）不与模型材料和包埋材料发生化学反应，并且对包埋材料具有较好的涂挂性。

2. 种类

（1）铸造蜡：主要组成是石蜡、棕榈蜡、地蜡和蜂蜡。铸造蜡主要用于制作各种金属铸造修复体的熔模。临床要求其流动变形小于 1%，热膨胀在 20 ～ 30℃时不超过 0.6%，精确度高，强度好，保证熔模在取出时不变形。

（2）嵌体蜡：要求流动性好，软化温度合适，热胀率小。

（3）EVA 树脂蜡：此类材料是在以蜡为基本成分又加入适量的 EVA 树脂。该材料具有弹性好、工艺雕刻性好、不易变形、准确性高、收缩性较小和膨胀率低、表面光滑等诸多优点。可用于制作各种类型的熔模。

（4）软蜡：由蜂蜡、石蜡和松香等组成，其黏性较大，主要用于冠、桥基牙颈部的衬垫，以消除可能存在的倒凹，确保冠和桥的顺利就位。

（5）数字光固化熔模材料：基于光固化树脂技术，含光敏引发剂等成分。利用数字化设计模型，经光固化成型，精度极高，可达微米级，能满足复杂修复体精细结构需求。固化后强度高、稳定性好，抗变形能力强，材料浪费少，环保高效，是数字化口腔修复新趋势。

二、铸造支架制作设备

由于铸造支架制作过程较为复杂，用到的设备较多，主要包括熔蜡设备、包埋设备、铸造设备、铸件处理设备等一系列与铸造支架有关的仪器设备。

（一）熔蜡设备

主要为熔蜡器，用于熔化铸造蜡等熔模材料，将蜡加热到合适的温度，使其成为具有良好流动性的状态，方便制作熔模。它能精准控制温度，确保蜡的性能不受损，从而制作出尺寸精准、表面光滑的熔模（图 7-22）。

图 7-22　熔蜡器

（二）包埋设备

1. 真空搅拌机　在包埋过程中，利用真空环境搅拌包埋材料，可以有效减少材料中的气泡。这有助于提高包埋质量，使铸件表面更光滑，防止因气泡导致的铸造缺陷（图 7-23）。

2. 压力包埋机　利用压力泵或气压装置等产生压力，在包埋时将包埋材料通过压力作用填充到包埋盒内的蜡型或模型周围，使材料能更紧密地附着，确保包埋材料能进入细微之处，排除空气，减少气泡和孔隙的产生。

（三）铸造设备

采用高熔点的钴铬合金和镍铬合金时，其熔点在 1100℃以上，可选用加热温度较高的高频离心铸造机或真空加压铸造机。

（1）高频离心铸造机：为目前国内外较常用的熔铸设备。利用高频交流电产生的磁场，使金属材料内部产生感应电流，因金属自身的电阻而发热熔化，通过离心力将熔化的金属注入铸型腔内。熔化速度快，能有效减少金属在液态时与周围环境的反应时间，铸造出来的义齿支架精度较高，而且可以铸造多种金属材料，如钴铬合金等（图 7-24）。

图 7-23　真空搅拌机

图 7-24　高频离心铸造机

（2）真空加压铸造机：在真空环境下熔化金属，减少金属液体中的气体含量，防止铸件产生气孔等缺陷。随后施加一定压力，使金属液体更好地充满铸型。铸造的支架质量好，表面光滑，内部组织致密，对于提升义齿的适配性和机械性能很有帮助，尤其适用于高精度要求的义齿支架铸造。

（四）铸件处理设备

1. 切割机　在可摘局部义齿支架铸造完成后，用于打磨支架的表面，去除多余的部分，使支架的尺寸和形状更加精准，表面更加光滑，提高患者佩戴的舒适度（图 7-25）。

2. 喷砂机　利用高速喷射的砂粒去除铸件表面的氧化层、包埋材料残留等杂质，清洁和粗化支架表面，为后续的表面处理（如抛光等）做好准备（图 7-26）。

图 7-25　切割机

图 7-26　喷砂机

3. 电解抛光机 利用电化学腐蚀原理，在酸性溶液中对金属铸件表面进行电解抛光，能提高铸件表面的光洁度，又不损害其几何形状（图 7-27）。

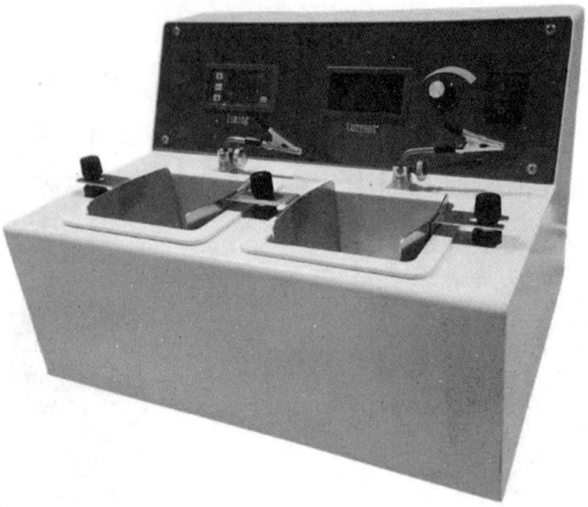

图 7-27 电解抛光机

【任务评价】

详见表 7-2。

表 7-2 可摘局部义齿铸造支架材料与设备任务评价

主要测评项目		评价标准	分值 / 分	得分
专业知识掌握程度（50 分）	铸造支架的包埋材料的性能要求（10 分）	能够准确阐述各类铸造支架包埋材料的性能要求	8 ~ 10	
		对各类铸造支架包埋材料的性能要求有一定了解但不够准确	4 ~ 7	
		完全不了解各类铸造支架包埋材料的性能要求	0 ~ 3	
	铸造支架合金材料的分类（20 分）	详细且准确地列出铸造支架合金材料的种类	16 ~ 20	
		能列出部分铸造支架合金材料的种类	8 ~ 10	
		只能模糊说出一些铸造支架合金材料的种类	4 ~ 7	
		完全不记得铸造支架合金材料的种类	0 ~ 3	
	铸造支架的熔模材料的性能要求（20 分）	能准确说明铸造支架的熔模材料的性能要求	16 ~ 20	
		能大致说明铸造支架的熔模材料的性能要求	8 ~ 15	
		铸造支架的熔模材料的性能要求的说明有一定偏差且不清晰	4 ~ 7	
		无法正确掌握铸造支架的熔模材料的性能要求	0 ~ 3	
应用能力（30 分）	铸造支架设计的材料选择（20 分）	能准确运用所学知识选择合适的材料	16 ~ 20	
		能选择出部分合适材料	8 ~ 15	
		选择的材料有较大偏差	4 ~ 7	
		无法进行正确的选择	0 ~ 3	

续　表

主要测评项目		评价标准	分值 / 分	得分
应用能力（30 分）	铸造支架设备的应用（10 分）	能正确应用铸造支架设备	8 ~ 10	
		对铸造支架设备应用存在一定问题	4 ~ 7	
		铸造支架设备应用完全错误	0 ~ 3	
素质能力（20 分）	专业素养（5 分）	对可摘局部义齿支架材料与设备的学习表现出积极的态度和专业精神	1 ~ 5	
	团队合作（5 分）	在小组学习或讨论中，积极参与，与他人合作良好	1 ~ 5	
	责任心（5 分）	对学习任务认真负责，确保学习质量	1 ~ 5	
	创新能力（5 分）	能够提出新颖的铸造支架设备使用技巧	1 ~ 5	
学生自我评价与反思				
小组评价				
教师评价				
总评成绩				

▶任务拓展

贵金属合金的分类标准

根据我国的国家标准（GB/T 17168—1997）对口腔用贵金属合金的分类标准如下。

Ⅰ型：低强度铸造合金 - 铸造件，仅能承受很小的应力。

Ⅱ型：中等强度铸造合金 - 铸造件，可承受中等程度的应力。

Ⅲ型：高强度铸造合金 - 铸造件，可承受较高的应力。

Ⅳ型：超高强度铸造合金 - 铸造件，可承受极高的应力，并有极薄的横断面。

任务三　铸造支架的制作

任务案例

微课：铸造支架的制作

【案例】

患者，男，65 岁。上颌多颗后牙缺失，自述咀嚼困难，影响进食。检查发现上颌右侧 567、左侧 67 缺失，剩余牙齿有不同程度的磨耗，牙龈轻度红肿，牙结石Ⅰ～Ⅱ度，口腔卫生状况一般。X 光片显示牙槽骨有一定程度吸收，但尚可支持义齿修复。

【问题】

1．针对患者的口腔状况，如何制作出精准、舒适且耐用的可摘局部义齿铸造支架，以解决其咀嚼困难问题？

2．怎样避免铸造过程中可能出现的缺陷，确保支架质量？

【任务分析】

全面考量患者口腔的复杂情况与诉求，凭借扎实的专业知识，科学设计决定采用铸造支架可摘局部义齿修复。铸造支架制作的各个环节，从模型设计、材料选择到铸造工艺及后期处理，本着勇于创新、精益求精的精神，力求为患者打造出最合适的义齿。

【知识链接】

铸造支架在组织结构、精确性和使用的持久性等方面比弯制支架稍好。铸造支架的制作多采用整体铸造的方法，其基本步骤如下：工作模型的处理－复制耐火材料模型－支架熔模的制作－安插铸道－包埋－烘烤焙烧－铸造－打磨抛光。

一、工作模型的处理

（一）铸造支架结构设计与绘制

在模型观测仪上确定共同就位道并绘制观测线后，根据缺牙部位的不同确定卡环的走向、连接体的位置、连接杆、金属基托、内外终止线等各组成部分具体的部位（图 7-28）。为保证上述的线条能够准确和清楚地转移到耐高温材料模型上，应采用沿边刻痕方法，用锐利的器械沿连接板的外形线刻画一深度为 0.2 ～ 0.3mm 的细沟槽。

（二）工作模型的表面处理

工作模型的表面处理包含倒凹区填蜡和缓冲区填蜡，用有色硬石膏或嵌体蜡等材料，填补工作模型上不利于义齿就位的倒凹。包括基牙的邻缺隙侧的倒凹部分及妨碍模型复制后脱模的倒凹部分，并在需要进行缓冲的部位（上颌硬区、切牙乳头等）给予缓冲。在模型缺牙区的牙槽嵴表面或连接体的相应部位表面均匀的衬垫一层 0.5 ～ 1.0mm 的薄蜡片，使金属支架的网状连接体部分离开口腔黏膜，以利于树脂包埋，同时用蜡刀沿内台阶边缘线（内终止线）切除多余的蜡片，形成明显的内台阶。若以后的铸道采用反插法设计，则应在石膏模型上标记出铸道口的位置。一般的设计位置是在上腭顶或下颌口底中心处。在需设计支点的部位，切除该处的衬垫蜡片，形成一个约 2mm×2mm 的支架支点，以防止义齿在后期制作时支架结构下沉变形（图 7-29）。

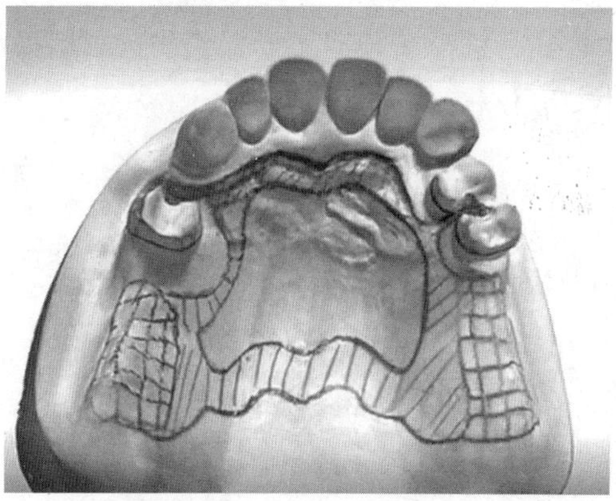

图 7-28 铸造支架结构设计与绘制

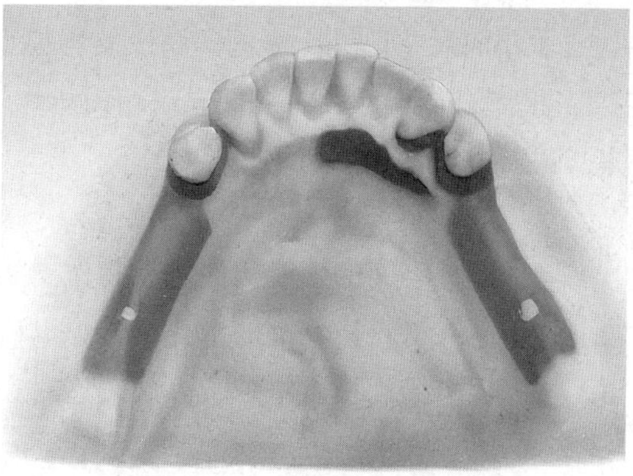

图 7-29 工作模型的处理

二、复制耐火材料模型

铸造支架的制作要在高温下进行，为了确保制作支架蜡型的模型材料具有耐高温性能，并可通过凝固和焙烧时产生的膨胀来补偿金属熔化后铸造与冷却过程中发生的收缩，最终保证金属支架的精确，需复制耐火材料的工作模型。琼脂复模材料复制耐火模型的具体步骤如下。

1. 工作模型的浸水处理

（1）目的

1）防止干燥的工作模型在复模时排放其内部的气体影响复模材料的准确性。

2）防止工作模型吸取琼脂复模材料中的水分。

3）防止工作模型与复模的粘连，增加工作模型表面的湿润性。

（2）操作方法：将准备好的石膏工作模型放入 35℃石膏饱和溶液中浸泡 20 ～ 30 分钟，然后取出模型，将模型表面的水分吸干，放入专用的琼脂复模盒中备用。无琼脂复模盒时，也可使用普通大型盒代替，但其上下两层应接触良好，无缝隙，以防止琼脂渗出。

2. 琼脂的溶解 目前常用的方法是琼脂溶解机加热法。

（1）操作方法：切碎琼脂凝胶块后放入琼脂溶解机内，加热琼脂凝胶致其逐渐溶解，在加热过程中需不断搅拌，使其受热均匀。待琼脂完全溶解后，停止加热，开启降温模式使琼脂温度逐渐下降至 55℃左右以备复模使用。同时，将工作模型表面的水分擦干，放置于复模盒的中央，四周的空间适宜后即可灌注琼脂复模材料。待琼脂完全凝固成型时，将复模盒倒置，去掉底盖将石膏模型取出，即形成一清晰的琼脂印模（图 7-30）。

（2）注意事项

1）复模时应控制好琼脂材料的温度。温度过低，流动性差，易造成灌注不全。温度过高，则使衬垫蜡片软化变形，影响模型的精确度。

2）检查琼脂阴模是否完整、清晰，有无变形、气泡、裂纹和断裂。

3）检查取出的石膏模型上充填蜡是否有移位、分离和鼓包、是否粘有琼脂材料，尤其在工作区域。

3. 灌注耐火模型 选用磷酸盐类的耐火材料灌注工作模型。具体操作步骤如下。

（1）将琼脂复模盒放在振荡器上，按厂家说明书要求的配比（100g 粉：13mL 水）调拌适量的磷酸盐耐火模型材料，最好在真空条件下调拌，以免产生气泡。

（2）在振荡器的振荡下使包埋材料流到印模所有需要的部分，并达到一定的厚度。

（3）1 小时后将已完全凝固的耐火材料模型从印模中取出，注意脱模时不要损伤耐火材料模型。

（4）模型自行干燥，或在低温烘箱内烘烤 1 ～ 1.5 小时，使模型充分干燥。

4. 耐火材料模型的表面处理

（1）目的

1）增加模型表面的强度，使之在制作支架熔模时不易受到损害。

2）封闭耐火材料模型上的微孔，避免以后包埋材料的液体被吸入。

3）待高温去蜡后留有空隙，以便铸造时空气的溢出。

（2）操作方法

1）将已干燥的耐火材料模型浸入 120℃左右熔化的蜂蜡中，浸泡 15 秒。取出模型，再放入 95℃的烘箱中烘烤 5 ～ 10 分钟，使模型上的蜂蜡液均匀被吸收。

2）将耐火材料模型后缘平面向下，以利于多余的蜡液流出，防止产生铸造缺陷。

3）从干燥箱中取出模型，让其自然冷却后备用。

5. 在耐火材料模型上复画设计 根据石膏模型上的设计方案，在耐火材料模型的相应部位复画出卡环、连接体、连接杆、金属网状支架等义齿支架的位置和形状，在复画时注意不能损伤耐火材料模型。

三、熔模的制作

熔模是用熔模材料制作的铸件雏形。熔模质量的好坏直接影响铸件的质量。因此，熔模的制作是铸造技术中十分重要的步骤。

（一）熔模的制作方法

熔模的制作方法包括成品蜡贴附法和滴蜡成型法。在临床上这两种方法常结合使用。

1. 成品蜡贴附法 是将各种成品的金属基托蜡片、网状支架、卡环蜡、连接杆蜡线条等软化后，按照设计要求贴附在模型相应的位置上，并与耐火材料模型贴合成一整体（图 7-30）。

2. 滴蜡成型法 是用小蜡刀将熔化的铸造专用蜡滴在模型支架相应的位置上，然后雕塑成所需要的支架形状。该方法常用于制作𬌗支托、熔模边缘和需要加厚的连接点部位（图 7-31）。

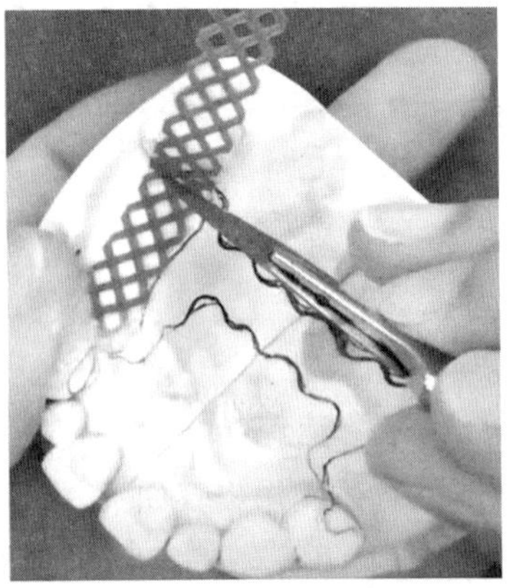

图 7-30 成品蜡贴附法

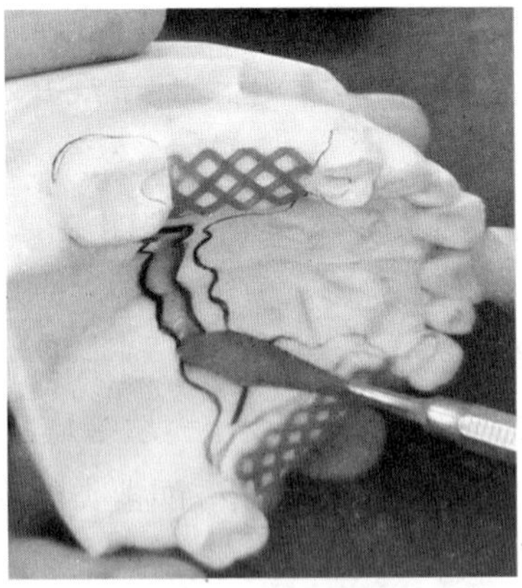

图 7-31 滴蜡成型法

（二）各部件熔模的制作要点

1. 卡环　按照结构和功能的设计原理，将卡环的各部位放在模型准确的位置上，首先制作对抗臂熔模，其次制作固位臂的熔模。卡环外形不宜过粗和过细，一般情况下宽度为 1.5mm 左右。过粗弹力不够，义齿摘戴时易损伤基牙；过细则易使卡环臂变形或折断。

2. 支托　𬌗支托的大小应根据支托凹的预备情况制作，应注意其形态和高度，制作的面积应稍大于支托窝的面积，以备后期的打磨、抛光。还应恢复其咬合作用，即可根据需要雕刻出𬌗面形态，使其与基牙𬌗面形态协调一致。

3. 连接杆　根据义齿支架的设计，制作相应的前、后腭杆和舌杆等熔模。

4. 金属基托　可选择皱纹型或光滑型基托。制作方法为：取大小适宜的 0.5mm 厚的铸造蜡片，待其加热稍软后压贴于模型上，按照模型上设计的要求用雕刻刀修去周围多余的部分，并滴蜡封闭金属基托的边缘。在金属基托与树脂基托相接处应形成一定的固位装置，并离开模型约 0.5mm。

5. 网状连接体　取大小适宜的网状蜡压贴于缺牙区的牙槽嵴顶处，按义齿设计的要求去除多余的蜡，然后滴蜡将舌腭侧靠近台阶处约 2mm 的蜡网眼填平，以形成加强带。

6. 终止线　铸造式可摘局部义齿金属基托与树脂基托的连接线，称为终止线，是受应力作用最大的区域之一。终止线（finishing line）包括内终止线（internal finishing line）和外终止线（external finishing line）（图 7-32）。内终止线是指网状支架下方树脂基托与金属基托的连接部位；外终止线是网状支架上方金属基托与树脂基托的连接部位。在两者之间是金属基托与金属网状支架相连接的部位（图 7-33）。

（1）终止线的位置：在铸造金属基托时，确定终止线的位置及衔接角度很重要。若该线的位置太接近牙槽嵴顶则会影响人工牙的排列，无法进行牙龈自然形态的雕刻；若终止线的位置离牙槽嵴顶太远或衔接角度不当时，与树脂的连接角度太大，将会影响舌感。

（2）终止线的制作要求

1）支架与树脂结合交界处应形成小于 90°的内、外台阶（终止线），并且内外台阶的位置应有适当的错位，即两者不应该在同一个垂直线上，两者之间应有一定的距离，以增强其抗应力的强度。

2）支架与树脂衔接流畅，避免因树脂的锐角造成义齿的折断或因树脂的收缩而产生缝隙。

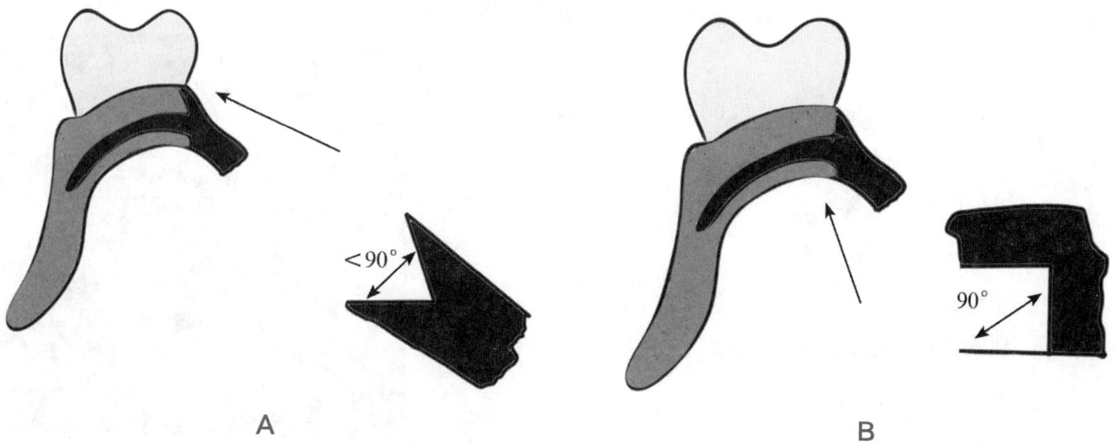

图 7-32　内、外终止线

A. 外终止线；B. 内终止线。

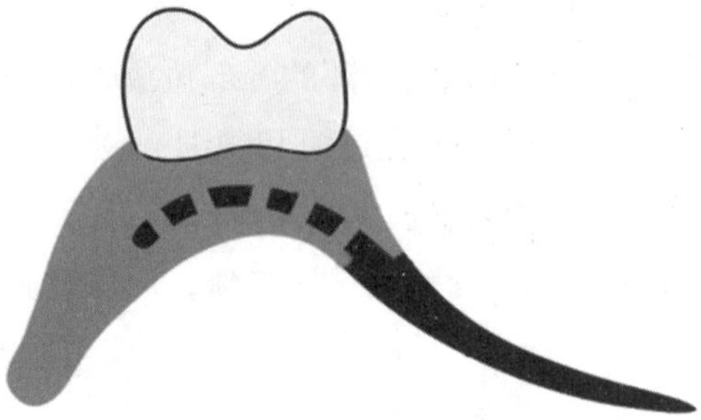

图 7-33 金属支架与树脂基托交接处的关系

（三）熔模制作时的注意事项

1. 严格根据医嘱和设计的要求制作 根据医嘱和设计的要求进行制作是保证铸造支架符合要求的基础，不可随意改变设计。

2. 支架的部位及与厚度的关系 在满足铸造支架强度的前提下应尽可能薄，但要考虑到后期打磨抛光的量，以免降低支架的强度。

3. 内外台阶位置要正确 可在铸造基托之前，先确定颌位关系，排牙并雕刻牙龈，以此为确定终止线位置的依据。

4. 美学知识的充分应用 要求支架各组成部分之间的协调和统一，在满足患者口腔生理功能的前提下，充分体现各组成部分之间的美感，使线条流畅，衔接自然。

四、设置铸道系统

铸道（sprue）系统是指在合金熔化铸造时，保证液态的合金充满铸型腔的一组装置。包括浇注口、铸道、储金球和排气道等。铸道是从坩埚通向铸型腔的通道，引导铸金从坩埚流入铸型腔。

（一）铸道的设计原则

1. 对铸型腔能产生适宜的压力，有利于合金流入铸型腔。

2. 不对铸件产生变形因素，且能补偿铸件凝固时的收缩，确保铸件轮廓清晰，表面光洁，无内外铸造缺陷。

3. 不破坏熔模的整体形态，不因铸造收缩而使铸件受到牵拉变形，且利于切割和研磨。

4. 不使液态的铸金产生涡流、紊流及倒流现象。

5. 铸道宜粗不宜细、宜少不宜多、宜短不宜长、宜弯不宜直。

6. 利于熔模材料熔化时外流、燃烧及挥发。

7. 铸道必须设置在熔模的最厚处，位于铸圈中最热的部位，铸型位于较冷的部位（图 7-34）。

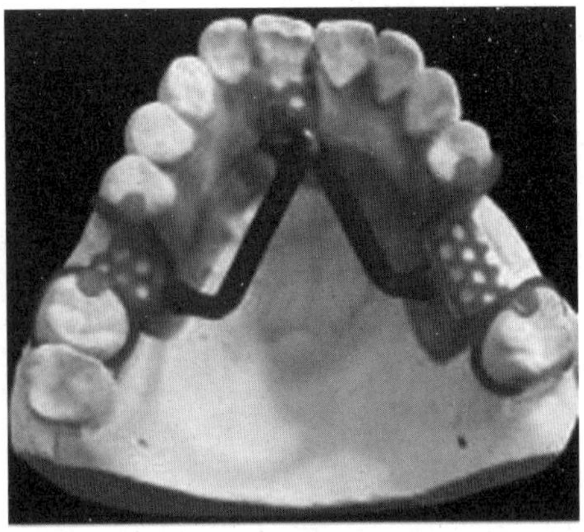

图 7-34 铸道安插部位

（二）铸道的类型

1. 按铸道的数量分类　可以分为单铸道和多铸道两种。

（1）单铸道：采用直径为 6 ～ 8mm 粗的蜡线条安放于熔模后缘中份。适用于上颌大面积金属基托铸件。

（2）多铸道：从主铸道上分出 2 ～ 4 根辅助铸道，分别安放于熔模合金需要量大的部位。一般主铸道直径为 6 ～ 8mm，辅助铸道直径为 1.0 ～ 1.5mm。适用于大件可摘局部义齿的支架熔模。

使用复数铸道的要点：主铸道直径应粗大，辅助铸道短而直且长短一致，以便在铸造时铸金同时流到熔模腔的各个部位；在主铸道和辅助铸道连接处加蜡以形成储金球，以补偿铸金收缩对铸件的影响；避免铸道方向的急剧改变；尽量避免 T 形连接并用蜡加固所有连接处，防止铸道收缩。

2. 按铸道的形状分类　可以分为圆柱形铸道、扇形铸道、螺旋式铸道三种。

（1）圆柱形铸道：为圆柱形，直接接于熔模上。

（2）扇形铸道：铸道与熔模相衔接的部位呈扇形。

（3）螺旋式铸道：由两根或多根等粗的圆柱形蜡线条，烘软后拧成麻花状接于熔模。

（三）铸道的设置方法

尽管有许多形式的铸道，在实际工作中应根据支架熔模的大小、形状和部位分别设置不同类型的铸道。

（1）带模铸造的铸道安插方法

1）正插法：是指铸道口放置于耐火模型的𬌗方，将若干分铸道插于蜡型表面上，最后汇成主铸道与浇注杯相连的铸道安插方法（图 7-35）。

取一根直径为 2 ～ 5mm，长度 3cm 的蜡条，将其压形成 R 形，经弯曲后用熔蜡将其连接在熔模的近网状处，上端（与浇杯相连）应位于熔模的中心位置。然后在多根分铸道相汇合的部位上端用熔蜡连接浇铸杯（成型孔座）。

2）反插法：是指将主铸道安插在耐火模型的底部中央。即在耐火材模型的底面打开一个直径 4 ～ 6mm 的圆孔作为主铸道，通过 2 ～ 4 根分铸道与支架蜡型相连接的铸道安插方法。一般下颌支架、上颌前 – 后腭杆、前腭杆式支架均采用（图 7-36）。

图 7-35　正插法

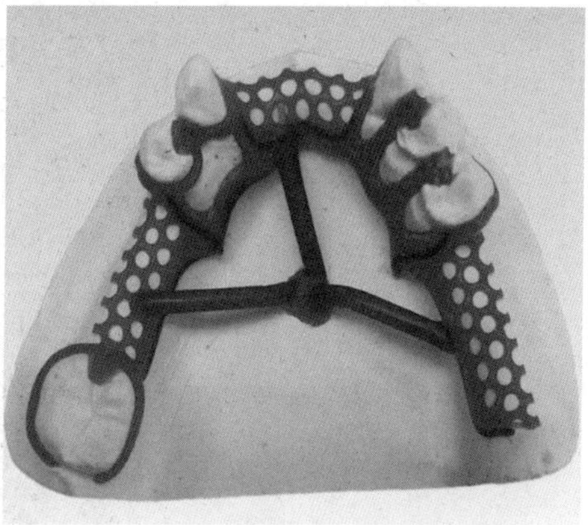

图 7-36　反插法

先将一根直径为 6mm 左右主铸道安放在成型底座上（孔座）形成口，再把熔模连同耐火材料模型固定于其上。后用直径为 2.0 ～ 2.5mm 蜡条在主铸道处分出 2 ～ 4 根分铸道，末端连接于熔模的边缘。最后用熔蜡将主铸道、分铸道、熔模及浇铸口连接起来。

3）垂直插法：铸道安插在熔模的后方，与熔模呈垂直的关系。

取直径约 6mm，长度约 2.0cm 蜡条，一端稍压扁后直接与熔模后方相连，另一端接上成型孔座（图 7-37）。

4）侧插法：铸道安插在熔模的侧方，形成 S 形转弯，接于铸道口。

取直径约 6mm，长度约 2.0cm 蜡条，加热弯曲呈螺旋状，按顺时针方向将铸道连接在熔模的一侧，另一端连接成型孔座。然后用直径为 1mm 蜡条安置在熔模的另一侧，作辅助排气的逸气道（图 7-38）。

（2）脱模铸造的铸道安插方法：可摘局部义齿某些结构简单、体积较小的部件可采用。具体操作方法：首先在工作模型上涂抹分离剂；然后制作蜡型，安插铸道后从模型上取下蜡型；最后将铸道与浇注杯相连后再进行包埋（图 7-39）。

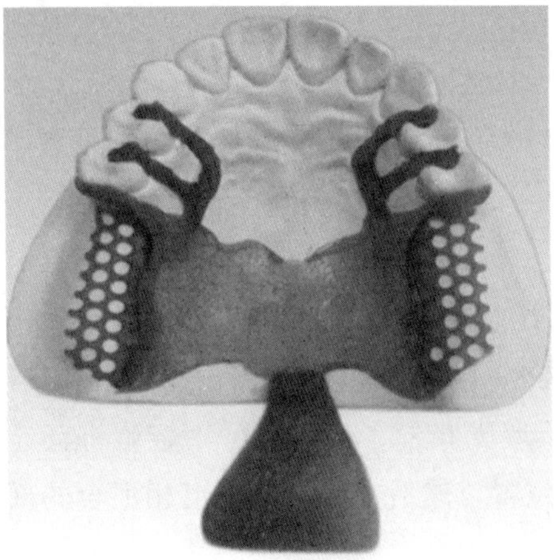

图 7-37　垂直插法

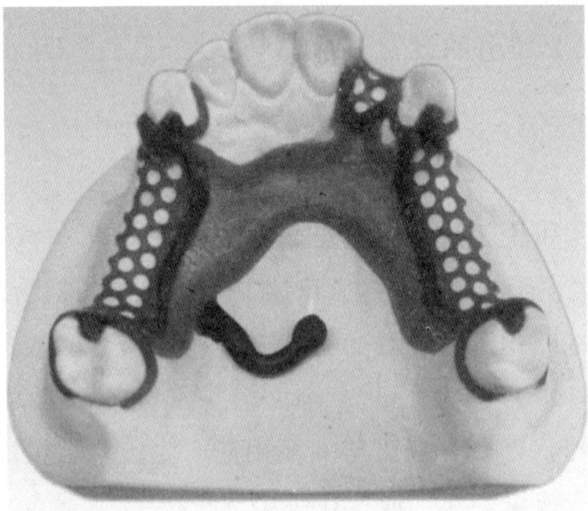

图 7-38　侧插法

图 7-39　脱模铸造安插

五、熔模的包埋

包埋是指将制作好的义齿蜡型用包埋材料包裹起来的过程。在支架熔模制作完成后，仔细检查支架熔模的质量，如支架形态、支架和铸道系统各组成部分所在的部位等均符合要求后，即可用耐火包埋材料进行包埋。由于熔模变形较快，所以应在熔模制作完成后立即包埋。

（一）包埋的目的

1．形成有足够强度的铸型腔，能抵抗铸金流入时产生的压力，便于义齿支架的铸造成型。
2．利用包埋材料的热膨胀和凝固膨胀，补偿铸造合金的体积收缩，使铸件的体积与熔模完全一致。
3．为铸型腔提供光滑的表面，使铸件尽量少打磨修整。
4．在铸金流入时为铸型腔中陷入的气体提供排逸的通道。

（二）包埋前的准备

包埋前须进行脱脂及清洗熔模。

1．目的

（1）洗去熔模制作时手或器械上的污垢，对熔模进行脱脂，减少熔模的表面张力，增加其表面的湿润性，以利于包埋材料的附着。

（2）避免在包埋熔模时产生气泡，导致铸件表面形成瘤状物。

2．脱脂及清洗熔模时的常用方法

（1）使用专用的熔模表面除张剂对熔模及耐火材料模型进行喷雾。

（2）使用 75% 的乙醇溶液对熔模及耐火材料模型进行清洗。

（三）包埋材料的选择

中熔合金一般采用石膏系包埋材料，高熔合金采用硅酸乙酯包埋材料和磷酸盐包埋材料，钛或钛合金则应使用专用的铸钛包埋材料。

（四）铸圈的选择

铸圈（ring）是使包埋材料成型的工具，多为不锈钢材料，为圆柱形金属圈，有各种不同的型号供选择。用于有圈铸造法。

铸圈的要求：①铸圈不应太高，够用即可。②熔模和模型在铸圈内距铸圈内壁至少有 3 ～ 5mm，距铸圈顶端 8 ～ 10mm。③如果把铸圈高度分成三份，则模型位于下 1/3，浇铸口位于上 1/3，铸道位于中 1/3。④铸道位于铸圈中最热的区域，在此区域中金属可保持较长时间的液体状态，以保证铸型腔内被金属充满。⑤铸圈的内壁最好衬垫 1mm 左右厚的石棉纸，目的是使包埋材料和铸圈之间有一定间隙，以供包埋材料的凝固膨胀和热膨胀，同时也有利于铸造时空气的溢出。

如采用无圈铸造，则不需要金属铸圈。它是用可与包埋材料分离的铸型成型器进行一次性包埋，待包埋材料凝固后，将成型器与包埋材料分离，形成无圈铸型。这种方法的包埋质量高，包埋材料的膨胀不受金属铸圈的限制，铸型的抗冲击力强，但材料的成本较高。

（五）包埋方法

1. 分类

（1）一次包埋法：将调好的包埋材料直接灌入放置蜡型的铸圈中，直至充满铸圈。此方法操作简便，但对包埋材料的性能与操作者技术要求较高。若材料流动性欠佳或操作不当，易导致蜡型局部包埋不密实，影响铸造效果。磷酸盐包埋材料的包埋多采用此法。

（2）二次包埋法：先采用包埋材料对蜡型进行初步包埋，形成厚度 3 ～ 5mm 的内包埋层。待内包埋层凝固后，再用包埋材料进行外层包埋，直至铸圈填满。二次包埋法能更好地控制包埋质量，内层包埋可增强蜡型的支撑与保护，外层包埋提供足够的膨胀与强度，适用于复杂结构的铸造支架制作。硅酸乙酯包埋材料的包埋多采用此法。

2. 具体包埋方法

选择与铸造合金的熔点、收缩率等相匹配得包埋材料根据正确的粉液比例称量出所需包埋材料的粉和液体，完成熔模的包埋。

（1）硅酸乙酯包埋材料包埋法：多为二次包埋法，包括内包埋和外包埋。

1）内包埋：将硅酸乙酯包埋材料的粉液按照产品说明比例调和成糊状，并用真空搅拌机调拌，使包埋材料无气泡，混合均匀。用毛笔蘸少量调好的包埋材料由点到面涂布于熔模的表面，厚度 2 ～ 3mm，及时在包埋材料的表层撒上干的包埋粉，以利于吸收水分，提高内包埋层表面的强度和膨胀性能，增加透气性。注意熔模的组织面不能有气泡。

2）外包埋：将已完成内包埋的熔模和模型套上已经选好的铸圈，调拌适量外层包埋材料（多采用石英砂 3 份加石膏 1 份，用水调和），将调好的包埋材料由铸圈上端注入铸圈内，沿铸圈侧壁缓缓倒入，同时开启振荡器，或轻敲铸圈外壁，以排出气泡，直至注满为止。这种方法现在使用较少。

（2）磷酸盐包埋材料包埋法：多为一次包埋法，用磷酸盐包埋材料对熔模进行包埋，此法既可用于有圈铸造也可用于无圈铸造。无圈铸造更有利于包埋材料的凝固膨胀和温度膨胀，铸件的精确度更高。首先根据熔模的大小选择直径适宜的铸型成型器及型孔座，将模型连同熔模用蜡固定于型孔座上，使铸道口位于铸型的中心部位，然后罩上铸型成型器。按照 100g 磷酸盐包埋材料与 13mL 水或专用液的比例进行调拌，最好使用真空搅拌机，并在振荡器的振动下注入铸型成型器内，注满为止。待包埋材料初步凝固并开始产热后，取下铸型成型器及型孔座，即形成无圈铸造。

（3）脱模铸造包埋法：脱模铸造法是在人造石工作模型上完成支架熔模，安插铸道后将支架熔模由模型上取下，经包埋铸造等工序完成支架铸件。主要适用于结构较简单、体积较小的铸件，或用于分段支架的铸造。但由于脱模铸造可影响铸件的精确度，而且支架在脱模和包埋时易引起变形，在整个制作过程中应给予重视。

具体的制作方法如下：①在人造石模型表面涂一层藻酸钠分离剂或将模型浸水使之湿润，以免模型与熔模粘连。②熔模制作完成后，按常规脱脂，连同人造石模型浸入温水（35℃）中，待分离剂膨胀后，将模型从水中取出。③铸造采取正插法，即在模型上从𬌗面方向安插铸道，并向中间聚集汇成总铸道。④将熔模松动后轻轻从模型上取下，固定在铸造成型座上。⑤包埋时，先用毛笔蘸取适量的调拌好的包埋材料在支架熔模表面涂一层，然后套上选好的铸圈，在振荡器的振荡下，将包埋材料灌入铸圈形成铸型。

六、铸型的烘烤、焙烧

1. 铸型烘烤、焙烧的目的

（1）使铸型内的水分通过缓慢的升温烘烤而逐渐蒸发。

（2）使铸型内的熔模材料全部熔化燃烧，挥发干净。

（3）使铸型腔获得最大的温度膨胀，形成一个补偿铸金收缩的铸型腔。

（4）使包埋材料烧结成一整体，以提高铸型的抗冲击能力及强度。

（5）提高铸型的温度，缩小液态合金和铸型的温差，利于铸件铸造完成。

2. 烘烤、焙烧的具体方法　烘烤与焙烧需在外包埋完成 2 小时后进行，应使用自动控温电烤箱，便于控制铸型升温时间与速度。起始时铸道口朝下，便于熔模材料流出，从室温升至 350℃并维持 30 分钟后，再将铸道口转向上进行焙烧。若一次焙烧多个铸型，彼此需留一定间隙，确保空气对流顺畅。

（1）烘烤温度与时间：铸型的烘烤应采取缓慢升温的方式，若升温太快，易使包埋材料中的水分在短时间内大量蒸发，内外温度不一致而使铸型爆裂。铸型外包埋采用石英砂加石膏方法者，应至少放置 2 小时以上，从室温升温到 350℃的时间不少于 60 分钟。到 350℃后应维持 30 分钟，以利于水分蒸发和热膨胀。若铸型放置时间不足 2 小时，则需延长升温时间和维持所需时间。

（2）焙烧温度与时间：根据所使用的包埋材料而定。石膏系包埋材料从 350℃升温到 700℃的时间不少于 60 分钟；磷酸盐系包埋材料从 350℃升温到 800 ～ 850℃的时间不少于 90 分钟；硅酸乙酯系包埋材料从 350℃升温到 900℃的时间不少于 90 分钟。达到温度后需维持 20 ～ 30 分钟方可铸造。这样可使包埋材料的膨胀率和强度均处于最佳状态，铸型的内外温度一致，有利于铸造成功。

不同的包埋材料其焙烧的时间各不相同，即使是同一材料，但生产厂家不同，其焙烧的时间也有所差异。因此，在使用前需注意阅读说明书以确保获得理想的铸件。

3. 烘烤、焙烧的注意事项

（1）铸型升温不能过快，以免造成包埋材料的爆裂。

（2）烘烤、焙烧后应及时铸造，不能在铸型升温到预定温度时停留过久或降温后又升温到预定温度再铸造。否则会影响包埋材料的强度，降低铸件的精度和光洁度。

（3）铸型最好放在电烤箱的最里面，该处的温度最接近电烤箱显示器上的温度。

（4）铸型与铸型之间应留有适当的空隙，以利于热空气的对流，使各个铸型能均匀受热。

（5）若烤箱中无温度显示，可通过观察铸型焙烧后的颜色改变来确定温度。400℃以下，铸型无明显颜色改变；500 ～ 600℃时铸型呈暗红色；700 ～ 800℃时铸型呈樱桃红色；900℃时铸型呈赤红色。

七、铸造

铸造（casting）是指加热熔化合金，并将液态合金通过一定的力量注入铸型腔内形成铸件的过程。

1. 铸造前的准备

（1）在开始铸造之前，应当用 30 分钟的时间把电烤箱的温度升高到 1000 ～ 1100℃，否则在铸造时液态合金会快速冷却，使铸型腔不能完全被充满。

（2）根据铸型的大小或重量对离心铸造机做平衡调节。

（3）已清洁干净的熔化合金所用的坩埚应当和铸型一起预热。

（4）铸造机做好启动的准备，同时准备好铸型钳、劳保手套等辅助工具。

2. 合金的熔解

（1）合金的量：金属基托及支架的估算应视其面积和直径、数量以及形式等方面综合考虑。一般合金的投入量应略大于金属支架加铸道所需合金的量。这样既可保证有足够的合金使铸件完整，又不会过多浪费金属。

（2）合金的熔解与铸造温度：合金的熔解是铸造的先决条件，不同的合金有不同的熔解温度。在实际工作中，为了增加合金的流动性，降低黏滞性，保证铸造成功，铸造时注入熔模腔内的液态合金的温度应比熔解温度要高。但过高的温度又会引起合金中某些元素的破坏致使铸件的成孔性增加。有研究表明合金铸造的最佳温度应在原熔解温度上增加 100 ～ 150℃为宜。对于纯金属铸造来说，铸造的理想温度应比熔点增加 50 ～ 70℃。

（3）熔解合金时应注意的问题

1）正确摆放合金。高频感应熔化时，合金块要紧密接触；块状合金可叠放；用量大的柱状合金垂直摆放，防止架桥。

2）熔解前预热坩埚，可缩短熔解时间、减少合金氧化，延长坩埚使用寿命。

3）不同类型合金，坩埚不能混用，防止相互污染。

4）铸造温度略高于合金熔点，保证完全熔化与良好流动性，但切勿过度熔解。

5）尽量避免合金重复使用。昂贵且稀缺的合金，可处理铸道后复用，加入量控制在 1/3 以内，以免影响铸件物理性能。

3. 铸造方法

（1）离心铸造：是将被熔解的合金，在离心压力的作用下，使金属熔液迅速充满铸型腔内，经冷却、凝固后而获得铸件的一种方法。铸造机旋转臂的一端是熔金坩埚和铸圈，另一端是平衡砣。铸造前根据铸型的大小调整平衡砣，使旋转臂的两端处于平衡状态。然后根据铸型的大小确定旋转发条的圈数，选择旋转臂，使之具有足够的旋转力。用固定栓固定旋转臂，当合金熔化达到要求后，立即去掉固定栓或按动旋转按钮，离心机旋转，液体的合金借助离心力被注入铸型腔内。

（2）真空铸造：利用真空铸造炉的真空负压作用，待金属熔化后，对半坩埚的下部会分开，将熔化的金属吸入铸型腔内从而形成铸件。

（3）真空冲压铸造：也是利用真空负压作用，将熔化的金属吸入铸型腔内，随即注入惰性气体加压，利用这种压力使熔化的合金液注满整个铸型腔内，铸造出高致密度的铸件。

八、铸件的清理与打磨抛光

（一）铸件的冷却

金属铸造后的冷却方式，对维持与提升铸件性能至关重要。冷却方式不当，铸件易变形。实际工作中，不同合金铸件需匹配不同冷却方法。

1. 中熔合金铸件 先在室温下自然冷却，待温度降至 300℃后，放入冷水中。这能让中熔合金包埋材料在水中因热胀冷缩而爆裂，方便与铸件分离。

2. 非贵金属高熔合金铸件 铸造完成后，将铸型置于空气中，使其自然冷却至室温，随后再从包埋材料里取出铸件。

3. 钛或钛合金铸件 通常采用速冷方式，迅速降低铸件温度。目的是缩短铸造后金属在高温状态下与包埋材料的接触反应时间，以此保证铸件质量。

（二）铸件的清理

在铸件冷却到室温后，即可进行清理。可先用木榔头等工具轻轻敲击铸型，使铸件从包埋材料中分离，大部分的包埋材料脱落后，可进行以下处理。

1. 喷砂处理 对非贵金属高熔合金铸件，可采用喷砂技术对其表面处理。其方法是利用压缩空气的压力使金刚砂从喷枪的喷嘴中高速喷射到铸件的表面，以去除铸件表面残留的包埋材料、黏附物和氧化膜。喷砂处理可提高铸件研磨的效率和质量。具体要求如下。

1）金刚砂的粒度通常为 100 ～ 150 目，以 50 ～ 80m/s 的速度喷射到铸件表面。

2）在喷射过程中，应随时改变铸件的位置，使各部位均能被喷到，避免某处因喷砂过多而变薄，降低支架的强度。

3）铸件和喷嘴之间的距离应在 5mm 以内。

2. 化学处理 对非贵金属高熔合金铸件，在无喷砂机的条件下，也可采用化学方法清理铸件的表面。具体方法是将铸件放入 20% 的氢氧化钠水溶液中煮沸，使氢氧化钠与铸件表面的二氧化硅发生化学反应，生成硅酸盐后从铸件上脱落下来，或将铸件放入 45% 氢氧化钾水溶液中煮沸也可取得满意的效果。最后用热水冲洗干净铸件。

（三）铸件的打磨

铸件打磨的原则是由粗到细、先平后光。铸件打磨的顺序：切除铸道→粗磨、修整外形→细磨、平整表面→抛光。

1. 打磨步骤

（1）粗磨：使用粒度较粗的金刚砂磨头或钨钢磨头打磨铸件，要求磨除金属铸件表面的小瘤、边缘毛刺、铸道切痕及进入倒凹的金属部分等，并调整铸件的厚薄及外形，去除氧化层，达到表面平整。然后在工作模型上进行试戴、调整，使之达到完全就位。

（2）细磨：选用各粒度较细的金刚砂磨头（120 ～ 200 目），反复平整铸件的表面，使其逐渐平滑。同时以各种不同形状的磨头精修铸件的外形。

2. 打磨时的注意事项

（1）每个切割器械都有一个最佳的切割速度，需把打磨机的转速调节到相应的速度。

（2）通常情况下，硬的铸件用软粘接型的砂轮，以高的转速打磨；软的铸件用硬粘接型的砂轮，以低的转速打磨。

（3）先用粗砂轮低转速粗磨，再用细砂轮高转速修整，打磨时工具和铸件需稳定无振动。

（4）只能用细砂轮磨除卡环臂的铸造缺陷，在任何情况下都不允许改变卡环的大小。

（5）在铸造支架的整个打磨过程中，应严格遵守高转速、轻压力的原则，用力得当，防止支架变形。

（四）铸件的抛光

铸件的抛光处理是通过机械摩擦、特殊仪器及液体使各种铸造修复体和铸造支架等达到表面高度光亮，使之更加符合口腔生理功能和美观的需要。

1. 电解抛光 利用电解作用，将金属表面熔去一层，电解槽的负极为铅板，铸件挂在正极上，放在电解槽中。通电后铸件表面被电解熔化，熔解的金属和电解液形成一层黏性薄膜，覆盖在铸件的表面，凸起的部分覆盖较薄。由于膜薄而电阻小，电流密度较大，因而对铸件的熔解也较多。反之，较薄的凹陷部分的金属熔解相对就少。这样就使铸件表面的高低不平得到调整，从而形成平整光滑的表面。电解时先将电解液注入电解槽中，加温预热至 60 ～ 70℃，再把被抛光的铸件挂在正极上，正负极相距 3 ～ 6cm，电解密度调到 150 ～ 400A/cm^2，电解时间 4 ～ 6 分钟，可根据铸件大小等不同情况给予适当调节。电解完毕后，从槽中取出铸件，用热水清洗干净，再放入 70 ～ 80℃的 10% 氢氧化钠溶液中处理 10 分钟即可。电解抛光时应严格控制电解抛光机的电流、电解液的温度及电解时间，同时要注意个人安全的防护。

2. 机械摩擦抛光 利用抛光轮和精细磨料对铸件进行快速、轻微切削，利用磨料和铸件之间的摩擦力，使铸件光亮。常用的抛光轮有布轮、毛刷和毡轮等；常用的抛光膏有红膏（氧化铁）和绿膏（氧化铬等）。

九、铸件的就位与检查

把铸件小心地按照就位道的方向就位于模型上，其主要目的是检查铸件的形状是否准确，是否和模型完全密合。简单的支架与模型的密合度一般较好，但对于复杂的支架，在模型上就位时出现不密合状况的概率比较大，应当仔细检查。在将铸件从模型上取下时要特别注意，不要把持卡环尖，也不要以杠杆作用取下铸件。如果加工后的铸件已与模型特别密合，还必须进行咬合的检查。一般通过咬合纸标记出早接触点，然后进行调磨，经过数次调磨后即可实现良好的咬合关系。最后观察或用手指触摸检查支架表面是否光滑。

十、铸件缺陷及原因分析

可摘局部义齿支架铸造工艺复杂，从模型设计到打磨抛光，每个环节都影响铸件成败。因多种因素，铸件常出现缺陷，轻者可修补，重者只能返工重做。

（一）粘砂

粘砂是指部分铸件的表面与包埋材料牢固地结合在一起，它不仅会增加铸件表面粗糙度而且会严重地影响铸件的精度，导致铸件失败（图 7-40）。

图 7-40　粘砂

1. 原因分析

（1）耐火材料的质量问题：石英在高温条件下与

合金中的碱性氧化物（氧化铁、氧化铬等）发生作用，这种原因导致的粘砂又称化学性粘砂。

（2）合金铸造时温度过高：包埋材料的耐火度不够，在热力的作用下烧结在铸件的表面，这种原因导致的粘砂又称热力粘砂。

2. 预防措施

（1）注意包埋材料的纯度和耐火度。

（2）熔铸的时间适宜，切勿高温过熔，以防止合金发生氧化。

（3）铸件之间应有一定的距离，以免影响热量的散发。

（二）表面粗糙

表面粗糙是指铸件表面有较多的微小结节或小凹、毛刺等不光洁的现象（图 7-41）。

1. 原因分析

（1）粘砂或熔模表面的光洁度不佳。

（2）温度过高，铸型有开裂现象。

（3）内包埋材料没有涂均匀，或包埋材料调拌过稀等。

2. 预防措施

（1）防止化学性粘砂和热力粘砂。

（2）确保熔模表面的光洁度，同时熔模的脱脂处理要彻底。

（3）正确掌握铸型的焙烧时间，控制好温度。

（4）内包埋材料要细而均匀，调拌稠度要适宜。

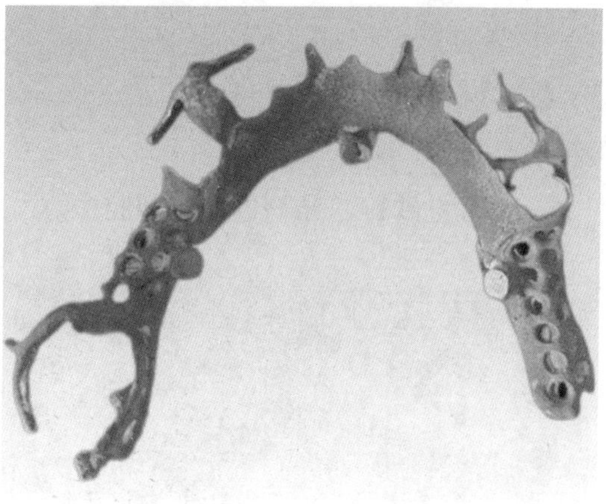

图 7-41　表面粗糙

（三）缩孔

缩孔是指合金凝固后，由于体积的收缩，在支架表面或内部留下不规则孔洞的现象。多发生在铸件较厚处、转角处或安插铸道处（图 7-42）。

1. 原因分析

（1）铸件的合金在凝固过程中的体积收缩未得到足够的补偿。

（2）铸件熔模的厚薄不均匀。

2. 预防措施

（1）增大铸道的直径，设置储金球以补偿金属的收缩。

（2）制作熔模时，各组成部分的厚薄差异不可过大。

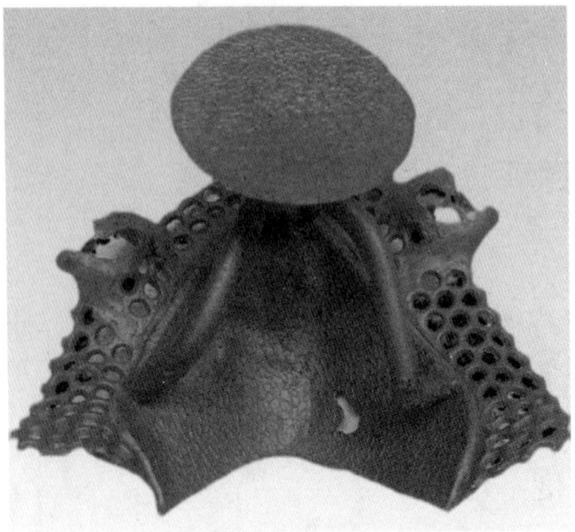

图 7-42　缩孔

（四）砂眼

砂眼是砂粒留在铸件表面或内部而形成的孔穴（图 7-43）。

1. 原因分析

（1）耐火材料的质量或操作问题，致使强度不够而被熔化的合金冲坏。

（2）铸型腔内壁有脱砂或异物落入铸型腔等。

2. 预防措施

（1）提高耐火材料的质量，提高材料的机械强度和韧性。

（2）避免铸型腔内形成尖锐的内角。

（3）焙烧铸型及熔铸过程中，应防止砂粒、异物进入铸型腔中。

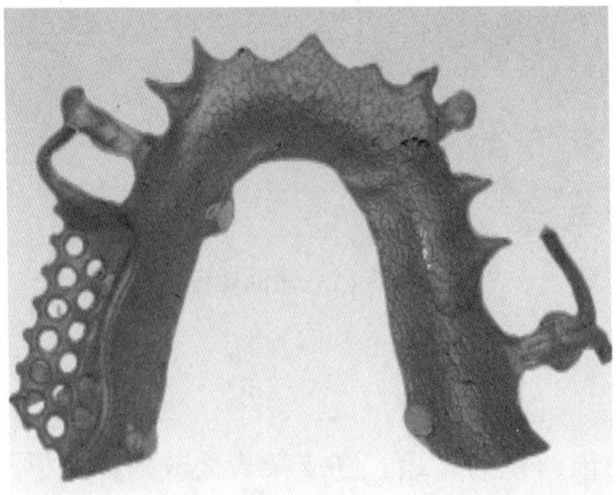

图 7-43　砂眼

（五）铸造不全或缺损

合金熔化铸造时，黏度大，流动性差。铸造不全常发生在支架的远端和薄弱处（图 7-44）。

1. 原因分析

（1）合金投放的量不足。

（2）铸道的方向、直径、位置等设计不当，致使熔金回流。

（3）铸圈焙烧温度不够。

（4）合金熔化温度较低，流动性较差。

（5）铸造时压力或离心力不够。

（6）包埋材料的透气性较差，铸型腔中有残留气体。

（7）熔模的远端部分过薄，熔金在充盈前已发生凝固等。

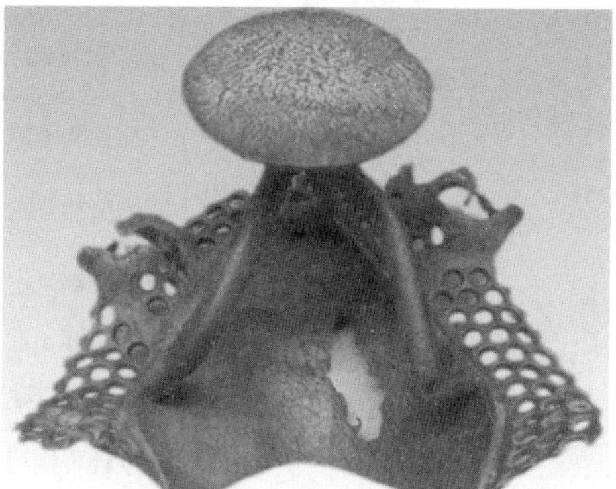

图 7-44　铸造不全

2. 预防措施

（1）根据铸件的大小放置足量的铸金。

（2）铸道安插的位置要合理，有利于液态合金的顺利注入。

（3）铸型焙烧的温度需达到高熔合金的要求。

（4）掌握好熔金的温度和浇铸的时间。

（5）增加离心铸造机的转速，加大离心力。

（6）改进包埋材料的性能，增加其透气性，或在熔模周边增设排气道。

（7）熔模的厚度要适当，其远端的部分可适当加厚。

（六）铸件变形或断裂

铸件在试戴时固位力较差，或支架有翘动、摆动、旋转等现象，主要是由于铸件在制作过程中变形（图 7-45）。

1. 原因分析

（1）复制耐火材料模型时不准确。

（2）支架熔模变形。

（3）包埋材料的凝固膨胀与温度膨胀性能不足。

（4）打磨铸件的方法不正确，引起支架变形。

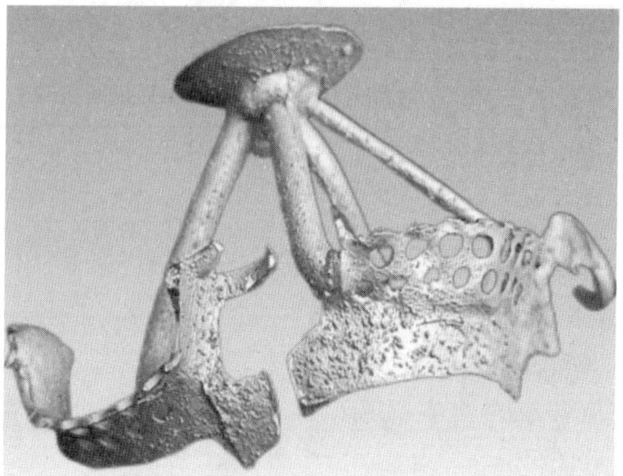

图 7-45　断裂

2. 预防措施

（1）耐火材料模型的复制要准确。

（2）排除使熔模变形的原因。

（3）包埋材料要与铸造合金匹配，以补偿铸金的收缩。

（4）正确掌握铸件打磨抛光的方法，以免变形。

【任务评价】

详见表 7-3。

表 7-3　可摘局部义齿铸造支架的制作任务评价

主要测评项目		评价标准	分值 / 分	得分
专业知识掌握程度（20 分）	可摘局部义齿铸造支架的铸造材料与设备（10 分）	能够准确阐述可摘局部义齿铸造支架的铸造材料与设备	8 ~ 10	
		对可摘局部义齿铸造支架的铸造材料与设备有一定了解但不够准确	4 ~ 7	
		完全不了解可摘局部义齿铸造支架的铸造材料与设备	0 ~ 3	
	铸件缺陷及原因分析（10 分）	详细且准确地列出各类铸件缺陷并分析原因	8 ~ 10	
		能列出部分人工牙分类及特点	4 ~ 7	
		只能模糊说出一些分类名称	0 ~ 3	
应用能力（60 分）	可摘局部义齿铸造支架设计（30 分）	能准确运用所学知识进行可摘局部义齿铸造支架设计并分析是否合理，并提出改进建议	21 ~ 30	
		能设计可摘局部义齿铸造支架，但不够全面	11 ~ 20	
		可摘局部义齿铸造支架设计有较大偏差	6 ~ 10	
		完全无法进行可摘局部义齿铸造支架设计	0 ~ 5	
		能熟练掌握可摘局部义齿铸造支架的制作并应用	25 ~ 30	
		会制作可摘局部义齿铸造支架蜡型并合理安插铸道，熟悉全部制作流程	18 ~ 24	
		能说出制作可摘局部义齿铸造支架的流程，但不够完成进行全流程制作	10 ~ 17	
		只会部分操作可摘局部义齿铸造支架制作流程	4 ~ 10	
		完全不会进行可摘局部义齿铸造支架的制作	0 ~ 3	
素质能力（20 分）	专业素养（5 分）	对铸造可摘局部义齿铸造支架制作的学习表现出积极的态度和专业精神	1 ~ 5	
	团队合作（5 分）	在实训学习或讨论中，积极参与，与他人合作良好	1 ~ 5	
	责任心（5 分）	对学习任务认真负责，确保学习质量	1 ~ 5	
	创新能力（5 分）	能够提出新颖的支架制作方法	1 ~ 5	
学生自我评价与反思				
小组评价				
教师评价				
总评成绩				

▶任务拓展

铸造支架流程

详见图 7-46。

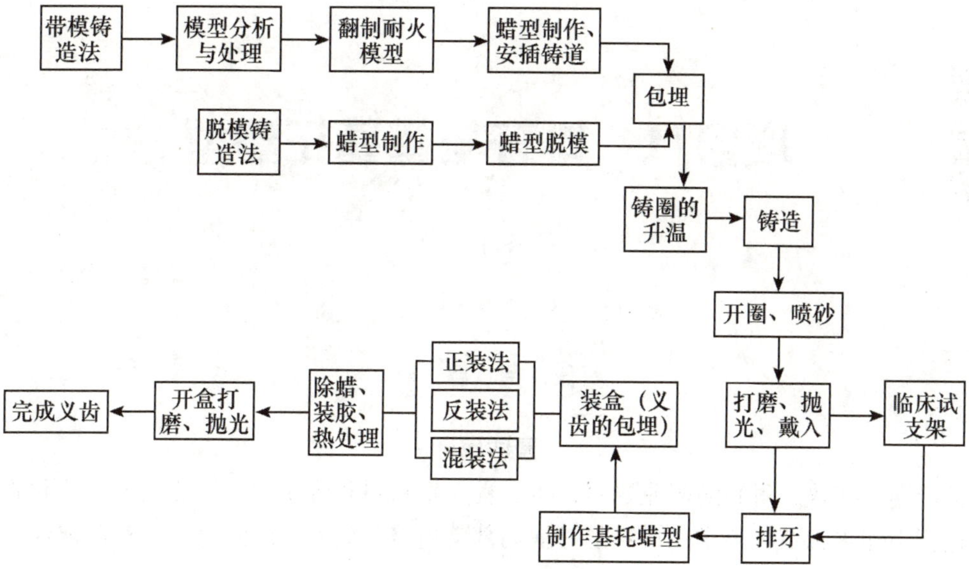

图 7-46　铸造支架流程

考试知识点总结

项目小结

协和云课堂…… 拓展练习及参考答案

（王邓莉　郑　伟）

教学课件

项目八　排牙与蜡基托塑型

任务目标

素质目标

具备严谨、细致、耐心的职业素养，树立责任感和团队协作意识，使其在排牙和蜡基托塑型操作过程中注重细节，追求高质量的可摘局部义齿修复效果，以满足患者对美观和功能的双重需求。

知识目标

（1）掌握：可摘局部义齿排牙的基本原则及排牙的具体方法、可摘局部义齿排牙后咬合关系调整的方法、可摘局部义齿蜡基托塑型要求和方法。

（2）熟悉：调磨的注意事项。

（3）了解：个性化排牙。

能力目标

（1）能够准确地根据患者口腔模型与设计方案进行排牙操作，正确选择人工牙并合理排列，保证牙列的整齐、稳定与良好咬合。

（2）能够运用蜡材进行蜡基托塑型，塑造出贴合患者口腔组织形态、具有合适厚度与外形的蜡基托。

可摘局部义齿排牙时因口腔内有余留牙存在，一方面给排牙提供了一定的依据；另一方面由于邻牙、对牙的存在，限制、妨碍了人工牙的排列，因此需根据前、后牙缺失的部位及余留邻牙、对颌牙的关系进行排牙。

任务一　前牙排列

任务案例

【案例】

患者，男，65岁。上颌左右12均缺失，右侧后牙56缺失，左侧后牙456缺失，要求进行可摘局部义齿修复。口腔检查发现，患者余留牙健康，咬合关系正常，对美观要求较高。

【问题】

1. 如何排列前牙以满足患者的美观需求？

2. 在排列过程中，如何根据患者口腔解剖结构及发音习惯，调整前牙的位置？

【任务分析】

患者上颌多颗前牙及后牙缺失，前牙对美观和发音影响极大，患者又对美观要求颇高。需要我们在技术操作中，充分践行以患者为中心的理念，全方位考量患者需求，利用精湛的专业技能，巧妙排列前牙，在塑造自然美观笑容，提升患者自信的同时，保障义齿切割食物的功能正常，发音清晰准确。

【知识链接】

前牙缺失后缺隙区位于牙列的前端、面型的前部，严重影响面容美观。因此，可摘局部义齿前牙修复在恢复其切割和发音功能的同时，应力求达到美观、自然、逼真的效果。

微课：
前牙排列

一、前牙排列的原则

（一）美观性

可摘局部义齿人工前牙的选择、中线、人工牙排列的位置及倾斜度等，对恢复义齿美观非常重要。

1. 人工牙的选择　人工牙的选择主要包括人工牙的形态、大小和颜色（具体内容参照项目二任务一）。

2. 中线　通过左右两眼之间、鼻尖和上下颌两中切牙间接触区的一条假想垂直线为中线。该线将颅面部平分为左右两等份，一般上下牙列左右是相互对称的。人工前牙排列的中线，应与面部的中线一致。

（1）个别前牙缺失：确定中线时可参照患者口腔内环境，如上颌前牙中线稍有偏斜，可通过调殆或个性化排牙加以调整。

（2）多数前牙缺失：排牙时上颌中切牙间的近中接触点应居中，以免影响美观。若下颌中切牙间的近中接触点因受邻牙限制而稍有 1 ～ 2mm 的偏斜时，对美观影响不明显。若患者有面部缺陷或面部中轴偏斜等情况时，要利用排牙弥补患者的缺陷而不要使其更明显。

3. 唇舌向及殆龈向的位置　唇舌向及殆龈向的位置原则上与余留牙相协调，尤其是切缘与牙颈线的位置应尽可能与余留牙一致。同时尽可能形成正常的覆殆覆盖关系，过大过小的覆殆与覆盖都会影响美观。

4. 人工牙的倾斜度　牙冠的倾斜分为近远中向倾斜与唇舌向倾斜。人工前牙的唇舌向和近远中向倾斜度应与余留牙协调，与牙弓弧度一致。前牙尽可能恢复唇部的丰满度，给人以自然逼真的感觉。

（二）发音功能

口腔是语音的共鸣器官。牙齿缺失，尤其前牙缺失直接导致一些音节发音困难或不准，恢复发音功能也是义齿前牙修复的目的。影响发音的因素主要如下。

1. 前牙的位置 前牙区牙齿排列的位置对发音功能的恢复也非常重要。

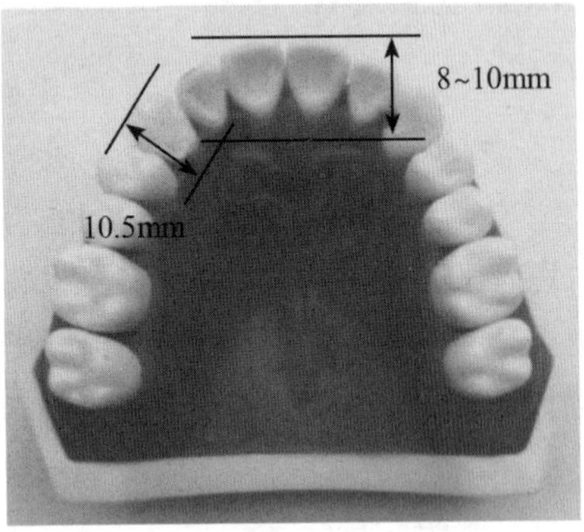

图 8-1 排列上颌前牙的标志

（1）个别前牙缺失：应排在原有天然牙的位置上，与牙弓弧度一致。

（2）多数前牙缺失：以切牙乳头作为确定上颌前牙水平位置的参照物。即上颌前牙唇面至切牙乳头中点一般 8 ～ 10mm。年轻人上尖牙牙尖连线通过切牙乳头中点，而老年人上尖牙牙尖连线与切牙乳头后缘平齐；上颌尖牙的唇面通常与腭皱的侧面相距约 10.5mm；上颌前牙切缘在唇下露出约 2mm，老年人显露较少（图 8-1）。

合理排列前牙区人工牙位置，可使口腔周围软组织得到应有的支撑，恢复原有唇面部丰满度和唇、颊、舌等软组织的正常功能等，较好地恢复发音功能。

2. 覆𬌗覆盖 覆𬌗覆盖关系是根据上下颌骨的位置关系，在排列上下前牙时确定的。一般前牙呈浅覆𬌗浅覆盖，切导与𬌗平面的交角接近 15°时，能较好地恢复发音功能。

二、前牙排牙的方法

（一）单个前牙缺失的排牙方法

单个前牙缺失时，可参照邻牙或对侧同名牙及对颌牙来排列人工牙的唇舌向、近远中向倾斜度及与𬌗平面的关系，以求协调和对称。若人工牙稍宽，可将人工牙邻面唇舌向的中 1/3 磨成斜向舌侧的斜面，同时保留其唇面形态；若人工牙稍长，则按照龈缘外形磨短人工牙颈部及盖嵴部，使其与缺隙区唇侧牙槽嵴相贴合；若人工牙稍厚，则可以磨改人工牙的盖嵴部或舌面，在磨改的过程中调整人工牙的外形，将调磨好的人工牙用蜡固定在缺隙区；若缺隙区牙槽嵴丰满，可不制作唇侧基托，并根据上下颌的咬合以及与相邻牙的关系，将人工牙调整至合适的位置（图 8-2）。

（二）多数前牙缺失的排牙方法

若前牙缺失较多，或上下颌前牙全部缺失，排牙时要注意中切牙之间的接触点应与面部中线一致，特别是上中切牙间的近中接触点，更应居中不偏，以免影响美观。但下中切牙间的近中接触点因受邻牙的限制而稍有偏斜时，对美观影响不太明显。具体操作方法如下。在排牙之前，先对模型的缺隙区涂抹分离剂或者将模型在水中浸湿。这样做的目的是在排牙完成后，能够将人工牙连同蜡基托取下，在患者口内进行试戴，同时也不会对模型造成损坏。接着，取一小块基托蜡片，经烘烤软化后铺在缺隙区，修去蜡片多余的部分。用热蜡刀将基托蜡烫软，再把选好的人工牙固定在上面。以中线为基准，分别对称排列左右中切牙、侧切牙和尖牙，并按照要求调整到合适的位置。需要注意的是，蜡刀温度不宜过高，以免过度熔化蜡而使其粘在模型上，导致蜡基托不易取下，并且也容易损坏模型。最后，在患者口内试戴排好的人工牙后，再继续进行义齿的制作（图 8-3）。

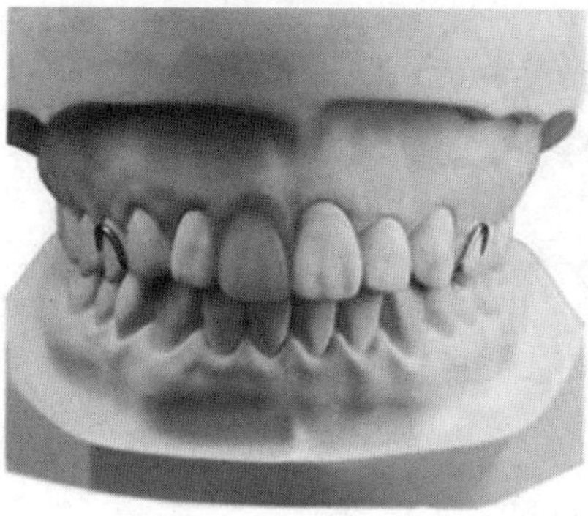

图 8-2　单个前牙缺失的排列

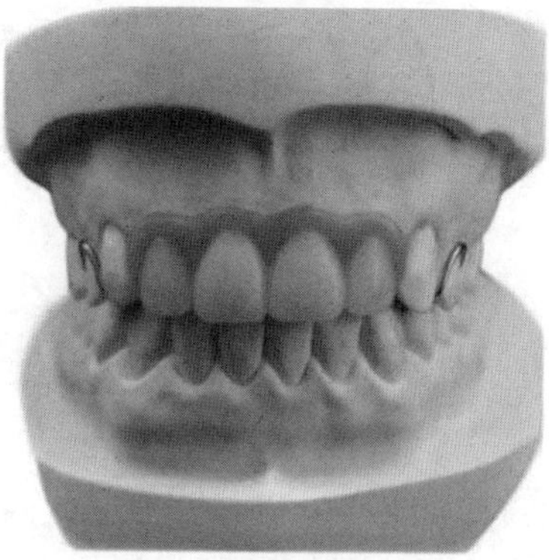

图 8-3　多数前牙缺失的排牙

三、特殊情况的排牙方法

（一）缺隙过小的排牙方法

这种情况大多是由牙齿缺失前天然牙排列拥挤导致的，使得人工牙无法按照正常位置和数目进行排列。

1. 缺隙稍窄

（1）按照缺隙大小，选择比天然牙稍小的人工牙进行排列。

（2）选择大小与天然牙一致的人工牙，将人工牙邻面磨成斜向舌侧的斜面，使其与相邻天然牙呈面接触，或者磨改人工牙近远中唇侧轴面角，使其变得圆钝，或者降低人工牙唇侧突度，通过视错觉原理改善和调节人工牙大小，使其与天然牙协调一致，或者覆盖邻牙唇面少许（重叠），或者将人工牙进行适当扭转后排入牙列。

2. 缺隙过窄　可以对人工牙进行减径、减数排列，或者选择小于正常牙的人工牙进行排列（图 8-4）。

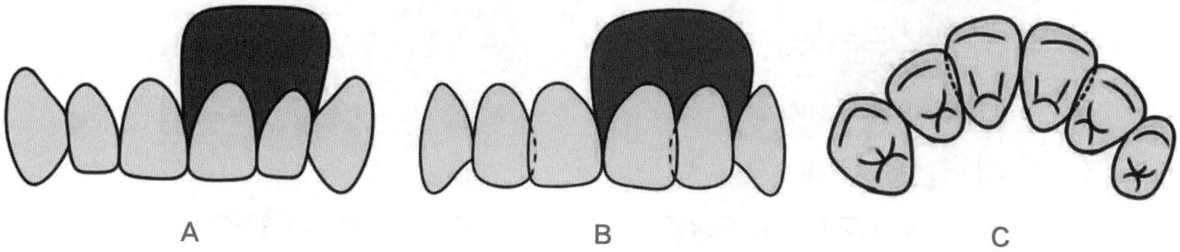

图 8-4　缺隙稍窄的前牙排列

A. 减轻或排小一号的人工前牙；B. 参照同名牙略与邻牙重叠；C. 参照同名牙与邻牙重叠。

（二）缺隙过大的排牙方法

这种情况通常是因为在牙齿缺失之前天然牙之间存在间隙。

1. 缺隙稍宽　选择稍大于天然牙的人工牙进行修复。具体操作如下：磨改人工牙近远中唇侧轴面角，使其变得锐利；调磨远中切角，使其圆钝；增加人工牙唇侧突度等。通过视错觉原理，从而改善和调节人工牙大小，使其与天然牙协调一致。也可以加大人工牙的近远中倾斜度，或者仍然保留牙间原有的小间隙，使人工牙近中接触，而远中与邻牙之间略有间隙（图 8-5）。

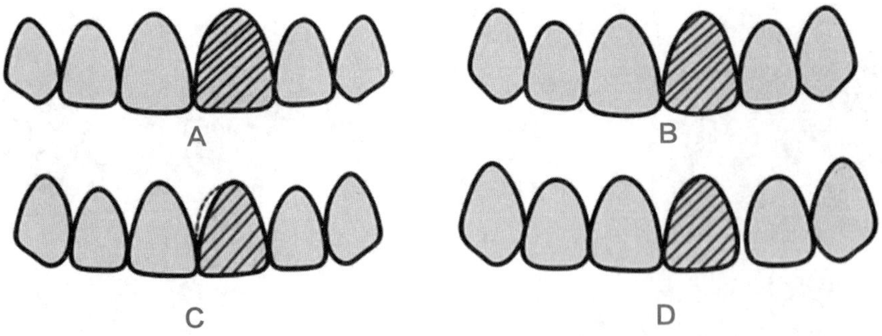

图 8-5　缺隙稍宽的前牙排列

A. 减排列大一号的人工前牙；B. 将切角稍磨圆钝；C. 增加倾斜度；D. 保留间隙。

2. 缺隙过宽　先排入与正常牙大小一致的人工牙，对于剩余的间隙，可以增排一颗近远中径较小的人工牙。

（三）前牙反殆的排牙方法

1. 轻度反殆　为了美观起见，可将人工牙稍向唇（上颌）或舌（下颌）侧排列，这样可能排成浅覆殆覆盖的状态（图 8-6）。

2. 中度反殆　上下前牙可排成对刃关系。在排列时，上前牙可排在原有天然牙位置稍偏唇侧一些，并且将唇侧翼缘边缘基托适当加厚，这样能够有效地支撑上唇，使原有的上唇塌陷得到明显改善（图 8-7）。

3. 重度反殆　可排成反殆关系，但应注意在人工牙与相邻天然牙相接处，排成自然的弧形，使之协调一致（图 8-8）。

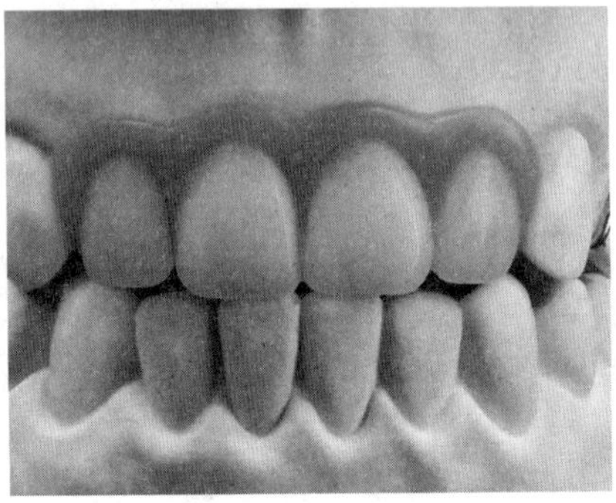

图 8-6　前牙轻度反殆的排牙

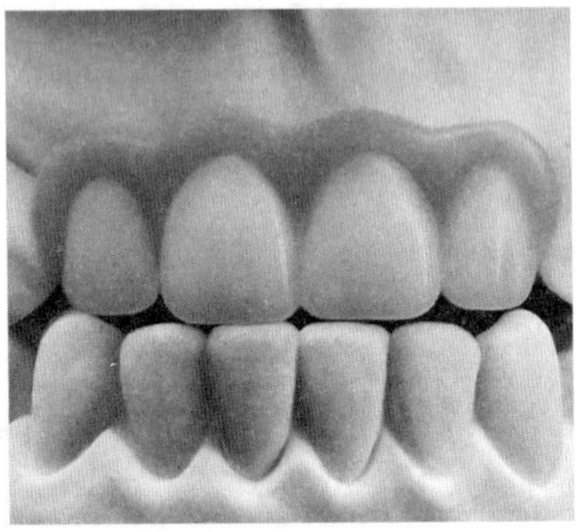

图 8-7　前牙中度反殆的排牙

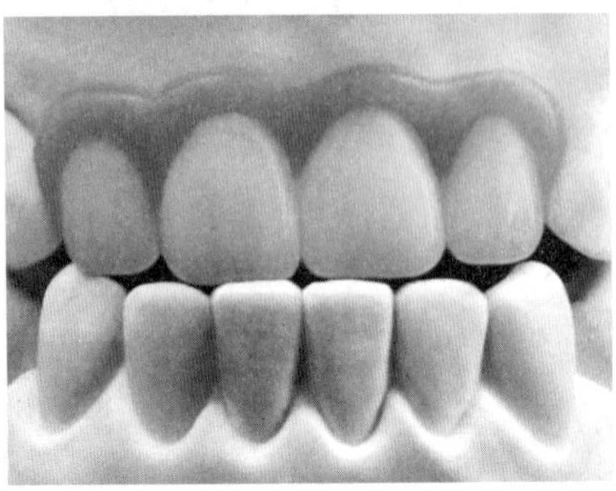

图 8-8　前牙重度反殆的排牙

（四）前牙深覆𬌗的排牙方法

1. 个别上前牙缺失

（1）轻度深覆𬌗：在排列上前牙时应与邻牙和对侧牙相协调。

（2）较重度深覆𬌗：可适当磨除下前牙切缘或采用金属基托。

2. 上前牙多数或全部缺失　若下颌处于明显后缩位，前牙深覆盖明显者，可将上前牙适当向腭侧排列以减少覆盖，使面部外观得以改善。

综上所述，前牙排列在遵循恢复其功能和美观的原则的前提下，还需尊重患者的意见。排牙后要在口腔内试戴蜡型，检查前牙的位置、形状、颜色以及咬合关系，并进行适当的调整。

【任务评价】

详见表 8-1。

表 8-1　可摘局部义齿前牙排列任务评价

主要测评项目		评价标准	分值 / 分	得分
专业知识掌握程度（50 分）	前牙排列原则（20 分）	能够准确阐述前牙排列应遵循的原则	15 ~ 20	
		对前牙排列应遵循的原则有一定了解但不够全面	5 ~ 15	
		不太了解前牙排列应遵循的原则	0 ~ 5	
	前牙排列方法（30 分）	详细且准确地列出各种情况的排牙方法	20 ~ 30	
		能列出部分情况的排牙方法	10 ~ 20	
		只能模糊说出一些情况的排牙方法	4 ~ 10	
		完全不记得如何排牙	0 ~ 3	
应用能力（30 分）	病例分析（20 分）	能准确运用所学知识分析病例中的前牙排列是否合理，并提出改进建议	16 ~ 20	
		能分析部分问题，但不够全面	8 ~ 15	
		分析有较大偏差	4 ~ 7	
		无法进行病例分析	0 ~ 3	
	实际场景模拟（10 分）	能在模拟病例中正确排列前牙	8 ~ 10	
		排列前牙有一定问题	4 ~ 7	
		排列前牙完全错误	0 ~ 3	
素质能力（20 分）	专业素养（5 分）	对可摘局部义齿前牙排列的学习表现出积极的态度和专业精神	1 ~ 5	
	团队合作（5 分）	在小组学习或讨论中，积极参与，与他人合作良好	1 ~ 5	
	责任心（5 分）	对学习任务认真负责，确保学习质量	1 ~ 5	
	创新能力（5 分）	能够提出新颖的可摘局部义齿前牙排列的改进方法	1 ~ 5	

续 表

主要测评项目	评价标准	分值 / 分	得分
学生自我评价与反思			
小组评价			
教师评价			
总评成绩			

▶任务拓展

前牙位置、覆聆覆盖与发音的关系

1. 唇音　前牙的唇舌向位置异常，会影响唇音 /b/、/p/ 的清晰程度。

2. 唇齿音　发唇齿音 /f/、/v/ 时，上中切牙切缘与下唇干湿线接触。如果上前牙过长或过短，均会影响发唇齿音的清晰度。

3. 齿音　发齿音 /s/、/ch/ 时，上下前牙切缘接近。若前牙唇舌向位置异常，如下前牙过于偏舌侧、覆盖过大等，均会影响发音的清晰度。

4. 舌齿音　发舌齿音 /v/、/h/ 时，舌尖位于上下前牙切缘之间。如上前牙过于偏唇侧或前牙覆盖过大，会影响发音的清晰度。

任务二　后牙排列

任务案例

【案例】

患者，男，65 岁。上颌左右 12 均缺失，右侧后牙 56 缺失，左侧后牙 456 缺失，要求进行可摘局部义齿修复。口腔检查发现，患者余留牙健康，咬合关系正常，对美观要求较高。

【问题】

1. 怎样依据口腔条件排列后牙，使咬合力均匀分布在基牙和牙槽嵴上？

2. 后牙排列的具体方法是怎样的？

【任务分析】

患者多颗后牙缺失，后牙主要功能是咀嚼研磨食物，必须本着严谨的专业态度与对患者高度负责的精神，科学排列后牙，防止因咬合力集中导致余留牙负担过重，出现松动、疼痛甚至脱落等问题。并结合患者的整体口腔状况，灵活调整排牙方案，确保义齿能稳定佩戴。

【知识链接】

一、后牙排列的原则

（一）功能性原则

1. 人工牙的选择　后牙以恢复咀嚼功能为主，选择人工牙时注重材质和咀嚼效率。缺牙间隙正常，𬌗龈距离高，牙槽嵴丰满，可抵抗较大𬌗力时，可选用解剖式和半解剖式的硬质树脂牙或瓷牙。通常临床多选用成品硬质树脂牙，因其硬度与耐磨性接近天然牙的釉质，便于调磨，使其能与对颌天然牙建立良好咬合关系；若缺牙间隙小，𬌗龈距离低，且𬌗力大者，可选择金属𬌗面牙；若对颌天然牙排列不齐无法排列人工牙时，可雕刻蜡牙冠，置换成塑料牙或铸造牙等。

2. 义齿的稳定性　上下颌人工牙，在上下颌牙槽嵴顶所连成的线上相对排列的原则称为牙槽嵴顶线法则。下颌第一前磨牙的颊尖，上颌第二前磨牙的舌尖和上颌磨牙的近中舌尖均为功能尖。功能尖需排列在牙槽嵴顶连线上，使𬌗力直接传递至牙槽嵴顶，以利于义齿的稳固。

3. 正确的咬合关系　后牙在正中咬合时，应形成广泛、紧密的尖窝交错关系。在侧方咬合时，工作侧的上颌后牙舌尖和下颌后牙颊尖为主要接触点，并且平衡侧后牙也应该有适当的接触，以维持下颌运动的平衡和稳定。在前伸咬合时，上下前牙有接触，后牙也应有适当的间隙或者轻微接触，避免前牙过度承受咬合力。

4. 适宜的覆𬌗覆盖关系　人工后牙应建立正常覆𬌗覆盖关系，避免对刃𬌗，以免咬颊咬舌等情况的发生。若上下牙槽嵴或一侧牙槽嵴与对颌天然牙成反𬌗关系，轻者可将上颌后牙稍排向颊侧或下颌后牙稍排向舌侧，以建立正常的覆𬌗覆盖关系。若上颌牙槽骨吸收较多，嵴顶腭向移位时，则应排成反𬌗关系，以使后牙𬌗力集中在牙嵴顶上，避免加速牙槽嵴的吸收。上下颌双侧后牙均有缺失，应按全口义齿的排牙要求，𬌗平面平分𬌗间距离，并与前牙协调，要求有适当的纵𬌗曲线与横𬌗曲线，达到前伸及侧向𬌗平衡。

（二）美观协调原则

1. 牙列形态自然　后牙排列应符合自然牙列的形态，从颊侧看，牙弓形态要自然流畅，与面部外形相协调。无论是圆形脸、方形脸还是尖形脸，后牙的排列都应使牙弓与面部轮廓相得益彰，增强面部的整体美感。

2. 与邻牙和对颌牙协调　后牙的大小、形态和颜色要与邻牙和对颌牙相匹配。在修复单个后牙或多颗后牙时，应选择合适的人工牙，使其与周围天然牙在色泽、外形上保持一致，避免出现明显的差异，影响美观。

3. 维持面部丰满度　后牙的颊舌向位置会影响面部的丰满程度。合理的后牙排列应能支撑起颊部软组织，避免因后牙过于舌向排列而导致面部凹陷，或过于颊向排列使面部看起来过于丰满不自然。

二、后牙排牙的方法

（一）单个后牙缺失的排牙

1. 排列人工牙 根据缺隙的大小，选择一合适的成品塑料牙，经适当磨改，以避开支托、卡环的连接体并与对颌牙建立良好的殆关系，以蜡固定于缺隙内，如有不足之处以蜡添足并雕刻成型（图 8-9）。

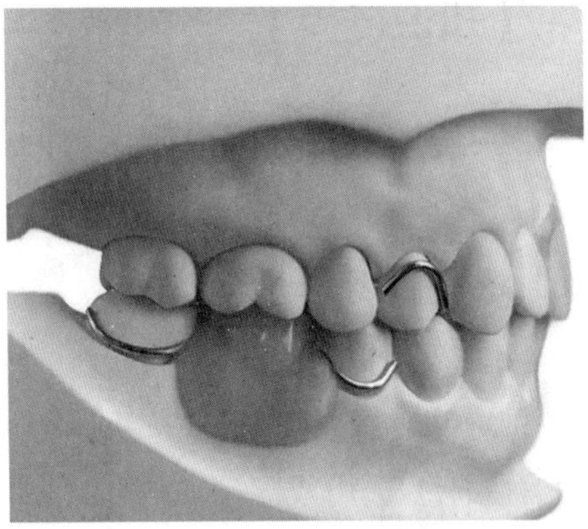

图 8-9 单个后牙缺失的排牙

2. 雕刻人工蜡牙 按缺隙大小，取一比邻牙冠稍大的软蜡团，置于缺隙区并用热蜡刀将其粘接在鞍基上，趁蜡尚软，在正中关系位置与对颌模型作咬合。待蜡块硬固后，用雕刻刀雕出缺失牙的轴面外形及外展隙，并形成与邻牙协调的颈缘线。然后，根据缺失牙殆面的解剖形态，结合蜡牙殆面的咬合印迹，适当加深沟窝，恢复牙尖形态。

（二）单颌多个后牙缺失的排牙

上颌或下颌多数后牙缺失，应根据缺隙及余留牙的情况进行排牙。

1. 排列人工牙 若缺牙间隙正常，对颌天然牙排列位置正常，宜选用型号合适的成品树脂牙进行排列，但需对树脂牙的殆面及盖嵴部进行磨改，使其与对天然牙建立良好的殆关系（图 8-10）。

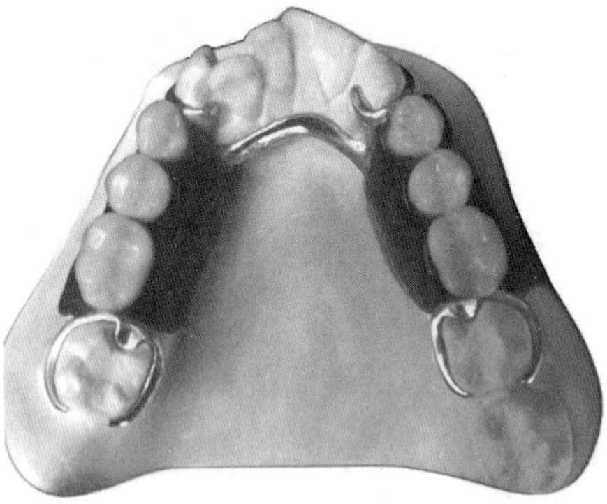

图 8-10 多个后牙缺失的排牙

2. 雕刻人工蜡牙 若对颌天然牙伸长，形态特殊或排列不齐，排列成品牙有困难，可根据对颌牙的咬合印迹雕塑蜡牙后，再置换成树脂牙或铸造牙。

（三）上下颌多数后牙缺失的排牙

双侧或一侧上下颌多数后牙缺失，人工后牙的排列应按全口义齿的排牙原则进行排牙，要求有适当的纵殆曲线与横殆曲线，一般均需排列成品人工牙。

三、特殊情况的排牙方法

（一）缺隙小于天然牙

1. 可将人工牙减径、选择小于原天然牙的人工牙、减数等进行排牙。
2. 用解剖形态较小的牙代替较大的牙来排牙，如磨牙缺失时用前磨牙代替。
3. 雕刻人工蜡牙，但要注意增减人工后牙的外展隙。

（二）缺隙大于天然牙

1. 选择大于原天然牙的人工牙。

2．增加牙的数量。

3．用解剖形态较大的牙来代替较小的牙进行排列，如前磨牙缺失用磨牙代替。

（三）反𬌗关系的排牙

1．轻度反𬌗　轻度反𬌗者，可将上颌后侧人工牙稍排向颊侧或下颌后侧人工牙稍排向舌侧，以建立正常的咬合关系（图 8-11）。

2．中度反𬌗　中度反𬌗者，可适当磨改下颌磨牙的颊面，或将上颌磨牙颊面加蜡以建立一定的覆𬌗、覆盖关系。尽量建立正常的覆𬌗、覆盖关系，避免排成对刃𬌗而发生咬颊的现象（图 8-12）。

3．重度反𬌗　重度反𬌗者，可排列成反𬌗关系，但应保证后牙排列在牙槽嵴顶上（图 8-13）。

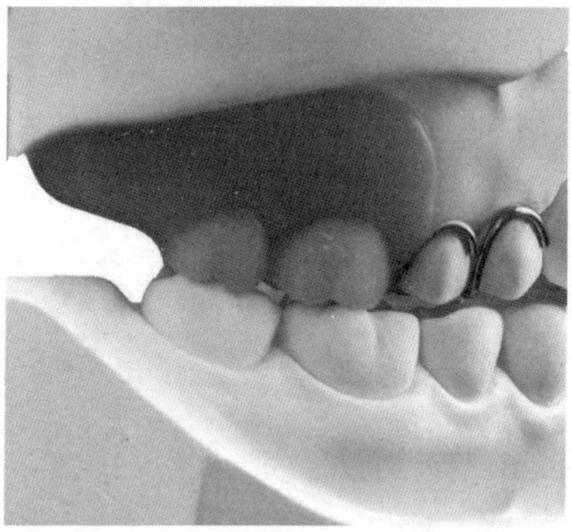

图 8-11　后牙轻度反𬌗的排牙

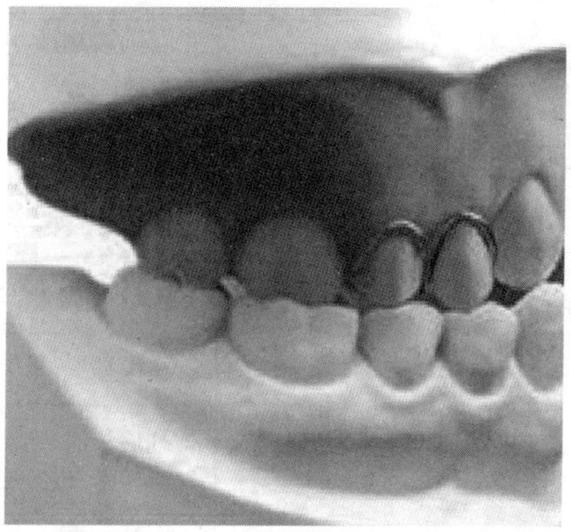

图 8-12　后牙中度反𬌗的排牙

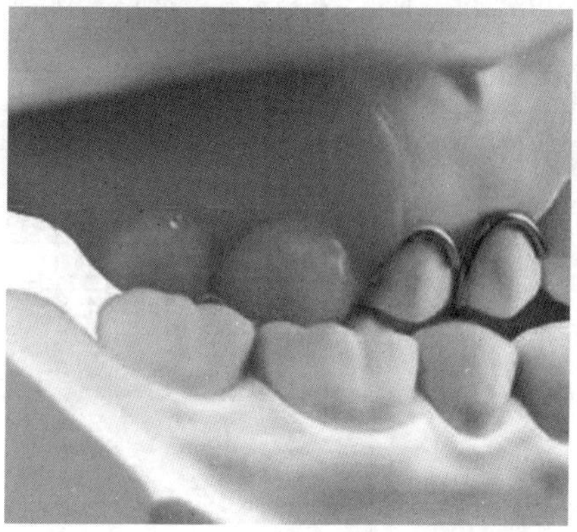

图 8-13　后牙重度反𬌗的排牙

可摘局部义齿后牙的排列以恢复咀嚼功能为主要原则。人工后牙与余留牙建立协调的𬌗关系，较好地发挥咀嚼功能，维持口颌系统的健康。

【任务评价】

详见表 8-2。

表 8-2　可摘局部义齿后牙排列任务评价

主要测评项目		评价标准	分值 / 分	得分
专业知识掌握程度（50 分）	后牙排列原则（20 分）	能够准确阐述后牙排列应遵循的原则	15 ~ 20	
		对后牙排列应遵循的原则有一定了解但不够全面	5 ~ 15	
		不太了解后牙排列应遵循的原则	0 ~ 5	
	后牙排列方法（30 分）	详细且准确地列出各种情况的后牙排牙方法	20 ~ 30	
		能列出部分情况的后牙排牙方法	10 ~ 20	
		只能模糊说出一些情况的后牙排牙方法	4 ~ 10	
		完全不记得如何排列后牙	0 ~ 3	
应用能力（30 分）	病例分析（20 分）	能准确运用所学知识分析病例中的后牙排列是否合理，并提出改进建议	16 ~ 20	
		能分析部分问题，但不够全面	8 ~ 15	
		分析有较大偏差	4 ~ 7	
		无法进行病例分析	0 ~ 3	
	实际场景模拟（10 分）	能在模拟病例中正确排列后牙	8 ~ 10	
		排列后牙有一定问题	4 ~ 7	
		排列后牙完全错误	0 ~ 3	
素质能力（20 分）	专业素养（5 分）	对可摘局部义齿后牙排列的学习表现出积极的态度和专业精神	1 ~ 5	
	团队合作（5 分）	在小组学习或讨论中，积极参与，与他人合作良好	1 ~ 5	
	责任心（5 分）	对学习任务认真负责，确保学习质量	1 ~ 5	
	创新能力（5 分）	能够提出新颖的可摘局部义齿后牙排列的改进方法	1 ~ 5	
学生自我评价与反思				
小组评价				
教师评价				
总评成绩				

任务三　排牙后咬合关系调整

任务案例

【案例】

患者，男，65 岁。上颌左右 12 均缺失，右侧后牙 56 缺失，左侧后牙 456 缺失，要求进行可摘局部义齿修复。口腔检查发现，患者余留牙健康，咬合关系正常，对美观要求较高。

【问题】

1. 如何在调整咬合时，既保证义齿能有效咀嚼，又维护患者对美观的高要求？
2. 面对咬合调整中的复杂状况，如何创新方法，提升调整效果？

【任务分析】

践行以患者为中心服务理念，设身处地为患者着想，尊重患者长期以来的生活习惯，精准捕捉患者的咀嚼特点，精细调整，使上下颌牙齿在正中咬合、侧方咬合、前伸咬合等各种状态下都能达到稳定、均匀的接触，实现良好的咀嚼功能，让患者能自然、舒适地使用义齿。

【知识链接】

可摘局部义齿人工牙与余留天然建立协调的咬合关系，是维护义齿稳定和固位的关键，也是恢复口腔功能、维持口颌系统健康的重要因素。可摘局部义齿正中𬌗时双侧后牙必须同时达到广泛、均匀的接触。人工牙和余留牙有相同的咬合接触，咬合接触点均匀分布在每个牙的功能尖、边缘嵴及中央窝上（上颌舌尖及下颌颊尖为功能尖，咬合在对𬌗的中央窝或边缘上）。而且侧方𬌗和前伸𬌗也应无𬌗干扰。因此，可摘局部义齿的咬合关系调整非常重要。

一、正中𬌗关系的调磨

正中𬌗接触时，上颌后牙的舌尖咬在下颌后牙的中央窝内，下颌后牙的颊尖咬在上𬌗后牙的中央窝内。调磨正中𬌗时，主要调磨与颊尖、舌尖相对应的中央窝和近远中边缘嵴。

具体方法：在咬合面放置咬合纸，使𬌗架做开闭口运动，观察咬合面咬合纸印迹，用钨钢圆钻进行点状调磨，直到咬合纸印迹均匀分散在整个牙列咬合面。

二、侧方𬌗关系的调磨

侧方运动中，工作侧上颌后牙颊、舌尖的舌斜面，与下颌后牙颊、舌尖的颊斜面接触，平衡侧上颌后牙舌尖的颊斜面与下颌后牙颊尖的舌斜面接触。

（一）牙支持式义齿或单侧远中游离端义齿

因对侧余留牙存在，仅需恢复工作侧接触，无须达到平衡侧牙的接触。如有早接触点，调磨工作侧上颌后牙颊尖的舌斜面或下颌后牙舌尖的颊斜面。

（二）接近于全口义齿的混合支持式或黏膜支持式义齿

需要达到平衡侧的多点接触。如有早接触点，主要调磨非工作侧上颌后牙舌尖的颊斜面或下颌后牙颊尖的舌斜面。

具体方法：在咬合面放置咬合纸，推动𬌗架上的上颌体，使其做侧方𬌗运动，观察咬合面咬合纸印迹，用钨钢圆钻进行点状调磨直到咬合纸印迹均匀分散在整个牙列咬合面。

三、前伸𬌗关系的调磨

余留牙是前牙或牙支持式义齿时无需达到前伸平衡𬌗。检查前牙接触及后牙平衡牙尖接触情况，如有早接触点，主要调磨上颌牙尖的远中斜面或下颌牙尖的近中斜面。

具体方法：在咬合面放置咬合纸，推动𬌗架上的上颌体，使上颌体向后移至上下前牙呈切对切状态，观察咬合面咬合纸印迹，用钨钢圆钻进行点状调磨。

四、人工牙调磨后的修整

义齿人工牙在调整咬合之后，𬌗面的牙尖低平，窝沟表浅。在不影响咬合平衡接触的状态下，用细小锐利的车针，磨除𬌗面锐利边缘使之圆滑，加深沟、窝，形成牙尖的三角嵴，增加咬合接触面的同时增加了咀嚼效能。同时加大食物排溢道，减轻牙槽嵴的负荷，有利于义齿的稳定固位。

五、调磨的注意事项

1. 调磨时应遵循少量、多次的原则，同时注意检查咬合接触，循序渐进。每次调磨后，擦净咬合纸印迹，再进行下一次描记，越调磨接触点越多，逐渐达到广泛均匀的咬合接触关系。

2. 调磨时仅磨除咬合纸留下的早接触点，保持人工牙的𬌗面形态，避免因过多调磨，将人工牙𬌗面的牙尖和沟窝形态磨除。

3. 前后牙多数缺失时，要避免因调磨支持尖而降低垂直距离。

【任务评价】

详见表 8-3。

表 8-3 可摘局部义齿排牙后咬合关系调整任务评价

主要测评项目		评价标准	分值 / 分	得分
专业知识掌握程度（50 分）	正中咬合关系调整（10 分）	能够准确阐述正中咬合关系调整的方法	8 ~ 10	
		对正中咬合关系调整的方法有一定了解但不够全面	4 ~ 7	
		不太了解正中咬合关系调整的方法	0 ~ 3	
	前伸咬合关系调整（20 分）	详细且准确地阐述前伸咬合关系调整的方法	16 ~ 20	
		能阐述部分前伸咬合关系调整的方法	8 ~ 15	
		只能模糊说出一些前伸咬合关系调整的方法	4 ~ 7	
		完全不记得前伸咬合关系调整的方法	0 ~ 3	
	侧方咬合关系调整（20 分）	详细且准确地阐述侧方咬合关系调整的方法	16 ~ 20	
		能阐述部分侧方咬合关系调整的方法	8 ~ 15	
		只能模糊说出一些侧方咬合关系调整的方法	4 ~ 7	
		完全不记得侧方咬合关系调整的方法	0 ~ 3	
应用能力（30 分）	案例分析（20 分）	能准确运用所学知识分析案例中的咬合关系调整是否合理，并提出改进建议	16 ~ 20	
		能分析部分问题，但不够全面	8 ~ 15	
		分析有较大偏差	4 ~ 7	
		无法进行案例分析	0 ~ 3	
	实际场景模拟（10 分）	能在模拟场景中正确进行咬合关系调整	8 ~ 10	
		咬合关系调整有一定问题	4 ~ 7	
		咬合关系调整完全错误	0 ~ 3	
素质能力（20 分）	专业素养（5 分）	对可摘局部义齿咬合关系调整表现出积极的态度和专业精神	1 ~ 5	
	团队合作（5 分）	在小组学习或讨论中，积极参与，与他人合作良好	1 ~ 5	
	责任心（5 分）	对学习任务认真负责，确保学习质量	1 ~ 5	
	创新能力（5 分）	能够提出新颖的可摘局部义齿咬合关系调整的改进方法	1 ~ 5	
学生自我评价与反思				
小组评价				
教师评价				
总评成绩				

任务四　蜡基托塑型

任务案例

【案例】

患者，男，65 岁。上颌左右 12 均缺失，右侧后牙 56 缺失，左侧后牙 456 缺失，要求进行可摘局部义齿修复。口腔检查发现，患者余留牙健康，咬合关系正常，对美观要求较高。

【问题】

1. 如何塑造蜡基托，使其既贴合口腔组织保证舒适度，又符合美观需求，展现对患者的全方位关怀？

2. 面对复杂口腔情况，如何创新塑型方法，提升义齿质量，凸显积极探索的职业精神？

【任务分析】

患者对美观要求较高，蜡基托作为义齿的重要组成部分，其外形要与排好的牙齿相匹配，必须运用美学知识和专业技巧，灵活调整塑型方法，精心雕琢蜡基托的外形，以达到自然美观的效果，改善患者整体形象。

【知识链接】

可摘局部义齿蜡型基托的大小及形态，直接影响成品义齿基托的质量，而且对义齿的修复效果至关重要。良好的义齿基托的边缘位置和形态设置，可以有效增加义齿的固位能力，提高患者在使用时的舒适度。

根据义齿设计，在模型上完成符合患者口腔形态及生理活动需要的蜡基托，以恢复其咀嚼、发音、美观等功能。

一、蜡基托塑型应遵循的原则

（一）恢复功能性原则

1. 恢复咀嚼功能　义齿基托的磨光面是指基托与患者口腔内唇、颊侧软组织接触的面。义齿在行使咀嚼和发音功能时，若义齿磨光面的形状与唇、颊、舌等义齿周围软组织的运动不协调，将对义齿的固位产生不利影响。因此基托磨光面应呈凹面形，以便通过唇、颊、舌肌的作用力增强义齿的固位。此外义齿同时受到唇、颊肌向内的作用力与舌肌向外的作用力，使之处于内外力平衡的状态，有利于发挥其咀嚼效能。

2. 恢复发音功能　口腔为重要的发音器官。上颌基托前部恢复的腭皱襞和切牙乳头的形态，下颌舌侧基托的厚薄度等，均会影响患者的咀嚼和发音功能。如下颌舌侧基托过厚，将缩小舌的活动空间，影响舌的活动范围。因此，义齿基托在保证其自身强度和固位能力的前提下应尽量减小义齿基托的体积，形成适合的义齿磨光面形态，以便有效地恢复患者咀嚼和发音功能。另外患者经过一段时间的戴用和练习，基本上都可以恢复正常发音功能。

3. 恢复自洁功能　为防止食物残渣、牙垢滞留在基托的牙龈乳头、龈缘处及下前牙的舌侧等位置，龈缘线必须流畅、光滑，不可形成锐沟。在不影响固位和支持的前提下，尽量减少基托面积，做到小巧精致。义齿基托磨光面必须高度抛光，避免附着异物。牙龈外形及牙龈乳头应与余留牙的牙龈组织形态、位置相互协调、流畅衔接，以提高患者口腔的舒适感和自洁性。

（二）恢复美观性原则

可摘局部义齿基托涉及美观的部分主要为前牙的唇侧及后牙的颊侧，应根据余留牙的牙龈形态及患者的年龄、性别、性格等因素，确定基托龈缘线的位置和形态以及龈乳头的形态、牙根的突度等。

二、蜡基托塑型的要求

可摘局部义齿蜡基托塑型时，蜡基托整体应达到表面光洁、平整、衔接自然的要求。同时，蜡基托的伸展范围、厚度及其与余留牙的接触关系也有特定要求（具体内容详见项目二任务三基托）。

三、蜡基托塑型的方法

（一）磨光面塑型

取软化蜡条或红蜡片，按基托的范围、厚度，依次从唇、颊、舌侧铺在义齿设计的基托范围内。

1. 牙龈缘的形成　在人工牙的唇、颊、舌侧颈部铺填蜡片，使其覆盖人工牙的颈 1/3，以相邻余留牙牙颈线为参照，确定人工牙牙颈线的位置及形态。人工牙颈缘线雕刻时雕刀应沿颈缘弧度雕刻，且前牙区雕刀与唇侧基托成 60°，而后牙区雕刻时雕刀与颊侧基托成 45°，雕刻形成厚约 1mm 的龈缘线。其形态应与天然牙龈类似，人工牙龈缘线与余留牙的龈缘线应流畅衔接。然后，去除人工牙牙面至牙颈线范围内的余蜡（图 8-14）。

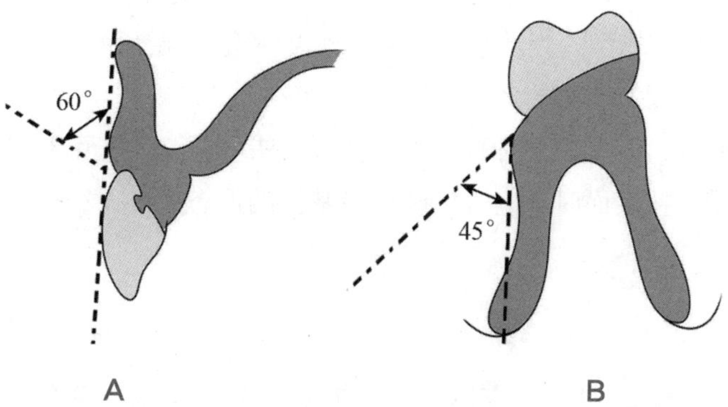

图 8-14　雕刻龈缘线角度

A. 前牙；B. 后牙。

2. 唇颊侧面的形成 前牙区采用雕刻法在相邻人工牙的龈缘线之间，从近龈缘处起形成浅形凹陷，向根尖方向移行并成渐宽渐浅式地散开。雕刻出牙龈乳头的形态和略内陷的龈外展隙，形成自然的牙根突度，使义齿基托龈缘形态逼真。注意不可形成极深的凹陷。在相当于附着龈的基托部分形成点彩，后牙区不可形成明显的牙根凹凸形状，以防止食物残渣的堆积。向天然牙过渡的义齿基托边缘应平滑无台阶、无棱角。

前牙缺失，且唇侧牙槽嵴丰满者，为了美观可不设置唇侧基托。为使义齿局部更加密合、逼真，排牙前需将石膏模型缺隙区唇侧和人工牙盖嵴部接触区的石膏，均匀地刮去 0.5mm，确保制成的义齿在该处对黏膜有轻微压力。

对于前牙缺失且唇侧牙槽嵴缺损的情况，若要恢复唇侧突度，各牙牙根突度有差异。上颌牙中，尖牙的牙根突度最突且最长，中切牙其次，侧切牙相对最短。下颌牙中，尖牙的牙根突度最突最长，前磨牙牙根相对平坦，突度不明显，磨牙的牙根突度相对短浅。

3. 舌腭侧面的形成 成品人工牙的舌面形态只有一半，另一半需加蜡恢复。参照唇颊面的人工牙长度恢复近似天然牙舌侧形态。舌侧颈缘线应形成连续浅凹状，不可形成锐沟，以免存留食物。

基托的舌侧上缘应位于天然牙舌面的非倒凹区。这样即可顺利就位，基托与天然牙舌面又能保持接触，防止食物嵌塞，并且能对设置颊侧卡环的基牙起对抗臂的作用。基托组织面接触龈乳头处应做缓冲，以免压伤龈乳头。

下颌舌侧基托后牙区形成凹面可以增加舌的活动空间，有利于增强义齿的固位。

（二）蜡基托边缘塑型

义齿基托边缘厚于基托体部，光滑圆钝，与相邻组织衔接处渐渐移行。不可影响唇、颊、舌等软组织的活动，以免影响边缘封闭的效果。

（三）蜡基托表面处理

基托蜡型初步完成后，用软毛刷扫除表面的碎蜡屑，去净人工牙牙面上的残蜡。用酒精喷灯喷光蜡型基托表面，使基托表面平整、光洁。

四、蜡基托塑型的注意事项

1. 在蜡基托塑型的过程中，应注意不能使人工牙及支架发生转移。
2. 对在殆架上完成塑型的蜡型，当从殆架上取下模型时应仔细操作，避免损坏模型和蜡型。
3. 去净附着在人工牙各面上残留的多余蜡屑。
4. 基托边缘应紧密贴合，避免装盒时石膏进入模型与蜡基托之间，引起义齿基托的变形。
5. 用酒精喷灯喷光蜡基托表面时，应避免破坏蜡基托的形态。

【任务评价】

详见表 8-1。

表 8-4 可摘局部义齿蜡基托塑型任务评价

<table>
<tr><th colspan="2">主要测评项目</th><th>评价标准</th><th>分值 / 分</th><th>得分</th></tr>
<tr><td rowspan="10">专业知识掌握程度（50 分）</td><td rowspan="3">蜡基托塑型原则（10 分）</td><td>蜡基托塑型原则咀嚼、发音、美观、自洁作用掌握良好</td><td>8 ~ 10</td><td></td></tr>
<tr><td>部分掌握蜡基托塑型原则</td><td>4 ~ 7</td><td></td></tr>
<tr><td>完全不了解蜡基托塑型原则</td><td>0 ~ 3</td><td></td></tr>
<tr><td rowspan="3">蜡基托塑型要求（20 分）</td><td>塑型要求包括蜡基托表面、厚度要求、与余留牙的接触关系、伸展范围掌握良好</td><td>16 ~ 20</td><td></td></tr>
<tr><td>部分掌握蜡基托塑型要求</td><td>8 ~ 15</td><td></td></tr>
<tr><td>不太了解蜡基托塑型原则</td><td>0 ~ 7</td><td></td></tr>
<tr><td rowspan="4">蜡基托塑型方法（20 分）</td><td>磨光面塑型、边缘形态、义齿蜡型表面处理掌握良好</td><td>16 ~ 20</td><td></td></tr>
<tr><td>部分掌握磨光面塑型、边缘形态、义齿蜡型表面处理</td><td>8 ~ 15</td><td></td></tr>
<tr><td>不太了解磨光面塑型、边缘形态、义齿蜡型表面处理</td><td>4 ~ 7</td><td></td></tr>
<tr><td>蜡基托塑型方法完全错误</td><td>0 ~ 3</td><td></td></tr>
<tr><td rowspan="7">应用能力（30 分）</td><td rowspan="4">案例分析（20 分）</td><td>能准确运用所学知识分析案例中的蜡基托塑型是否合理，并提出改进建议</td><td>16 ~ 20</td><td></td></tr>
<tr><td>能分析部分问题，但不够全面</td><td>8 ~ 15</td><td></td></tr>
<tr><td>分析有较大偏差</td><td>4 ~ 7</td><td></td></tr>
<tr><td>无法进行案例分析</td><td>0 ~ 3</td><td></td></tr>
<tr><td rowspan="3">实际场景模拟（10 分）</td><td>能在模拟场景中正确进行蜡基托塑型</td><td>8 ~ 10</td><td></td></tr>
<tr><td>蜡基托塑型过程中有一定问题</td><td>4 ~ 7</td><td></td></tr>
<tr><td>蜡基托塑型过程完全错误</td><td>0 ~ 3</td><td></td></tr>
<tr><td rowspan="4">素质能力（20 分）</td><td>专业素养（5 分）</td><td>对可摘局部义齿蜡基托塑型的学习表现出积极的态度和专业精神</td><td>1 ~ 5</td><td></td></tr>
<tr><td>团队合作（5 分）</td><td>在小组学习或讨论中，积极参与，与他人合作良好</td><td>1 ~ 5</td><td></td></tr>
<tr><td>责任心（5 分）</td><td>对学习任务认真负责，确保学习质量</td><td>1 ~ 5</td><td></td></tr>
<tr><td>创新能力（5 分）</td><td>能够提出新颖的可摘局部义齿蜡基托塑型的改进方法</td><td>1 ~ 5</td><td></td></tr>
<tr><td>学生自我评价与反思</td><td colspan="4"></td></tr>
<tr><td>小组评价</td><td colspan="4"></td></tr>
<tr><td>教师评价</td><td colspan="4"></td></tr>
<tr><td colspan="4">总评成绩</td><td></td></tr>
</table>

▶任务拓展

蜡基托塑型中的温度控制

在蜡基托塑型过程中，对温度的把控极为关键。蜡的物理性质会随温度产生显著变化，进而直接影响塑型效果。

加热蜡片时，需精确控制温度，使其均匀受热。可借助专业的蜡温测量工具，如数字式蜡温计，实时监测蜡的温度。若温度过高，蜡会变得过于稀薄，流动性过大，难以精准塑型，且可能导致蜡基托厚度不均；若温度过低，蜡则过硬，可塑性差，容易在塑型过程中产生裂纹或缝隙，影响基托的密合性。

在不同的塑型阶段，对温度的要求也有所差异。例如，初步贴合蜡片时，温度可稍高，以便蜡片更好地顺应模型的形状；而在精细修整边缘和雕刻细节时，温度宜适当降低，使蜡保持一定的硬度和韧性，便于操作且能更好地保持形状。

此外，操作环境的温度也不容忽视。较低的环境温度会加速蜡的冷却凝固，缩短可操作时间；而较高的环境温度则可能使蜡长时间处于较软状态，不利于塑型的精确和稳定。因此，适宜的操作环境温度应控制在 20 ~ 25℃。

考试知识点总结

项目小结

协和云课堂……　拓展练习及参考答案

（王美艳　郑　伟）

项目九　可摘局部义齿的完成

教学课件

任务目标

素质目标

（1）具备全面的整合思维，从义齿各部件的适配性、咬合关系的精准性及外观的协调性等方面，系统把握可摘局部义齿最终完成的关键要点，深刻理解各环节质量对义齿整体性能的影响机制。

（2）保持严谨规范的工作作风与精益求精的专业追求，精准完成义齿的最终调整、打磨抛光等操作，确保义齿的功能完善、佩戴舒适且美观自然，提升患者的使用体验，并不断总结经验以优化完成工艺。

知识目标

（1）掌握：树脂基托装盒和去蜡的方法、可摘局部义齿树脂成型的过程及方法。

（2）熟悉：树脂充填的注意事项、打磨抛光的方法及注意事项。

（3）了解：树脂类材料的特点。

能力目标

（1）能够独立、准确地完成树脂基托的装盒操作。

（2）能够正确进行树脂调和与成型操作，成型出符合设计要求的树脂基托。

（3）能够运用合适的打磨器械按照正确顺序对树脂基托进行逐步打磨抛光。

任务一　树脂基托成型

任务案例

【案例】

患者，男，65 岁。上颌左右 12 均缺失，右侧后牙 56 缺失，左侧后牙 456 缺失，要求进行可摘局部义齿修复。口腔检查发现，患者余留牙健康，咬合关系正常，对美观要求较高。

【问题】

1．如何为美观要求较高的患者，选择合适的树脂基托材料，以确保义齿不仅能恢复咀嚼功能，还能满足其美观需求？

2．在树脂基托成型过程中，怎样把控各个环节的操作要点，以保证基托与患者口腔组织贴合良好，同时避免出现气泡、变形等问题？

【任务分析】

树脂基托既要为义齿提供稳固支撑，保障咀嚼等功能，又需在外观上与患者口腔环境协调，满足其对美观的高要求。这就要求在成型时，秉持严谨态度，精心选择树脂材料，精准把控厚度与形态，从而塑造出坚固耐用且自然美观的基托。工作人员要凭借专业技能、强烈的质量意识与责任心，在成型过程中杜绝气泡、变形等缺陷，以免影响义齿使用寿命与性能。最终打造出舒适、稳定的义齿，全力守护患者口腔健康。

【知识链接】

微课：树脂基托成型

树脂成型方法有热聚合填压法、冷聚合注塑法、热聚合注塑法等，因操作方法和制作要求的不同，应根据其适应证及生产条件进行选择。

一、热聚合填压法

（一）装盒

装盒是在型盒内用石膏将完成的义齿蜡型包埋，加热后去除蜡型，在型盒内形成义齿的阴模，以便进行树脂充填。经热处理便可实现树脂材料对蜡型替换。

1．装盒前准备

（1）型盒的准备

1）型盒多为铜、铝等金属材质。由上、下两层和型盒盖组成。一般分为大、中、小三种型号（图 9-1）。

2）在使用型盒之前，需要对其进行检查，要确保上下型盒能够紧密贴合。同时，确保型盒清洁。为了避免石膏黏附在型盒内部，方便包埋石膏顺利脱出，应当在型盒的内壁薄涂一层凡士林。

3）选择型盒大小时，要确保模型四周被足够厚度的石膏包裹。人工牙的切缘或咬合面与型盒顶盖间，至少预留 10mm 间隙，与型盒边缘也要有 5 ～ 10mm 的距离（图 9-2）。若型盒过小，蜡型与型盒间的石膏层过薄，充填树脂加压时，石膏易碎裂，进而影响义齿准确性。

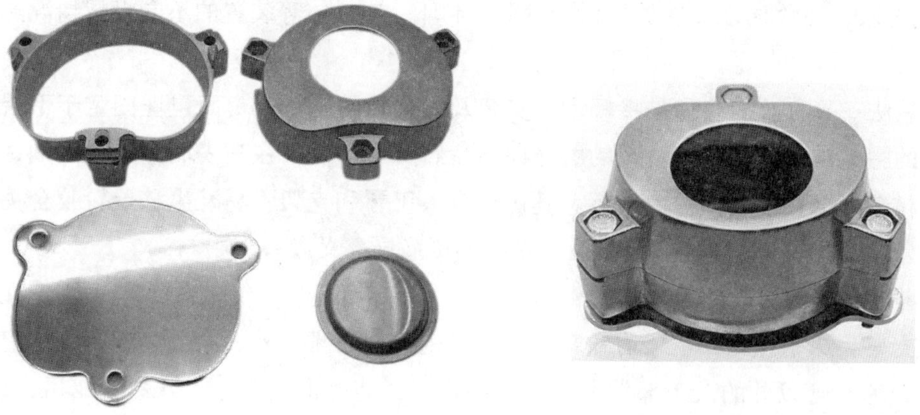

A　　　　B

图 9-1　型盒

A. 型盒组件分解图；B. 型盒组装完成图。

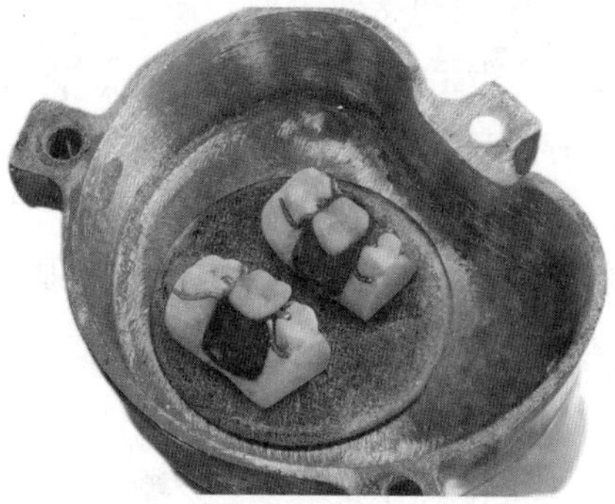

图 9-2　型盒的选择

（2）模型准备

1）检查基托蜡型：在装盒前对义齿蜡型进行检查，要求蜡型清洁、完整，人工牙稳固，边缘光滑、圆钝，符合蜡型要求。

2）模型的修整：用石膏剪刀及石膏模型修整机修整模型多余的部分，将石膏模型修小、修薄，以适应型盒的大小。用雕刻刀将模型上石膏牙的牙尖修平，以便使覆盖其上的石膏获得足够的厚度。如采用反装法装盒，则须将放置支托、卡环的石膏牙全部修去，使其完全游离暴露（图 9-3）。

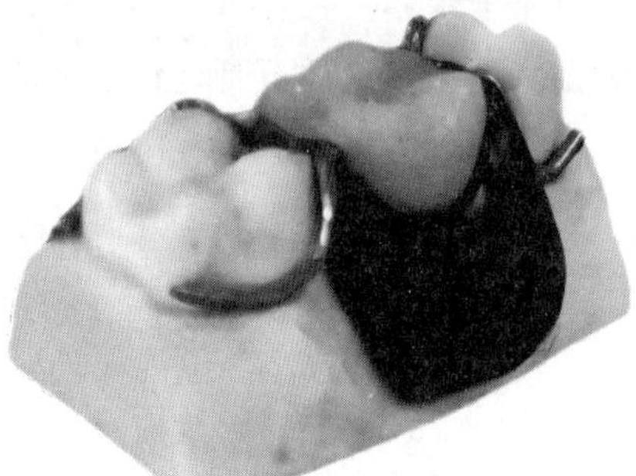

图 9-3　模型修整

需注意修整过程中应防止模型因过度修整而损坏。上颌模型防止腭顶被磨穿，下颌模型防止折断。避免损伤支架、蜡型和人工牙，并防止位置的改变。

3）浸泡模型：为使模型石膏与包埋石膏牢固结合，同时鉴于干燥的模型石膏会吸收包埋石膏中的水分，导致包埋石膏凝固速度加快、膨胀增大，不利于操作，因此，装盒前石膏模型必须进行浸泡吸水处理。

将石膏模型放入水中，待石膏模型吸足水、没有气泡升起。整个模型浸透 5 ～ 10 分钟。注意不能用温度过低的自来水，因其低于蜡型温度，会使蜡基托单侧冷却变形，致使卡环、人工牙位置改变，义齿边缘翘起，装盒时包埋石膏流入基托与模型空隙，导致义齿不精确。

2. 装盒方法 装盒时必须根据可摘局部义齿卡环、连接体等装置的不同设置情况选择适宜的装盒方法。

（1）正装法：又称整装法，是将模型、支架及人工牙的唇（颊）面包埋固定于下层型盒内，仅暴露人工牙的腭（舌）面及蜡型基托的磨光面。待石膏硬固后，在其表面涂以分离剂，并安装上层型盒。树脂材料充填在下层型盒内进行。其优点是人工牙和支架不易发生移位，咬合关系稳定。此法适用于前牙缺失而唇侧牙槽嵴丰满未设置基托的可摘局部义齿。

（2）反装法：又称分装法，是将石膏基牙修去，使卡环悬空，只将模型包埋固定在下层型盒的石膏内，而支架、蜡基托和人工牙均暴露于下层型盒包埋石膏之外。涂分离剂时需注意不可将其涂布至下型盒包埋石膏以外的人工部件上。涂分离剂后，装好上层型盒，开盒去蜡后，基托、支架、人工牙均翻置于上层型盒内，树脂材料充填在上层型盒内进行。其优点是便于涂分离剂和充填树脂，缺点是支架容易发生位移。此法适用于全口义齿，缺牙数目多或卡环包埋在下层型盒不方便操作的可摘局部义齿，亦可采用此法装盒。

（3）混装法：又称混合法，是将模型和支架包埋并固定于下层型盒的石膏内，而暴露蜡基托及人工牙。涂分离剂时需注意不可将其涂布至下型盒暴露的人工牙牙面上。去蜡开盒后，人工牙将被翻置于上层型盒内，树脂材料充填分别在上、下层型盒内进行。其优点是支架和模型包埋在一起，充填树脂加压时支架不易发生位移；若使用雕刻蜡牙，则在上层型盒充填造牙树脂材料，而下层型盒内充填树脂基托材料，基托与人工牙颈缘线的分界清楚。此法是可摘局部义齿最常用的一种装盒方法。

3. 装盒的步骤 以混装法为例。

（1）选择合适大小的型盒后，检查并修整、浸泡模型。

（2）装下层型盒：将调拌好的石膏排气并充填于下层型盒，轻轻振荡型盒，排出石膏中的气泡。然后将模型压入下层型盒石膏中，为下层型盒高度的 1/2 ～ 2/3，放入被包埋的部件，使蜡型基托的边缘与型盒边缘平齐或稍低。需用石膏将模型、余留牙、卡环等包埋于下层型盒，将人工牙及基托蜡型完全暴露。在石膏处于半凝固状态时，用手或毛笔沾水或在缓慢的流动水下，将包埋石膏表面抹光，除去多余的石膏，使表面光滑、无倒凹。完成前检查人工牙、蜡基托表面及型盒边缘石膏是否洗净，覆盖在余留牙、模型、卡环上的包埋石膏表面是否存在倒凹、有无尖锐的边缘。

（3）装上层型盒：待下层石膏初步硬化后，用毛笔将分离剂（如肥皂水）涂布于在石膏表面。将上层型盒放置于下层型盒上，对好位置，使上下层型盒边缘紧密闭合。为防止人工牙颈缘、牙龈乳头、卡环体部等细小部位混入气泡，可先用毛笔蘸少量石膏涂布。然后将调拌好的石膏从型盒一侧边缘缓慢灌入，并轻轻振荡型盒（或将型盒置于振荡器上）排出石膏中的气泡，直至灌满上层型盒（石膏应略溢出上层型盒）。放上型盒盖，轻轻加压使之密合并排出多余石膏，洗净型盒周围外溢石膏。

4. 装盒的要求

（1）在修整模型及装盒过程中，避免损坏模型、蜡型和卡环等部件。

（2）装盒过程中支架、人工牙必须牢固包埋，不能发生位移。

（3）基托蜡型应充分暴露，便于树脂材料的充填。

（4）下层型盒包埋石膏的表面应光滑、无倒凹和气泡，并涂布分离剂以便开盒时上、下型盒顺利分开。

5. 装盒的注意事项

（1）修整石膏模型时，避免用力粗暴，防止模型和支架等损坏或折断，如发生损坏需视情况进行修理或重新制作。

（2）装盒时，可使用振荡器振动排出气泡，确保石膏充满型盒。

（3）装下层型盒时，包埋石膏的外形应连续平缓，避免形成高尖陡坡，尤其是避免形成倒凹，防止出现开盒困难或模型损坏。对于已出现的倒凹，可以用雕刻刀将其修平或用石膏将倒凹填平。

（4）分离剂在涂布时不可来回涂抹，防止出现局部过厚。

（二）去蜡

去蜡是通过加热的方法将型盒内模型上的蜡型去除干净，为充填树脂材料备好阴模。

1. 去蜡的方法

（1）烫盒：待型盒内的石膏完全凝固后，将型盒浸没于80℃以上热水中加热至沸后维持5～10分钟，具体时间可根据型盒的大小和数量控制，亦可根据观察水面是否出现蜡油花，或型盒间是否有蜡油珠冒出，来判断蜡型是否软化。待蜡型软化后将其取出，放置于工作台上，用石膏调刀在上下层型盒分界处的左右两侧轻轻翘动，翘松后用手垂直向上分开型盒的上下两层。注意不能只从型盒的一侧撬开，避免石膏断裂及人工部件的移位。

（2）冲蜡：用雕刻刀去除大块的软化蜡质，将型盒置于漏网上，用沸水彻底冲净型盒内残余蜡质，并用雕刻刀将石膏型腔边缘的锐角、薄边修去，使其变圆钝（防止填塞树脂材料时薄边被压碎嵌入其内）。再用气枪吹净留在人工牙之间、小连接体等处的多余水分。待模型初步冷却干燥之后，在上、下型盒内的石膏模型及义齿阴模腔表面涂以藻酸盐分离剂，分离剂中的藻酸盐可与石膏表面的钙离子产生置换反应形成藻酸钙薄膜，该薄膜可避免树脂充填时单体渗入石膏模型内，致使单体比例失调，影响树脂材料的固化效果，此外也有利于石膏与树脂材料的分离，便于打磨抛光。

2. 去蜡的注意事项

（1）掌握好烫盒的时间，型盒在沸水中煮沸时间不宜过长，否则过度熔化的蜡质可浸入石膏模型内而不易冲净，影响分离剂的涂布效果。浸泡时间过短，蜡型没有充分软化，分离型盒时易导致石膏模型损坏或支架发生位移。

（2）以沸水冲蜡时，须有一定的冲击力，才能将残余的蜡质去除干净。但不可使支架和人工牙发生移位或脱落，如有移位、脱落，应将其人工部件冲洗干净后对位放回原处。型盒内如有小块包埋石膏折断，可用粘接剂（502胶）对位粘固。

（3）分离剂不能涂得过多过厚，且支架和人工牙的底部应避免涂分离剂，以免影响其与树脂基托材料的结合（如不慎涂上，须擦拭干净）。涂抹分离剂时，确保上下型盒全面、均匀，毛笔朝一个方向涂刷，不可来回涂刷。分离剂涂完之后，不可使用压缩空气枪吹，避免破坏已形成的藻酸钙薄膜。待其完全干固后可依此法再涂一遍。

（4）打开上下型盒时，需佩戴隔热手套，以免烫伤。若整体取出已软化的蜡基托可保存，作为称取充填树脂量的参考。

（三）充填树脂

充填树脂是指将按比例调和后的树脂材料填入去蜡后的型盒阴模腔内的整个过程。

1. 充填树脂前的准备

（1）器械及材料的准备：玻璃纸、分离剂、热凝造牙粉和牙托粉、单体、毛巾、清水、调拌杯、玻片、充填器、雕刻刀、压榨器等。

（2）调拌树脂材料：根据义齿蜡型的大小或按去蜡时保存的完整蜡块重量的 1.2 倍称取牙托粉。将其置于有盖的调拌杯中，并按粉液比 3∶1（体积比）或 2∶1（重量比）的比例，或从杯的边缘缓慢滴入单体直至粉剂完全浸湿，调拌混合均匀。加盖防止单体挥发。

（3）树脂材料充填的时机：树脂材料粉剂和单体调和后的聚合反应，变化过程大致分为六个期：湿砂期、稀糊期、黏丝期、面团期、橡胶期、坚硬期。其中，面团期为最佳充填时期，也称填塞期。此期不粘器械，可塑性强，充填树脂应在此期内进行。由于调拌后树脂材料聚合反应的快慢与室温的高低有密切关系。在室温 20℃时，树脂材料在调拌后 15 ～ 20 分钟进入面团期；夏天室温高，材料聚合反应迅速，为防止造成操作不及时，可将其置于冷水中降温；冬天室温过低，反应缓慢，可将调拌杯置于 50℃左右的温水中，间断加温（切忌水温过高）促其聚合变化。

2. 充填树脂的步骤

（1）充填树脂：填塞树脂材料前需将手洗净（也可佩戴聚乙烯薄膜手套），取适量面团期的树脂材料，反复揉捏材料至颜色均匀一致并形成适合的外形，压入型盒的石膏阴模空腔内，可多准备一些填充料。

若需充填造牙树脂材料，应在上层型腔内进行，用清洁润湿的玻璃纸分隔开下型盒的基托树脂材料，其填塞量加至与牙冠颈缘线平齐，并使龈缘整齐、美观、自然流畅。若超过颈缘线，可用剪刀沿颈缘线修去多余的造牙树脂材料，否则完成的义齿基托上将出现白色的树脂材料；若造牙树脂材料的填塞量少而达不到颈缘线，应添加造牙树脂材料加压成型，否则完成的义齿牙冠上会出现红色的基托树脂材料。

（2）加压型盒：将上下型盒对准后合拢，并在其中间放置玻璃纸，加盖型盒盖。先用手对准位置施力加压，再置于压榨器上缓慢加压，直至上下层型盒完全对位密合，树脂材料在压力的作用下充满型腔，多余树脂溢出。在加压状态下静置 1 分钟，打开上下型盒，揭去玻璃纸，检查树脂材料是否充满型盒空腔，人工牙与龈缘是否整齐，支架有无移位。若型盒边缘无树脂材料溢出，树脂材料表面出现皱纹、不光滑，表明树脂充填量不足，应适当添加后，加隔湿玻璃纸再次关闭加压；若边缘有多余树脂，需用雕刻刀修去多余的树脂，加隔湿玻璃纸再次加压。

经再次加压后，基托边缘无菲边，取出玻璃纸。用毛笔在人工牙与基托接触的面上涂布少许单体，再将上、下层型盒合关闭。用压榨器压紧固定或用螺丝固定，以备热处理。

3. 树脂充填的注意事项

（1）调和树脂的器具应清洁，调和材料后须加盖以防止单体挥发。

（2）填胶的最佳时机为面团期，填塞过早，聚合后的基托易出现小气泡；填塞过迟，变硬的树脂易造成人工牙和支架移位或压坏模型。

（3）填塞树脂时用量需适度，过少易出现气泡，过多会致升高咬合。

（4）加压及固定型盒时务必使上下型盒边缘紧密，防止咬合升高或义齿变形。

（5）注意型盒加压时，应缓慢施力，切不可用力过猛，可停顿片刻再继续加力，反复多次。

（四）热处理

热处理是使义齿树脂材料在一定的温度和压力下，逐渐地进行聚合反应，使义齿树脂材料完全固化成型。目前临床应用的热处理方法有水浴加热法、恒温箱法、微波热处理法等。下面介绍较常使用的水浴加热法。

1. 常用水浴加热热处理的方法　目前常用的水浴加热法有以下三种。

（1）将型盒置于 70 ～ 75℃的水浴环境中并保持恒温 1.5 ～ 2 小时，然后缓慢升温至沸腾并保持 0.5 ～ 1 小时，待其自然冷却后开盒。

（2）将型盒置于室温水浴中，缓慢加热，使水温在 1.5 ～ 2 小时缓慢升至沸腾，维持 15 ～ 30 分钟，待其自然冷却后开盒。

（3）将型盒放入冷水或 50℃的温水中，水面应没过型盒，使水温缓慢升高到 65 ～ 74℃，并保持恒温 0.5 ～ 1 小时后，继续升温至沸点并维持 0.5 小时，自然冷却后开盒。

2. 水浴加热热处理的注意事项

（1）应用水浴加热法进行热处理时，水面需没过型盒表面，升温应缓慢进行，切忌过快、过高，以免导致树脂材料中单体大量蒸发在义齿树脂基托内形成气泡，进而影响义齿基托的质量。

（2）热处理完成后需撤除加热源，型盒需继续浸泡在热水中完成自然冷却后，再将其打开。应避免冷却过快或开盒过早，否则会因温度变化过快导致义齿树脂基托变形。

（五）开盒

1. 开盒的方法　将型盒紧固夹或固定螺丝在水中自然冷却后去除。在上、下层型盒分界处用调刀撬动并打开，型盒底部活动板及周围边缘用木槌敲击，方便型盒中模型脱出。义齿周围石膏及模型用石膏剪剪去，分离出模型上的义齿。

义齿从模型上脱出后，可用蜡刀刮除义齿上的多余石膏，流水下冲刷。若有残留可将义齿浸泡于 30% 枸橼酸钠溶液中数小时后再冲刷干净。

2. 开盒的注意事项

（1）分离型盒及脱出石膏时，直接用力敲击包埋的石膏，会引起基托折断或支架变形，应敲打型盒四周。

（2）使用石膏剪剪去义齿周围石膏时，石膏剪的分力会造成义齿树脂基托折断，因此下颌义齿不可从舌侧中央剪开。

（六）充填树脂及热处理时易出现的问题

1. 义齿基托树脂产生气泡

（1）原因

1）调拌树脂的粉液比例不当：单体过多或过少，均会影响树脂的聚合，在基托内形成大小不一的气泡。单体易挥发，树脂调和后未加盖也是造成单体过少的一个重要原因。

2）充填树脂的时机不当：面团期因具有一定的流动性和良好的可塑性，是充填树脂的最佳时机。填塞过早，树脂黏性较大易形成不规则大气泡；填塞过迟，树脂可塑性和流动性下降，易出现咬合升高或充填不完全。

3）充填树脂不足：可出现散在性的小气泡或局部大气泡。

4）充填时压力不足：可在过厚的基托表面产生不规则的大气泡或空腔。

5）热处理时升温过快：聚合不均匀。热处理时出现外层聚合快而内部聚合慢，一些特殊部位如腭侧或基托较厚处尚未聚合的单体，无法从已聚合的树脂表面溢出，则形成小气泡。

6）树脂粉质量较差："含泡聚合体"或催化剂等的含量过多，也易出现气泡。

（2）预防措施：按照正确的粉液比均匀调拌树脂后加盖密闭，按要求涂布分离剂并等待其凝固，待反应到达面团期时，取适量树脂进行充填，并加压。加压状态下进行热处理，控制好升温时间和速度，避免产生气泡。

（3）处理方法：如气泡较大，打磨气泡表面，用自凝或热凝树脂修补；若为散在分布的小气泡，则应磨除后，用蜡型正确恢复缺损部分基托外形，此时必须用热凝树脂常规装盒填胶完成修补。

2. 义齿基托变形

（1）原因

1）装盒时，模型在下层型盒放置位置不正确，造成人工牙切缘（𬌗面）与上层型盒顶盖距离过小，或蜡型与型盒之间石膏太薄；上下层型盒对位不良，未紧密接触等。充填树脂时，压力过大则导致石膏破碎，人工牙移位、基托变形。

2）树脂填塞过迟、填塞时加压过大、包埋不正确导致石膏强度不足等，造成模型损坏，使义齿基托发生变形。

3）热处理后，型盒骤然冷却，温差使树脂收缩不一致，开盒后会使基托内潜伏的应力释放而致基托变形。开盒过早，基托尚未冷却硬固，也会使义齿变形。

4）义齿打磨时操作不当产热过高，导致基托变形。

（2）预防措施：装盒时应按照要求保证有足够强度；热处理时，控制升温时间、速度；热处理完成后的开盒应在自然冷却下进行；开盒后，按照正确的操作进行打磨抛光，避免产热过多。

（3）处理方法：若义齿基托整体变形，一般需重新制作。

3. 支架移位

（1）原因

1）装盒时，卡环、连接体等支架各组成部件包埋固定不良；下层型盒石膏表面不平整存在倒凹，开盒去蜡时石膏折断，卡环、连接体等支架各部件发生移位。

2）树脂填塞过晚或石膏强度不足，填塞完成后的加压可造成模型损坏、卡环和连接体等支架各组成部件的移位。

3）填塞的树脂过多。

（2）预防措施：装盒时，保证下层型盒石膏表面光滑平整，无倒凹；开盒去蜡时如发现支架各卡环和连接体等支架各组成部件发生移位，应准确复位固定后再进行充填；充填时机要正确。

（3）处理方法：如为个别支托或卡环移位，需在义齿上磨除后就位于患者口腔内重新取模，在其上制作被磨除的支托或卡环，然后用自凝树脂或热凝树脂（需装盒）修复。

4. 人工牙与基托树脂结合不牢

（1）原因

1）成品人工牙盖嵴部无固位沟槽、有分离剂或残留玻璃纸。

2）填塞树脂时操作时间过长，单体挥发过多。

3）充填树脂过晚，型盒未压紧。

（2）处理方法：在脱落的人工牙盖嵴部制备固位沟槽，使其表面粗糙，同时在基托和人工牙盖嵴部滴加单体进行溶胀，用自凝或热凝树脂修复。

5. 咬合增高

（1）原因：多系充填时机过晚或用量过多；关闭型盒时压力不足；型盒无法紧密闭合等。

（2）处理方法：轻微的咬合升高可通过调磨人工牙，降低咬合；如义齿咬合增高严重，则应重新制作。

6. 基托树脂颜色不一致

（1）原因：树脂调拌不均匀；操作过程不清洁；调拌后未加盖密闭导致单体挥发过多或反复多次添加树脂等。

（2）处理方法：将颜色不一的部分磨除，重新填胶。

二、冷聚合注塑法

冷聚合注塑法是用硅橡胶将义齿蜡型与部分模型按一定的方式包埋起来，经加热去蜡，在硅橡胶内形成材料转换腔，以便注射树脂，经加压聚合后，用树脂代替蜡型。

（一）制作硅橡胶印模

1. 混合硅橡胶　手动混合适量硅橡胶与催化剂，均匀揉捏，直至颜色一致（图 9-4）。

2. 包埋　将混合好的硅橡胶从基托唇、颊面、𬌗面到舌、腭面的顺序塑型，厚度 3 ～ 5mm，人工牙及蜡基托与硅橡胶应密贴（图 9-5）。

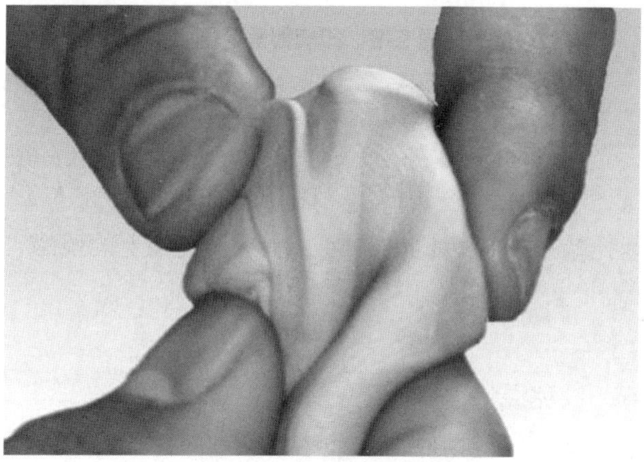

图 9-4　混合硅橡胶

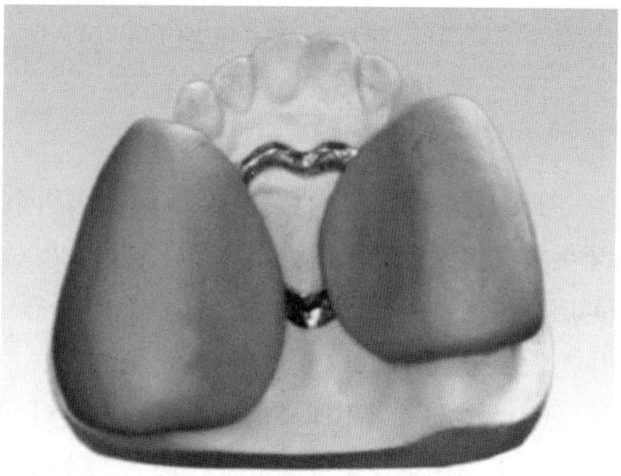

图 9-5　硅橡胶的包埋

3. 检查印模　将凝固后的硅橡胶印模取下，检查其内的颈缘、𬌗面是否清晰、完整（图 9-6）。硅橡胶印模制作时间较短，出现问题可重新制作，不影响工作进度。

4. 形成注塑孔道　确定注塑孔道。在基托较大一侧的中部，选择合适的钨钢钻头，型号与注射针管口直径相同，垂直于硅橡胶印模磨出注塑孔道。为避免碎屑混入树脂，应清理干净孔道内的硅橡胶碎屑（图 9-7）。

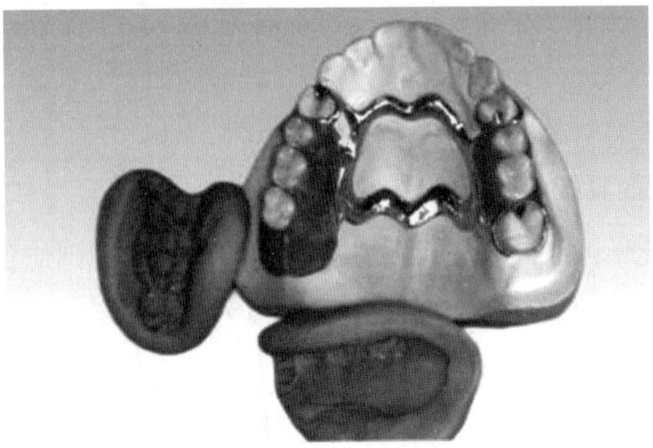

图 9-6　检查印模

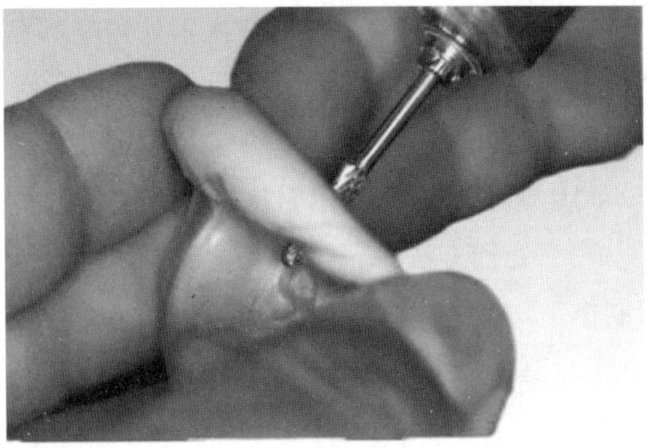

图 9-7　形成注塑孔道

5. 形成排溢口　在注塑孔对侧基托边缘的转角处用手术刀切出两个 V 形排溢口，暴露基托边缘，方便材料转换腔内空气的排出，同时观察树脂的注塑情况（图 9-8）。

注意事项：①印模覆盖范围应盖过相邻基牙的 1/2，同时超出基托蜡型边缘 3 ～ 5mm（图 9-9）；②为便于和模型粘接，印模边缘应略薄。

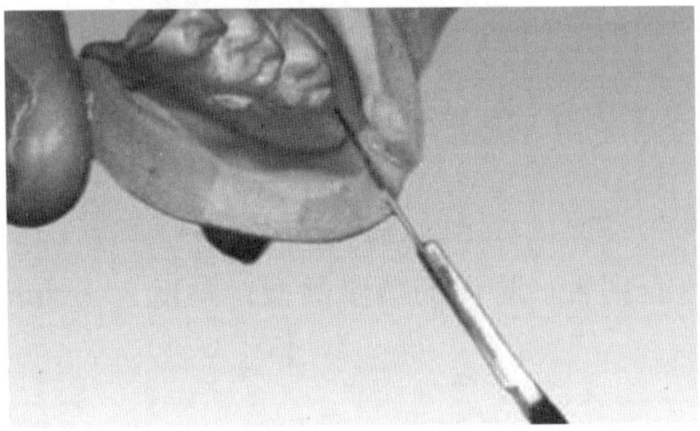

图 9-8　形成排溢口

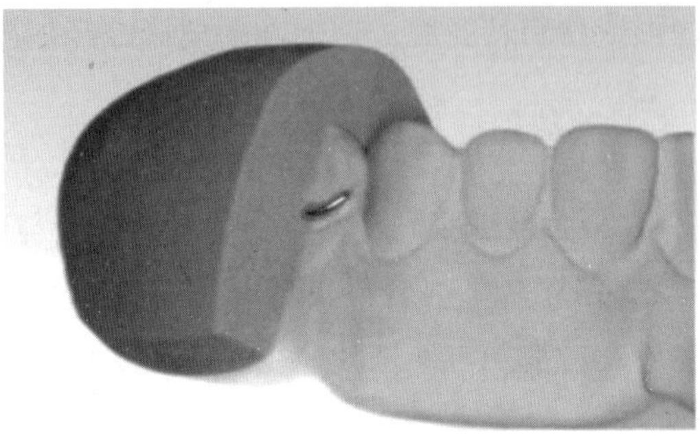

图 9-9　印模覆盖范围

（二）去蜡

1. 方法　将撬下的人工牙置于特制筛网中，清点数量无误后，用蒸汽清洗机清洗。为防止人工牙丢失，清洗后需再次清点数目。模型和支架上的基托蜡可在冲蜡机中去除。模型、支架上的残蜡，可用蒸汽清洗机彻底清洗。

2. 注意事项

（1）清洗多个相似义齿的人工牙时不可同时进行，以免混淆。

（2）为保证模型分离效果，使人工牙与基托的牢固结合，应彻底清洗残蜡。

（三）涂布分离剂

藻酸盐分离剂的涂布应在石膏模型初步冷却干燥后进行，可避免石膏与树脂发生粘连。分离剂干燥后将支架就位在模型上。

（四）人工牙处理

1. 方法　为增大人工牙与树脂基托的结合强度和接触面积，可在人工牙的盖嵴部磨出浅的固位沟槽，并用小毛刷蘸牙托水对盖嵴部进行溶胀（图 9-10）。

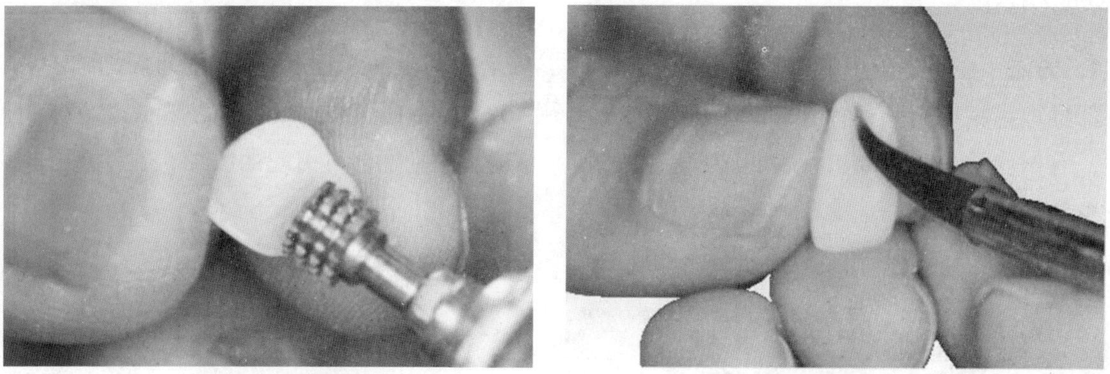

A　　　　B

图 9-10　人工牙的处理

A. 制备固位沟；B. 涂布牙托水。

2. 注意事项　牙托水流动至人工牙其他部位也会发生溶胀，造成牙面粗糙，应避免此类情况的发生；不能在较薄的人工牙盖嵴部，磨出固位沟槽。

（五）人工牙复位粘接

1. 复位　在硅橡胶印模内将人工牙进行复位，并检查是否密合，同时要防止相似的人工牙混淆。

2. 粘接　为防止树脂注入时人工牙发生移位，可将少量粘接剂涂布在人工牙的唇、颊侧，使其粘固于印模内。

3. 检查　人工牙应完全复位粘接于围模中的咬合印迹内，并用蜡刀检查粘接情况，若有松脱或移位，应重新粘接。

（六）形成材料转换腔

去蜡后形成的空腔作为材料转换腔。

1. 将支架清洗干净后戴回模型，检查各部分与模型的贴合情况，确认无误后，将支架滴蜡固定在模型上。

2. 为形成良好的材料转换腔，防止注塑时材料泄漏，应将粘接好人工牙的印模准确复位到模型上，边缘用蜡封闭。

3. 完成注塑准备（图 9-11）。

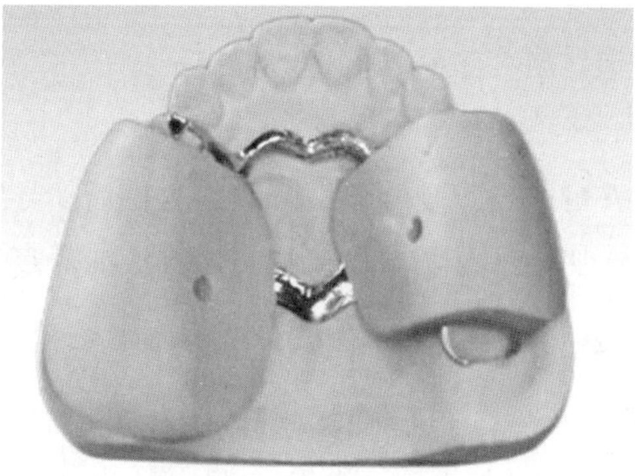

图 9-11　完成注塑准备

（七）注塑

1. 方法 在小瓷碗中将适量牙托粉和牙托水，粉液比为 1.5g：1ml，搅拌均匀后加盖放置；用注射器抽取稀糊期树脂，针管口朝上进行排气（图 9-12）；将排气后的树脂从注塑孔道注入材料转换腔，有树脂从排溢口溢出，表明转换腔已充满。为补偿树脂聚合时引起的收缩，在注塑孔道处应留下少量树脂（图 9-13）。

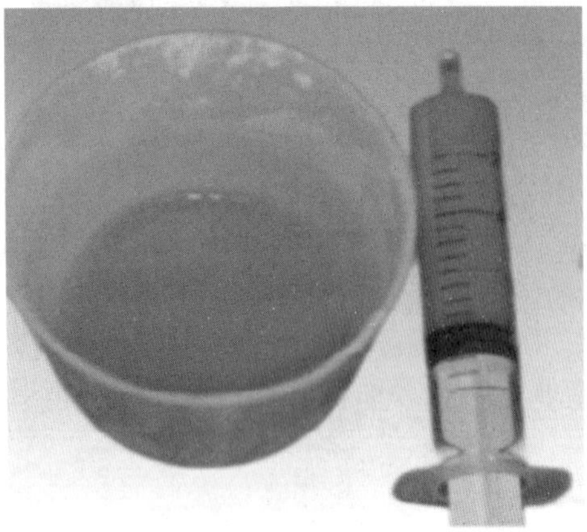

图 9-12 抽取树脂并排气

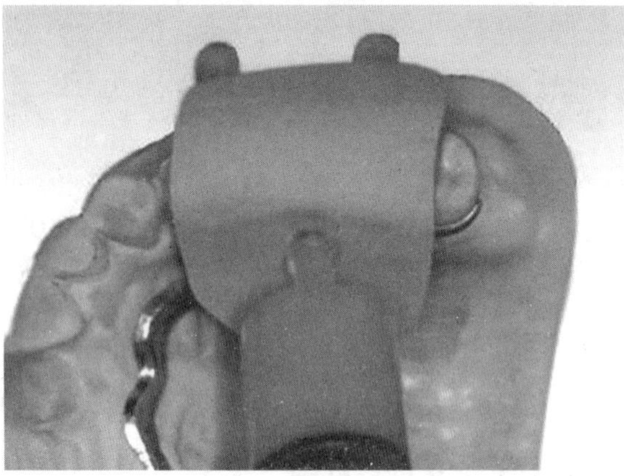

图 9-13 注塑

2. 注意事项 把握正确注塑时机，注塑过早，易形成较大气泡；注塑过迟，树脂流动性下降造成材料转换腔不能被完全填满，形成填充缺陷，同时易导致印模受力过大而使义齿变形。

（八）聚合成型

1. 向压力聚合器内加深度为 1/2 左右的水，按照温度 55℃，压力 0.20 ～ 0.25MPa，时间 30 分钟进行设定。

2. 将注塑完成的模型放入聚合器内。

3. 若聚合压力不足，会造成基托内大量的小气泡形成，因此，应保持聚合期内的压力恒定。

（九）去除硅橡胶印模

用蜡刀翘动硅橡胶印模边缘，使其脱位。

（十）检查咬合

将聚合完成后的模型复位于𬌗架。确保义齿具有良好的固位力，人工牙𬌗面与模型的底部无黏附的树脂或杂质。

由于树脂聚合时体积变化，可能导致咬合略微升高，复位后切导针与切导盘不接触。需按照人工牙排列时的调磨原则调𬌗，使切导针与切导盘接触。该方法的优点是易于发现咬合早接触点或咬合干扰，操作简单。

（十一）义齿与模型分离

去除石膏基牙，将义齿从模型上分离。

1. 去除石膏基牙　常用的方法有以下三种。

（1）石膏刀刮除：不会损伤义齿卡环、支托等，但用时较长。

（2）石膏钻磨除：速度较快，但容易伤及卡环、支托等。使用时要有稳定支点，少量多次磨除。

（3）气凿去除：用时较短，使用时应当十分小心。这是因为气凿力量较大，凿开模型时产生分力易造成基托变形或断裂。

2. 去除模型

（1）磨除注塑孔道处多余树脂及排逸口处进入倒凹区的树脂，减少义齿与模型分离时的阻力。

（2）选择基托唇、颊侧与舌、腭侧较厚的部位，用石膏刀同时撬动，使义齿与模型分离。

（十二）可能出现的问题及预防措施

1. 人工牙移位

（1）原因：人工牙的唇、颊侧未涂布粘接剂或粘固不牢。

（2）预防措施：仔细检查人工牙的粘固情况，确认无误后再将硅橡胶印模复位至模型。

2. 基托内气泡

（1）原因

1）粉液比例不当。

2）注射针管抽取树脂后未排气。

3）注胶的时机不准：①注胶过早：树脂流动性过大，在聚合过程中出现体积收缩，形成大而不规则的气泡造成基托表面不平整。②注胶过迟：树脂变硬，可塑性和流动性降低，造成充填缺陷。

4）树脂的注入量不足或聚合压力不足。

（2）预防措施

1）树脂调拌应严格按照正确的粉液比进行。

2）抽取树脂后注射针管口朝上放置利于气泡排出。

3）在正确的注塑时机注入足够树脂，树脂量应略多，以补偿树脂聚合收缩。

4）做好聚合器的日常维护工作，保证工作时正常运行。

3. 基托变形、咬合升高

（1）原因

1）注入过迟：注塑过迟，树脂流动性降低，强行加压注入，过大压力引起硅橡胶印模变形或破损。

2）硅橡胶印模过薄：过薄的硅橡胶印模强度较小，当材料转换腔内压力较大时，可导致其变形、破裂。

3）注射时，树脂从封闭不严的硅橡胶印模边缘外溢或将其撑开。

（2）预防措施

1）注塑应在稀糊期进行，并控制加压力量。

2）确保硅橡胶印模边缘封闭良好，并具有足够的厚度与强度。

4. 支架移位

（1）原因

1）卡环在硅橡胶印模内发生移位，未做处理或暴力复位。

2）弯制卡环与支架未焊接牢固。

3）注胶时树脂过硬、过多。

（2）预防措施

1）卡环移位阻碍硅橡胶复位时，可将相应部位适当切除，待其顺利复位后，用热的蜡液进行封闭。

2）弯制卡环与支架制作时应焊接成一个整体。

3）应在稀糊后期注入树脂。

5. 人工牙与基托结合不牢固

（1）原因

1）未将人工牙盖嵴部的余蜡清理干净。

2）未用牙托水溶胀人工牙盖嵴部或未制备固位沟槽。

（2）预防措施

1）残蜡用蒸汽清洗机彻底清除。

2）人工牙盖嵴部用牙托水进行溶胀或制备出固位沟槽。

3）注塑时机应正确。

6. 基托内部有异物

（1）原因

1）树脂存放时未密封保存。

2）硅橡胶碎屑、调和工具及注射器未彻底清洁。

（2）预防措施

1）树脂使用完后应当密封存放。

2）将调和工具及注射器清理干净，并清理干净孔道内的硅橡胶碎屑。

7. 基托颜色不均匀 原因及预防措施同石膏包埋法。

三、热聚合注塑法

热聚合注塑法是用石膏将模型连同义齿蜡型按一定的方式包埋起来，经加热去蜡，在型盒内形成材料转换腔，以便加压注入树脂，经热处理后，用树脂替代蜡型。

（一）注塑法定向聚合原理

型盒弧形面朝下放入热水中，聚合时水的热量首先传导至型盒前部，因此聚合从前部开始逐渐向后进行。由于材料中牙托水比例较高，聚合收缩率较大，在树脂基托内形成气泡或凹陷。但此时模型后部及胶囊内的树脂仍处于可塑状态，气泡或凹陷可被一直处于0.6MPa压力下的树脂从后部补充并填满。

（二）优点及适应证

1. 优点 强度大、精度高、速度快。

2. 适应证 适用于全口义齿、铸造式可摘局部义齿。

（三）步骤与方法

1．装下层型盒的方法和要求同装盒法。

2．下层型盒石膏凝固后，用直径 3 ～ 5mm 铸道蜡连接铸道口和义齿蜡型，用蜡刀将连接部分烫圆滑。

3．装上层型盒、去蜡和涂布分离剂的方法和要求同装盒法。

4．调拌树脂　用时将配比好的牙托水倒入装有牙托粉的胶囊内，用搅拌器搅拌 5 分钟，即可获得最佳充填时机的面团期树脂。排出胶囊内的气泡备用。

5．型盒加压　型盒置于专用型盒夹内，压榨器上加压至 2000kg 时锁紧型盒夹的夹板，以维持压力。

6．型盒安装于注塑机　按要求直立放置型盒夹，将胶囊盖去掉后，置于型盒尾部的白色铸道口内。注塑时压力应垂直于型盒，若压力不垂直，则加压注塑时树脂胶囊会变形或损坏。

7．注塑　压力 0.6MPa，加压 5 分钟可完成注塑。注塑时应仔细观察，当活塞杆上的红色标记出现时，需要更换新的胶囊。对于颜色已变深，在冷藏柜中存储的树脂胶囊，应将压注时间延长至 10 分钟。

8．热聚合　将型盒连同注塑机置于压力 0.6MPa 的沸水中 35 分钟，使树脂充分聚合。

注意：①聚合期产生的热量会在出现压力下降时，使牙托水挥发形成气泡。②为保证定向聚合的实现，水位必须精确控制在型盒夹的红线处。③暴露在水面上部的型盒和树脂胶囊受热后会引起后部树脂聚合。为防止水蒸气挥发，可在水面放置空心树脂球。

9．冷却　迅速冷却可防止胶囊内的树脂发生聚合。在保持压力的情况下将聚合完成后的型盒放入冷水中冷却 20 分钟。将胶囊从注塑机上取下并复位胶囊盖，冷藏储存，时间不可超过 2 周。

10．开盒　同型盒包埋法。

【任务评价】

详见表 9-1。

表 9-1　可摘局部义齿树脂基托成型任务评价

主要测评项目		评价标准	分值 / 分	得分
专业知识掌握程度（50 分）	热聚合填压法（20 分）	能够准确阐述热聚合填压法中树脂充填、加压型盒的过程及出现的问题处理	16 ～ 20	
		对热聚合填压法中树脂充填、加压型盒的过程及问题处理有一定了解但不够准确	8 ～ 15	
		对热聚合填压法中树脂充填、加压型盒的过程及问题处理的阐述出现错误	4 ～ 7	
		对热聚合填压法中树脂充填、加压型盒的过程及问题处理完全不了解	0 ～ 3	

续　表

主要测评项目		评价标准	分值 / 分	得分
专业知识掌握程度（50 分）	冷聚合注塑法（20 分）	详细且准确的阐述冷聚合注塑法操作过程及注意事项	16 ~ 20	
		能阐述部分冷聚合注塑法操作过程及注意事项	8 ~ 15	
		只能模糊说出冷聚合注塑法操作过程对注意事项完全不了解	4 ~ 7	
		不记得冷聚合注塑法操作过程及注意事项	0 ~ 3	
	热聚合注塑法（10 分）	能阐述部分热聚合注塑法操作过程及注意事项	8 ~ 10	
		只能模糊说出热聚合注塑法操作过程对注意事项完全不了解	4 ~ 7	
		不记得热聚合注塑法操作过程及注意事项	0 ~ 3	
应用能力（30 分）	案例分析（20 分）	能准确运用所学知识分析案例中的树脂成型过程中存在的问题，并提出改进建议	16 ~ 20	
		能分析部分问题，但不够全面	8 ~ 15	
		分析有较大偏差	4 ~ 7	
		无法进行案例分析	0 ~ 3	
	实际场景模拟（10 分）	能在模拟场景中正确进行树脂成型	8 ~ 10	
		树脂成型有一定问题	4 ~ 7	
		完全错误	0 ~ 3	
素质能力（20 分）	专业素养（5 分）	对可摘局部义齿树脂成型的学习表现出积极的态度和专业精神	1 ~ 5	
	团队合作（5 分）	在小组学习或讨论中，积极参与，与他人合作良好	1 ~ 5	
	责任心（5 分）	对学习任务认真负责，确保学习质量	1 ~ 5	
	创新能力（5 分）	能够提出新颖的可摘局部义齿树脂成型的方法	1 ~ 5	
学生自我评价与反思				
小组评价				

▶任务拓展

微波热处理法

基托微波热处理法是一种利用微波的特性来对义齿基托树脂进行热处理的方法。

1. 原理　义齿基托树脂中的甲基丙烯酸甲酯（MMA）为极性分子，吸收微波后分子被激发，互相摩擦生热，使材料内部温度迅速升高，从而实现 MMA 的聚合，完成基托树脂的固化成型。

2. 优点

（1）可大幅缩短处理时间，提高工作效率。

（2）能使基托组织面与口腔组织更贴合，提高义齿佩戴的舒适度。

（3）固化后基托树脂与石膏分离效果好，便于后续的脱模操作，且不易损伤基托和石膏模型。

3. 注意事项

（1）必须使用特制的玻璃钢型盒，因为金属型盒对微波有屏蔽作用，会阻碍微波对义齿基托树脂的加热聚合。

（2）义齿中不能含有金属卡环、连接杆等金属结构，否则金属会屏蔽微波，影响基托树脂的聚合。

任务二　打磨与抛光

任务案例

【案例】

患者，男，65 岁。上颌右侧 67 缺失，左侧 4567 缺失，要求进行可摘局部义齿修复。口腔检查发现，患者余留牙健康，咬合关系正常，对美观要求较高。

【问题】

1. 在打磨与抛光过程中，如何运用各类工具和材料，精准把控操作力度与方法，保证义齿表面达到高度光滑，塑造出自然逼真的义齿外观？

2. 如何避免因过度打磨或操作不当，削弱义齿的结构强度？

【任务分析】

打磨与抛光是义齿制作中极为关键的环节，直接影响义齿的美观与性能。在操作时，需秉持工匠精神，追求每一处细节的完美。从打磨工具的选择到抛光力度的调整，都要精益求精，严格按照操作规范进行，力求让义齿表面达到镜面般光滑，满足患者对美观的高要求。以专业的技能，为患者打造经久耐用的义齿。

【知识链接】

打磨抛光是义齿制作的最终阶段，也是义齿制作中极为关键的环节。它不仅能显著提升义齿的美观度，还对义齿佩戴的舒适度起着决定性作用。经过精细打磨与抛光，义齿表面变得更加光滑，减少了对口腔黏膜的刺激，降低了食物残渣附着的可能性，保持口腔内的清洁。

应严格按照由粗到细、先平后光的原则进行义齿的打磨抛光。

一、打磨抛光的常用器械

1. 技工用微型电机 技工用微型电机又称微型技工打磨机，主要用于技工对义齿的打磨、切削和研磨。使用时须注意，每次启动都要从最低速开始，不可直接高速运转。同时仔细检查打磨抛光用具有无抖动现象，此现象可能是用具不平衡、砂轮杆出现弯曲或是电机本身出现问题所致。打磨时用力要均匀，一般为 50 ～ 100g，不宜过大（图 9-14）。

2. 技工打磨抛光机 技工打磨抛光机可用于修复体的打磨和抛光。打磨机旋转的速度分为快速和慢速两挡。使用技工打磨抛光机前需要检查工作头有无破损和裂纹，如有损坏需要重新更换再使用。启动前先将调速旋钮旋转到慢速挡，如需使用快速挡也应由慢速挡启动，待机器运转平稳后再调至快速挡位。砂轮安装时要夹紧固定螺丝，不可用力过猛以致损伤砂轮（图 9-15）。

图 9-14　技工用微型电机

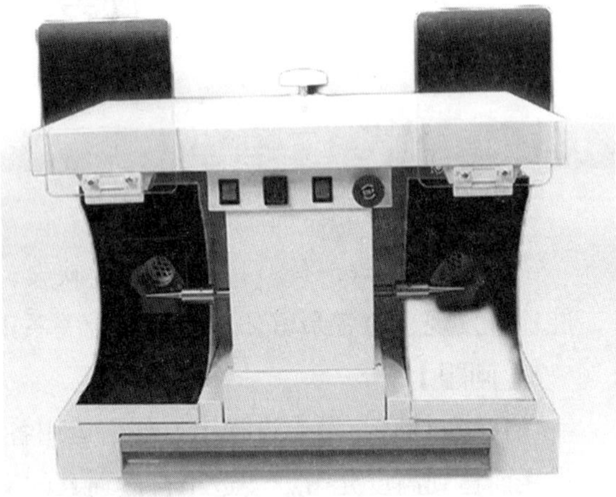

图 9-15　技工打磨抛光机

3. 抛光机 抛光机可分为喷砂抛光机和电解抛光机。喷砂抛光机可清除金属表面的残留物和氧化物；电解抛光机可不损伤金属铸件的外形达到清洁的作用。

4. 清洗机 目前常用的有利用超声波产生振荡的超声波清洗机和在高温高压环境中利用蒸汽清洗修复体表面的蒸汽清洗机。

5. 打磨抛光工具 打磨常用的工具有倒锥钻、圆钻、裂钻、金刚砂钻针、各种形状的钨钢或碳化硅磨头（图 9-16）；抛光用布轮、毡轮、毛刷轮、橡皮轮、细砂卷等（图 9-17）。

6. 打磨抛光材料 抛光膏、石英粉或浮石粉等。

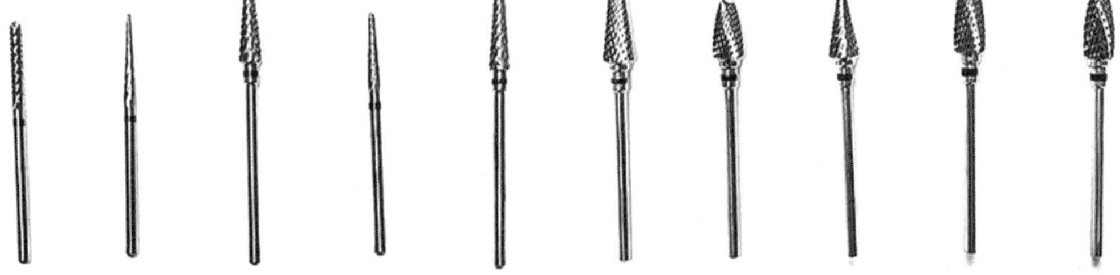

图 9-16　打磨工具

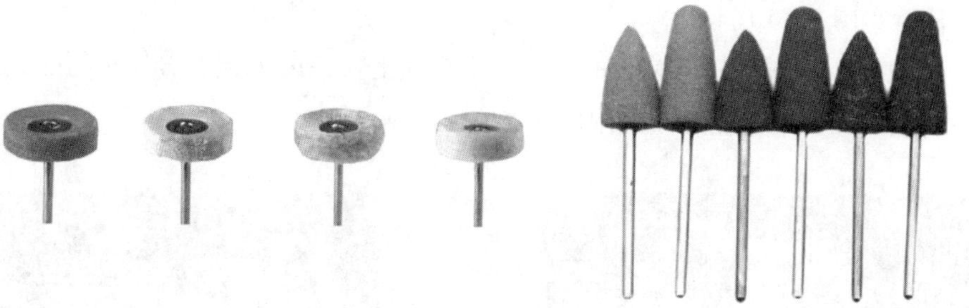

图 9-17　抛光工具

二、打磨抛光的方法及要求

（一）打磨

将可摘局部义齿从模型上完整取下，磨去飞边，对基托形态进一步修整，使基托表面平整，以便下一步抛光。

1. 粗磨

（1）基托边缘：在保持基托应有的高度的前提下，将基托边缘过长、过厚及锐利的菲边，沿着垂直牙槽嵴方向磨除（图 9-18）。

为减小患者的异物感，提高义齿的固位力，基托边缘应圆钝，磨光面向组织面形成自然过渡，并有一定的厚度。唇、颊、舌侧基托边缘与黏膜密贴、衔接流畅，形成良好的边缘封闭性。系带处应形成相应的切迹，以免影响软组织的功能活动。粗磨时施加的压力应先重后轻，使义齿磨光面逐渐平整。

（2）基托磨光面：人工牙颈部、牙龈乳头处可用小号磨头研磨，使其大小、厚度外形适宜。如该处有树脂小瘤、气泡及石膏残屑等，可用锐利的雕刻刀、细裂钻或球钻去除。牙颈部的邻间隙、根部隆突和基托的凹面处等部位为了保持蜡型所达到的光洁度，尽量少磨或不磨（图 9-19）。

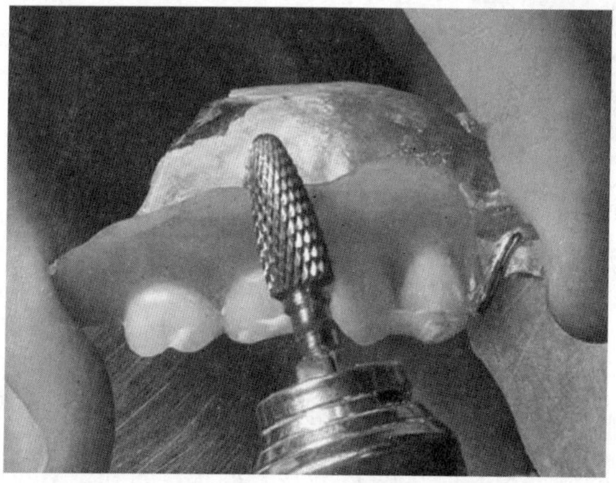

图 9-18　打磨基托边缘

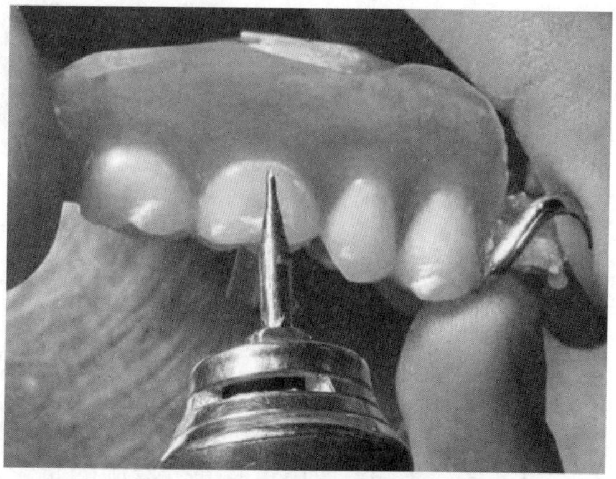

图 9-19　打磨基托磨光面

（3）卡环、𬌗支托：卡环体、𬌗支托部附着的多余树脂用柱状砂石或裂钻磨去。卡环臂靠近卡环体的部位可用纸砂片打磨修整，最后用小砂轮将卡臂尖及𬌗支托尖端磨圆钝，注意不得改变卡环臂及殆支托的长度（图 9-20）。

（4）基托组织面：保证基托与黏膜的密合。组织面上尖锐的突起部分应进行缓冲，避免压迫产生疼痛。同时将组织面上的树脂瘤及黏附的石膏去除干净（图 9-21）。

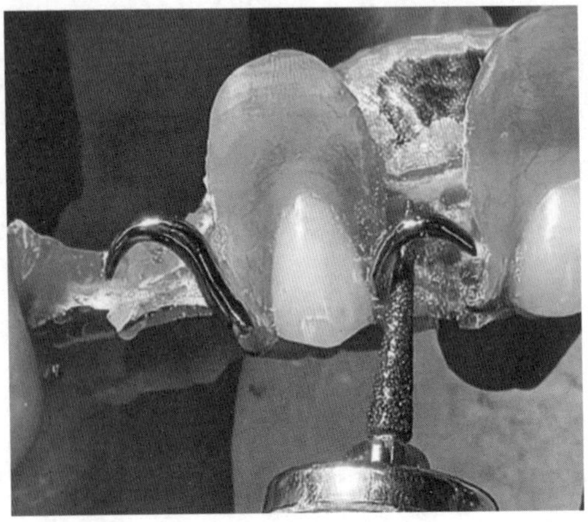

图 9-20　卡环、殆支托处多余树脂的打磨

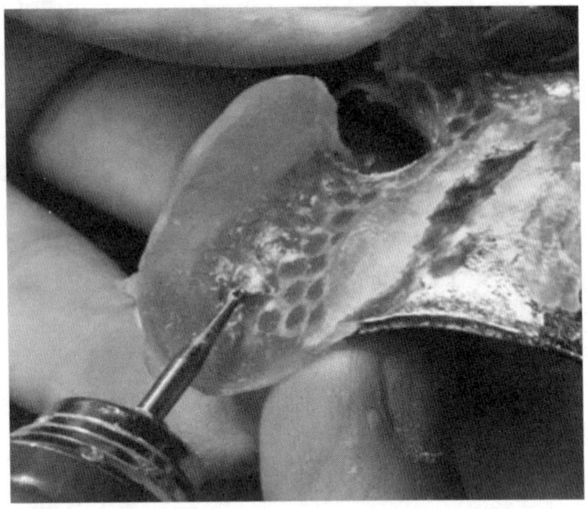

图 9-21　基托组织面打磨

2. 细磨　按照由粗到细的原则，选择低速挡位，交替使用硅橡胶轮、砂纸卷，对基托磨光面进行研磨，以去尽基托表面研磨痕迹，达到平整、光滑。此时的操作直接影响义齿最终完成后基托表面的光亮度（图 9-22）。

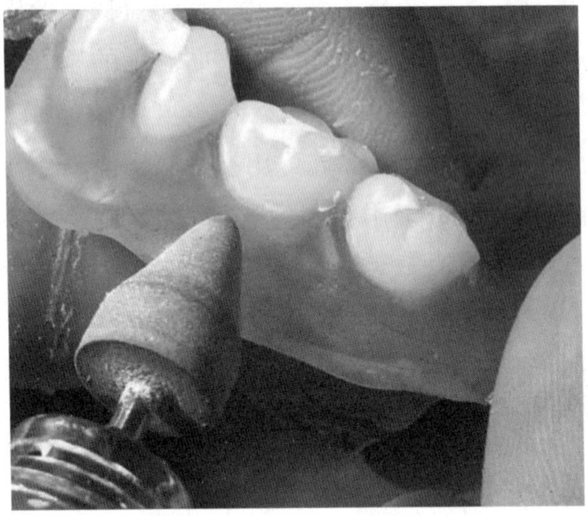

图 9-22　基托细打磨

（二）抛光

抛光是在打磨完成后，对基托表面进行光亮处理的过程。打磨后极微细的纹路仍然存在，需要进一步抛光。抛光后的义齿表面非常致密，其力学性能得到改善，具有更好的美学效果。

1. 唇、颊侧　使用带有充分浸湿的布轮、毡轮等的抛光机，蘸湿的石英砂、糊状浮石粉。双手正确握持待抛光义齿并保护好关键部位，采用间断施加压力和交叉抛光的方法。因压力的施加会造成树脂的磨除，需要不断变换方向（图 9-23）。

2. 舌、腭侧　抛光方法同唇、颊侧。抛光机操作不便的如腭穹隆顶部、细小或深的部位，可使用打磨机抛光。

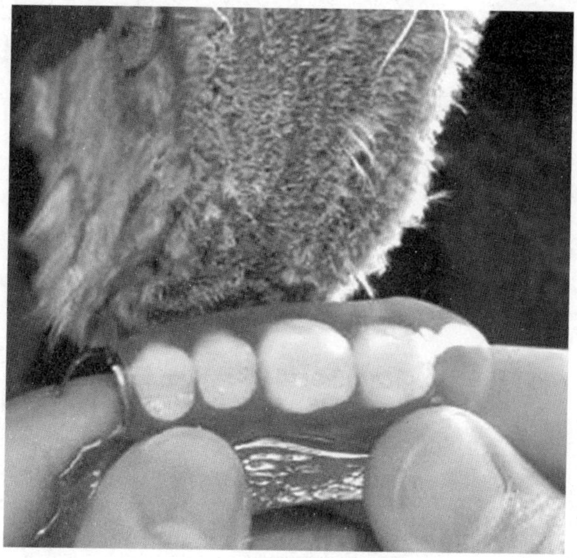

图 9-23　基托唇、颊侧的抛光

3. 基托边缘　将人工牙朝向操作者，使基托边缘与布轮轻接触，不能施加过大压力，保证抛光后基托应有的长度和边缘的圆钝流畅。

（三）打磨抛光的注意事项

1．义齿基托打磨时不能破坏基托表面外形。打磨抛光使用的器械和抛光材料要由粗到细，循序渐进，遵循少量多次、先平后光的原则。

2．打磨抛光时切勿损伤人工牙及卡环，注意保护卡环等金属部件。

3．打磨抛光过程中，操作应间断进行，避免产热，导致义齿树脂基托变形。

4．采用浮石粉糊剂、石英砂抛光时，使用的布轮、绒轮、毛刷均应充分浸湿，并需随时添加湿润的磨光剂在需要抛光的部位。

5．在打磨机上进行义齿抛光时，根据不同程序随时调整转速，并稳固把持义齿，防止义齿卡环被布轮刮住导致变形，甚至义齿被弹飞发生折断。

三、打磨抛光常见问题及处理

1. 基托抛光不良　基托抛光不良为打磨抛光时的常见问题，其主要原因为打磨抛光的方法不正确或选择的工具不对，没有严格按照打磨抛光的要求进行。此时可以按照正确的要求及步骤重新对义齿基托进行打磨抛光。

2. 基托折断　打磨抛光时，基托磨除过多致剩余过薄、用力不当使其受力过大，或夹持无力导致义齿飞出，均可能引发基托折断。树脂基托折断后，可用自凝或热凝树脂修整。

3. 基托与模型不密合　打磨抛光时对义齿基托组织面磨除过多或基托在打磨抛光时产热过高而发生变形，可导致基托与模型不密合。若因打磨过多导致基托与模型不密合，可通过基托重衬进行处理；若因基托变形引起的不密合，只能重新制作。

四、清洁、完成义齿

义齿抛光后，用毛刷清除义齿表面残留的抛光剂，或使用超声波清洗机清洗义齿，用干净布将义齿表面擦干。通过质检后，置于冷水中保存。

【任务评价】

详见表 9-2。

表 9-2　可摘局部义齿打磨与抛光任务评价

<table>
<tr><th colspan="2">主要测评项目</th><th>评价标准</th><th>分值 / 分</th><th>得分</th></tr>
<tr><td rowspan="11">专业知识掌握程度（50 分）</td><td rowspan="3">打磨抛光的常用器械（10 分）</td><td>能够准确阐述打磨抛光的常用器械</td><td>8 ~ 10</td><td></td></tr>
<tr><td>对打磨抛光的常用器械有一定了解但不够全面</td><td>4 ~ 7</td><td></td></tr>
<tr><td>完全不了解打磨抛光的常用器械</td><td>0 ~ 3</td><td></td></tr>
<tr><td rowspan="4">打磨抛光的方法及要求（20 分）</td><td>详细且准确地列出打磨抛光的方法及要求</td><td>16 ~ 20</td><td></td></tr>
<tr><td>能列出部分打磨抛光的方法及要求</td><td>8 ~ 15</td><td></td></tr>
<tr><td>只能模糊列出打磨抛光的方法及要求</td><td>4 ~ 7</td><td></td></tr>
<tr><td>完全不记得打磨抛光的方法及要求</td><td>0 ~ 3</td><td></td></tr>
<tr><td rowspan="4">打磨抛光的注意事项（20 分）</td><td>能根据详细阐述打磨抛光时的注意事项</td><td>16 ~ 20</td><td></td></tr>
<tr><td>能大部分说出打磨抛光时的注意事项</td><td>8 ~ 15</td><td></td></tr>
<tr><td>能说出少部分打磨抛光时的注意事项</td><td>4 ~ 7</td><td></td></tr>
<tr><td>无法正确说出打磨抛光时的注意事项</td><td>0 ~ 3</td><td></td></tr>
<tr><td rowspan="7">应用能力（30 分）</td><td rowspan="4">案例分析（20 分）</td><td>能准确运用所学知识分析案例中的可摘局部义齿打磨抛光是否合理，并提出改进建议</td><td>16 ~ 20</td><td></td></tr>
<tr><td>能分析部分问题，但不够全面</td><td>8 ~ 15</td><td></td></tr>
<tr><td>分析有较大偏差</td><td>4 ~ 7</td><td></td></tr>
<tr><td>无法进行案例分析</td><td>0 ~ 3</td><td></td></tr>
<tr><td rowspan="3">实际场景模拟（10 分）</td><td>能在模拟场景中正确对可摘局部义齿进行打磨抛光</td><td>8 ~ 10</td><td></td></tr>
<tr><td>可摘局部义齿进行打磨抛光有一定问题</td><td>4 ~ 7</td><td></td></tr>
<tr><td>完全错误</td><td>0 ~ 3</td><td></td></tr>
<tr><td rowspan="4">素质能力（20 分）</td><td>专业素养（5 分）</td><td>对可摘局部义齿打磨抛光的学习表现出积极的态度和专业精神</td><td>1 ~ 5</td><td></td></tr>
<tr><td>团队合作（5 分）</td><td>在小组学习或讨论中，积极参与，与他人合作良好</td><td>1 ~ 5</td><td></td></tr>
<tr><td>责任心（5 分）</td><td>对学习任务认真负责，确保学习质量</td><td>1 ~ 5</td><td></td></tr>
<tr><td>创新能力（5 分）</td><td>能够提出新颖的可摘局部义齿打磨抛光的方法</td><td>1 ~ 5</td><td></td></tr>
</table>

续　表

主要测评项目	评价标准	分值/分	得分
学生自我评价与反思			
小组评价			
教师评价			
总评成绩			

考试知识点总结

项目小结

协和云课堂……　拓展练习及参考答案

（王美艳　郑　伟）

项目十　可摘局部义齿戴入后问题及处理

教学课件

任务目标

素质目标

（1）具有敏锐的观察力和严谨的思维能力，能精准识别可摘局部义齿戴入后各类问题，并树立全面分析问题、冷静解决问题的职业素养。

（2）具有良好的医患沟通意识和同理心，在处理可摘局部义齿戴入后问题时，树立以患者为中心、耐心服务的职业道德理念，增强患者对治疗的信任感和配合度。

知识目标

（1）掌握：可摘局部义齿戴入后出现基牙疼痛、软组织疼痛、义齿固位不良、义齿咀嚼功能差等的原因及处理方法。

（2）熟悉：义齿戴入后问题的修理、添加和重衬方法。

（3）了解：义齿戴入后食物嵌塞、发音障碍、人工牙咬颊黏膜、咬舌、戴义齿后的美观问题的处理方法。

能力目标

（1）能够对可摘局部义齿戴入后患者的口腔状况及义齿佩戴情况进行全面、准确的检查评估，发现存在的问题并判断其严重程度。

（2）能够根据检查结果，独立制订合理有效的处理方案。

（3）能够在处理问题过程中对患者进行正确的健康教育与指导。

可摘局部义齿带入后可能会出现各种各样的问题，如基牙疼痛、软组织疼痛、义齿就位困难、义齿固位不良等问题，义齿在使用一段时间后，也可能会出现人工牙脱落、基托折断等问题，针对这些问题，需要找出原因并学会如何进行处理。

任务一　可摘局部义齿戴入后常见问题

任务案例

【案例】

患者，男，68 岁。因下颌双侧 67 缺失，行可摘局部义齿修复后发现左下颌第二前磨牙疼痛，遂来就诊。

【问题】

1. 分析患者义齿修复后左下 5 疼痛原因，并给出处理方案。

2. 面对患者的不适，怎样以专业、耐心的态度处理，既能有效解决问题，又能安抚患者情绪？

【任务分析】

面对患者可摘局部义齿戴入后的问题时，要给予人文关怀，耐心倾听患者的描述，用温和的态度安抚患者情绪。秉持精益求精的态度，严谨细致地排查每一个可能因素，不放过任何细节。如实告知患者问题产生的原因、解决方案及预期效果，做到诚实守信。

【知识链接】

患者戴入可摘局部义齿后，可能会出现的问题包括疼痛、固位不良、义齿咀嚼功能差、义齿摘戴困难、食物嵌塞、发音障碍、人工牙咬颊黏膜、咬舌、恶心和唾液增多、咀嚼肌和颞下颌关节不适、美观问题等问题。

一、疼痛

疼痛的原因及处理方法见表 10-1。

表 10-1　疼痛的原因及处理方法

问题	原因	处理方法
基牙疼痛	咬合过高：由于义齿部件咬合早接触，过大的㓨力传至基牙，导致基牙负担过重，引起基牙疼痛	调咬合：可通过调㓨，减轻基牙负担，必要时也可将对颌牙的牙尖稍加磨改

续　表

问题	原因		处理方法
基牙疼痛	卡环过紧或人工牙与基牙接触过紧：对基牙产生持续性推力引起基牙胀痛		如卡环过紧，用技工钳将卡环稍稍调松 如卡环体过紧，可稍加调磨或稍磨对应的牙釉质 如人工牙与基牙接触过紧，可磨改人工牙
	牙本质过敏	牙体预备时引起	牙本质脱敏治疗
		卡环等义齿部件与基牙过敏区产生摩擦引起	采用牙颈部脱敏治疗，并调节卡环臂位置，使其避开过敏区
软组织疼痛	长期戴用义齿使基牙发生牙体、牙髓、牙周病变		查明原因并进行相应治疗以消除患者基牙的疼痛
	基托边缘过长、过锐		磨短基托边缘，并使其圆钝光滑
	进入倒凹区擦伤黏膜		对进入倒凹区的基托进行缓冲处理
	牙槽嵴上有骨尖和骨性隆起对软组织造成压迫		在牙槽嵴上有骨尖和骨性隆起相对应的基托树脂处进行缓冲处理
	基托组织面有粒状突起		磨除基托组织面的粒状突起
	咬合压力大和支持作用差，造成基托过度压迫黏膜		应作适当修改，可扩大基托组织的支持面积，增加固位体数量，调整咬合，消除𬌗干扰，减轻牙槽嵴的负担
	基托面积过小，咬合压力较集中		
	牙槽嵴较窄，黏膜较薄，组织耐受力低，致使基托摩擦软组织而引起较大面积黏膜压痛及黏膜肿胀		
	咬合时义齿有较大的翘动或摆动		
	卡环臂过低刺激牙龈，舌侧卡环臂过高或过于突出而刺激舌缘引起疼痛		应调整卡环臂的位置或改变卡环设计

二、固位不良

微课：固位不良的原因及处理方法

固位不良的原因及处理方法见表 10-2。

表 10-2　固位不良的原因及处理方法

问题	原因		处理方法
卡环问题	卡环不密合	未合理利用倒凹，导致不能充分发挥卡环的卡抱作用	调整卡环，改善固位
		基牙固位形差	增加基牙或另行设计固位力强的固位体

续　表

问题	原因		处理方法
卡环问题	卡环数量和分布不当		对于双侧设计的可摘局部义齿，固位体的数目不能少于3个
			单侧活动义齿修复体固位体的数目也不能少于2个
			在选择基牙时应尽量使基牙分散，加强各基牙之间的相互制约作用
			改善义齿的设计形式和加强抗转动、移位的措施
	卡环弹跳	卡环臂尖未进入基牙倒凹区，咬合时基托与黏膜密合，开口时卡环的弹力使基托又离开黏膜	调整卡环位置，使其进入倒凹区，如难以调整者需要重新制作卡环甚至整个义齿
		卡环的卡环臂尖抵在邻牙上，引起义齿弹跳而脱位	磨短卡环臂尖
基托问题	基托不密合		衬垫
	基托面积过小		增大基托面积
	基托边缘伸展过长		将基托边缘磨短，使基托绕开各系带处
存在支点	义齿某个区域或部件与基牙、牙槽嵴之间存在支点，使义齿发生翘动，造成不稳定，如𬌗支托、间隙卡环的体部与基牙有早接触点		消除支点
	上颌硬区基托缓冲不够		缓冲硬区
	人工牙排列过于偏向唇（颊）或舌（腭）侧，都可使义齿出现翘动		调整人工牙的排列
义齿摆动	由侧向力引起，主要发生在义齿游离端		牙弓的对侧或牙弓的前端安放间接固位体，对抗侧向力所致的摆动
基牙固位形差	牙冠短小、畸形牙等		通过改变卡环类型、改变义齿就位方向、增加卡环数目来弥补固位不足

三、义齿咀嚼功能差

1. 人工牙𬌗面过低、过小或牙尖斜度不够，均可导致义齿咀嚼功能的降低，应通过加大牙尖斜度或加深窝沟、加大𬌗面、增加食物排溢道等方法来提高咀嚼功能。

2. 人工牙与对颌牙接触面积小或人工牙咬合高，造成天然牙接触不良，需调整人工牙咬合状态，加大后牙𬌗面接触面积来提高咀嚼效能。

3. 恢复的垂直距离过低，因肌张力不足而影响咀嚼功能，需重新建立𬌗关系，加高垂直距离。

4. 基牙少或牙周情况差，应增加基牙数量，增强义齿的支持力，提高咀嚼功能。

5. 牙槽嵴低平，牙槽嵴黏膜薄，承受负荷能力差，使义齿的咀嚼功能受限，应加大基托的覆盖面积。

微课：卡环不能就位的处理

四、义齿摘戴困难

（一）卡环不能就位

卡环不能就位的原因及处理方法见表 10-3。

表 10-3　卡环不能就位的原因及处理方法

问题	原因	处理方法
卡环臂就位困难	模型上基牙卡环臂的位置由于变形或者受到磨损导致卡环臂过紧	对于弯制卡环可以稍稍调改放松 铸造卡环可将组织面部分少量调改，同时在基牙相应部位也可略做调磨 如需调改过多则要重新制作
卡环体就位困难	模型基牙倒凹填塞不够，制作支架时磨损模型，导致卡环体坚硬部分进入倒凹区	对于弯制卡环可以稍稍调改放松 铸造卡环可将组织面部分少量调改，同时在基牙相应部位也可略做调磨 卡环体部无法调磨者，须重新制作义齿或卡环
	卡环体区域与基牙邻面倒凹接触区有多余的基托树脂阻挡义齿就位	将多余的树脂磨除
隙卡就位困难	制作间隙卡时磨损模型	轻者可以磨改基牙与卡环间隙处的牙体组织 重者需要重新制作义齿

（二）殆支托移位

制作过程中模型受损，或装盒、充填树脂时殆支托发生移位，都可能造成义齿不能就位，原则上必须重新制作。若轻微移位，可通过磨改少许殆支托来解决。

（三）义齿非弹性部分进入倒凹区

人工牙和基托进入软、硬组织倒凹区，如果凸起部分明显，可以直接进行磨除。若阻挡部位不明显，可采用红蓝咬合纸进行检查，将义齿进行试戴，然后摘下义齿，仔细检查咬合纸留下的着色点，对这些着色点进行磨除即可磨去进入倒凹区的树脂基托，每次的磨除量不宜过多，以免使义齿与基牙间形成间隙，造成食物嵌塞。经如此反复试戴和调改，直到完全就位。

（四）义齿变形

导致义齿变形的原因：印模和模型不准，装盒和充填树脂时支架移位，开盒和磨光时支架和基托变形等。

若是义齿局部的小变形，可以尝试修改纠正，如修改支架、基托衬垫等。若义齿变形较严重，则必须取模重新制作义齿。

（五）铸造支架式义齿不能就位

1. 支架变形

（1）琼脂印模材料质量不好，含水量高，强度和韧性差，在翻制模型过程中失水过多，造成阴模收缩变形。

（2）高温包埋材料的热膨胀系数不够，不能补偿铸造后金属的收缩导致支架变形。

（3）脱模铸造过程中，未能控制蜡型的变形因素。

（4）铸道设置不合理，铸件未避开热中心区，导致支架各部分收缩不均匀。

（5）模型有缺损，特别是𬌗支托凹、牙冠轴面外形等部位有缺损。

（6）开盒去除包埋石膏时，用力过大或方向不当也会导致义齿变形。

（7）打磨过程中支架被磨损，甚至被甩出均会造成变形。

2. 设计不当 铸造支架式义齿不能就位可能是模型设计时共同就位道选择不当，或者不利的倒凹填补不够，致使卡环体、连接体进入倒凹区。

支架变形的义齿必须重新取模、重新制作。义齿试戴时应按义齿设计的就位道方向试戴，轻轻施加压力，观察能否顺利就位，如有阻力，应分析原因进行修改。若确认支架变形，则必须重新制作。

五、食物嵌塞

戴义齿后出现食物嵌塞和滞留，主要是由基托、卡环及金属连接杆与基牙、黏膜组织不密合引起的，或因义齿松脱、翘动而造成。可用局部衬垫或修理的方法来改善。需嘱患者加强口腔卫生保健和义齿的清洗，防止天然牙发生龋病和牙周病。

六、发音障碍

发音障碍的原因及处理方法见表10-4。

表10-4 发音障碍的原因及处理方法

问题	原因	处理方法
发音障碍	戴义齿后由于口腔空间变小、舌运动受限、暂时不习惯	坚持使用一段时间后即可改善
	基托过厚、过大	修改基托
	人工牙排列偏于舌侧	重新排列人工牙

七、人工牙咬颊黏膜、咬舌

人工牙咬颊黏膜、咬舌可能是多种原因造成的，针对不同的原因应当采用不同的处理方法。若为人工牙过于偏向颊侧或舌侧所致，可适当磨改人工牙的颊面或舌面，必要时应重新排列人工牙；若为𬌗平面过低所致，可适当升高下颌平面；若因长期缺牙，颊部软组织向内凹陷或变肥厚、舌体肥大所致，可加厚颊侧基托，撑开颊部组织；若为天然牙牙尖过锐所致，可调磨过锐的牙尖。

八、恶心和唾液增多

恶心和唾液增多的原因及处理方法见表 10-5。

表 10-5 恶心和唾液增多的原因及处理方法

问题	原因	处理方法
恶心	基托后缘伸展过多	适当磨短基托后缘
	基托后缘过厚	适当磨薄基托后缘
	基托后缘与黏膜不贴合	先制作后堤区，再进行重衬，使基托密合，加强封闭作用
唾液增多	初戴义齿不适应	坚持戴用义齿，可逐渐适应

九、咀嚼肌和颞下颌关节不适

垂直距离恢复过高，导致咀嚼肌肌张力和颞下颌关节发生改变，患者常感到肌疲劳和酸痛、张口受限等颞下颌关节病症状，可通过降低垂直距离来解决。

十、美观问题

有的患者提出戴义齿后唇部过突或过凹陷，牙的大小、颜色不满意，影响美观。对合理的要求，可尽量修改，必要时重做。但对不切实际的过分要求，则应耐心地向患者解释。

【任务评价】

详见表 10-6。

表 10-6　可摘局部义齿戴入后常见问题及处理任务评价

主要测评项目		评价标准	分值 / 分	得分
专业知识掌握程度（50 分）	义齿戴入后的问题（20 分）	详细且准确地列出义齿戴入后的问题	16 ~ 20	
		能列出部分义齿戴入后的问题	8 ~ 15	
		只能模糊说出一些义齿戴入后的问题	4 ~ 7	
		完全不记得义齿戴入后的问题	0 ~ 3	
	义齿戴入后问题的处理（30 分）	能根据义齿戴入后问题的提出处理方法	22 ~ 30	
		能大致列出义齿戴入后问题的处理	14 ~ 21	
		义齿戴入后问题的处理方法不够准确	6 ~ 13	
		无法正确处理义齿戴入后问题	0 ~ 6	
应用能力（30 分）	案例分析（20 分）	能准确运用所学知识分析案例中出现的问题，并提出处理建议	16 ~ 20	
		能分析部分问题，但不够全面	8 ~ 15	
		分析有较大偏差	4 ~ 7	
		无法进行案例分析	0 ~ 3	
	实际场景模拟（10 分）	能在模拟场景中正确判断义齿戴入后出现问题的原因并作出处理	8 ~ 10	
		判断或处理方法有一定问题	4 ~ 7	
		判断或处理方法完全错误	0 ~ 3	
素质能力（20 分）	专业素养（5 分）	对义齿戴入后的问题及处理的学习表现出积极的态度和专业精神	1 ~ 5	
	团队合作（5 分）	在小组学习或讨论中，积极参与，与他人合作良好	1 ~ 5	
	责任心（5 分）	对学习任务认真负责，确保学习质量	1 ~ 5	
	创新能力（5 分）	针对义齿戴入后出现的问题能够提出新颖的处理意见	1 ~ 5	
学生自我评价与反思				
小组评价				
教师评价				
总评成绩				

▶任务拓展

可摘局部义齿的清洁和保养

一、清洁

1. 使用清水冲洗清洁义齿。每天取下义齿后，要用清水冲洗，去除表面的食物残渣。但要注意不能用热水，因为热水会使义齿变形，一般用常温水即可。

2. 使用软毛牙刷和牙膏来清洁义齿。按照刷牙的方式轻轻刷洗义齿的各个面，包括组织面、咬合面和磨光面，就像清洁真牙一样仔细。

3. 使用专门的义齿清洁剂清洁义齿。将义齿浸泡在清洁剂溶液中，能更有效地去除污渍和细菌。不过在浸泡后，需要用清水彻底冲洗干净，避免清洁剂残留。

二、保养

1. 不佩戴义齿时，应将其存放在清水中，防止义齿干燥变形。如果长时间不戴，也可以浸泡在专用的义齿保存液中，以更好地维持义齿的性能。

2. 避免义齿受到外力撞击，放置时要注意轻拿轻放。因为义齿受到撞击后可能会损坏，如基托折断、人工牙脱落等。

3. 定期（一般建议每年至少一次）让口腔医生检查义齿，查看义齿是否有损坏、变形，以及咬合关系是否正常等情况。

任务二　可摘局部义齿的修理

任务案例

【案例】

患者，男，70 岁。因上颌双侧 45 缺失，行可摘局部义齿修复 2 年，因义齿不慎摔落，导致义齿损坏，检查发现左上颌 5 脱落。

【问题】

1. 检查义齿左上颌 5 脱落情况，制订最适宜的修理方案。

2. 如何通过专业、耐心、负责的态度，解决义齿修理的技术问题，同时给予患者心理上的安抚？

【任务分析】

面对患者出现的问题，要秉持敬业的态度，对义齿损坏情况进行全面、细致的检查，不放过任何潜在问题，用温和的语言和积极的行动安抚患者情绪，如实告知义齿损坏情况、修理难度、所需时间及费用等信息，并给出合理的修理方案，让患者重新拥有舒适、好用的义齿。

【知识链接】

可摘局部义齿在戴用一段时间后，由于牙槽嵴情况和牙周组织的变化、患者的使用不当、义齿设计制作缺陷等原因，导致患者因基托、卡环、𬌗支托折断，人工牙折断或脱落，义齿基托黏膜组织不密合等前来复诊。如义齿修理后能符合口腔修复治疗要求的，可进行修理后继续使用。若多次折断、塑料老化、义齿基托翘动及余留牙拔除过多等无法再修理，则需重做义齿。

一、人工牙折断、脱落或增添

（一）原因

1. 排列人工牙时由于间隙不足，对其进行磨改，导致人工牙过薄。
2. 义齿固位不良，受力后折断或脱落。
3. 深覆𬌗，咬合过紧。
4. 充填树脂时人工牙未得到充分的溶胀，分离剂涂在人工牙上或者有蜡残留在人工牙上，人工牙盖嵴部与基托树脂接触区未制作固位沟槽。
5. 使用不当。
6. 义齿取戴不慎落地，摔断、摔落人工牙。
7. 因牙体、牙周疾病等原因造成余留牙缺失，原义齿使用良好，要求在原有义齿上增补人工牙。

（二）修理方法

将残存的塑料牙磨除，在其所在的窝内磨出新塑料面，尽量不破坏唇（颊）侧龈缘，选择合适的塑料人工牙磨改后进行排列，用单体溶胀待粘接的基托和塑料牙盖嵴部，再用自凝树脂将人工牙粘接在义齿上，应注意恢复咬合关系，待塑料硬固后修形、抛光。

二、卡环、𬌗支托及固位体折断

（一）原因

1. 卡环、𬌗支托凹制备的间隙不足，卡环经磨改后过细、过薄或厚薄不均。
2. 弯制卡环时反复调改、弯曲致不锈钢丝受损。
3. 使用不当或暴力摘戴义齿。
4. 材料质量不好或铸造缺陷等。

（二）修理方法

修理时，应先检查支托间隙或卡环间隙，若间隙不够，应重新进行预备，再将义齿残留的𬌗支托或卡环及连接体磨除，并适当扩大，在基托上形成一沟槽，用蜡暂封后将义齿戴入口中取模。而后将印模连同义齿一并取出，灌注石膏，将义齿翻至模型上，重新制作卡环或𬌗支托，把连接体安放在沟槽内，用自凝树脂或热凝树脂修补平。

三、基托折裂、折断

（一）原因

1. 基托过薄或基托内有气泡、连接体位置不当，受力时薄弱点断裂。

2．基托与黏膜不密合，咀嚼时义齿翘动。

3．咬合不平衡，基托与黏膜间形成间隙，义齿翘动。

4．咀嚼时用力不当。

5．使用时不慎将义齿坠地。

（二）修理方法

1．基托折断如无残缺，对接位置准确，可在折裂线处先用烧红的蜡刀在裂缝处正交烫接，再用火柴梗数根，横跨裂缝用蜡固定，使折断义齿成一个整体。然后在基托组织面灌石膏，待其凝固后，在裂缝两侧基托磨光面磨去一层，注意保护石膏模型组织面，并放置加强丝，最后用自凝树脂或热凝树脂加以修接。

2．基托折断伴有较大的缺损而不能对接复位，应将折断的义齿戴入口中，对固位不良者可用自凝树脂在口内暂时粘接固定，取印模灌注模型后口外修理。

四、义齿颌间距离过小

可摘局部义齿在使用过程中，牙槽嵴吸收萎缩或人工牙不断磨耗可导致义齿下沉，使上下颌牙无咬合接触或接触得不紧，致使咀嚼效率降低。如果个别后牙咬合低，可用自凝树脂在口内直接加高恢复正常咬合关系。如果人工牙较多且磨耗严重，则应在𬌗面上咬蜡𬌗记录，利用蜡𬌗记录上𬌗架，在模型上雕刻人工牙外形，或重新选择人工牙排牙。常规装盒，用热凝树脂恢复正常咬合，完成义齿制作。

五、重衬

戴义齿后由于牙槽嵴的不断吸收，可使义齿基托与黏膜之间出现间隙，造成食物嵌塞、滞留、义齿翘动。

（一）直接法重衬

直接法重衬是指对义齿基托不密合区域在口内用自凝树脂重衬。具体如下。

1．重衬之前可用弹性印模材料试衬，观察基托不密合的程度和范围。

2．清洁口腔，将液状石蜡涂布于患者口腔重衬区以保护黏膜。

3．将已洗净、擦干的义齿基托组织面上需重衬的区域均匀磨去一层，使其表面粗糙而清洁，并滴加单体溶胀，将黏丝期自凝树脂均匀涂布于基托组织面需重衬的部位，将义齿戴入口内，让患者自然咬合，检查义齿在口内的位置是否正确。

4．在树脂固化前将义齿从口内取出，置于温水中浸泡或在聚合压力锅中完成聚合，最后修改并磨光边缘。

（二）间接法重衬

适用于义齿重衬的范围较大或不能接受自凝树脂对黏膜刺激的患者。具体如下。

1．清洁义齿并擦干，将基托边缘及组织面均匀地磨除一层。

2．调拌少量流动性好的印模材料，放入义齿组织面，在口内戴入并嘱患者做牙尖交错咬合，指导患者做肌功能修整。在放置印模材料时不能过多过稠，以免影响咬合垂直距离和正中关系。

3．凝固后取出义齿及印模材料，去除基托周缘多余的印模材料。

4．将义齿组织面向上装入下层型盒，暴露组织面和边缘的印模材料。

5．装上层型盒，待石膏硬固后开盒，去除印模材料，调拌自凝树脂，将黏丝期的自凝树脂充填入型盒，加压，待其聚合固化后取出义齿，打磨和抛光。

（三）自凝软衬材料的重衬

自凝软衬材料使用便捷、无刺激，质地柔软且富有弹性，与口腔组织贴合度佳，和金属基托也能牢固结合。用于修复义齿组织面不密合时，可发挥弹性缓冲功能。

对牙槽嵴低平、黏膜组织压痛点多、固位不良的病例可作为辅助治疗，起到减轻疼痛，改善固位效果的作用。特别适用于牙槽嵴低平、松软牙槽嵴或刃状牙槽嵴；黏膜组织过薄，倒凹大，压痛点多；颌面缺损组织倒凹大，软性材料部分伸入倒凹区等，其重衬方法同直接重衬法。

【任务评价】

详见表 10-7。

表 10-7　可摘局部义齿的修理任务评价

主要测评项目		评价标准	分值 / 分	得分
专业知识掌握程度（50 分）	人工牙折断、脱落或增添的修理（10 分）	能够准确阐述人工牙折断、脱落或增添的修理方法	8 ~ 10	
		对人工牙折断、脱落或增添的修理方法有一定了解但不够准确	4 ~ 7	
		完全不了解人工牙折断、脱落或增添的修理方法	0 ~ 3	
	卡环、𬌗支托及固位体折断的修理（10 分）	能够准确阐述卡环、𬌗支托及固位体折断的修理方法	8 ~ 10	
		对卡环、𬌗支托及固位体折断的修理方法有一定了解但不够准确	4 ~ 7	
		完全不了解卡环、𬌗支托及固位体折断的修理方法	0 ~ 3	
	基托折裂、折断的修理（10 分）	能够准确阐述基托折裂、折断的修理方法	8 ~ 10	
		对基托折裂、折断的修理方法有一定了解但不够准确	4 ~ 7	
		完全不了解基托折裂、折断的修理方法	0 ~ 3	
	义齿𬌗间距离过小的处理（10 分）	能够准确阐述义齿𬌗间距离过小的处理方法	8 ~ 10	
		对义齿𬌗间距离过小的处理方法有一定了解但不够准确	4 ~ 7	
		完全不了解义齿𬌗间距离过小的处理方法	0 ~ 3	
	重衬（10 分）	能够准确阐述重衬的方法	8 ~ 10	
		对重衬的方法有一定了解但不够准确	4 ~ 7	
		完全不了解重衬的方法	0 ~ 3	

续　表

主要测评项目		评价标准	分值 / 分	得分
应用能力（30 分）	案例分析（20 分）	能准确运用所学知识分析人工牙脱落的原因，并提出修理建议	16 ~ 20	
		能分析部分问题，但不够全面	8 ~ 15	
		分析有较大偏差	4 ~ 7	
		无法进行案例分析	0 ~ 3	
	实际场景模拟（10 分）	能在模拟场景中正确分析义齿出现的问题并给出合理的处理意见	8 ~ 10	
		分析义齿出现的问题不全面	4 ~ 7	
		完全错误	0 ~ 3	
素质能力（20 分）	专业素养（5 分）	对学习可摘局部义齿修理过程中表现出积极的态度和专业精神	1 ~ 5	
	团队合作（5 分）	在小组学习或讨论中，积极参与，与他人合作良好	1 ~ 5	
	责任心（5 分）	对学习任务认真负责，确保学习质量	1 ~ 5	
	创新能力（5 分）	能够提出新颖的可摘局部义齿的修理方法	1 ~ 5	
学生自我评价与反思				
小组评价				
教师评价				
总评成绩				

▶任务拓展

义齿基托树脂材料

聚甲基丙烯酸甲酯树脂材料，简称“丙烯酸树脂”（PMMA），自 1937 年应用于临床以来，经过不断改良，广泛应用于全口义齿及可摘局部义齿基托的制作。此材料的机械性能并不理想，目前临床应用的多为其改性产品，应用于义齿修理、重衬、软衬。

1. 热凝义齿基托树脂　由粉剂和液剂两部分组成。牙托粉主要成分为甲基丙烯酸甲酯的均聚粉或共聚粉，是决定基托性能的主要因素。牙托粉中还含有少量引发剂过氧化苯甲酰（BPO），在加热的条件下引发聚合反应发生。另外还含有颜料及红色细纤维模拟牙龈的颜色和外观。牙托水主要成分是甲基丙烯酸甲酯单体，易挥发，易燃，应注意保存。牙托水中含有少量交联剂可以提高材料的机械性能。

2. 自凝义齿基托树脂　由粉剂（自凝牙托粉）和液剂（自凝牙托水）组成。在室温下通过氧化还原体系引发聚合反应的发生。基本成分与热凝树脂基本相同，各组分比例有所差别。在自凝牙托水中添加少量促进剂，可以在室温条件下促进过氧化苯甲酰分解引发聚合反应的发生。常用的促进剂为有机叔胺或对甲苯亚磺酸盐。

3. 义齿软衬材料　是一类应用于义齿基托组织面具有一定弹性的义齿衬垫材料。目前市售的弹性义齿衬垫材料主要有丙烯酸酯类和硅橡胶两类。

（1）丙烯酸酯类：丙烯酸酯类软衬材料与基托树脂属同类聚合物，在粘接界面容易形成互溶，因此能与 PMMA 基托较良好地结合。丙烯酸酯类软衬材料固化后的初始硬度与粉、液比有关，在一定范围内，提高粉液比，硬度就会增加，降低粉液比，硬度随之下降。

（2）硅橡胶：硅橡胶义齿软衬材料的强度、耐老化性能较好，但它与基托塑料的粘接性较差，需要用专门的粘接剂或底涂剂，而且表面不易打磨抛光，容易附着细菌，特别是霉菌。

考试知识点总结

项目小结

协和云课堂……　拓展练习及参考答案

（毕云艳）

教学课件

项目十一　覆盖义齿工艺技术

任务目标

素质目标

（1）具有求真务实的科学精神，严格遵循覆盖义齿制作的行业规范与操作标准，确保制作流程精准规范，保障成品质量稳定可靠。

（2）树立患者至上的服务理念，通过科学设计与精湛工艺延长覆盖义齿使用寿命，减少患者复诊频次，切实提供优质长效的修复服务，强化职业责任感与使命感。

知识目标

（1）掌握覆盖义齿的基本概念、覆盖义齿基牙的生理基础。

（2）熟悉覆盖义齿的适应证和禁忌证。

（3）了解覆盖义齿制作工艺流程。

能力目标

（1）能够熟练进行覆盖义齿的口腔检查与评估，并制订合理的治疗计划。

（2）能够根据患者的口腔情况和需求，进行覆盖义齿的人工牙选择与排列。

（3）能够对覆盖义齿进行初戴调整。

覆盖义齿工艺技术以其独特的优势与应用价值，成为改善众多患者口腔功能与生活质量的重要手段。覆盖义齿能够保留并有效利用残根、残冠和松动牙，既避免患者遭受拔牙的痛苦，又能阻止或减缓牙槽骨的吸收，还能增强义齿的固位、稳定和支持。所以覆盖义齿是一种较为理想的修复方式。

任务一　覆盖义齿基本知识

任务案例

【案例】

患者，男，65 岁。因上颌双侧 567 缺失，影响咀嚼功能和口腔健康，前来就诊寻求修复方案。口腔检查发现：上颌余留牙中，双侧4松动Ⅰ度，双侧6均为残根（已行根管治疗），其余牙齿有不同程度的磨耗。

【问题】

1．基于患者复杂的口腔状况，覆盖义齿是否为最适宜的修复方案？

2．选用覆盖义齿对该患者有什么好处？

【任务分析】

对患者复杂的口腔状况，进行精准的判断和科学的分析，确定覆盖义齿为最佳修复方案。凭借扎实的专业知识和精湛的技术，从患者角度出发，利用余留牙设计出优质覆盖义齿，恢复其生活质量。

【知识链接】

覆盖义齿（overdenture）又称上盖义齿，是指义齿的基托覆盖并支持在天然牙或已经过完善治疗的牙根或种植体上，并由他们支持的可摘局部义齿或全口义齿。被覆盖的牙或牙根称为覆盖基牙（图11-1）。

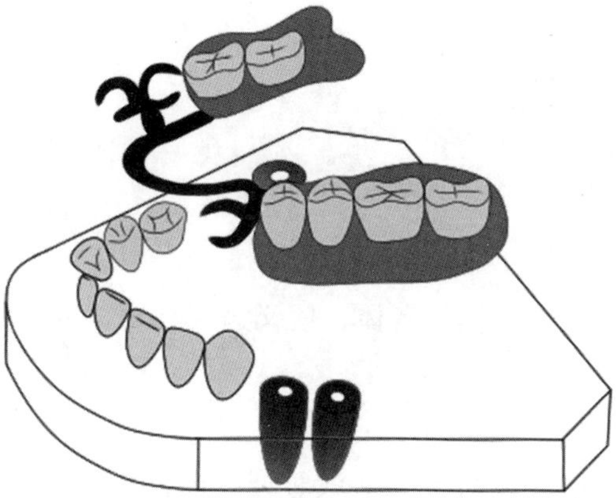

图11-1　覆盖义齿

一、覆盖义齿的分类

（一）根据基牙的功能分类

1．简单覆盖义齿　基牙通常经过根管治疗后，将牙冠截断至齐龈或龈上一定距离，然后对其进行简单的磨改，使其能够为覆盖义齿提供稳定的支持。适用于基牙牙周条件相对较好，但是牙冠部分存在一定损坏或者磨耗，同时对义齿的支持要求较高的患者。

2．根帽式覆盖义齿　基牙经过完善的根管治疗，截冠处理后，在其外表制作一保护的金属根帽，然后在其上制作覆盖义齿，这种覆盖义齿称为金属根帽式覆盖义齿。这种覆盖义齿的基牙不仅仅能起到支持作用，也能保持根周牙槽骨的高度。

3. 套筒冠式覆盖义齿 基牙外表制作有垂直外壁或有一定聚合度外壁的金属内冠，义齿基托组织面安放与内冠高度吻合的金属外冠，靠内外冠之间的摩擦力产生固位的覆盖义齿称为套筒冠式覆盖义齿。这种覆盖义齿的基牙不仅有支持作用，而且有稳定和固位作用。

4. 附着体式覆盖义齿 其通过在基牙上安装附着体来实现。附着体是一种精密的机械装置，包括阳性和阴性两部分，分别安装在基牙和义齿上。当义齿就位时，附着体的两部分紧密结合，大大增强了义齿的固位力。

（二）依据制作的时机分类

1. 即刻覆盖义齿 在患者天然牙拔除后，立刻在拔牙创上放置义齿。这种方式能让患者拔牙后较快地恢复美观和部分功能，减少缺牙期的痛苦，但对医生的临床经验和操作技术要求较高。适用于那些对美观和功能要求较高，不能接受缺牙期过长的患者。

2. 过渡性覆盖义齿 这是一种短期使用的覆盖义齿，在一定时期内维持口腔功能和口腔组织形态。适用于需要观察口腔变化或者等待合适时机进行进一步治疗的患者。

3. 永久性覆盖义齿 经过精细的设计和制作，长期为患者提供口腔功能修复和美观改善的覆盖义齿。它是在患者口腔情况稳定后制作，以达到持久使用的目的。此义齿长期稳定性好、功能恢复效果好。通过精确的设计，能够提供长期稳定的固位和支持，保证义齿在口腔内长期正常使用。适用于口腔内余留牙经过治疗后已经稳定，或者经过评估确定适合长期使用覆盖义齿进行修复的患者。

二、覆盖义齿的优缺点

（一）优点

1. 固位稳定好 基牙上可安装各类附着体，使义齿在稳定、固位与支持方面优于常规可摘局部义齿或全口义齿。

2. 减缓牙槽嵴吸收

（1）保留牙根与牙周膜，也就保留了本体感受器，能区别咬合力大小和方向，判断食物性状，让口腔支持组织免受或减轻咬合创伤，防止或减缓牙槽骨吸收。

（2）保留天然牙或牙根，可防止或减轻远中游离鞍基下沉，减小主要基牙扭力，减轻软组织和牙槽骨压力，进而减缓骨组织吸收。

3. 保护基牙 对覆盖基牙采用截冠术调整冠根比例，可减小或免除基牙的侧向力与扭力，避免牙周膜创伤，改善甚至消除基牙松动，延长基牙保存时间。

4. 减轻患者痛苦

（1）覆盖义齿修复尽可能地保留患者口腔内的余留牙，免除了患者拔牙的痛苦和等待伤口愈合的时间。

（2）上颌义齿基托，尤其是在使用附着体等固位装置后，可以大大减小基托面积，使患者更为舒适。

5. 适用范围广泛　腭裂、先天牙缺失、牙釉质发育不全、重度磨损等患者，无须拔牙，用覆盖义齿修复，方法简便，能满足功能和美观需求，患者易接受。

6. 义齿易于修理

（1）患者戴用覆盖义齿时神经反射方式改变不明显，为后续制作全口义齿的正确颌位记录奠定基础。

（2）覆盖基牙因特定原因需拔除，仅需对拔牙区进行衬垫术，即可将其转变为常规义齿，无须重新制作。

（二）缺点

1. 覆盖基牙易患龋病　义齿覆盖在基牙上，基牙被覆盖部分失去了口腔自洁作用，食物残渣等容易堆积，增加了患龋风险。龋病多发生在无覆盖的冠面或根面上，或金属顶盖边缘与牙根面交界处，尤以根管口充填物与周围牙本质交界处为好发部位。

2. 基牙周围易患牙龈炎及牙周炎　与易患龋病原因相似，覆盖基牙的牙炎症也是由缺乏口腔的自洁作用、义齿的边缘压迫或者不贴合等情况导致的，这些情况可能会刺激牙龈，而且口腔卫生维护不好也会影响基牙牙周健康。

3. 制作过程较为复杂　如覆盖基牙进行充填或根管治疗并在其上制作金属顶盖或安放附着体，则需花费较多的时间和费用。

三、覆盖义齿的适应证和禁忌证

（一）适应证

覆盖义齿除适用于常规可摘局部义齿适应证的患者外，还适用于以下患者。

1. 口腔内余留牙少，但还有少数牙或残根有保留价值的患者：这些保留的牙齿或牙根可以经过治疗后作为覆盖基牙，为义齿提供支持、固位和稳定作用。

2. 需要增加义齿固位的患者：对于牙槽嵴吸收严重，常规义齿修复固位差的患者，使用覆盖义齿，通过基牙来辅助固位，可以更好地恢复口腔功能。

3. 年龄较大、身体状况欠佳，难以承受复杂的拔牙及种植手术的患者：可以保留天然牙或牙根，采用覆盖义齿修复，减少手术风险。

（二）禁忌证

1. 牙体、牙髓或牙周疾病严重且无法治愈的牙齿不能作为基牙。
2. 口腔卫生差，并且患者不能有效保持口腔清洁。
3. 患有全身性疾病，如严重的未控制的糖尿病。
4. 精神病患者或生活不能自理者。

四、覆盖义齿修复的生物学基础

牙槽骨的形态及大小对义齿固位稳定和支持起着重要作用，其健康状况直接关系到义齿的修复效果。因此，对牙槽骨的保护得到广泛重视。覆盖义齿与常规义齿的根本区别在于覆盖义齿基托下方除覆盖黏膜外，还包含天然牙、经治疗的牙根或种植体，这一特点能有效保存牙槽骨，不仅增加了义齿的稳定性，也提高了患者口腔的生理辨别能力。

（一）牙根、牙周膜与本体感受器

牙周膜是参与咀嚼活动的重要组织器官之一，牙周膜内有丰富的本体感受器（也称压力感受器），能接受机械刺激，形成感觉冲动，传入神经中枢，再反馈至牙周膜（图 11-2），依此来辨别食物的大小、形状、硬度，从而调节𬌗力大小。保留了牙根也就保留了牙周膜及本体感受器的功能，避免𬌗力过大损伤覆盖基牙及其牙周组织，使覆盖义齿能够更好地发挥咀嚼功能。

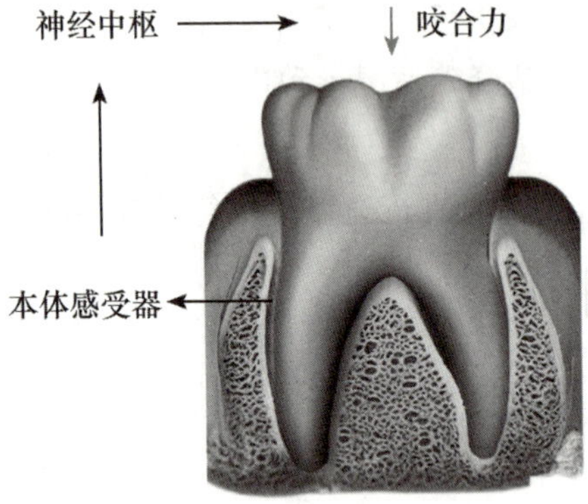

图 11-2　本体感受器与𬌗力的调节反馈

（二）牙槽骨的吸收与保存

1. 牙与牙槽骨相互依存　牙槽骨为牙齿提供支持和固定作用，而牙齿在行使功能过程中会给牙槽骨传递功能性刺激。这种刺激能维持牙槽骨的正常生理代谢，使其保持健康状态。一旦牙齿缺失，牙槽骨失去了正常的𬌗力刺激，就会出现失用性萎缩，导致牙槽骨的高度、宽度等变得低平。因此保存天然牙或牙根对牙槽骨有重要意义。

2. 戴用覆盖义齿与牙槽骨吸收　牙弓内保留有覆盖基牙，义齿戴入行使功能时受到的𬌗力，通过基牙的牙周膜纤维传递给牙周支持组织，对牙槽骨产生生理性功能刺激，大小适宜的𬌗力刺激，可促进牙槽骨和牙根的保健，同时覆盖基牙牙周膜纤维有一定的缓冲能力，减缓了𬌗力对牙槽骨的不良刺激作用，保护了牙槽骨的健康，并延缓其吸收。

一方面，因牙周膜的纤维具有极好的黏弹性，减缓了𬌗力对牙槽嵴的作用，保护了牙槽骨的健康，延缓其吸收；另一方面，覆盖义齿修复时，常需降低覆盖基牙临床牙冠的高度，即减小了冠根比例，缩短了杠杆臂，义齿在行使功能时，减轻基牙对牙槽骨的侧向力，从而减轻了牙槽骨的吸收。

3. 覆盖基牙冠根比例与牙槽骨吸收　冠根比例是指牙冠与牙根的长度之比，通常是指临床冠根比例，最理想的冠根比例为 1 ： 2。随着牙周组织的增龄性变化或牙周炎症等，常造成牙周组织退缩，导致临床牙冠增长，其旋转中心逐渐向根尖方向移动，杠杆臂的动力臂（牙冠至旋转中心的距离）逐渐加大，承受㴝力时其水平分力绕旋转中心作用于牙槽骨边缘，可加速牙槽骨的进一步吸收。临床牙冠变长，旋转中心进一步下移，形成恶性循环。覆盖义齿修复时，常需降低覆盖基牙临床牙冠的高度，即减小冠根比例，缩短杠杆臂，义齿在行使功能时，减轻基牙对牙槽骨的侧向力，从而减轻了牙槽骨的吸收。

【任务评价】

详见表 11-1。

表 11-1　覆盖义齿基本知识任务评价

主要测评项目		评价标准	分值 / 分	得分
专业知识掌握程度（50 分）	覆盖义齿的定义（10 分）	能够准确阐述覆盖义齿的概念	8 ～ 10	
		对概念有一定了解但不够准确	4 ～ 7	
		完全不了解覆盖义齿的概念	0 ～ 3	
	覆盖义齿的分类（20 分）	详细且准确地列出各类覆盖义齿并说明特点	16 ～ 20	
		能列出部分覆盖义齿分类及特点	8 ～ 15	
		只能模糊说出一些覆盖义齿分类名称	4 ～ 7	
		完全不记得覆盖义齿的分类及特点	0 ～ 3	
	覆盖义齿的优缺点（20 分）	能准确说出覆盖义齿的优缺点	16 ～ 20	
		能大致了解覆盖义齿优缺点但理由不充分	8 ～ 15	
		对覆盖义齿的优缺点有一定偏差且理由不清晰	4 ～ 7	
		无法正确描述覆盖义齿的优缺点	0 ～ 3	
应用能力（30 分）	案例分析（20 分）	能准确运用所学知识分析案例中的覆盖义齿的选择是否合理，并提出改进建议	16 ～ 20	
		能分析部分问题，但不够全面	8 ～ 15	
		分析有较大偏差	4 ～ 7	
		无法进行案例分析	0 ～ 3	
	实际场景模拟（10 分）	能在模拟场景中正确选择和使用覆盖义齿	8 ～ 10	
		选择和使用有一定问题	4 ～ 7	
		完全错误	0 ～ 3	
素质能力（20 分）	专业素养（5 分）	对可摘局部义齿覆盖义齿的学习表现出积极的态度和专业精神	1 ～ 5	
	团队合作（5 分）	在小组学习或讨论中，积极参与，与他人合作良好	1 ～ 5	
	责任心（5 分）	对学习任务认真负责，确保学习质量	1 ～ 5	
	创新能力（5 分）	能够提出新颖的可摘局部义齿覆盖义齿的应用思路或改进方法	1 ～ 5	

续 表

主要测评项目	评价标准	分值 / 分	得分
学生自我评价与反思			
小组评价			
教师评价			
总评成绩			

▶**任务拓展**

LOCATOR 种植覆盖义齿

LOCATOR 种植覆盖义齿是一种先进的口腔修复技术，通过种植体和附着体的组合连接，为患者提供稳定且可自行摘戴的义齿修复方案。

种植牙修复的目的是增加固位和提高咀嚼功能，而种植体支持的修复类型有固定的和活动的，又称种植覆盖义齿。固定的虽然更稳固，但是像高龄患者，对剩余牙槽嵴骨量、上下颌骨位置关系、全身情况及经济条件的要求都较高，如果片面追求固定修复，则需要做软硬组织增量手术，对于这种情况 LOCATOR 基台目前是比较好的选择。

LOCATOR 基台主要优势：

1. LOCATOR 基台制作简单，对技工和医师的要求相对宽松，即使种植体种植就位道有相对角度，也可通过基台矫正，技工制作同普通覆盖义齿基本相同。

2. LOCATOR 附着体具有自我匹配和双重固位的特点，拓宽了咬合垂直距离短的适应证，可以补偿种植体之间角度偏差，成为目前理想的全口义齿修复方法之一。

3. LOCATOR 附着固位系统自对准特性，可轻松实现义齿的定位；节省修复空间，同时可大大降低义齿的基托折断发生；同时 LOCATOR 附着辅助固位系统可以做到密封性好，稳定性强，极少食物嵌塞，对种植后护理种植体的要求相对较低。

任务二　覆盖义齿制作工艺技术

任务案例

【案例】

患者，男，65 岁。因上颌双侧 567 缺失，影响咀嚼功能和口腔健康，前来就诊寻求修复方案。口腔检查：上颌余留牙中，双侧 4 松动 I 度，双侧 6 均为残根（已行根管治疗），其余牙齿有不同程度的磨耗。

【问题】

1. 针对该患者余留牙的复杂状况，怎样运用制作工艺技术，让覆盖义齿与余留牙精准适配、确保稳固性？

2. 如何在制作过程中，利用特殊工艺保护双侧已松动的 4，避免其进一步损伤？

【任务分析】

依据患者牙齿的具体状况，进行科学、严谨的设计与操作。对待双侧 4 松动牙，需精确计算受力点与支撑力分布，确保义齿稳定且不加重牙齿松动。从残根的预备到义齿制作完成，都必须做到精益求精。基于以上分析，探讨覆盖义齿制作工艺技术的各个环节，为患者提供安全、有效、舒适的义齿修复方案。

【知识链接】

一、覆盖基牙的选择

微课：覆盖基牙的选择

（一）基牙选择

覆盖基牙被覆于义齿基托下，对义齿起支持、传递和分散𬌗力的作用，其上还可安放各类附着体以增强义齿的固位力。所以选择覆盖基牙时，应考虑以下因素。

1. 牙周情况　牙周组织状况是基牙选择的主要指标。

（1）牙周软组织情况：要求牙龈无炎症或出血，无牙周袋或牙周袋浅且无溢脓，有正常的牙龈附着。

（2）牙周骨组织情况：牙周骨组织无吸收或吸收不超过根长的 1/2。如果骨吸收超过根长的 1/2 而小于 2/3 时，只要牙周无炎症，牙不松动，也可考虑作为覆盖基牙，但应定期观察。若牙周骨吸收大于根长的 2/3 时，应予以拔除。对于一些系统性疾病患者不能拔牙，为避免拔牙而选择覆盖义齿者覆盖基牙的条件可适当放宽。

（3）牙齿松动度：一般不超过 I 度，若松动超过 I 度，应参考牙周骨组织情况。若牙周情况较差，应进行牙周治疗，待牙周袋深度恢复到合适程度并有足够的附着龈时可选作覆盖基牙。

2. 牙体、牙髓情况　在覆盖义齿制作前，所有牙体牙髓疾病应当经过系统治疗。若牙体有龋坏者应进行充填治疗；若牙髓病变或根尖周感染者，在进行完善的根管治疗后，也可选作覆盖基牙；若根管已钙化，根尖无炎症者，可直接选作覆盖基牙。但对于根尖有炎症，而根管不通或已钙化，临床无法治愈者，不宜选择作覆盖基牙。

3. 覆盖基牙的数目　覆盖基牙的数目较理想的情况是单颌保留 2 ～ 4 颗。对先天性牙缺失、小牙畸形、严重磨耗，以及腭裂、牙槽突裂等口腔畸形患者，可保留较多的牙作为覆盖基牙；对于余留牙较少，固位和支持不理想的情况，可以通过植入种植体加强义齿的固位和支持。对于余留一颗牙或一个牙根，且条件较好，也有保留价值。

4．覆盖基牙的位置 覆盖基牙位置取决于口内余留牙的具体位置与健康状况。理想状态下，牙弓的前后、左右均应分布基牙，且这些基牙需处于𬌗力最大的区域。具体要点如下。

（1）高受力与易吸收区优先：基牙应优先考虑位于牙弓上承受𬌗力较大的区域，以及牙槽骨易吸收的位置，例如尖牙区和磨牙区，这些部位能更好地发挥基牙支持作用，减缓牙槽骨吸收。

（2）远中游离缺失的特殊考量：针对远中游离缺失的情况，在缺牙区的远中保留覆盖基牙，能够有效防止远中游离义齿的基托下沉，避免加速牙槽骨吸收。若磨牙的牙根不完整，可通过半切术保留健康牙根，使其作为覆盖义齿的基牙。

（3）分散分布以获最佳支持：基牙在牙弓两侧分散分布，形成三角形或四边形的支持结构，能达到最佳支持效果。当仅选择两颗基牙时，要特别注意避免它们过于集中，以保证义齿受力均匀。

（4）对颌为天然牙时的选择：若缺牙部位的对颌为天然牙，尤其是下颌多颗后牙缺失，且对颌为完整天然牙列的情况，覆盖基牙通常选择前磨牙，这有助于平衡𬌗力，提升义齿的稳定性与功能性。

二、覆盖基牙的处理

覆盖义齿修复前，必须认真检查和处理基牙，特别要重视覆盖基牙牙体、牙髓和牙周的疾病防治，确保覆盖义齿有良好的修复效果。

（一）正常基牙的处理

除用于先天性口腔畸形患者的高覆盖义齿外，一般覆盖义齿的覆盖基牙均需行截冠处理。因此，必须对截冠后基牙的根面进行特殊的保护，防止龋坏和损伤。临床通常采用以下两种方法。

1．充填法 根据使用材料可分为银汞合金充填和复合树脂充填两种方法。

（1）银汞合金充填法：覆盖基牙根管治疗后，将冠截至与龈缘平齐，以根管口为中心略向下凹，扩大根管口，预备成直径约 2mm、深 2 ～ 3mm 的倒凹形洞形，然后充填银汞合金使表面呈低平弧面。注意银汞合金与覆盖基牙的边缘必须密合，并高度抛光，防止食物残渣滞留和细菌附着导致龋坏（图 11-3）。

（2）复合树脂充填法：根面的预备基本同银汞合金法，不同的是根管口形成无倒凹的箱状洞形，再以复合树脂充填，充填物表面也呈低平弧面，并高度抛光（图 11-4）。

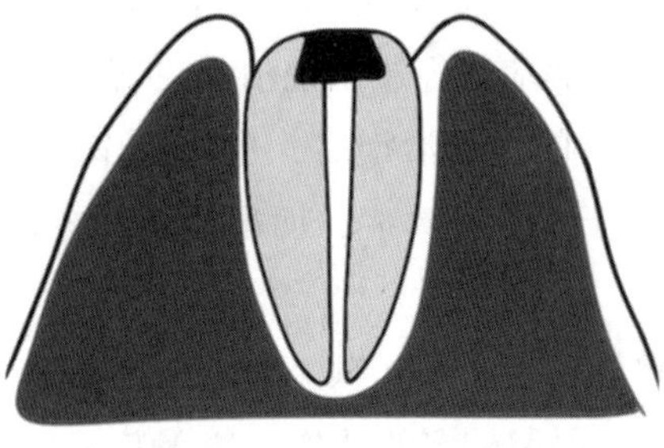

图 11-3　银汞合金充填法

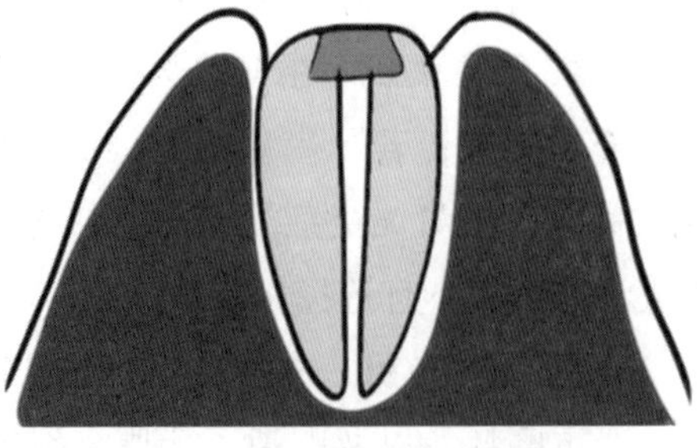

图 11-4　复合树脂充填法

2. 铸造金属顶盖法　将牙冠截至平齐牙龈或略高于牙龈，根面磨改成圆弧形，与牙槽嵴外形一致，将根管预备出直径 1.5 ～ 2.0mm、深 5mm 左右的钉道。用注射型硅橡胶印模材料制取印模，翻制模型，在模型上制作顶盖蜡型（也可以在口腔内直接制作蜡型）。要求蜡型与根面和根管壁完全密合，严密覆盖整个根面，其厚度约 0.5mm。顶盖表面的外形应与牙槽嵴外形一致，呈自然连续状。常规包埋、烘烤焙烧，采用钴铬合金或金合金等常规铸造。顶盖铸造完成后，经过打磨抛光、试戴，最后用粘接剂将其粘固在根面上（图 11-5、图 11-6）。

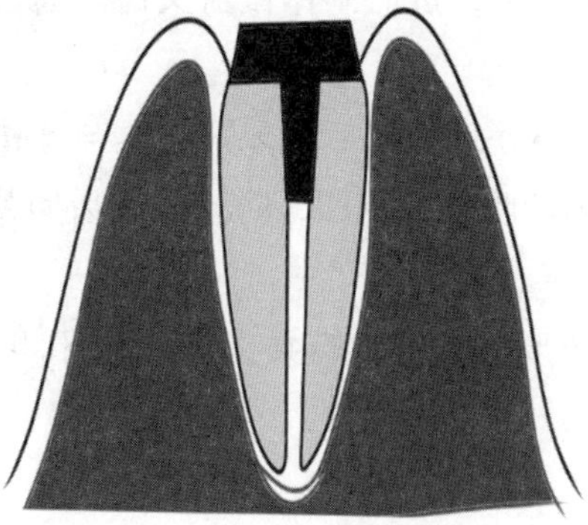

图 11-5　单根牙铸造金属顶盖

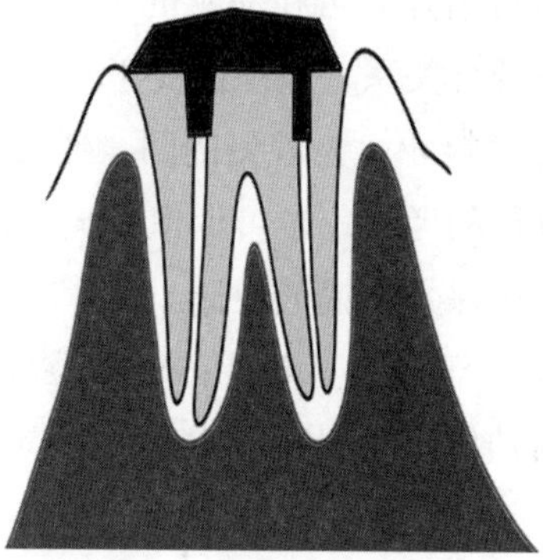

图 11-6　多根牙铸造金属顶盖

（二）特殊基牙的处理

1. 牙体、牙髓病基牙的处理

（1）彻底清除龋坏组织，并做适当的预防性扩展。注意充填或修复方法的选择，以及牙体预备时抗力形和固位形的设计。

（2）需要截冠的基牙必须进行牙髓治疗；牙髓坏死或根尖感染的牙需进行根管治疗。

2. 牙周病基牙的处理

（1）消除病理性牙周袋：根据牙周袋的深浅及病变程度，选择合适的治疗手段。具体如下。

1）可酌情采用牙龈切除术，切除增生、病变的牙龈组织，以消除较浅的牙周袋。

2）针对龈沟内存在的牙石、菌斑等刺激物，实施龈沟内刮治。

3）对于病变较深、范围较广的牙周袋，可进行牙龈翻瓣手术。

（2）彻底截冠：截冠操作必须彻底，一般将牙冠截至于平齐牙龈的位置，以消除侧向力和扭力对基牙的不良影响，有利于基牙的长期稳定。

（3）根管治疗与充填防龋：牙周病患牙在完成完善的根管治疗并截冠后，需使用银汞合金或其他树脂材料进行充填。充填完成后，还需进行药物防龋处理，以防止基牙发生龋坏。

3. 重度磨损基牙的处理

（1）牙髓退变且涉及多颗牙的重度磨损：若牙髓已退变且重度磨损涉及较多牙齿，此时可不进行牙髓相关治疗。只需消除倒凹，磨光点角、线角，之后进行药物防龋处理即可。

（2）垂直距离变短、𬌗间隙充足的重度磨损：通过覆盖义齿来增高咬合，使其恢复到生理性高度；同时，要保证恢复后仍有 2 ～ 3mm 的𬌗间隙，并且确保义齿覆盖区具备一定的厚度和强度。

（3）垂直距离变短、𬌗间隙不足的重度磨损：采取完善根管治疗、截冠或增加颌间距离的方法，为覆盖义齿创造排牙和增加覆盖区强度所需要的空隙。

4. 位置及形态异常基牙的处理

（1）牙冠、牙根形态及牙位异常基牙：牙冠、牙根形态呈现异常，牙位不正常且倒凹偏大，同时咬合关系紊乱，此时可选做覆盖基牙。首先要对牙齿进行全面检查，评估其牙髓状态、牙周健康情况等。若牙髓存在问题，需先进行相应的牙髓治疗。对于牙体表面，要消除尖锐的点角、线角，磨除可能影响义齿就位的倒凹部分。完成这些处理后，为预防龋病发生，需进行药物防龋处理。

（2）前牙异常基牙：针对前牙存在开𬌗、反𬌗、拥挤𬌗或个别牙错位的情况，若无法通过正畸或外科手术进行治疗，可在完善的根管治疗后，将牙冠全部截去，进而制作覆盖义齿。通过重新排牙的方式调整咬合关系，最终恢复正常的口腔生理功能。

（3）严重倾斜牙：为避免倒凹，通常需对倾斜牙进行去髓处理，之后将牙冠截至与牙槽嵴顶平齐。若出于固位的考量，也可保留 3 ～ 4mm 的牙冠，但必须消除轴壁倒凹，防止在义齿摘戴过程中产生扭力，以确保义齿摘戴便捷。

（4）低位及部分阻生基牙：若低位牙、部分阻生牙的牙周组织存在盲袋，需施行牙龈切除术，以免因牙齿自洁作用差引发牙龈炎及牙周炎。

三、覆盖基牙的设计类型

（一）根据基牙牙冠高度分类

1. 长冠基牙 长冠基牙是指在龈缘上保留 3 ～ 8mm 牙冠的基牙（图 11-7）。为防止侧向力过大对基牙造成损害，原则上冠长不能超过根长的 1/2。

2. 短冠基牙 短冠基牙是指牙冠截断后断面平齐龈缘或在龈上 3mm 内者（图 11-8）。因其保留的牙冠较短，改变了冠根比例，所受侧向力极小，甚至不受侧向力的作用，可有效保护覆盖基牙的健康。短冠基牙因去除牙冠较多，累及牙髓组织，无论基牙是否为活髓，设计短冠基牙时，均应进行完善的根管治疗。

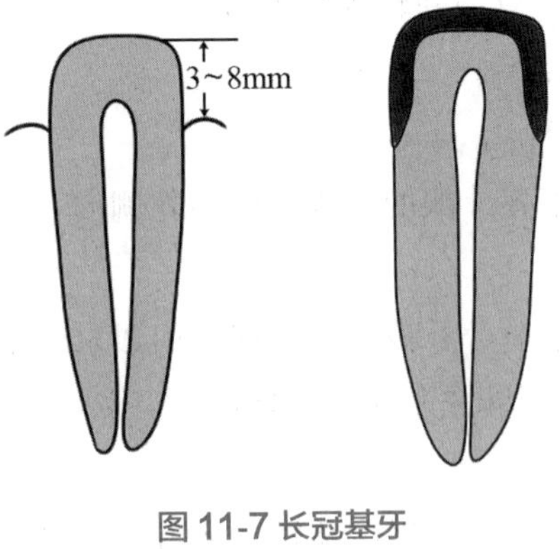

图 11-7 长冠基牙

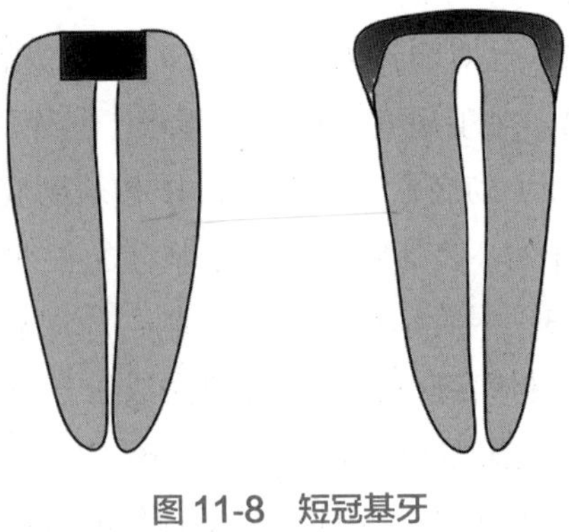

图 11-8 短冠基牙

（二）根据基牙上有无金属顶盖分类

1. 有金属顶盖的基牙 有金属顶盖的基牙，即用金属帽状物覆盖在基牙上。金属顶盖又有单层顶盖（图 11-9）与双层顶盖（图 11-10）之分。单层顶盖是覆盖并粘固在整个覆盖基牙牙冠表面上的冠帽；双层顶盖是在单层顶盖上再制作一金属冠帽固定于覆盖义齿的组织面；金属顶盖将基牙与口腔环境完全分开，因此可预防基牙龋坏，还可依据需要调整的金属顶盖轴面聚合度来调整义齿固位力的大小（图 11-11）。

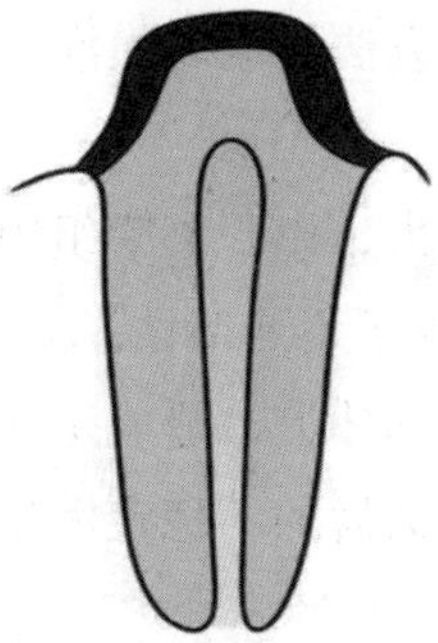

图 11-9　单层顶盖

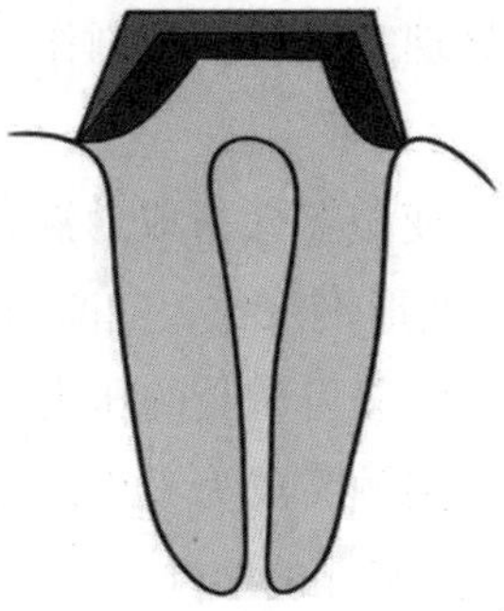

图 11-10　双层顶盖

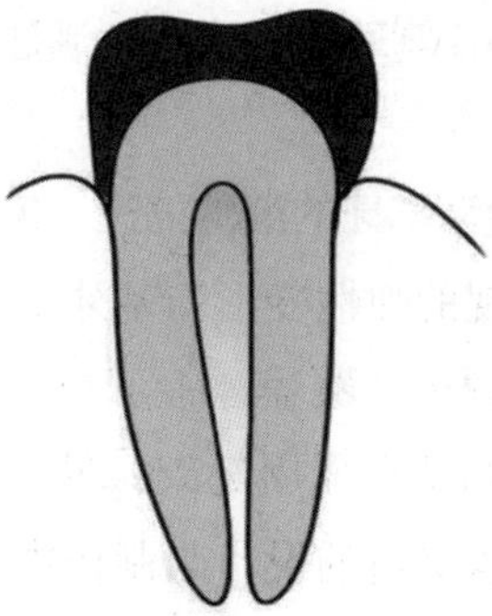

图 11-11　利用金属顶盖增强固位和抗力

2. 无金属顶盖基牙　无金属顶盖基牙，即对基牙进行预备后，将覆盖义齿直接制作在基牙上（长冠基牙）或用银汞、树脂充填根管口后制作覆盖义齿（短冠基牙）。其特点是制作简便，缩短治疗时间，减少治疗费用，但因基牙直接暴露于口腔环境中，缺乏有效保护，易发生龋坏，尤其是在根管口充填物的周围，如果基牙为活髓，则易出现过敏症状。因此，应采取积极的防龋措施，并严格选择适应证，如果患者对龋敏感，则应避免选择此法。

四、覆盖义齿的制作

正确而完善的治疗计划的制订是覆盖义齿修复成功的重要保证。覆盖义齿与普通义齿的差别是它保留和利用了覆盖基牙，而义齿的其他结构并无明显改变，因而覆盖义齿的基本设计和制作方法，与普通可摘局部义齿基本相似。其主要修复流程：口腔检查→覆盖基牙的预备→印模制取与石膏模型灌注→记录并转移颌位关系→制作并完成义齿→初戴。

（一）普通覆盖义齿的制作工艺

1. 口腔检查　在制作覆盖义齿之前，应对患者进行全面口腔检查，根据每位患者的具体情况，制订修复计划。

2. 覆盖基牙的预备　不同的治疗设计决定了余留牙对义齿的支持形式，也决定了基牙的预备方式。

（1）长冠基牙的牙体预备

1）无金属顶盖的牙体预备：根据具体情况降低基牙高度，以保证覆盖义齿基托有足够的厚度和强度；调磨各轴面角和边缘嵴，使之圆滑；调磨基牙轴面倒凹，以获得义齿共同就位道。

2）有金属顶盖的牙体预备：此类基牙的牙体预备方法基本类似于全冠的牙体预备或套筒冠的牙体预备，其聚合程度视基牙的牙周健康状况而定，牙周健康者，聚合度小；牙周情况欠佳者，聚合度大。

（2）短冠基牙的牙体预备

1）磨短牙冠：牙体预备量取决于基牙有无活力、预计基牙所承受负荷的大小、颌间间隙大小等。基牙高度一般在龈上 1mm 处，如果基牙同时要对抗侧向力，则应保留龈上 3mm 的高度。

2）调磨过锐边缘：将根面修成光滑的圆顶状，根管口调磨成小平面。

3. 印模制取与石膏模型灌注 覆盖基牙处理完成后，按制作一般义齿的方法制取印模灌注石膏模型。

4. 模型基牙的缓冲处理 覆盖基牙的存在使覆盖义齿成为混合支持式义齿，由于黏膜组织承受压力后出现的弹性变形与基牙受压后的牙周膜变形不一致，使义齿的支持出现了不均衡性。一方面，在咀嚼过程中，覆盖牙根可与义齿较早接触，使义齿承受的压力主要传递到基牙上，造成基牙负担过重，影响基牙牙周健康；另一方面，这种早接触又成为义齿的支点，成为义齿的不稳定因素。因此，在覆盖义齿的设计与制作中，必须考虑覆盖基牙的缓冲。

方法一：制作模型后，在覆盖基牙的颈部均匀地刷涂一层厚度为 1.0mm 左右的人造石作为缓冲区。义齿戴入后，在殆力作用下，当黏膜组织受压后弹性变形达到终点时，义齿基托正好与覆盖基牙接触，此时黏膜组织将与基牙共同承受力（图 11-12、图 11-13）。

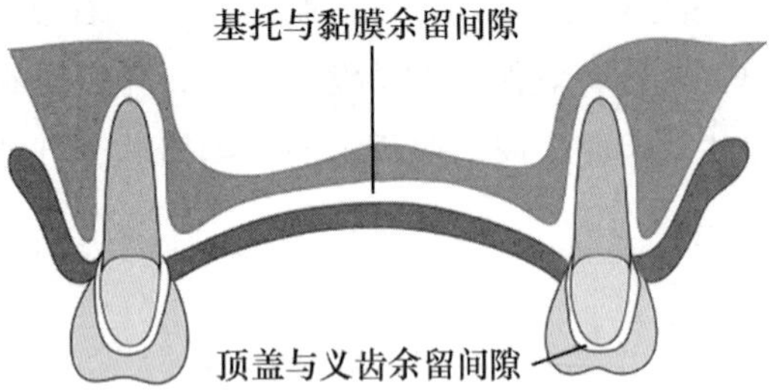

图 11-12 义齿承受殆力前示意图

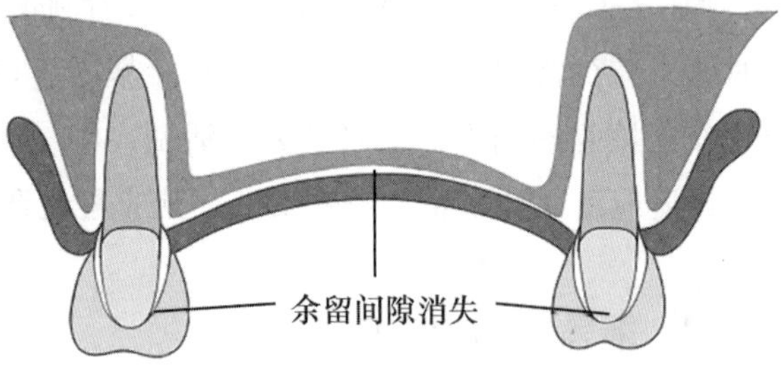

图 11-13 义齿承受殆力后示意图

方法二：覆盖义齿完成后，先将咬合纸放在基牙根面上，再将义齿戴入患者口腔内并叮嘱患者做牙尖交错咬合，按照咬合纸所染色的部位，将有印迹的基托部位均匀磨去约 1.0mm，使基牙与基托间保持一定的间隙，当承受适宜的殆力时，基牙与基托才有均匀的接触。从而保证患者在行使咀嚼功能时，黏膜组织与覆盖基牙共同承担咀嚼力。

除上述两种方法外，还可采用压力法制取印模，也可达到此目的。

5. 记录并转移颌位关系 方法同普通可摘局部义齿。

6. 义齿的制作 覆盖义齿是牙参与支持的全口义齿或可摘局部义齿，基托下被覆天然牙或牙根，基托的设计形式与覆盖基牙牙周组织的健康、义齿的功能、美观和使用寿命有密切关系，因此，其基托的设计和制作与可摘局部义齿既有相似之处，也有差异。

（1）基托设计的具体要求：①不会引起菌斑聚集。②对边缘龈无机械损伤。③有利于保持良好的口腔卫生。④不影响唇、颊、舌的正常生理运动。⑤不影响美观。⑥便于修理。

（2）基托增力设计：由于覆盖基牙的存在，使牙槽嵴宽大。义齿基托在此处较薄而易折断，若加厚基托又有不适感或影响面容。较有效的方法是使用高强度树脂制作基托或者使用金属基托。

（3）义齿基托设计与牙周组织的健康：实验研究和临床观察均证实，环基牙开放式基托设计有利于牙周组织的健康，具体原因有：①避免了基托对牙龈直接的机械损伤。②因具备一定程度的自洁作用和唾液可自动环绕基牙流动的冲洗作用，预防因食物嵌塞引起的菌斑聚集。③即使在佩戴义齿的情况下，也可用间隙牙刷清洁基牙。④可避免因冠帽外形不良和口腔卫生差所导致的牙龈过度增生。

但是开放式设计也会引起一些不良现象：①因为基托变薄，增加了折断的危险；②美观较差；③易造成食物嵌塞；④对某些发音有影响，如发“s”音困难。因此，再设计时应注意：基托应尽可能少覆盖边缘牙龈；邻面间隙的边缘用金属制作；覆盖基牙越多，预后越好，开放间隙也可更大。

（4）基托设计与功能和美观的关系：因覆盖基牙牙周有丰满的牙槽嵴，不需要用人工材料恢复其外形，覆盖基牙的唇颊侧不设计基托就不影响唇颊的位置和功能。通过检查基托下的食物嵌塞、颊肌推动食物团块的困难程度、说话时唇的运动受限等，可以了解基牙唇颊面基托伸展对软组织功能的影响。

（5）增强固位的措施：如果覆盖义齿基牙周围有组织倒凹存在，限制了义齿基托的伸展范围，影响义齿的固位。可采取以下措施。

1）制作附着体式覆盖义齿：在覆盖基牙上加附着体，利用磁性或机械式附着体解决义齿固位问题。此方法较为理想，但对基牙条件要求高，基牙条件差时不宜采用。

2）采用弹性带翼基托：若患者组织倒凹明显且前庭沟较深，可采用弹性带翼基托。将19号或20号不锈钢丝一端与唇侧基托相连，另一端与塑料制成的翼相连。借助钢丝弹性变形，让游离端基托进入覆盖基牙唇侧倒凹区，从而增强义齿固位（图11-14）。

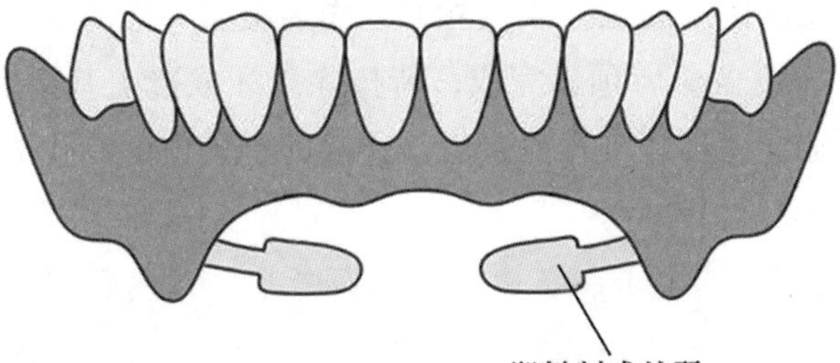

图11-14　弹性带翼基托

3）采用弹性基托材料：采用以尼龙材料为基础的弹性基托材料制作覆盖义齿。这类材料韧性和弹性较高，制成的义齿基托在适当压力下能发生弹性变形，进入一定深度的组织倒凹区，解决覆盖义齿的固位问题（图11-15）。

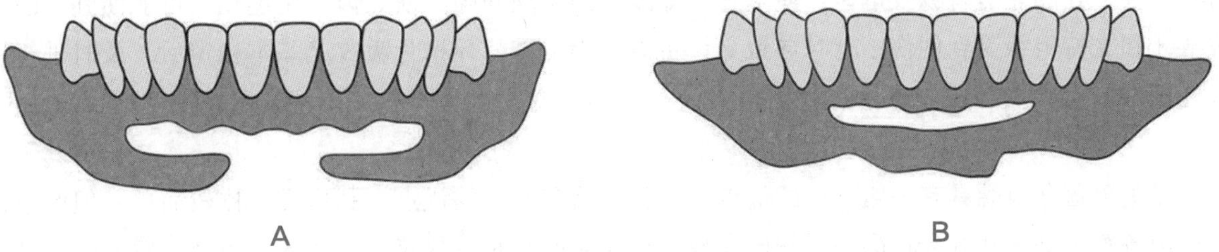

图11-15　弹性基托材料基托的设计

A. 弹性基托唇侧断开；B. 弹性基托唇侧相连。

7. 人工牙的选择与排列　与可摘局部义齿或全口义齿人工牙的选择和排列方法基本相同。

8. 义齿的完成　方法与可摘局部义齿或全口义齿基本相同。

9. 初戴义齿　将制作完成的义齿按常规进行试戴。磨除基托边缘过度伸展部分，调磨使牙尖交错𬌗与非牙尖交错𬌗平衡。

10．注意事项

（1）保留间隙：基托组织面与覆盖基牙间，与长、短冠金属顶盖间及双重顶盖间应保留 1mm 间隙。该间隙视义齿承托区黏膜的厚度和致密度可略有差异。保留间隙有下述几种方法：①若制作双重顶盖，在固定外顶盖之前，于内外顶盖间置厚约 1mm 的衬垫物，当外顶盖固定后，去除衬垫物，则内外顶盖之间可留出 1mm 间隙。②对于不需制作双重顶盖者，可在工作模型的基牙根面上填约 1mm 厚的硬质材料，如石膏、人造石或其他材料。③初戴覆盖义齿时，缓冲覆盖基牙相应处的基托组织面。④在与覆盖基牙相对应的基托组织面衬垫弹性材料，如弹性塑料、硅橡胶等，使之有 1mm 的弹性。

（2）组织倒凹的处理：①若覆盖基牙为长冠基牙，预备基牙时唇面应尽量多磨除一些牙体组织，以利于唇侧排牙。制作长冠顶盖熔模时，在近龈缘处稍恢复外形，形成有利的倒凹以便在此牙上安放钢丝卡环，加强固位。唇侧倒凹处不制作基托。采取这种制作方法，既增强了义齿的固位，又避免了因倒凹过大而造成的制作困难。②在上述情况下，若在覆盖基牙上不便安放钢丝卡环，也可采用各种附着体或者弹性带翼基托，以此来增强义齿的固位。

（二）即刻覆盖义齿的制作工艺技术

在一些特殊情况下，无法保留的患牙未拔除，或作为覆盖义齿的基牙尚未完成预备，为了使患者早日佩戴义齿，此时可将覆盖义齿预先完成，待拔除患牙或覆盖基牙完成预备后即可戴入口内，这种覆盖义齿称为即刻覆盖义齿。即刻覆盖义齿与一般即刻义齿的制作方法基本相同，不同之处在于对覆盖基牙的处理。其方法如下。

1．先在模型上按短冠基牙的要求制备被覆盖的石膏基牙，然后按常规方法预成即刻覆盖义齿备用。

2．口内预备覆盖基牙，按短冠基牙要求进行根面制备。其外形尽量与模型上已修整好的覆盖基牙一致。根管口用银汞合金、树脂充填或铸造冠帽覆盖根面，注意避免义齿戴入后造成早接触。

3．拔除无法保留的患牙。

4．戴入即刻覆盖义齿，进行适当调整。

即刻覆盖义齿戴入后的护理同一般即刻义齿。戴牙后追踪观察 2 ～ 3 个月后复诊。由于戴牙初期，拔牙处的牙槽嵴吸收迅速，使基托与黏膜之间出现间隙，使义齿发生翘动，可能使其下的覆盖基牙和支持组织受到创伤，有时导致义齿折裂。因此需待牙槽骨吸收已基本稳定后，及时进行重衬处理和咬合调整，或制作永久性覆盖义齿。特别注意覆盖基牙和义齿基托组织面间应保留 1mm 间隙。

即刻覆盖义齿既具有一般义齿的优点，又具备覆盖义齿的优点，制作方法比较简单。但由于拔牙、预备覆盖基牙和戴牙在同一时间内完成，操作时间较长，故年老、体弱的患者易感疲惫，难以接受。

（三）过渡性覆盖义齿的制作工艺技术

过渡性覆盖义齿是将患者口内已有的可摘局部义齿改换成局部覆盖义齿，又称转换性覆盖义齿。即在旧义齿上添加人工牙以修复拔除的患牙，同时在旧义齿基托下覆盖经治疗的牙根。

在制作过渡性覆盖义齿时，应对患者口腔进行仔细检查，制订周密计划。因旧义齿往往在咬合接触、颌位关系、固位、坚固性、美观等方面存在不同程度的问题，这些问题能否在制作过渡性覆盖义齿过程中加以纠正、余留牙中能否选出合适的覆盖基牙等，成为制作过渡性覆盖义齿的关键。过渡性覆盖义齿适用于具有较好的结构，并能行使正常功能的旧义齿或仅需做适当处理，余留牙中可保留 1 ～ 4 颗基牙的病例。

过渡性覆盖义齿制作简便，覆盖基牙通常预备成短基牙覆盖于义齿基托下方，其他程序与一般可摘局部义齿添加人工牙、卡环、重衬基托等方法相同。这种修复体属于暂时性修复体，使用一段时间后，需重新制作义齿。过渡期的长短应视口内具体情况而定。

（四）磁性附着体覆盖义齿制作工艺

磁性附着体是一类利用磁性材料辅助修复体固位的装置。磁性附着体有多种，依据磁路设计分为开放磁路和闭合磁路两种（图 11-16）；依据应用材料分为简单成对永磁体、永磁体、磁性合金三种，目前，在国内最常见的是 Z-1 型闭合磁路磁性附着体（图 11-17）。各种闭合磁路式磁性附着体的基本结构：一个是设置于覆盖义齿基托底面的闭路磁体；另一个是设置在基牙牙根上的由软磁合金制作的衔铁，利用两者间的磁引力，使义齿稳定在牙槽嵴上。

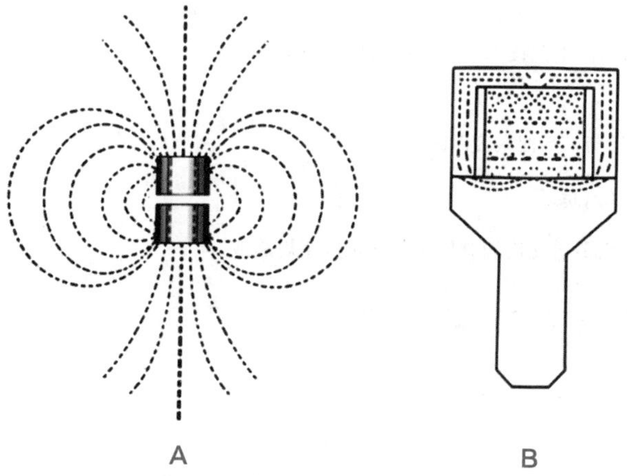

图 11-16　开放磁路和闭合磁路

A. 开放磁路；B. 闭合磁路。

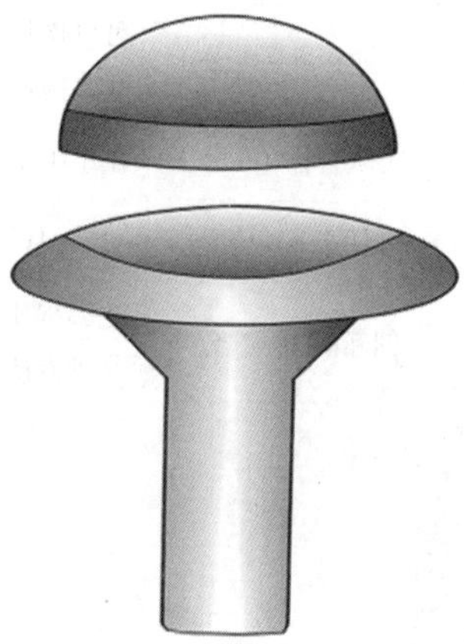

图 11-17　Z-1 型闭合磁路磁性附着体

【任务评价】

详见表 11-2。

表 11-2　覆盖义齿制作工艺技术任务评价

主要测评项目		评价标准	分值 / 分	得分
专业知识掌握程度（50 分）	覆盖基牙的处理（20 分）	能够准确掌握覆盖基牙处理方法	16 ～ 20	
		对覆盖基牙的处理有一定了解但不够准确	8 ～ 15	
		完全不了解覆盖基牙的处理	4 ～ 7	

续　表

主要测评项目		评价标准	分值 / 分	得分
专业知识掌握程度（50分）	覆盖义齿的四种制作工艺技术（30分）	详细且准确地说出各类覆盖义齿制作工艺技术并说明其适应类型及操作要点	26 ～ 30	
		能列出部分覆盖义齿制作工艺技术并说明其适应类型及操作要点	18 ～ 25	
		只能模糊说出一些分类名称及要点	4 ～ 7	
		完全不记得覆盖义齿的制作工艺技术	0 ～ 3	
应用能力（30分）	案例分析（20分）	能准确运用所学知识分析案例中的覆盖义齿的制作工艺技术选择是否合理，并提出改进建议	16 ～ 20	
		能分析部分问题，但不够全面	8 ～ 15	
		分析有较大偏差	4 ～ 7	
		无法进行案例分析	0 ～ 3	
	实际场景模拟（10分）	能在模拟场景中正确选择和应用覆盖义齿的制作工艺技术	8 ～ 10	
		选择和使用有一定问题	4 ～ 7	
		完全错误	0 ～ 3	
素质能力（20分）	专业素养（5分）	对可摘局部义齿覆盖义齿的制作工艺技术学习表现出积极的态度和专业精神	1 ～ 5	
	团队合作（5分）	在小组学习或讨论中，积极参与，与他人合作良好	1 ～ 5	
	责任心（5分）	对学习任务认真负责，确保学习质量	1 ～ 5	
	创新能力（5分）	能够提出新颖的可摘局部义齿覆盖义齿的制作工艺技术应用思路或改进方法	1 ～ 5	
学生自我评价与反思				
小组评价				
教师评价				
总评成绩				

任务三　覆盖义齿修复后的护理及可能出现的问题与处理

任务案例

【案例】

患者，男，68 岁。因上颌 4567 缺失，行上颌覆盖义齿修复 3 个月后，覆盖义齿基牙有轻微疼痛，尤其是在咬合时疼痛加剧。

【问题】

1. 患者义齿修复 3 个月后基牙出现咬合疼痛加剧原因分析？

2. 怎样制订科学有效的处理方案，缓解患者疼痛，恢复基牙健康？

【任务分析】

面对患者义齿修复后出现的问题，需凭借扎实专业知识和丰富临床经验，深入剖析问题根源。精准判断是义齿设计、制作不当，还是基牙自身病变引发疼痛。秉持关爱之心，站在患者角度思考问题。制订治疗方案，力求在最短时间内缓解患者痛苦，通过详细且通俗易懂的方式，向患者传授义齿修复后的正确护理方法和注意事项。

【知识链接】

一、覆盖义齿修复后的护理

戴用覆盖义齿修复后的护理与定期复诊，是保证覆盖义齿有效使用寿命的重要措施。

（一）义齿的护理

合理的义齿护理可清除掉覆盖义齿基托上的软垢、细菌及念珠菌，防止菌斑形成及细菌释放毒性产物，从而保护覆盖义齿及其牙周组织的健康，并预防义齿性口炎的发生。义齿的护理措施如下。

1. 每日用牙刷及牙膏清洗义齿。

2. 每日将义齿浸泡在 0.2% 氯己定溶液中 10 ～ 15 分钟，氯己定可渗入基托，并缓慢释放达几小时。

（二）定期复诊

覆盖义齿患者每隔 3 ～ 6 个月应复诊做常规检查，了解义齿的使用情况，检查基牙及其牙周组织的健康状况，发现问题并及时处理。若患者采用药物预防基牙龋坏和牙周炎症，还可了解用药情况判断是否需继续用药。

二、覆盖义齿修复可能出现的问题与处理

（一）根面龋

覆盖义齿戴入后，基托与基牙及黏膜之间形成新的、特殊的生态环境和滞留区，其间的唾液流速减缓、流量降低，基牙失去自洁作用，食物残渣易滞留于牙面，易引起基牙龋坏及牙龈炎症的发生。因此，戴用覆盖义齿后应采取以下措施积极预防基牙龋坏。

1. 彻底清洁覆盖基牙四周及牙龈，邻间隙的清洁可用牙间隙刷。

2．对机械清洁作用不显著者，可采用化学法防龋，如将氟化凝胶直接涂布在与基牙相对的基托组织面上，发挥防龋作用。也可用 1% 的氟化钠中性溶液漱口，每日 1 次或者每周 2 ～ 3 次。但必须告知患者口内有味觉改变、口腔烧灼感、口腔黏膜破坏及着色时可适当减少用药次数，并禁止吞服氟化物。

（二）牙龈炎及牙周炎

覆盖义齿戴用后产生牙龈炎的原因往往是由口腔卫生差、基托压迫龈缘过紧、基牙周围基托缓冲过度引起食物嵌塞等导致的，若治疗不及时，可发展成牙周炎，导致牙周袋形成、牙周溢脓、附着龈丧失，甚至基牙脱落。可采用以下方法进行预防。

1．基牙周围开放式基托设计应恰当，基托不能压迫龈缘，也不能磨除过多而形成死角。

2．夜间停戴义齿。

3．每日用 0.1% ～ 0.2% 氯己定溶液含漱。

（三）牙槽骨吸收

覆盖义齿戴入后，个别情况下覆盖基牙会出现快速牙槽骨吸收，其原因有：①患者自我护理能力较差，也未使用有效药物，导致基牙上菌斑聚集，引起炎症。②义齿咬合关系差，尤其是戴用义齿 4 ～ 6 个月后，义齿下沉不均匀，导致咬合不协调。③义齿存在支点，因义齿基托与个别覆盖基牙间存在支点，致使义齿𬌗力首先传递到该基牙，引起基牙负担过重，牙槽骨快速吸收。针对以上原因，应及时采取有效预防措施，避免牙槽嵴的快速吸收

（四）覆盖义齿的机械性损坏

1．覆盖义齿基托折断 附着体附近基托折断比较常见。而铸造加强支架的覆盖义齿很少折断。𬌗力过大或方向不正确常表现出附着体附近的树脂裂纹，而不是整个基托折断。裂纹是义齿基托内存在应力所致，可将不稳定的基托重衬或调𬌗，及时消除应力，可防止以后更大的基托损坏。

2．附着体损坏 所有附着体在使用过程中都会磨损。通常使用几年后才会影响固位。可更换附着体或通过重新制作带有新的附着体的根帽才能再次获得固位。

【任务评价】

详见表 11-3。

表 11-3　覆盖义齿修复后的护理及可能出现的问题及处理任务评价

主要测评项目		评价标准	分值 / 分	得分
专业知识掌握程度（50 分）	覆盖基牙修复后的护理（20 分）	能够准确掌握覆盖基牙修复后的护理方法	16 ～ 20	
		对覆盖基牙修复后的护理有一定了解但不够准确	8 ～ 15	
		完全不了解覆盖基牙修复后的护理	0 ～ 7	

续　表

主要测评项目		评价标准	分值 / 分	得分
专业知识掌握程度（50 分）	覆盖基牙修复后的问题及处理（30 分）	能准确详细说出覆盖基牙修复后的问题及处理方式	26 ～ 30	
		能够说出大部分覆盖基牙修复后的问题及处理方式	18 ～ 25	
		只能模糊说出一些覆盖基牙修复后的问题及处理方式	9 ～ 17	
		完全不记得覆盖基牙修复后的问题及处理方式	0 ～ 8	
应用能力（30 分）	案例分析（20 分）	能准确运用所学知识分析案例中的覆盖基牙修复后的问题，并提出处理意见	16 ～ 20	
		能分析部分问题，但不够全面	8 ～ 15	
		分析有较大偏差	4 ～ 7	
		无法进行案例分析	0 ～ 3	
	实际场景模拟（10 分）	能在模拟场景中正确处理覆盖基牙修复后的问题	8 ～ 10	
		发现问题和处理方式有一定问题	4 ～ 7	
		完全错误	0 ～ 3	
素质能力（20 分）	专业素养（5 分）	对可摘局部义齿覆盖基牙修复后的问题及处理的学习表现出积极的态度和专业精神	1 ～ 5	
	团队合作（5 分）	在小组学习或讨论中，积极参与，与他人合作良好	1 ～ 5	
	责任心（5 分）	对学习任务认真负责，确保学习质量	1 ～ 5	
	创新能力（5 分）	能够提出新颖的可摘局部义齿覆盖基牙修复后的问题处理的改进方法	1 ～ 5	
学生自我评价与反思				
小组评价				
教师评价				
总评成绩				

▶任务拓展

覆盖义齿与口腔微生态

覆盖义齿戴入口腔后，改变了口腔内的生态环境，它为微生物的附着提供了新的表面。由于覆盖义齿的结构特点，食物残渣容易在其周围和下方积聚，这些部位就成了微生物滋生的理想场所。

从微生物的种类和数量来讲，覆盖义齿会使口腔内某些细菌的数量增加。如变形链球菌和乳酸杆菌等致龋菌，在覆盖义齿的环境下更易生长繁殖，这是因为覆盖义齿形成的滞留区有利于细菌利用食物中的糖类产酸，从而增加了龋病发生的风险，特别是在基牙牙颈部等位置。

在材料方面，不同材料的覆盖义齿对口腔微生态的影响有所不同。树脂材料的覆盖义齿表面相对粗糙一些，更容易吸附细菌；而金属材料的覆盖义齿虽然相对光滑，但也会有微生物附着。并且，随着时间的推移，覆盖义齿表面会形成一层复杂的生物膜，生物膜中的微生物相互协作，对抗生素和机体的免疫防御更有抵抗力。

为了维护口腔微生态的平衡，对于佩戴覆盖义齿的患者，口腔卫生维护非常重要。需要使用合适的清洁工具，如专用的义齿刷等，定期对覆盖义齿进行清洁消毒，同时还要注意清洁口腔内的天然牙和黏膜，减少因覆盖义齿引起的口腔疾病的发生。

考试知识点总结　　**项目小结**

协和云课堂……　拓展练习及参考答案

（马晓琳）

项目十二　套筒冠义齿工艺技术

教学课件

任务目标

素质目标

（1）具备严谨认真、细致入微的学习态度。

（2）树立团队合作意识，积极与团队成员沟通交流。

（3）具备不断学习和探索的能力，关注圆锥型套筒冠义齿领域的新技术、新方法、新研究成果，以便更好地解决患者的口腔问题。

知识目标

（1）掌握：套筒冠义齿的定义和组成、套筒冠义齿的优缺点。

（2）熟悉：固位体的设计、圆锥型套筒冠的制作工艺。

（3）了解：套筒冠义齿的适应证和禁忌证。

能力目标

（1）能够对患者口腔状况进行全面检查，准确分析与圆锥型套筒冠义齿修复相关的信息，为义齿设计提供可靠依据。

（2）能够根据患者的具体情况独立完成圆锥型套筒冠义齿的设计工作。

套筒冠义齿的研究与应用始于 20 世纪 20 年代。随着口腔医学各领域的协同进步，套筒冠义齿的设计、制作技术不断得到完善，应用范围也在不断扩大，逐渐成为口腔修复学中一种重要的义齿修复形式。目前临床上根据内冠形态的不同将套筒冠分为四类：圆柱型套筒冠、圆锥型套筒冠、柱锥混合型套筒冠、卵圆型套筒冠（图 12-1）。

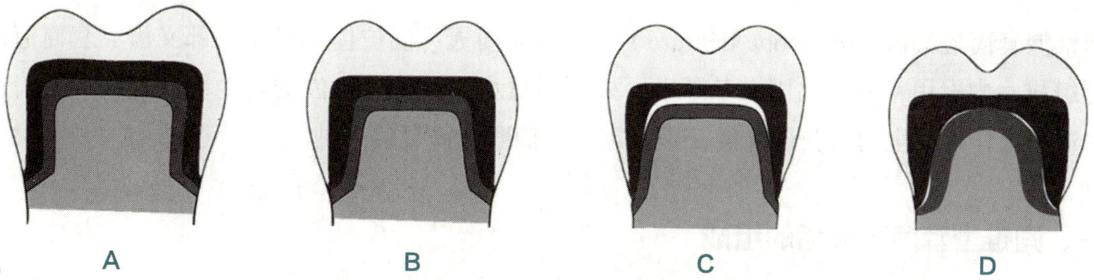

图 12-1　套筒冠的分类

A. 图柱型套筒冠；B. 圆锥型套筒冠；C. 柱锥混合型套筒冠；D. 卵圆型套筒冠。

随着套筒冠义齿临床应用的推广，Korber 于 1958 年设计的圆锥型套筒冠被公认为较为理想的固位体，越来越广泛地运用于临床。该固位体内冠为圆锥型，固位力大小可以通过内冠的内聚角度来进行调节。本章以圆锥型套筒冠为例，介绍套筒冠义齿的工艺技术。

任务一　套筒冠义齿基本知识

任务案例

【案例】

患者，男，60 岁。患者上颌双侧 67 缺失，已行活动义齿修复，但佩戴后稳定性差，咀嚼效率低，且基牙负担重，牙龈反复发炎。检查发现：上颌双侧 345 有不同程度松动，其中 3 松动Ⅰ度，4 松动Ⅱ度，5 松动Ⅱ～Ⅲ度。牙龈轻度退缩，牙周袋深度 3 ～ 5mm，探诊有出血。现要求改善修复效果，提高咀嚼效率与舒适度。

【问题】

1. 面对患者现有复杂口腔状况，分析套筒冠义齿为何能成为比当前活动义齿更优的修复方案？

2. 针对上颌双侧 345 不同程度的松动情况，应该怎样设计套筒冠义齿结构，以均衡基牙受力，减轻负担并提升稳定性？

【任务分析】

以深厚的专业知识为基石，严谨对比各类修复方式。精准剖析套筒冠义齿对这位患者的适配性，依据患者基牙的具体松动情况，精心设计套筒冠义齿。用通俗易懂的语言讲解套筒冠义齿的原理、优势及预期效果，积极倾听患者的担忧与诉求，给予充分的心理支持与安抚。

【知识链接】

圆锥型套筒冠义齿（telescope denture）是指以套筒冠为固位体的可摘局部义齿。套筒冠由内冠和外冠组成，内冠用粘接剂粘固在基牙上，外冠通过小连接体与义齿的其他部分连接。义齿通过内冠与外冠嵌合作用产生的力获得固位，是固定－可摘联合修复的一种。

一、圆锥型套筒冠义齿的组成

圆锥型套筒冠义齿由四个部分组成：固位体、人工牙或桥体、基托、连接体（图 12-2）。

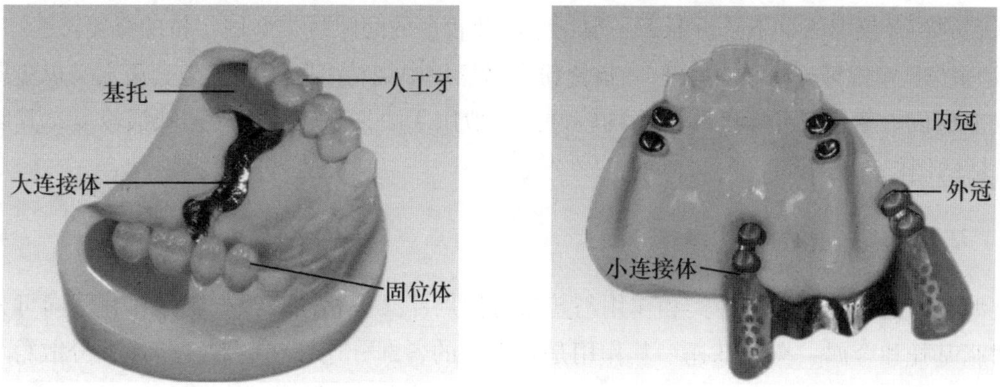

图 12-2　套筒冠义齿的组成

（一）固位体

圆锥型套筒冠的固位体由内冠和外冠组成。内冠通常为铸造金属全冠或桩核，粘固于基牙上；外冠套在内冠上，形成嵌合作用为义齿提供固位力（图 12-3）。同时，固位体还通过基牙传递𬌗力，为义齿提供支持作用。圆锥型套筒冠固位体可按内、外冠之间的接触形式分为两类。

1. 缓冲型圆锥型套筒冠固位体　固位体的内、外冠之间存在一定间隙进行缓冲，一般用于基牙牙周支持组织略差者，也可为减轻基牙负荷、保护基牙时采用（图 12-4A）。

2. 非缓冲型圆锥型套筒冠固位体　此类固位体的内、外冠之间紧密嵌合。常用于牙周支持组织健康的基牙，能对义齿起到良好的支持与固位作用（图 12-4B）。

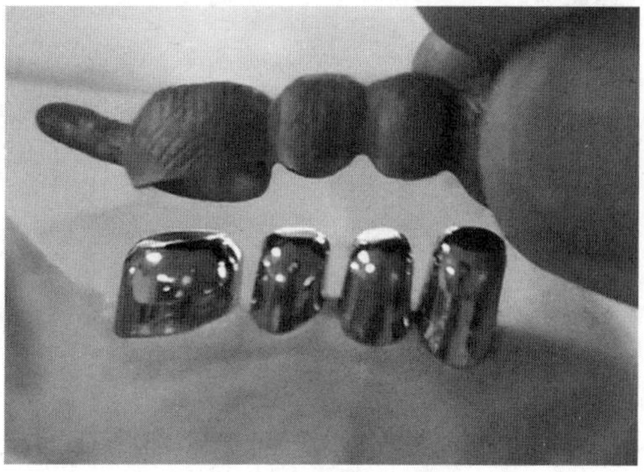

图 12-3　圆锥型套筒冠内冠与外冠

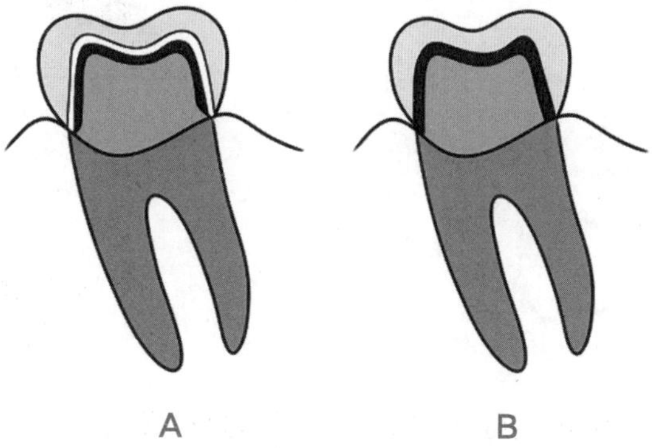

图 12-4　圆锥型套筒冠固位体
A. 缓冲型圆锥型套筒冠固位体；B. 非缓冲型圆锥型套筒冠固位体。

（二）人工牙或桥体

人工牙或桥体主要用来恢复缺失的天然牙正常的形态、咀嚼、发音及美观等功能。按照制作材料的不同分为三种。

1. 树脂成品牙　树脂成品牙形态逼真，色泽美观。随着硬质树脂的不断研发，其硬度和耐磨性有了很大的提高。一般用于缺失牙较多的缺牙间隙。

2. 金属树脂牙（烤塑牙）　在缺隙的金属支架或金属桥体基底上，根据咬合关系，用固化树脂雕塑与余留牙色泽相同的人工牙形态，并置于固化炉中固化。此类人工牙的色泽较好，与金属支架或金属基底的结合较牢固，不易折断。一般用于缺牙较多的间隙或类似固定桥的修复。

3. 烤瓷熔附金属牙（简称烤瓷牙） 指瓷粉在烤瓷炉中烧结熔附于圆锥型套筒冠义齿金属支架的桥体基底上形成。颜色、光泽度和硬度均较好。一般用于缺失牙较少的牙列缺损修复，其制作与固定义齿桥体的制作方法相同。

（三）基托

圆锥型套筒冠义齿基托的种类和作用与普通可摘局部义齿相同，根据制作材料不同可分为金属基托、树脂基托和金属－树脂基托。其作用是将义齿的各部分连接在一起，传递并分散𬌗力，减轻基牙的负荷，恢复缺损和美观。

（四）连接体

连接体是将圆锥型套筒冠义齿的各个部分连接成为一个整体的部分，可以增强义齿的抗折强度并分散𬌗力。根据其所处部位和作用的不同，分为大连接体和小连接体。

1. 大连接体 有舌板、舌杆、腭板、腭杆等。

2. 小连接体 用于连接固位体与大连接体及其他组成部分。该部件位于义齿的应力集中处，故要求具有较高的强度，以防止义齿折断（图 12-5）。

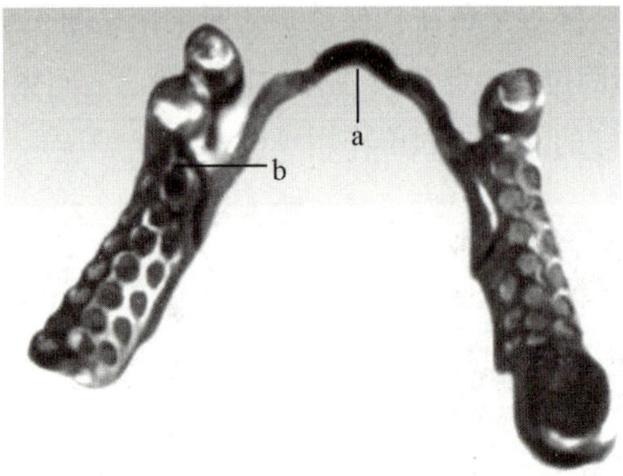

a. 大连接体；b. 小连接体。

图 12-5 连接体

临床实际应用的圆锥型套筒冠义齿，上述各部件并不一定同时都存在。如牙列无缺损的牙周病修复治疗，圆锥型套筒冠修复体起牙周夹板作用，其结构仅由固位体与连接体组成，不包括人工牙及基托。又如少数牙缺失的修复，圆锥型套筒冠义齿也只由固位体、人工牙（桥体）和连接体组成，不包括基托。也可以在无牙颌种植人工牙根，在人工牙根上进行圆锥型套筒冠义齿修复。

二、圆锥型套筒冠义齿的优缺点

（一）优点

1. 良好的固位力 圆锥型套筒冠通过内外冠之间的紧密贴合来提供固位力。内冠粘固在基牙上，外冠与义齿其他部分相连，内外冠之间的摩擦力和嵌合力可以有效抵抗义齿在行使功能过程中的脱位力。

2. 固位力可调节　圆锥型套筒冠的固位力大小与内冠轴壁锥度密切相关。内冠锥度越大，固位力越小，反之则越大。义齿的固位力可根据固位基牙的具体情况，适当调整各内冠锥度，以取得义齿合适的固位力。

3. 有效保护基牙　基牙经过完善的充填治疗或根管治疗后，由内冠或桩核修复，可以有效地防止牙折和继发龋，更好地保护基牙。基牙负荷多为轴向或趋于轴向，而且义齿取出的瞬间，固位力迅速丧失，不利的侧向力产生较少，有利于保护基牙。

4. 有利于组织的健康　圆锥型套筒冠义齿承受的𬌗力，一方面通过固位体传递至基牙，另一方面通过基托传递至黏膜，将𬌗力分散，不会使软硬组织受力过大。同时，软硬组织承担适当的负荷，保证了一定的生理性刺激，不仅有利于牙槽嵴高度的保存，也有利于防止黏膜的萎缩或增生。基牙有高度抛光的金属内冠覆盖，表面易清洁，不利于菌斑附着，可防止慢性龈缘炎和继发龋的发生。

5. 可调整咬合关系　圆锥型套筒冠义齿可将修复的倾斜牙、伸长牙、磨耗磨损基牙进行调整，以恢复或重建符合患者生理要求的咬合关系。

6. 具有牙周夹板的作用　套筒冠义齿就位后，把多颗基牙连接在一起，形成一个整体。这样，将各自运动的基牙转变为整体运动的一体形式，能迅速分散作用于义齿上的外力，起到保护基牙牙周组织健康的作用。

7. 美观　与卡环固位的可摘局部义齿相比，套筒冠义齿就位后没有金属卡环的暴露，达到自然美观的效果。

8. 异物感、味觉、发音影响小　相同缺损情况下，圆锥型套筒冠义齿与一般可摘局部义齿比，异物感小，对味觉以及发音的影响程度也小，患者感觉较舒适。

（二）缺点

1. 基牙的牙体组织磨除较多　圆锥型套筒冠义齿由内冠和外冠组成，为了保证内冠有足够的厚度和强度，以及内外冠之间的合适空间，基牙需要磨除较多的牙体组织，这可能会引起牙本质过敏或伤及牙髓导致牙髓炎症。

2. 清洁和维护相对困难　圆锥型套筒冠义齿的结构比较复杂，内外冠之间的间隙以及义齿的支架等部位容易积存食物残渣和菌斑。患者需要使用特殊的清洁工具和方法来保持义齿的清洁，否则可能会引起口腔疾病，如龋病、牙周炎等。

3. 价格相对较高　由于其制作工艺复杂，材料要求高，加上临床和技工操作的技术难度较大，圆锥型套筒冠义齿的费用通常比普通可摘局部义齿要高。

三、圆锥型套筒冠义齿的适应证与禁忌证

（一）适应证

1. 缺牙数目多的复杂牙列缺损　当口腔内多数牙缺失，余留牙少，采用常规可摘局部义齿修复固位差时，圆锥型套筒冠义齿能利用少数余留牙为基牙，为义齿提供良好的固位和稳定支持。

2. 牙周病伴牙列缺损　对于牙周病导致的牙列缺损，并且经过牙周治疗后仍有牙齿松动的情况，采用圆锥型套筒冠义齿修复，可以通过调整固位力，将𬌗力合理分配到基牙和牙槽嵴上，减轻

患牙的负担，同时固定松动牙，起到夹板固定的作用，有助于牙周组织的恢复。

3. 咬合关系紊乱 存在咬合关系紊乱，如深覆𬌗、开𬌗等情况，圆锥型套筒冠义齿通过内冠和外冠之间的精确配合，调整上下颌牙齿的咬合接触，重建咬合关系。

4. 颌骨部分切除 颌骨部分切除术后，余留牙的位置和咬合关系发生改变，圆锥型套筒冠义齿可以利用余留的天然牙作为基牙，制作合适的义齿来恢复患者的面部外形和咀嚼、发音等功能。

（二）禁忌证

1. 年轻恒牙 年轻的活髓恒牙髓角高，髓室和根管都较粗大，根尖孔大。不宜作为套筒冠修复的基牙，应设计其他修复形式。

2. 牙周疾病未控制者 牙周支持组织的慢性、进行性破坏，会造成圆锥型套筒冠义齿修复后基牙的松动甚至脱落，轻者也会造成牙龈萎缩、牙根暴露。因此，在进行套筒冠义齿修复前，必须先治疗好或控制好牙周病的发展。

3. 其他 可摘局部义齿的禁忌证同样适用于圆锥型套筒冠。

四、套筒冠的设计

微课：套筒冠的设计

（一）基牙的选择

属于拔牙适应证或有严重牙槽骨吸收及重度牙周病的牙齿均不考虑作为基牙。

1. 基牙的条件

（1）经牙周综合治疗后能保留的牙齿，其松动度应小于Ⅱ度，个别牙牙周组织破坏吸收不超过根长的3/5。对牙槽骨吸收较多的活髓牙，为防止牙髓的逆行性感染，可先做完善的根管治疗。

（2）牙髓坏死的牙齿必须经过完善的根管治疗。在此基础上，残冠须去尽龋坏组织后充填，残根须制作桩核，以满足基牙内冠预备的要求。

（3）一般不选择年轻活髓恒牙作为基牙，因为年轻恒牙髓室大，髓角高，牙体制备时容易刺激或损伤牙髓组织，引起牙髓症状。若特殊情况下选择老年人的活髓牙作为基牙，必须充分考虑留出内外冠空间，牙体预备不应刺激或损伤牙髓。

2. 基牙的类型 根据牙列缺损类型、基牙的条件和义齿设计的要求，可将圆锥型套筒冠义齿的基牙分为以下两类。

（1）固位支持型基牙：此类基牙的牙周组织较健康，牙周膜面积较大，主要为义齿提供固位与支持作用。一般可根据基牙的条件与位置，选择3～4颗固位支持型的基牙，义齿的固位力控制在1.5～2.0kg范围内，这样既能保证义齿达到良好固位，又不至于摘戴困难。

（2）支持型基牙：主要作用是为义齿提供支持。一般多基牙的圆锥型套筒冠义齿除固位支持型基牙外，其余均属于支持型基牙。

（二）固位体的设计

1. 内冠设计 内冠各面应该光滑平整。轴面不能出现凹陷或凸起而影响内外冠之间的紧密嵌合。轴面交角应呈小圆弧角而不应形成直角或锐角（图12-6）。一般固位支持型固位体轴面向𬌗面有2°～6°的内聚锥度，而支持型固位体内冠的内聚锥度大于8°。内冠冠壁厚度一般约在0.3mm，当外冠采用金属烤瓷或金属树脂牙时，其唇、颊面应预留约 1.5mm 的空间，以保证外冠的形态。各内冠之间应有共同就位道，以保证义齿顺利就位。

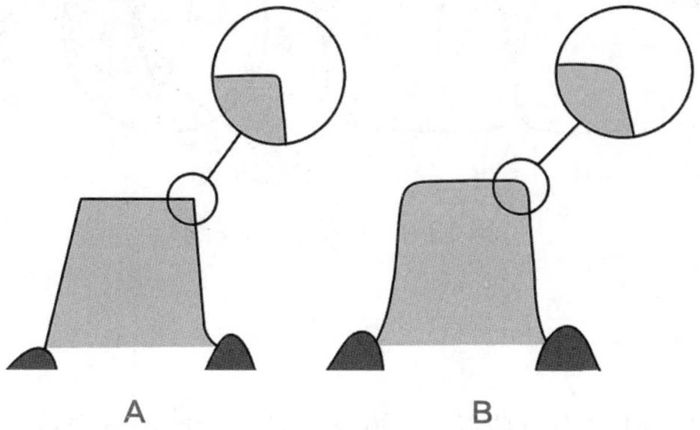

图 12-6　轴面交角形态

A. 错误；B. 正确。

2. 外冠设计　应恢复基牙的解剖形态和咬合功能，与邻牙接触点关系正常，唇（颊）、舌面应有正确突度（图 12-7），外冠的殆龈外展隙正常，以保证良好的食物排溢。

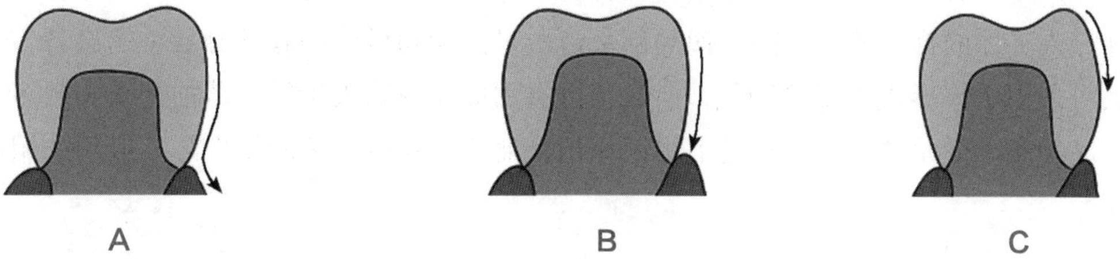

图 12-7　外观轴面突度

A. 凸度正常；B. 凸度过小；C. 凸度过大。

3. 内外冠接触设计　非缓冲型圆锥型套筒冠固位体的内外冠之间应密合，保证固位体的固位力。缓冲型套筒冠固位体的内外冠应保持一定的间隙，按患者牙槽嵴顶黏膜弹性而定，一般间隙约为 0.3mm，以保证固位体有缓冲作用，减小基牙的负荷。

4. 内、外冠颈缘设计　圆锥型套筒冠固位体的内外冠边缘应光滑，边缘位置正确，不宜过长而压迫龈组织，也不宜过短使颈部牙体组织暴露，影响自洁作用（图 12-8）。内冠的基牙肩台宽度一般为 0.3mm。外冠颈缘除金属固位体外，金属烤瓷外冠和金属树脂外冠唇颊侧都应有金属颈缘保护线，使瓷层或树脂层不因义齿摘戴而引起折裂。金属保护线宽度一般在 0.2 ～ 0.4mm（图 12-9）。

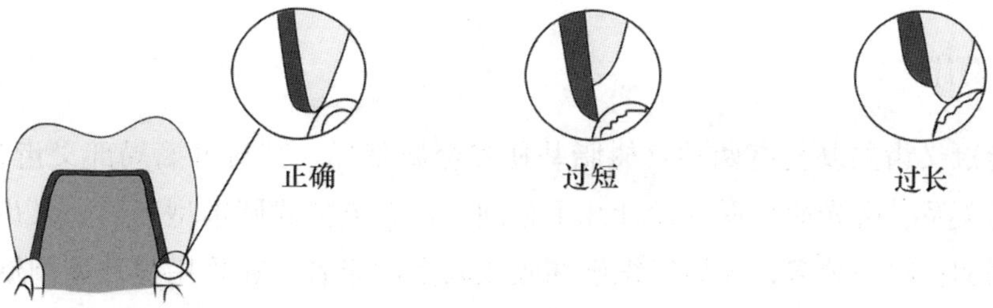

图 12-8　内外冠颈缘要求

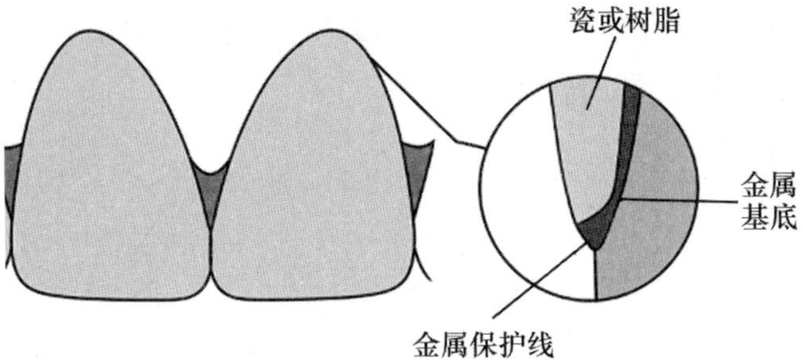

图 12-9　外冠金属保护线

（三）人工牙设计

圆锥型套筒冠义齿的设计多为两种形式：基牙支持式的圆锥型套筒冠义齿和基牙与黏膜混合支持式圆锥型套筒冠义齿。缺牙区人工牙的设计选择应视基牙情况、缺牙的部位及数目和患者的要求而定。

基牙支持式的圆锥型套筒冠义齿，适合基牙情况好、缺牙数目少、前牙区域的患者，人工牙设计一般选用桥体形式，人工牙的排牙及要求同固定义齿。对于基牙情况差、缺牙数目多、伴有牙槽骨吸收的后牙区域的患者，采用基牙与黏膜混合支持式圆锥型套筒冠义齿，其人工牙设计一般选用成品树脂牙，人工牙的排牙及要求同可摘局部义齿。对前牙和后牙均有部分缺失的患者，若前牙缺牙数目少，可采用桥体形式修复缺失牙，而后牙可选用成品树脂人工牙；若前牙缺失数多，如前牙全部缺失，义齿所承受骀力主要靠基托下组织承担，前牙区和后牙区的缺失牙一般均选用成品树脂人工牙修复。

（四）连接体设计

圆锥型套筒冠义齿设计的支持形式不同，其连接体设计也有所区别。

1. 混合支持式圆锥型套筒冠义齿　此义齿连接体同可摘局部义齿，可分为大连接体和小连接体。其中大连接体主要有舌板、腭板、舌杆和腭杆，其作用和要求与可摘局部义齿相似。小连接体作用是把圆锥型套筒冠的外冠与义齿的其他部件牢固地连接为整体，是应力最集中的区域。所以小连接体必须有足够的强度，以防止受力后连接部折断，其连接区域一般在外冠近中或远中轴面的中 1/3 处。小连接体的形态有多种，如三角形、柱形、工字形等。厚度一般在 1.5mm 左右，宽度在 2mm 以上。小连体的底部与黏膜之间，应有 1.5mm 的间隙，以便于基托树脂充填。

2. 基牙支持式圆锥型套筒冠义齿　此义齿的连接体同固定义齿，桥体与固位体之间形成固定连接体。

（五）基托设计

圆锥型套筒冠义齿的基托有两种：树脂基托和金属基托。其与可摘局部义齿基托的伸展范围、厚度、与黏膜的关系、磨光面外形的设计几乎相同。混合支持式圆锥型套筒冠义齿，尤其对于牙周病伴牙列缺损病例，缺失牙多，牙周组织破坏吸收较多的患者，在采用缓冲型圆锥型套筒冠义齿设计时，必须考虑扩大基托面积、减少患牙承受的骀力。基牙支持式的圆锥型套筒冠义齿，义齿的基牙数多，牙周组织状况较好，基托的面积可适当减小。

【任务评价】

详见表 12-1。

表 12-1　套筒冠义齿基本知识任务评价

主要测评项目		评价标准	分值 / 分	得分
专业知识掌握程度（50 分）	套筒冠义齿的组成（10 分）	能够准确阐述套筒冠义齿的定义	8 ～ 10	
		对套筒冠义齿定义有一定了解但不够准确	4 ～ 7	
		完全不了解套筒冠义齿的定义	0 ～ 3	
	套筒冠义齿的特点（20 分）	详细且准确地列出各类套筒冠义齿特点	16 ～ 20	
		能列出部分套筒冠义齿特点	8 ～ 15	
		只能模糊说出一些套筒冠义齿特点	4 ～ 7	
		完全不记得套筒冠义齿特点	0 ～ 3	
	套筒冠义齿的设计（20 分）	能根据不同情况设计套筒冠义齿并说明理由	16 ～ 20	
		能大致设计套筒冠义齿但理由不充分	8 ～ 15	
		选择有一定偏差且理由不清晰	4 ～ 7	
		无法正确设计套筒冠义齿	0 ～ 3	
应用能力（30 分）	案例分析（20 分）	能准确运用所学知识分析案例中的套筒冠义齿设计是否合理，并提出改进建议	16 ～ 20	
		能分析部分问题，但不够全面	8 ～ 15	
		分析有较大偏差	4 ～ 7	
		无法进行案例分析	0 ～ 3	
	实际场景模拟（10 分）	能在模拟场景中正确制作套筒冠义齿	8 ～ 10	
		选择和使用有一定问题	4 ～ 7	
		完全错误	0 ～ 3	
素质能力（20 分）	专业素养（5 分）	对可摘局部义齿套筒冠义齿的学习表现出积极的态度和专业精神	1 ～ 5	
	团队合作（5 分）	在小组学习或讨论中，积极参与，与他人合作良好	1 ～ 5	
	责任心（5 分）	对学习任务认真负责，确保学习质量	1 ～ 5	
	创新能力（5 分）	能够提出新颖的可摘局部义齿套筒冠义齿的应用思路或改进方法	1 ～ 5	
学生自我评价与反思				
小组评价				
教师评价				
总评成绩				

▶任务拓展

套筒冠义齿的发展

套筒冠义齿的概念最早由口腔修复学创始人 Peeso F.A. 在 1924 年提出，当时被称为二重冠固位体、套叠冠固位体或套叠冠。此后，套筒冠固位体作为可摘义齿的固位体被广泛应用于牙列缺损可摘局部义齿修复设计中。

随着临床应用的增多和技术的发展，套筒冠固位体的设计得到了进一步改良和完善。Steiger A. 等学者对套筒冠固位体进行了多种结构与形态的改良，推出了如圆柱状套筒冠、缓冲型套筒冠、圆锥型套筒冠等多种类型。这些改良不仅丰富了套筒冠义齿的种类，也提高了其临床应用效果和患者的舒适度。

近年来，随着口腔医学技术的发展，套筒冠义齿的应用范围也在不断扩大。它不仅可以用于单颗牙齿的修复，还可以用于全口牙缺失的情况，特别是在与牙种植体结合后，其应用效果更为显著。

任务二　套筒冠义齿制作工艺技术

任务案例

【案例】

患者，男，60 岁。患者上颌双侧 67 缺失，已行活动义齿修复，但佩戴后稳定性差，咀嚼效率低，且基牙负担重，牙龈反复发炎。检查发现：上颌双侧尖牙、第一前磨牙、第二前磨牙有不同程度松动，其中尖牙松动度Ⅰ度，第一前磨牙松动度Ⅱ度，第二前磨牙松动度Ⅱ～Ⅲ度。牙龈轻度退缩，牙周袋深度 3 ～ 5mm，探诊有出血。现要求改善修复效果，提高咀嚼效率与舒适度。

【问题】

1. 针对患者基牙不同程度松动及牙周状况，套筒冠义齿制作工艺中，如何确定内冠的锥度以有效分散𬌗力，减轻基牙负担？

2. 考虑到患者对咀嚼功能和舒适度的需求，在套筒冠义齿制作过程中，怎样把控外冠与内冠的贴合精度，保证义齿的稳定性和舒适度？

【任务分析】

利用专业知识，分析患者基牙状况，通过对套筒冠义齿原理的深入理解，确定合适的内冠锥度设计，分散𬌗力，减轻基牙负担。在制作过程中，严格遵循标准，精心打磨每一个细节，确保内外冠紧密贴合又不产生过度压迫，并完成制作。

【知识链接】

圆锥型套筒冠义齿的修复形式较多，制作方法和步骤流程亦有不同，临床上常用两种修复流程。第一种是在工作模型上先制作内冠，然后将做好的内冠戴在模型上，直接在内冠上做外冠和修复体其他部件，临床上初戴时先粘固内冠，再试戴整个修复体；第二种是先在工作模型上制作内冠，并粘固在基牙上，然后再次取印模、灌注模型，用于制作外冠和修复体。下面以第二种为例讲述圆锥型套筒冠义齿的制作。

一、工作模型的准备

（一）制作可卸代型

按基牙内冠的内聚度设计要求进行牙体预备，选用硅橡胶印模材料制取全颌印模，然后用超硬石膏灌注模型，待模型凝固后修整石膏模型，并按常规方法完成可卸代型的制作。注意不能破坏正常的邻接关系。工作模型的牙列部分需全部做成可卸代型，以便制作内冠后蜡型和金属的磨削。一般一颗基牙需 2 个固位钉，保证准确性。

（二）工作模型的观测与调整

把制作好的可卸代型的模型固定在平行研磨仪的观测台上，转动观测台（图 12-10），按照固位力的需求调整基牙的内聚角度（通常固位支持型基牙为 2°～ 6°，支持型基牙要大于 8°）。圆锥型套筒冠义齿一般有多个基牙，且基牙的倾斜角度不尽相同，为取得共同就位道，可根据内冠中心相对两轴面内聚角之和为 12°，尽量保留牙体组织，来调节分配各轴面的内聚度，以维持固位力（图 12-11）。

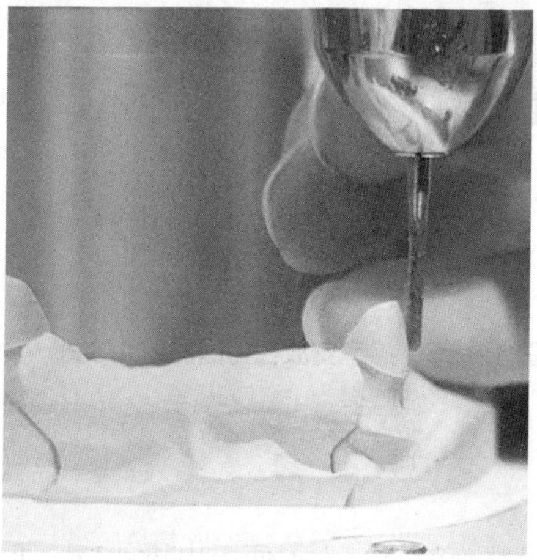

图 12-10　观察基牙的共同就位道

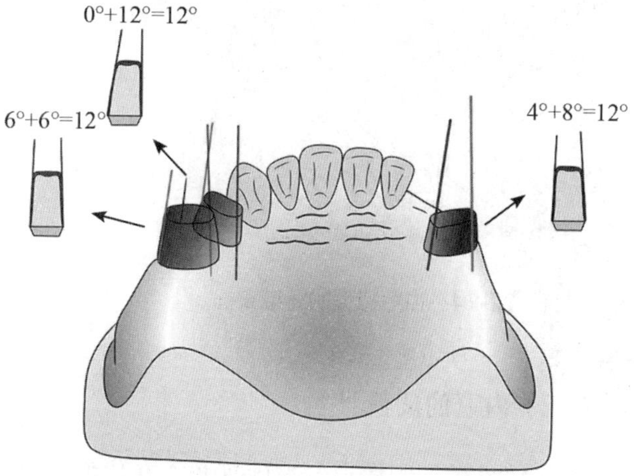

图 12-11　内冠内聚度的调整

二、内冠的制作

（一）内冠蜡型的制作

各基牙取得共同就位道后，锁定工作台。在基牙代型上制作蜡型，厚度保持在 0.3 ～ 0.4mm，使用专用修整钻（2°、4°、6°、8°内聚度），根据内冠的内聚度对基牙内冠蜡型的内聚度进行修整，再用专用修整钻进行精细研磨（图 12-12），使其轴面光滑平整，轴面角圆钝，蜡型颈缘形态连续无缺陷，最后封闭颈缘（图 12-13）。

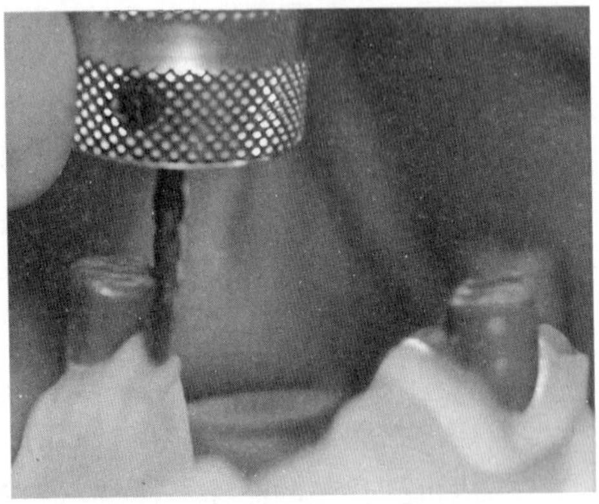

图 12-12　用专用修整钻精修蜡型

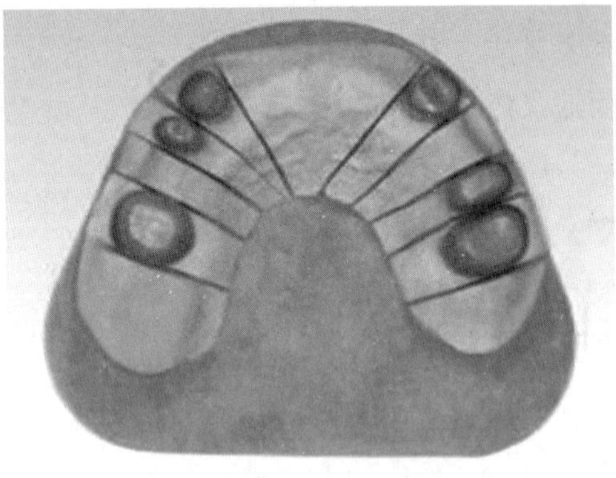

图 12-13　已完成的基牙内冠蜡型

（二）内冠的铸造

内冠蜡型完成后，按常规在内冠蜡型上安插铸道，通常在蜡型的颊侧轴面与𬌗面交角处安插铸道（图 12-14），蜡铸道安插在铸圈底座上，注意内冠的蜡型应位于铸圈高度的中 1/3 处（图 12-15），包埋，铸造。

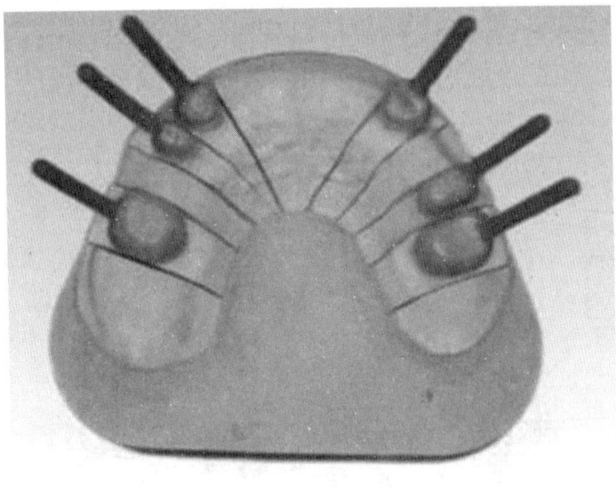

图 12-14　内冠蜡型的铸道安插

图 12-15　蜡型安放在铸圈的中 1/3 处

（三）内冠的试戴

取出铸件后切割铸道，喷砂打磨，在代型上试戴，确保准确就位。为了便于内冠就位，可使用专用的颜料粉涂在基牙代型表面，当金属冠戴入基牙代型受阻时，在受阻处留有明显的摩擦颜料色，可将阻挡点准确磨除，防止损伤模型。内冠试戴完全密合后，再用高压蒸汽水冲去颜料。

（四）内冠研磨

将初磨后的内冠放回原工作模型的基牙上，按照原来锁定的观测角度，观测各基牙的内冠。用专用的 2°～ 6°金属研磨钻，根据各基牙的内聚角度，在平行研磨仪上对金属内冠进行研磨（图 12-16），当轴面呈现镜面状态时，改用硅橡胶车针或橡皮轮进行最终抛光（图 12-17）。

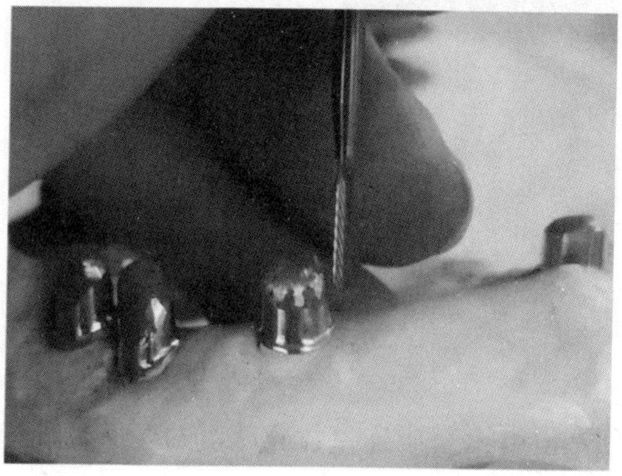

图 12-16　用专用的金属研磨钻研磨

图 12-17　橡皮轮进行最终抛光

三、外冠的制作

（一）翻制外冠工作模型

内冠经临床试戴合适后，用硅橡胶印模在口内取牙列印模，凝固后连同内冠一起从口内取出，若内冠未能跟随取出，则应将内冠准确地放入印模内复位。在内冠里填入专用的铸造树脂，并插入固位钉，这样既便于以后内冠的取出，又可防止因石膏膨胀而造成内冠复位时的变形。然后再用超硬石膏灌注工作模型。

（二）外冠基底层的蜡型制作

目前比较常用的是树脂加蜡制作法。即先带内冠翻制的模型表面用高密度成型树脂作内衬，再在树脂表面用蜡塑型完成外冠基底层，此方法可增强外冠基底层的强度，同时便于外冠基底层的塑型。

（三）形成金属保护线

基底层颈缘要形成 0.2 ～ 0.3mm 宽的金属保护线，防止外冠外表面的烤瓷或烤塑在取戴过程中发生崩裂（图 12-18）。

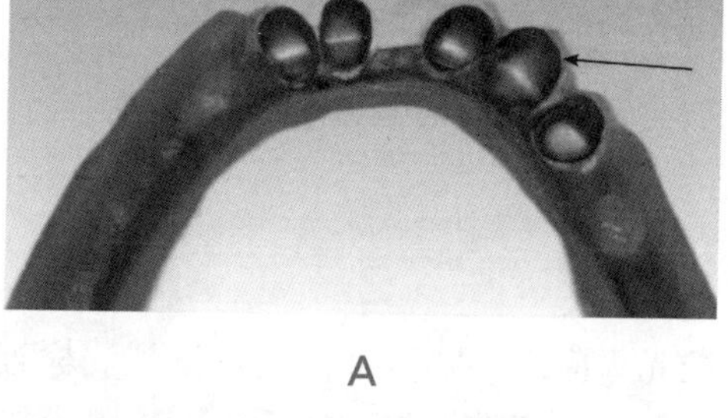

A

图 12-18　外冠唇颊侧颈缘的金属保护线

A. 龈向观；B. 唇、颊面观。

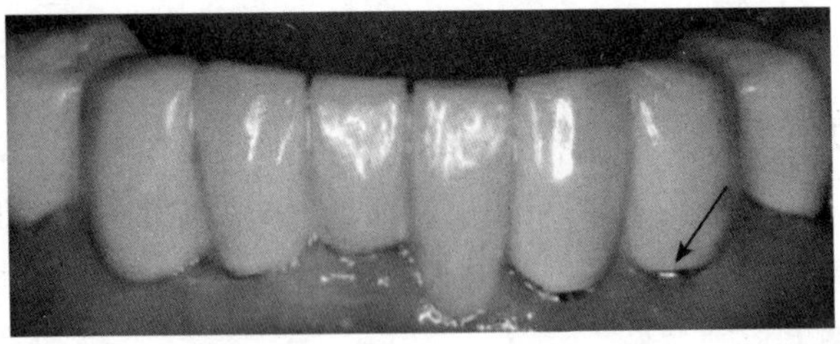

B

图 12-18 （续图）

（四）铸造

完成外冠基底层的蜡型塑型后，按常规包埋，铸造。

（五）外冠完成

外冠金属部分铸造后，打磨抛光，精修完成。注意要预留出与小连接体连接的位置，其余部分完成外冠的烤瓷冠或烤塑冠的制作。

四、圆锥型套筒冠义齿支架的制作与连接

（一）圆锥型套筒冠义齿支架的制作

在复制好的耐火材料模型上按套筒冠修复体支架设计要求，完成支架蜡型。应特别注意支架与小连接体、小连接体与固位体外冠结合处的形态结构，在安放金属外冠基底层的模型上，按金属小连接体的外形雕塑蜡型，并转移至耐火材料模型上与支架蜡型连接成一个整体，包埋、铸造，完成义齿的支架。

（二）焊接

将制作的金属支架，与固位体内外冠同时准确地安放在模型上，通过激光焊接技术，将固位体外冠基底层与小连接体连接（图 12-19），从而也就完成了整个固位体结构与圆锥型套筒冠义齿支架的结合。

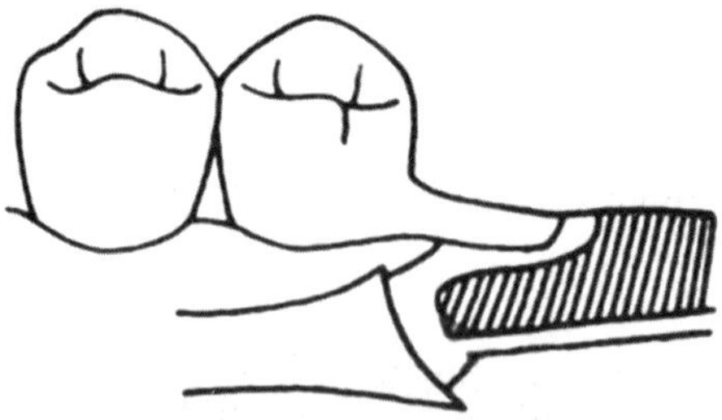

图 12-19　小连接体和支架连接

五、打磨、抛光

完成后的支架通过打磨，抛光，应送到临床上，进行试戴。检查固位体的固位水平高低，义齿支架大连接体与黏膜是否均匀接触，游离端缺失的病例中圆锥型套筒冠义齿支架有无翘动、下沉等

不稳定现象。最后将支架复位到𬌗架的模型上，为最后排列人工牙及制作基托做准备。

六、义齿的完成及试戴

（一）义齿的完成

由于套筒冠固位体的外冠材料、制作工艺不同，外冠塑型和人工牙排列方法有所差异。

1. 外冠为金属烤塑的套筒冠固位体 在套筒冠修复体支架上，根据咬合关系，在外冠的基底冠上进行分层塑造外冠形态，然后置于固化炉中固化，并在缺牙区排列人工牙，完成蜡基托的恢复。常规方法装盒、去蜡、充填树脂、热处理、打磨抛光，最终完成圆锥型套筒冠义齿的修复体（图 12-20）。

2. 外冠为金属烤瓷的套筒冠固位体 应先按照基牙上应形成的牙面位置和形态，再进行金属烤瓷冠的瓷层塑型并完成烤瓷冠，最后进行人工牙的排列及后期制作。

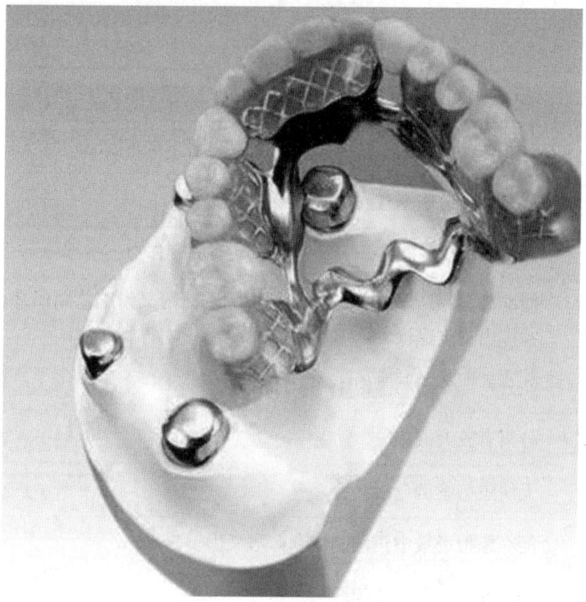

图 12-20 制作完成的套筒冠义齿

（二）试戴

将圆锥型套筒冠义齿戴入口中，需要检查义齿的就位情况及固位稳定性；大连接体，基托与黏膜之间的密合度；修复体外冠形态和人工牙是否与脸型协调；人工牙色泽是否与周围牙齿相协调；咬合关系是否正确等。其中特别需要注意以下问题。

1. 固位情况 圆锥型套筒冠就位比较方便，修复体沿基牙内冠方向戴入即可，一般情况下完成就位的固位体有较好的固位能力，如果固位力不足，需重新设计和制作修复体。

2. 咬合情况 圆锥型套筒冠义齿带入后需仔细地检查正中、前伸、侧向咬合情况，如果出现早接触或者𬌗干扰，应仔细选磨，减少义齿不稳定现象的发生，保证患者带入义齿后，能发挥良好的咀嚼功能。

【任务评价】

详见表 12-2。

表 12-2　套筒冠义齿制作工艺技术任务评价

主要测评项目		评价标准	分值 / 分	得分
专业知识掌握程度（50 分）	套筒冠义齿内冠的制作（10 分）	能够准确阐述套筒冠义齿内冠的制作	8 ～ 10	
		对套筒冠义齿内冠的制作有一定了解但不够准确	4 ～ 7	
		完全不了解套筒冠义齿内冠的制作	0 ～ 3	
	套筒冠义齿外冠的制作（20 分）	详细且准确地讲出套筒冠义齿外冠的制作	16 ～ 20	
		能列出部分套筒冠义齿外冠的制作	8 ～ 15	
		只能模糊说出一些套筒冠义齿外冠的制作	4 ～ 7	
		完全不记得套筒冠义齿外冠的制作	0 ～ 3	
	圆锥型套筒冠义齿支架的制作与连接（20 分）	能设计圆锥型套筒冠义齿支架的制作与连接部分并说明理由	16 ～ 20	
		能大致设计圆锥型套筒冠义齿支架的制作与连接部分但理由不充分	8 ～ 15	
		选择有一定偏差且理由不清晰	4 ～ 7	
		无法正确设计圆锥型套筒冠义齿支架的制作与连接部分	0 ～ 3	
应用能力（30 分）	案例分析（20 分）	能准确运用所学知识分析案例中的套筒冠义齿工艺制作是否合理，并提出改进建议	16 ～ 20	
		能分析部分问题，但不够全面	8 ～ 15	
		分析有较大偏差	4 ～ 7	
		无法进行案例分析	0 ～ 3	
	实际场景模拟（10 分）	能在模拟场景中正确制作套筒冠义齿	8 ～ 10	
		选择和使用有一定问题	4 ～ 7	
		完全错误	0 ～ 3	
素质能力（20 分）	专业素养（5 分）	对圆锥型套筒冠义齿工艺技术的学习表现出积极的态度和专业精神	1 ～ 5	
	团队合作（5 分）	在小组学习或讨论中，积极参与，与他人合作良好	1 ～ 5	
	责任心（5 分）	对学习任务认真负责，确保学习质量	1 ～ 5	
	创新能力（5 分）	能够提出新颖的圆锥型套筒冠义齿的设计制作方案	1 ～ 5	
学生自我评价与反思				
小组评价				
教师评价				
总评成绩				

考试知识点总结

项目小结

协和云课堂…… 拓展练习及参考答案

（王翠杰）

项目十三　附着体义齿工艺技术

教学课件

任务目标

素质目标

（1）具有精益求精的工匠精神，严格执行附着体义齿制作的标准化流程，以高度专注的态度反复校准精度，确保义齿各部件达到标准要求，实现稳固耐用的临床效果。

（2）树立全程质量管控与人文关怀并重的职业理念，在附着体义齿制作过程中，充分考虑患者佩戴感受，优化义齿舒适度与美观性，以专业素养和服务意识增强患者对修复方案的信赖感。

知识目标

（1）掌握：附着体义齿的概念、组成、分类。

（2）熟悉：常见附着体的种类、附着体义齿的制作工艺。

（3）了解：附着体义齿的保养及修理。

能力目标

（1）能够正确识别不同类型的附着体义齿，并说出其特点和适用范围。

（2）能够根据患者的缺失牙情况选择合适的附着体义齿修复。

（3）能够完成附着体义齿的制作及修理。

任务一　附着体义齿基本知识

任务案例

【案例】

患者，男，65岁。患者上颌牙齿因龋坏、牙周病等原因，多颗牙齿陆续缺失，已行局部活动义齿修复，但自觉义齿松动、咀嚼效率低，且基牙时有疼痛。口腔检查：上颌右侧 1246 缺失，左侧 13567 缺失。余留牙中，右上 3 松动Ⅱ度，牙龈退缩约 3mm，牙周袋深度约 5mm；左上 2 松动Ⅰ度，牙龈轻度红肿，牙周袋深度约 3mm；其余基牙松动度在Ⅰ度以内，牙龈有不同程度的炎症表现。颌间距离适中，牙槽嵴吸收程度为中等，要求附着体义齿修复。

【问题】

1．针对患者复杂口腔状况，附着体义齿如何制作能改善义齿松动和提高咀嚼效率？

2．鉴于余留牙不同程度问题，应该怎样选择附着体类型保护基牙，减轻疼痛？

【任务分析】

面对患者复杂的口腔病情，需以专业严谨的态度，深度剖析附着体义齿相较于传统活动义齿的优势。根据余留牙的松动程度、牙龈炎症范围以及牙槽嵴吸收情况，从患者的切身利益出发，量身定制附着体义齿修复方案，以均匀分散殆力，减轻对余留牙的额外负担，促进牙龈组织的健康恢复。

【知识链接】

附着体义齿是以附着体为主要固位形式的可摘局部义齿。附着体（attachments）是通过阴性部件和阳性部件的嵌锁作用结合在一起的义齿固位装置。附着体一部分与牙或者种植体结合，另一部分与义齿的可摘部分结合，为义齿提供良好的固位、稳定和美观效果（图 13-1）。

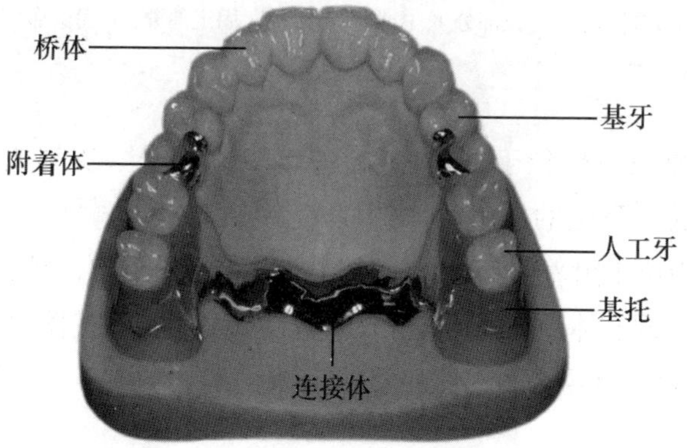

图 13-1　附着体义齿

一、附着体义齿的组成

附着体齿根据临床修复设计方案不同，其组成部分有所不同，可以有固位体、人工牙或桥体、基托和连接体等部分组成。

微课：
附着体义
齿的组成

（一）固位体

附着体义齿的固位体主要是各种类型的附着体。附着体一般由阳性部件和阴性部件两个部分组成（图 13-2），有些附着体还可以有其他辅助部件。

1. 阳性部件 固位部分为凸形结构的附着体部件称为阳性部件。阳性部件常由两个部分组成，即固位部分和固定部分。

（1）固位部分：固位部分与阴性部件嵌锁连接，产生固位力。不同类型的附着体固位部分的形态各异，常见的形态有球形、圆柱形、圆锥形、翼形等。

（2）固定部分：固定部分与牙冠、牙根、种植体和义齿连接，使阳性部件固定在其上。常见固定部分的形态有锯齿形、凹槽形等。

2. 阴性部件 固位部分为凹形结构的附着体部件称为阴性部件。阴性部件也由两个部分组成，即固位部分和固定部分。

（1）固位部分：固位部分与阳性部件嵌锁连接，产生固位力。常见形态有凹槽形、锥筒形等。

（2）固定部分：固定部分同阳性部件。

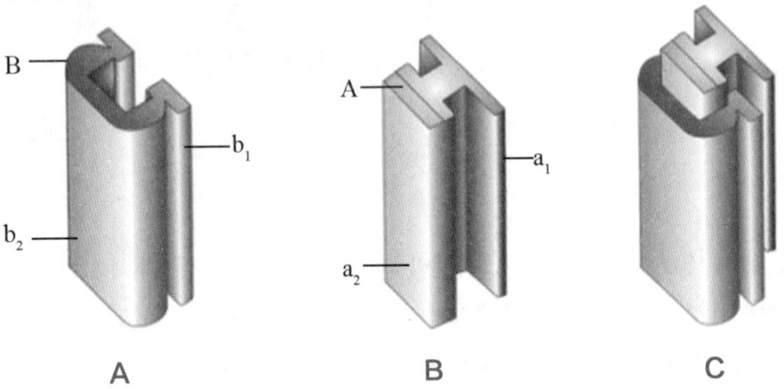

图 13-2 附着体的组成

A. 阳性部件（a_1 固定部分；a_2 固位部分）；B. 阴性部件（b_1 固定部分；b_2 固位部分）；C. 阴阳结合。

3. 辅助部件

（1）舌侧支撑臂：舌侧支撑臂位于基牙舌侧，为连接附着体、支架或基托的金属对抗臂，具有支撑，缓冲𬌗力，增加固位与稳定的作用。

（2）O 形圈：O 形圈为位于附着体部件上的橡胶或金属圈形结构，具有增加固位的作用。

（3）弹簧：弹簧是位于附着体内的弹性较大的金属螺旋状结构，使附着体的固位力具有缓冲作用。

（4）螺钉：螺钉具有固定附着体各部件的功能。

（二）人工牙

人工牙用于修复缺牙区的天然牙，恢复其形态与功能。人工牙根据设计可采用树脂牙（成品牙），也可采用金属树脂牙或金属烤瓷牙。

（三）桥体

桥体是修复缺失牙的形态和功能的部分。类似于固定桥结构的附着体义齿，附着体的一部分结构与桥体形成整体，而另一部分附着体结构与基牙连接，形成可摘式桥体结构的附着体义齿（图 13-3）。

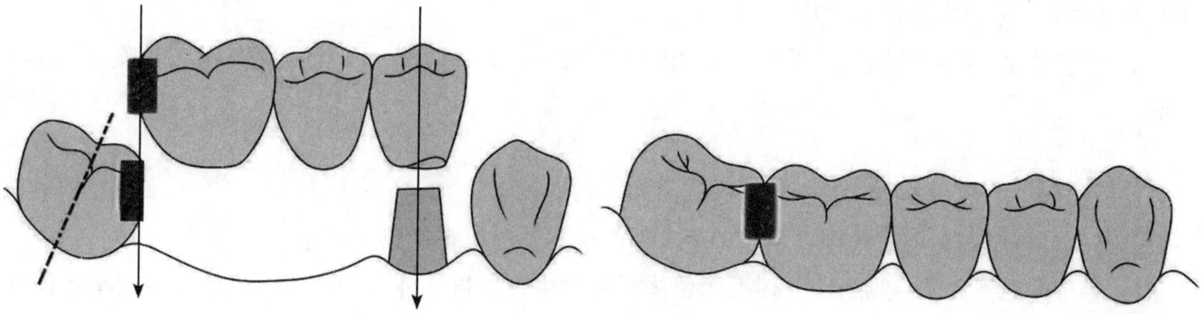

图 13-3　桥体式附着体义齿

（四）基托

基托是连接附着体、人工牙和金属支架等部件的附着体义齿部分，起固位、传递和分散𬌗力的作用。根据修复体设计要求，可选用金属或树脂基托，其范围大小与义齿支持形式、缺牙部位、缺牙数目相关。如选用树脂基托时基托内必须设计金属加强支架，使附着体与支架有良好结合并增加基托强度。

（五）连接体

附着体义齿中的大连接体，主要有腭板、腭杆、舌板、舌杆等，在义齿中起分散𬌗力、加强义齿强度，以及连接附着体义齿的其他部分的作用。

二、附着体义齿的优缺点

（一）优点

1. 保护基牙　应用附着体，可使作用于基牙上的𬌗力有较好的应力分布。尤其是冠内附着体的位置接近基牙的长轴时减少了基牙的扭力，缓冲了𬌗力，有利于保护基牙。

2. 可调整固位力　利用专用工具，根据临床具体情况调整附着体的固位力，调整方式较常规卡环精确。

3. 修复体美观　附着体隐蔽，且利用附着体固位可减少卡环的数目，使义齿暴露的金属少，有效提高了义齿的美观性。

4. 方便排牙　附着体的体积小，排牙的空间大。

5. 符合卫生要求　采用附着体制作的可摘局部义齿，由于附着体制作精细，体积小而固位力强，可减少基托的面积，而且附着体光滑，减少了菌斑及食物残渣的堆积，有助于口腔清洁，防止龋病的发生。

6. 提高患者舒适度和咀嚼效能　附着体义齿设计精巧，其精密的连接部件能更好地适应口腔环境。同时还具有良好的固位和稳定性，摘戴过程中对基牙不会产生侧向力。𬌗力的传导符合生物力学原则。

7. 修复设计多样化　采用附着体作为固位体，可根据临床基牙、牙周及缺牙区牙槽嵴等情况选择不同的附着体，甚至在种植体上也可用杆卡式附着体、按扣式附着体、磁性附着体、套筒冠和螺钉式附着体等，使修复设计多样化。

8. 便于维修 同一类型的各部件均采用标准件尺寸，能够通用，一旦发生损坏，维修、更换较方便。

（二）缺点

附着体可摘局部义齿虽然在临床应用中有很多优点，但也存在以下不足。

1. 基牙磨除量大 一般制作卡环类固位体只需要进行少量牙体预备，而附着体义齿的基牙预备要磨除大量牙体组织。

2. 治疗时间较长，费用较高 附着体部件精细，要求契合度高，临床操作和技工制作过程复杂，对制作设备要求高，制作成本较高。

3. 受牙齿和牙槽嵴条件的影响 附着体的应用直接受牙冠的体积大小、牙髓腔位置、牙槽嵴高度和宽度等因素影响。

三、附着体的分类

微课：附着体的分类

（一）根据附着体放置于基牙上的位置分类

根据附着体放置在基牙的位置不同分为冠内附着体、冠外附着体及根面附着体（图 13-4），此为最常用的分类方法。

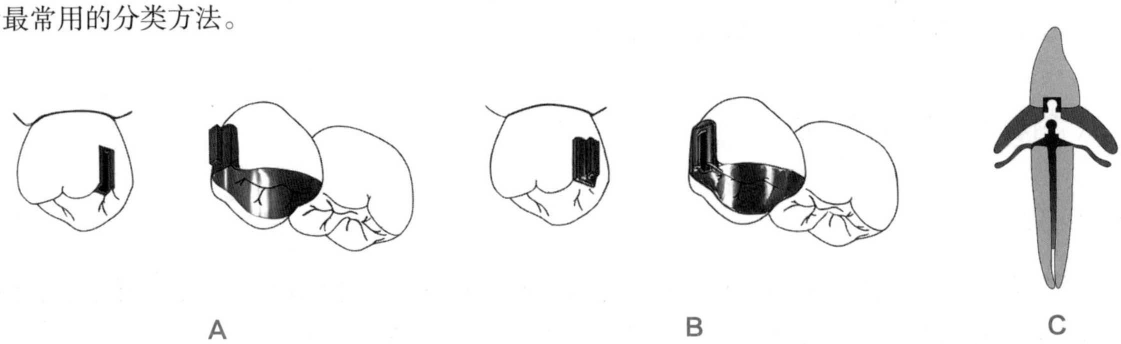

图 13-4 根据附着体放置于基牙上的位置分类

A. 冠内附着体；B. 冠外附着体；C. 根面附着体。

（二）根据附着体的精密程度分类

根据附着体阴阳性结构的精密程度分为精密附着体和半精密附着体。

1. 精密附着体 常为金属成品件，阴性与阳性结构采用精密加工工艺制作而成，附着体两部件能密切吻合。

2. 半精密附着体 其阴性与阳性结构中一部分为预成品，可通过树脂件或蜡型塑型铸造形成，另一部分为金属成品件。精密程度较精密附着体差，价格较低廉且制作加工相对较容易。

（三）根据附着体固位原理分类

根据附着体固位原理可将附着体分为机械式附着体和磁性附着体。

1. 机械式附着体 依据附着体两部分机械结构获得固位力，该类附着体中各种附着体的固位原理又有所不同，可将其分为以下三类。①摩擦固位型附着体。②自锁固位型附着体。③定位锁固位型附着体。

2. 磁性附着体　由两部分结构，即放置在基牙上的衔铁结构和放置在缺牙区义齿组织面内的磁铁结构。

（四）根据附着体结构之间的结合形式分类

根据附着体阴性和阳性结构之间的结合形式分为刚性附着体和弹性附着体。

1. 刚性附着体　刚性附着体即附着体阴性与阳性结构结合后，两部分结构呈刚性连接，除就位相反方向外无任何方向的可动度，在义齿中起到较强的固位作用。

2. 弹性附着体　弹性附着体即附着体的阴性与阳性两部分结构结合后，阴性与阳性结构之间有一定方向和一定量的可动度，此动度可以是多方向旋转运动，也可以是一个方向的铰链运动，以减轻基牙承受的负荷。

（五）根据附着体形态分类

附着体根据形态不同分为栓道式、杆卡式、按扣式、球窝式等附着体。

四、常见的各类附着体

临床常见的附着体有三类，即冠内附着体、冠外附着体、根面附着体。

（一）冠内附着体

1. 定义　冠内附着体是指附着体的阴性部件位于基牙解剖外形之内，阳性部件与基托或支架连接。通过阴、阳两部分之间的机械嵌合为义齿提供固位力的一种修复体。

2. 组成　冠内附着体由两个部件组成：与基牙相连的凹槽结构为阴性部件，与义齿支架和基托相连的翼状凸型结构为阳性部件。

3. 横截面形态　临床常见的冠内附着体的水平横截面可为“H”“T”“O”等形状（图 13-5），其中以“H”形者接触面积最大，固位力最强，其对抗侧向力的能力与附着体的龈向高度有关。一般要求附着体的殆龈向高度至少达 4mm 以上，否则固位力和对抗侧向力的作用明显降低。

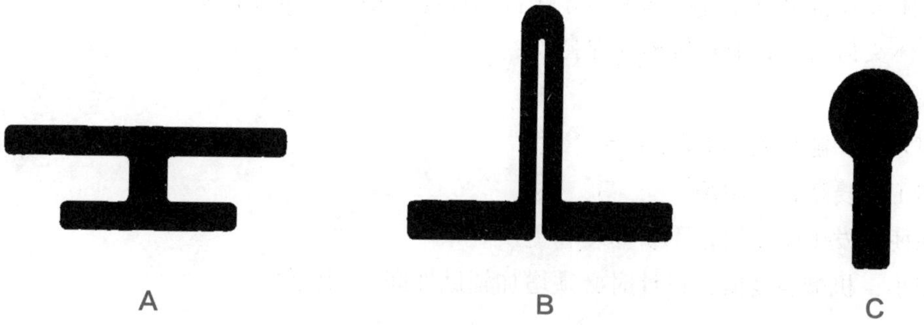

图 13-5　冠内附着体横截面形态
A.“H”形；B.“T”形；C.“O”形。

4. 常见冠内附着体 常见的冠内附着体大多为精密附着体，如 Crismani 冠内附着体（图 13-6）、Snap 冠内附着体（图 13-7）、McCollum 冠内附着体（图 13-8）等。

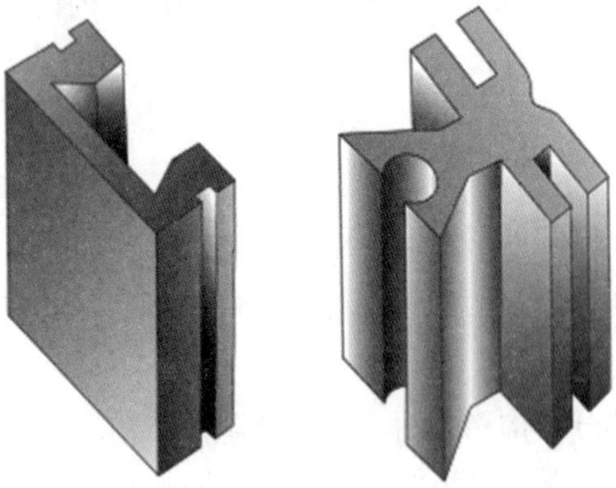

图 13-6 Crismani 冠内附着体

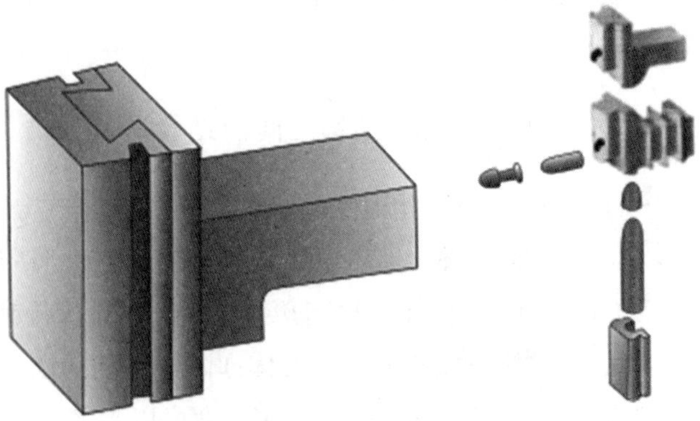

图 13-7 Snap 冠内附着体

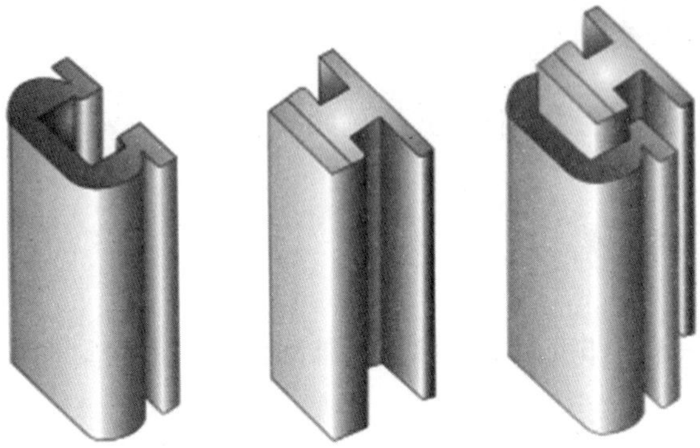

图 13-8 McCollum 冠内附着体

5. 冠内附着体的适应证

（1）基牙的条件：殆龈径大于 4mm，有足够的颊舌径。

（2）作为牙列缺损修复体的固位体。

（3）作为固定修复体的连接体。

（4）牙列缺损修复时，修复体难以取得共同就位道，可作为活动 – 固定义齿的连接体。

6. 冠内附着体的优缺点

（1）优点

1）通过附着体将殆力经过桥基牙的牙体长轴传递到根尖，可保护基牙。

2）附着体义齿的口腔卫生较容易保持。

（2）缺点

1）受到牙冠和髓腔大小的制约。

2）制作工艺复杂，费用高。

3）长期使用发生磨损后，不易修理和更换。

4）体积小，机械强度低，设计时必须增加辅助性间接固位体。

（二）冠外附着体

1. 定义 冠外附着体是指附着体的阳性部件固定在基牙牙冠解剖外形之外，阴性部件则与义齿相连，通过阴、阳两部分之间的机械嵌合为义齿提供固位力的一种修复体。

2. 组成　由阳性部件和阴性部件两个部分组成。阳性部件与基牙牙冠连接，阴性部件与义齿的基托连接。

3. 类型及固位力　冠外附着体的基本类型为弹性型和非弹性型两种。固位力靠两部件之间的摩擦产生。密合度好，体积大的附着体固位与稳定效果好。由于阳性部件突出于基牙牙冠之外，应用时会受牙槽嵴高度与宽度的制约。

4. 常见冠外附着体　大多为精密附着体，如 Dalbo 冠外附着体（图 13-9）和 Ceka 冠外附着体（图 13-10）等。

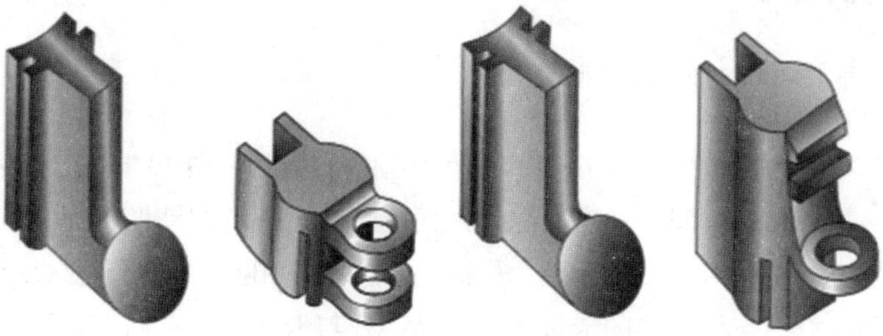

图 13-9　Dalbo 冠外附着体

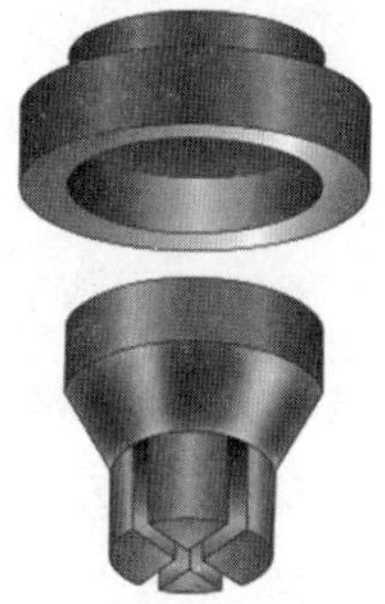

图 13-10　Ceka 冠外附着体

5. 冠外附着体的适应证

（1）颌间距离大于 5mm，基牙牙冠颊舌径大于 4mm 者。

（2）单、双侧游离端缺失的可摘局部义齿中的固位体。

（3）在固定义齿修复中可用于调整就位道的方向。

（4）牙松动度在Ⅰ度以内，牙周无炎症或牙周炎症已被控制的患者。

6. 冠外附着体的优缺点

（1）优点

1）对基牙大小的要求较低。

2）固位作用强大，常用于游离端缺失的可摘局部义齿中。

3）由于其结构、设计较为灵活，易于设计冠外附着体应力中断、扣锁等装置。

（2）缺点

1）不易控制菌斑附着。

2）不能用于缺隙过小的病例。

（三）根面附着体

1. 定义　附着体的阴阳结构一部分固定在基牙牙根上或牙根内，另一部分安置在义齿基托组织面内，两部分相互作用产生固位。其固位力产生原理根据附着体结构而定。

2. 类型　常见的类型有杆卡式附着体、按扣式附着体和磁性附着体。

（1）杆卡式附着体

1）定义：用杆将多个牙根或种植体连接在一起，卡则安装在覆盖义齿组织面的基托内，通过杆与卡之间的卡抱作用产生摩擦力而固位，这种形式的附着体称为杆卡式附着体。

2）组成：杆卡式附着体由杆和卡组成。杆可根据牙槽嵴的形状适当弯曲，使杆与牙槽嵴保持平行。卡由固定翼和弹性翼组成（图 13-11），固定翼埋在义齿组织面的基托中，而弹性翼则通过与金属杆产生的卡抱作用而产生固位力。卡常用弹性较高的金属片或尼龙材料制成。

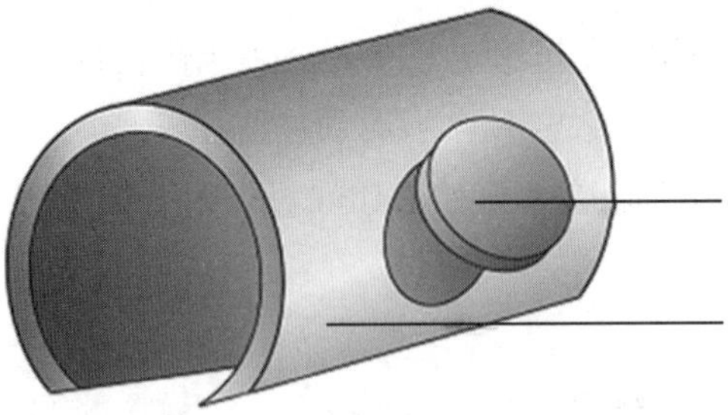

图 13-11 卡的固位翼和弹性翼

3）类型及固位力：杆卡式附着体可分为关节型（图 13-12）和单元型两种类型（图 13-13）。①关节型：杆的截面通常为圆形或椭圆形，杆和卡之间有一定间隙，因而能够产生一定的动度，为义齿提供旋转或轴向运动，有利于支持组织缓冲𬌗力。②单元型：杆的两个侧壁是相互平行的，通过杆和卡之间的非弹性摩擦，产生摩擦固位力。与杆连接的卡常为预成品，杆与卡之间没有间隙，固位力较强。

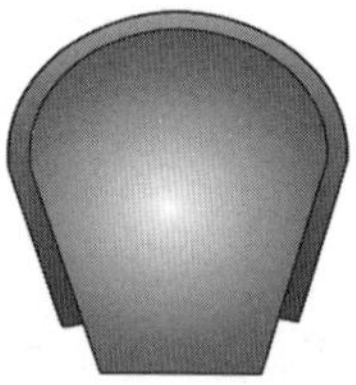

图 13-12　杆卡式附着体关节型

图 13-13　杆卡式附着体单元型

4）常见的杆卡式附着体：有 Dolder 杆卡式附着体（图 13-14）、Hader 杆卡式附着体（图 13-15）等。

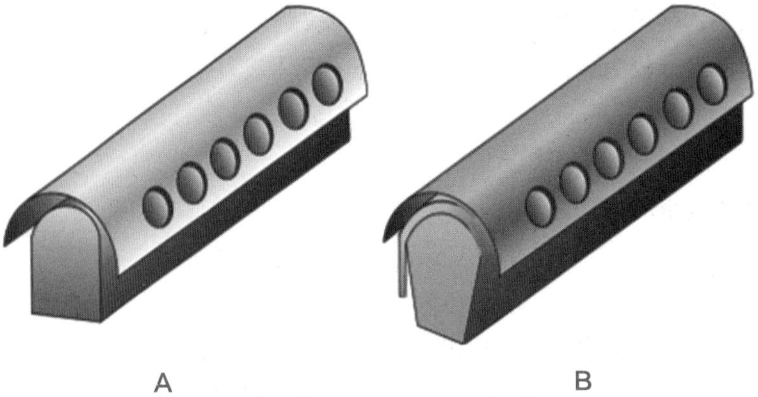

图 13-14　Dolder 杆卡式附着体

A. 非弹性型；B. 弹性型。

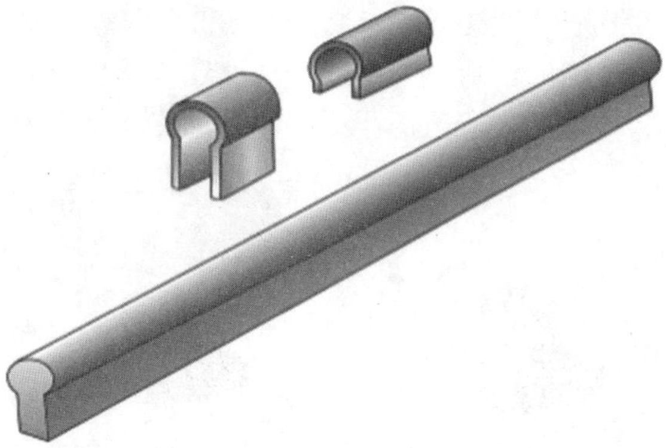

图 13-15　Hader 杆卡式附着体

5）杆卡式附着体的适应证：杆卡式附着体主要是作为覆盖义齿的固位体使用，也可作为种植体的上部结构，余留牙牙周健康较差时杆卡式附着体可起到牙周夹板的作用。

6）杆卡式附着体的优缺点

优点：①可通过增减卡的数量来调节固位力的大小；②具有牙周夹板的作用；③降低基牙牙冠高度，减小基牙受到的侧向力；④义齿具有良好的固位和稳定作用，且摘戴方便。

缺点：①杆与义齿之间留有空隙，易造成食物残渣滞留；②弧形杆易产生游离力矩，轻则引起杆松动，重则造成基牙损伤；③对共同就位道要求比较严格。

（2）按扣式附着体

1）定义：将一个部件安装在牙根上或牙根内，另一个部件则安装在义齿的基托内，通过两个部件之间的弹性锁扣作用产生的摩擦力固位，这种附着体称为按扣式附着体。部件安装在牙根上时称为牙根上按扣式附着体。部件安装在牙根内时称为牙根内按扣式附着体。牙根上按扣式附着体较牙根内按扣式附着体多见。

2）组成：按扣式附着体由阳性和阴性部件组成，两部件之间以弹性锁扣方式相连接。

3）类型：按扣式附着体可分为两型，即弹性型和非弹性型。①弹性型：其阳性部件和阴性部件之间有微小间隙，因而能够产生一定的动度，有利于缓冲𬌗力。②非弹性型：其阳性部件和阴性部件之间无间隙，不利于缓冲𬌗力，常用于修复颌间距离小的病例。

4）常见的按扣式附着体：有 Ceka 按扣式附着体（图 13-16）、Rother-mann 按扣式附着体（图 13-17）、Dalla Bona 按扣式附着体（图 13-18）等。

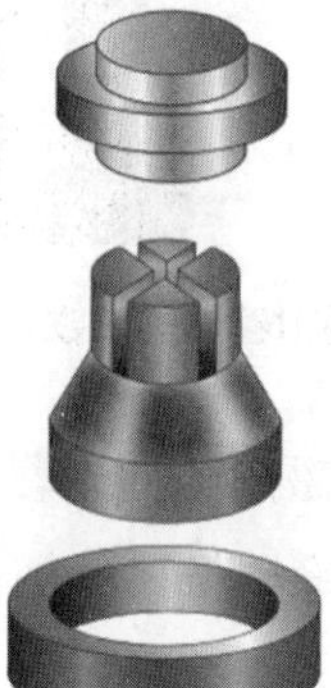

图 13-16　Ceka 按扣式附着体

图 13-17　Rother-mann 按扣式附着体

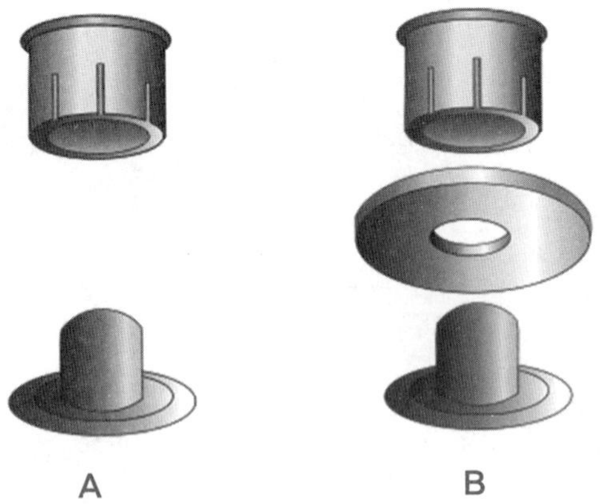

图 13-18 Dalla Bona 按扣式附着体

A. 非弹性型；B. 弹性型。

5）按扣式附着体的适应证：按扣式附着体常作为覆盖义齿的固位体使用，也可用于牙冠短小，不利于卡环固位的基牙。

6）按扣式附着体的优缺点

优点：①附着体高度低，对基牙牙根的扭力较小，对保护基牙有利。②附着体的结构简单，制作方法容易掌握，费用低，并且能够提供较好的固位力。

缺点：①摘下义齿后，附着体的阳性部分暴露在口腔之中，患者有不适感。②阳性部件损坏后不易取出修理。

（3）磁性附着体

1）定义：由一个设置在义齿组织面的磁体和一个安置在患者口内余留牙根或种植体上的衔铁组成，磁体和衔铁相互吸引产生磁引力而获得固位的一种修复体（图 13-19）。

2）组成：磁性附着体由磁体和衔铁组成。嵌入义齿内的一极称为磁体；另一极则固定于牙根上，称为衔铁。当义齿戴入口腔内时，磁体的吸力使义齿固位，并产生固位力（图 13-20）。

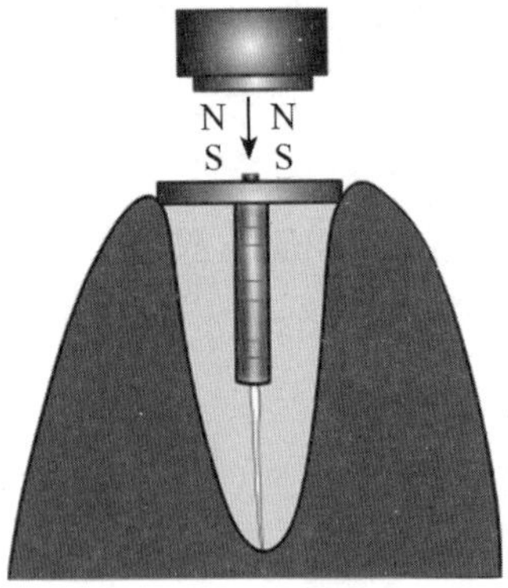

图 13-19 磁性附着体

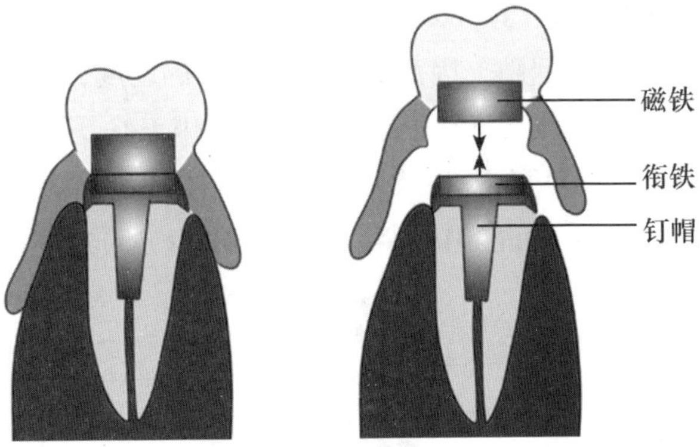

图 13-20 磁性附着体的磁铁、衔铁、钉帽

3）类型：①按磁路设计分类。开放性磁路磁性附着体和闭合性磁路磁性附着体。就闭合性磁路设计而言，还可分为帽状型、夹极型、三明治型等多种形式。②按磁性材料分类。全部由永磁体组成的磁性附着体和由永磁体、软磁合金组成的磁性附着体。

4）常见磁性附着体：有 Keystone 磁性附着体、Indedent 磁性附着体、Hitach 磁性附着体、Magfit 磁性附着体、Gillings 磁性附着体等。

5）磁性附着体的适应证：凡有符合基牙条件的保留牙根及残冠都可设置磁性附着体，但患者的上下颌关系应基本正常，牙列可排于牙槽嵴顶端。单颌义齿的颌间距离不低于 6mm，有足够的空隙放置磁性附着体及有一定厚度的树脂覆盖磁性附着体。

6）磁性附着体的优缺点

优点：①固位力大。单颌覆盖全口义齿通常使用 2 个磁性附着体即可。②操作简单。磁性附着体的操作较为简单。③保护基牙。磁体和衔铁为平面式接触，因而具有轴向固位力强、侧向固位力弱的特点，使过大的侧向力不全部作用于覆盖基牙上，从而有利于基牙健康。④体积小，可以方便地置入各种修复体中。

缺点：①磁体易生锈、腐蚀，需要做防腐处理。②由于腐蚀作用可使磁力减退，故 2 年左右需要更换义齿基底面的闭路磁体。

【任务评价】

详见表 13-1。

表 13-1 附着体义齿基本知识任务评价

主要测评项目		评价标准	分值 / 分	得分
专业知识掌握程度（50 分）	附着体义齿的定义（10 分）	能够准确阐述附着体义齿的定义	8 ～ 10	
		对附着体义齿的定义有一定了解但不够准确	4 ～ 7	
		完全不了解附着体义齿的定义	0 ～ 3	
	附着体的组成（20 分）	详细且准确地列出附着体的组成及部件形态	16 ～ 20	
		能列出部分附着体的组成及部件形态	8 ～ 15	
		只能模糊说出一些附着体的组成及部件形态	4 ～ 7	
		完全不记得附着体的组成及部件形态	0 ～ 3	
	附着体的分类（20 分）	详细且准确地列出附着体的分类	16 ～ 20	
		能列出部分附着体的分类	8 ～ 15	
		只能模糊说出一些附着体的分类	4 ～ 7	
		完全不记得附着体的分类	0 ～ 3	
应用能力（30 分）	案例分析（20 分）	能准确运用所学知识分析案例，正确选择附着体义齿的类型	16 ～ 20	
		能分析部分问题，但不够全面	8 ～ 15	
		分析有较大偏差	4 ～ 7	
		无法进行案例分析	0 ～ 3	
	实际场景模拟（10 分）	能在模拟场景中正确选择附着体义齿的类型	8 ～ 10	
		选择和使用有一定问题	4 ～ 7	
		完全错误	0 ～ 3	

续　表

主要测评项目		评价标准	分值/分	得分
素质能力（20分）	专业素养（5分）	对附着体义齿的学习表现出积极的态度和专业精神	1～5	
	团队合作（5分）	在小组学习或讨论中，积极参与，与他人合作良好	1～5	
	责任心（5分）	对学习任务认真负责，确保学习质量	1～5	
	创新能力（5分）	能够提出新颖的附着体义齿的类型	1～5	
学生自我评价与反思				
小组评价				
教师评价				
总评成绩				

▶任务拓展

附着体义齿的发展历程

在19世纪末期，欧美就已有很多医生在临床中尝试制作附着体义齿，但此时处于早期探索阶段，技术和设计都相对简单且不够成熟。当时的附着体主要是一些简单的机械结构，用于连接义齿和剩余的天然牙齿，以提高义齿的固位力。

20世纪初期，出现了各种形形色色的半精密附着体，医生根据需要将支托凹预备成深浅不同的形状，并制作与其吻合的有锁结作用或无锁结作用的各种栓体。1906年，Herman Chayes设计了一种可调节的插销式冠内附着体，这一设计在当时具有重要意义，对后来附着体的发展产生了深远影响，Chayes也被誉为“精密附着体之父”。

20世纪中期，不少学者开始推崇使用双重冠固位体，因为它操作比附着体简单，且也有保留残根、残冠，增加义齿固位，减少卡环暴露等优点。如1958年，Milletr最早报道一种套袖式修复体。1966年，Yalisove将其改进为有特定生物外形并有牙周夹板作用的套筒冠式修复体。1969年，Korber等认为锥形冠式修复体更合理。

20世纪后期，随着种植技术的逐渐成熟和广泛应用，附着体被大量应用于种植体的上部结构，成为连接种植桩和义齿的重要部件，为患者提供了更加稳固和舒适的修复方式。研磨装置的出现为附着体的精确应用和发展提供了有效途径，不仅可以准确安装各种成品附着体，而且可以根据不同模型的具体情况研磨导平面、舌侧导板、双重冠内冠外壁的共同就位道，以及与双重冠共用的栓道轴沟等。

进入21世纪，附着体义齿在材料、设计和制作工艺等方面不断改进和创新。各种新型附着体不断涌现，如磁性附着体、球帽式附着体、栓道式附着体等，满足了不同患者的需求。

数字化技术在口腔修复领域的应用也为附着体义齿的发展带来了新的机遇，通过计算机辅助设计和制造技术，可以更加精确地设计和制作附着体义齿，提高了修复体的质量和精度。

任务二　附着体义齿制作工艺技术

任务案例

【案例】

患者，男，65 岁。患者上颌牙齿因龋坏、牙周病等原因，多颗牙齿陆续缺失，已行局部活动义齿修复，但自觉义齿松动、咀嚼效率低，且基牙时有疼痛。口腔检查：上颌右侧 1246 缺失，左侧 13567 缺失。余留牙中，右上 3 松动Ⅱ度，牙龈退缩约 3mm，牙周袋深度约 5mm；左上 2 松动Ⅰ度，牙龈轻度红肿，牙周袋深度约 3mm；其余基牙松动度在Ⅰ度以内，牙龈有不同程度的炎症表现。颌间距离适中，牙槽嵴吸收程度为中等，要求附着体义齿修复。

【问题】

1. 附着体义齿的制作工艺有哪些关键步骤和技术要点？

2. 从制作工艺角度出发，如何有效降低附着体义齿制作过程中的误差，确保义齿就位准确，减少患者佩戴后的不适感，体现以患者为中心的理念？

【任务分析】

在附着体义齿制作工艺中，以精益求精的态度，利用专业知识和技能，依据患者余留牙及牙槽嵴的具体情况，精确设计和制作附着体，确保义齿的稳定性与固位力。要勇于运用先进的工艺技术，积极探索更适宜的制作方法，在保证附着体功能的同时，最大限度减少对松动基牙的损伤。基于以上分析，探讨附着体制作的工艺技术，为患者制订出高质量的附着体义齿修复方案。

【知识链接】

附着体义齿根据不同的设计有很多类型，各类型附着体在临床修复治疗和义齿制作时都有各自的要求和步骤，但其临床修复治疗流程相同，以下介绍附着体义齿的基本制作工艺。

一、工作模型准备

（一）石膏模型的检查

在完成基牙预备和制取印模后，应即刻灌注模型。鉴于附着体义齿对临床初戴效果和制作精密度要求极高，模型需满足一系列特殊要求，以确保修复体的制作完全符合设计标准。

灌注模型时，需选用超硬人造石。待模型材料凝固后，小心地将模型从印模中取出，并仔细检查模型上基牙的牙体和颈缘形态。一旦发现牙体存在缺陷或颈缘不够清晰，就必须重新制取印模。此外，还需对基牙以外的其他牙齿的咬合面和颈部区域的石膏小瘤进行精细修整，防止其干扰上下牙列正常的咬合关系。

（二）可卸代型的制作

附着体义齿可卸代型制作的基本步骤与固定义齿相近，但其制作要求更高，以保证附着体制作的精密程度。

1. 修整工作模型 根据模型牙弓的形状、大小选择合适的橡皮底座，并按橡皮底座形状修整石膏模型成马蹄状，使其与橡皮底座的形状吻合。

2. 模型固位钉的制备 根据义齿设计，确定模型固位钉的数目、位置以及切割模型的区域，并用标记笔在模型上标出固位钉的位置和代型切割区域。用激光打钉机的光束在基牙面定位，光束与基牙牙长轴基本平行，以保证钻孔车针在其基牙对应的底部石膏上形成预备孔。

3. 辅助定位槽修整 在石膏模型底部分别位于颊舌侧边缘处修整成若干U形凹槽，以使支架制作中代型既方便又正确地复位于工作模型底座上，达到辅助定位作用，确保附着体义齿支架制作的精度。

4. 模型固位钉粘接 精密附着体的制作要求较高，模型固位钉的作用在于固定和连接代型与工作模型底座，使两者既可以随意拆卸和组合，又能够准确地定位。用固位钉粘接剂将固位钉准确地粘接在已制备的工作模型底部的预备孔中，使固位钉与代型连接成一个整体。待粘接牢固后，将塑料套管准确就位。在石膏模型底部喷涂分离剂，以免工作模型底座石膏与代型石膏粘连，确保代型的自由脱卸。

5. 工作模型底座制作 在成品橡皮模型底座内灌注部分硬石膏，同时在模型底部固位钉之间的间隙中注入硬石膏，然后准确地将模型放置于橡皮底座内，去除多余的硬石膏。

6. 代型切割 石膏固化后根据模型上的标记，用模型切割机切割代型，也可用线锯手工切割代型。

7. 代型预备 拆开代型按步骤进行颈缘修整、颈线标记、涂布表面硬化剂、间隙漆等。间隙漆的要求与固定修复相同，即离开颈缘约2mm，涂布厚度为0.1mm。

二、转移颌位关系

（一）确定颌位关系

临床上常根据牙列缺损的具体状况，在模型上利用余留牙来确定上下颌关系。对于条留牙条件不足的情况，可通过蜡𬌗记录或𬌗托记录的方式确定上下颌关系。

（二）上𬌗架

由于附着体制作对精度要求较高，通常应选用可调节𬌗架。

1. 具体步骤

（1）上𬌗架之前，要仔细检查石膏模型的牙列咬合面，确保无气泡，否则会严重干扰上下牙列咬合的准确性。

（2）依据临床咬合记录，对准模型上的咬合关系，确认在牙尖交错位时，上、下颌模型咬合稳固，无丝毫翘动现象。

（3）取双层橡皮筋，在对角线位置将上下颌模型牢牢固定。

（4）先把上颌模型固定在𬌗架上，再按照咬合记录固定下颌模型。

（5）模型固定完毕后，着手仔细调整𬌗架上的髁导斜度。

2. 注意事项

（1）上𬌗架过程中应使用超硬石膏，并且必须严格按照石膏规定的粉液比例进行调拌。精准的粉液配比能够最大限度降低石膏在凝固过程中的体积变化，从而保证模型精度。

（2）上下颌工作模型底部与𬌗架的上颌体、下颌体架环之间，应预留 1.5 ～ 2.0cm 的间隙。若间隙过大，受石膏收缩与膨胀因素的影响，导致咬合记录精度降低，进而影响整个附着体义齿的制作质量。

三、确定义齿共同就位道

附着体义齿的共同就位道主要指多个附着体之间，各附着体的阳性结构与阴性结构，以及附着体与其他固位体之间按共同方向和角度就位的路径。

（一）观测并确定共同就位道

将工作模型从𬌗架上取下，放置在平行研磨仪的工作平台上，通过夹具固定模型。用平行研磨仪上的垂直分析杆，观测模型上各基牙和其他牙齿牙冠各轴面之间的关系，以及缺牙区软组织是否有倒凹区，调整模型倾斜度，协调基牙和其他牙齿之间的平行关系，最后确定附着体义齿的共同就位道方向，并固定平行研磨仪上的工作平台。

（二）放置水平气泡仪

1. 目的　使工作模型可根据需要自由取下和复位于工作平台上，而不改变义齿的共同就位道。

2. 方法　确定就位道后，将水平气泡仪放置在工作模型的牙弓内侧中央区，水平气泡仪中的气泡调整至水平仪中央，用石膏固定水平气泡仪。

3. 注意事项　在此操作过程中平行研磨仪上的工作平台倾斜度以及石膏固定后的水平气泡仪定位不能变动。

四、基牙上部结构的制作

下面以冠外附着体为例，介绍基牙上部结构的制作方法。

（一）基牙基底冠蜡型制作

采用专用铸造蜡逐个雕塑恢复基牙形态，对于多个连续的基牙，还需根据基牙联冠数目，把各基牙的基底冠蜡型按固定义齿连接体的要求连接成一体，反切法削去基底冠蜡型上瓷层所需厚度的蜡。附着体结构设计中若需增加辅助固位的栓道栓体和舌侧固位臂，在基底冠蜡型的舌侧和舌侧外展隙处适当增加蜡型厚度。

（二）辅助固位栓道和固位壁的研磨

将完成基底冠蜡型制作的代型插入工作模型，按附着体义齿制作时确定的共同就位道方向，复位于研磨仪工作台上。根据辅助固位栓道和固位壁设计，先用 0.7mm 直径的垂直研磨车针，转速 3000r/s，从基底冠面向颈部逐步研磨，保持栓道与义齿就位道一致；再用 1.2mm 直径的垂直研磨车针，以相同转速，修整辅助固位栓道的形态，完成固位辅助栓道研磨。

以同样的方法和程序，按辅助舌侧固位臂组织面的要求，在基底冠蜡型舌侧，同义齿就位道方向一致研磨出舌侧固位壁。修整完成的舌侧固位壁高度不少于 2.5mm，以保证有足够的固位力。在舌侧固位壁接近面处，研磨出 45°斜面，此移行面能防止食物嵌塞，减少异物感。

（三）附着体结构的放置和连接

1．具体方法

（1）使用精密附着体配套的平行转移杆换置研磨仪上的分析杆。平行转移杆的垂直方向与研磨仪上所确定的义齿就位道一致，保证放置的附着体部件之间互相平行，并符合义齿的共同就位道。

（2）平行转移杆的末端与附着体的部件吻合，以便稳定地夹持并转移该部件。

（3）用平行转移杆将冠外附着体阳性部件平行转移至基底冠蜡型的邻面中 1/3 处，前牙区则放置于基牙邻面的舌 1/3 处，阳性附着体底部与牙槽嵴顶黏膜之间应有 2mm 间隙。

（4）用蜡将附着体部件连接至基底冠上，附着体阴性部件和阳性部件接触面上不应沾有任何的蜡，否则将影响附着体阴阳性部件之间的精密吻合。

2．注意事项

（1）操作过程中，附着体阳性结构的长轴方向的各面始终与共同就位道一致。

（2）放置多个附着体，必须保证牙弓两侧所有附着体的高度一致。对于双侧游离端缺失的病例，还需保证附着体水平向的协调。

（3）通常沿矢状面与牙槽嵴的中线夹角的平分线放置附着体，夹角不应超过 20°，否则极易造成附着体的损坏和基牙的损伤。

（四）基底冠铸造

基牙基底冠蜡型和附着体阳性结构放置后，在基牙基底冠处安插铸道，主铸道直径约为 5mm，分铸道直径约为 3mm，长度在 3mm 以内，安插铸道部位一般选在非功能牙尖处。选用精密铸造专用包埋料包埋基底冠蜡型，真空状态下严格按包埋料的粉液比例进行搅拌，形成良好的铸模形态。待包埋材料初步凝固后，按不同金属的熔铸要求，调整电炉温度、升温速度与时间，在铸圈达到所需温度时，取出铸圈进行铸造。非贵金属成品附着体熔点一般为 1450℃左右，选择铸造金属的熔点应低于此温度，这样不会影响放置在基牙基底冠的成品精密附着体结构的精度。

（五）基底冠打磨

带有附着体结构的基底冠铸件打磨与固定义齿基底冠铸件打磨方法基本相同。主要是铸件氧化层的处理。其方法如下。按照从粗砂到细砂的步骤，先在 2.5Pa 压力下，用 25 目氧化铝对铸件表面先进行粗喷砂处理，再用表面玻璃珠进行细喷砂处理。铸件氧化层处理后，切割铸道和基底冠，将基底冠铸件放入工作代型上试戴、就位，检查基底冠边缘密合度，有否翘动、悬突、缺陷等，另外应将成品冠外附着体的阴性结构就位于相对应的附着体结构处，并仔细检查附着体阴性和阳性结构之间的吻合状况。需注意的是，带有附着体成品结构基底冠铸件氧化层时，喷砂前需用塑料替代件保护冠外附着体阳性结构，使喷砂过程中不会对附着体结构的精度造成损害，起到保护附着体结构的作用。

五、支架制作

附着体义齿可摘支架部分应在耐火材料翻制的工作模型上进行蜡型制作和铸造，其制作工艺同常规可摘局部义齿铸造支架的制作。

（一）耐火材料工作模型的翻制

翻制模型前，先在基牙基底冠上的附着体阳性结构件上放置配套的塑料阴性替代件。将带有基牙基底冠的工作模型从殆架上取下，放置在平行研磨仪工作平台上确认义齿原确定的就位道，然后在工作模型上填倒凹，义齿支架基托部位的基托树脂充填区间隙用蜡覆盖。用复制模型专用硅橡胶翻制工作模型阴模，用耐火模型材料灌注模型，待模型固化后，进行模型表面处理，完成耐火材料工作模型。

（二）义齿可摘部分支架蜡型制作

根据义齿就位道，在模型上标记义齿支架范围、形态等，依模型标记制作支架蜡型，支架蜡型根据设计可以有附着体辅助固位结构栓体、舌侧固位臂、支架附着体结构的连接区、大连接体、基托等，其要求与可摘局部义齿相同。

设计有辅助固位结构的栓道栓体和舌侧固位壁，其固位臂的舌面蜡型应与基牙牙冠舌侧外形一致，恢复牙冠形状，固位壁上缘与基牙舌侧固位臂上缘协调，从殆面逐渐移形至舌侧轴面。栓体与舌侧固位臂连接区蜡型厚度不宜过薄。包裹支架上附着体结构的蜡型按缺牙区殆龈高度设计成连接体形状，并应有一定的厚度，然后在该处排列人工牙。

（三）铸造义齿可摘支架部分制作

附着体义齿可摘部分支架蜡型完成后，按各种附着体要求选择铸造用金属材料。根据选用的金属材料用各自常规带模铸造方法进行铸圈包埋、铸造、喷砂和抛光等步骤完成义齿金属支架的铸造。

（四）附着体义齿可摘支架部分的检查

取下工作模型基底冠附着体结构的替代件，把义齿可摘支架就位至工作模型，检查其支架上大连接体与黏膜的贴合程度，附着体阴性和阳性结构结合是否吻合，支架有无翘动，辅助固位结构栓体和舌侧固位臂与基牙上栓道和舌侧固位壁是否吻合等。

（五）金属成品附着体阴性结构与可摘支架的焊接

附着体义齿可摘支架部分在工作模型检查合适后，把成品的金属附着体阴性结构就位于基牙相对应的附着体阳性结构上，再将义齿支架就位，检查密合度。固定可摘支架，用激光点焊机把附着体的阴性结构部件焊接在可摘部分支架上，成为一个整体。有多个附着体时，同法焊接。保证焊接后义齿可摘部分支架能顺利摘戴。

六、义齿完成

将技工室完成的附着体固定部分支架与可摘部分支架在患者的口腔内试戴，检查就位、边缘密合及咬合等情况并记录，合适后再送回技工室，完成义齿的制作。

（一）基底冠烤瓷制作

附着体义齿可摘部分支架制作完成后，如基牙牙冠瓷层外形未完成，既可在基底冠瓷层烧结后再排列人工牙和形成树脂基托，也可在人工牙排列和树脂基托完成后再进行基底冠瓷层烧结，其基本方法同普通烤瓷技术。

（二）人工牙排列和基托的完成

将金属支架就位于模型上，在𬌗架上按临床选择的牙齿形态、色泽和大小，常规排列人工牙，人工牙应与基牙及其他余留牙协调。牙尖交错𬌗、非牙尖交错𬌗时，人工牙无早接触和𬌗干扰。根据附着体义齿基托设计的范围、厚薄、形态雕刻牙龈及基托蜡型，将修整完善后的附着体义齿蜡型，经装盒、填胶、热处理、打磨和抛光完成树脂基托。

（三）义齿的编号

由于义齿设计方法不同，附着体的类型又较多，各部件的形态、大小、使用工具也不相同。故为保障附着体义齿的正常使用及维修，需要对义齿进行编号，以防混淆及便于今后对其进行修理和更换。编号内容包括附着体的名称、型号和专用工具等。

七、试戴与粘固

附着体义齿的初戴与其他修复体不同，先进行附着体义齿的试合，再将基牙的牙冠或牙根的根桩粘固。附着体义齿制作完毕后，详细检查其颜色、形态、边缘及抛光情况，检查在口腔内的就位及咬合情况，调整咬合关系，临时粘固基牙冠，保持义齿稳定，让患者试戴义齿，教会患者摘戴义齿，掌握正确的使用方式，尽快适应义齿，发挥义齿的功能。试戴 2 周后，再次检查义齿情况及基牙受力情况，基托组织面若有压痛或空隙，可以调𬌗或衬垫。当基牙无不适后，将基牙冠行永久性粘接固定。粘固过程中应始终保持附着体各部件的密合。嘱患者 3 ～ 6 个月后复诊检查，不适随诊，切忌自行修改。

【任务评价】

详见表 13-2。

表 13-2　附着体义齿制作工艺技术任务评价

主要测评项目		评价标准	分值 / 分	得分
专业知识掌握程度（50 分）	工作模型准备（10 分）	能够准确阐述附着体工作模型准备的操作步骤	8 ~ 10	
		对工作模型准备的操作步骤有一定了解但不够准确	4 ~ 7	
		完全不了解做模型准备的各项操作	0 ~ 3	
	基牙上部结构的制作（10 分）	能够准确阐述附着体基牙上部结构的制作方法	8 ~ 10	
		对基牙上部结构的制作方法表述不够全面	4 ~ 7	
		完全不了解基牙上部结构的制作方法	0 ~ 3	
	附着体支架部分的制作（10 分）	能够准确阐述附着体支架部分的制作方法	8 ~ 10	
		对附着体支架部分的制作方法掌握不够全面	4 ~ 7	
		完全不了解附着体支架部分的制作方法	0 ~ 3	
	义齿完成（10 分）	能够准确表述附着体义齿完成的各项内容	8 ~ 10	
		对附着体义齿完成的内容掌握不够全面	4 ~ 7	
		完全不了解附着体义齿完成的各项内容	0 ~ 3	
	试戴与粘固（10 分）	能够准确表述附着体义齿试戴与粘固的各项内容	8 ~ 10	
		对附着体义齿试戴与粘固的内容掌握不够全面	4 ~ 7	
		完全不了解附着体义齿试戴与粘固的各项内容	0 ~ 3	
应用能力（30 分）	案例分析（20 分）	能准确运用所学知识分析案例，按正确的方法步骤完成附着体义齿的制作工艺	16 ~ 20	
		能分析部分问题，但操作内容不够全面	8 ~ 15	
		义齿制作方法有较大偏差	4 ~ 7	
		无法进行案例分析及义齿的制作	0 ~ 3	
	实际场景模拟（10 分）	能在模拟场景中正确完成附着体义齿的制作	8 ~ 10	
		在模拟附着体义齿的制作过程中有一定问题	4 ~ 7	
		在实际场景模拟中完全错误	0 ~ 3	
素质能力（20 分）	专业素养（5 分）	对附着体义齿工艺技术的学习表现出积极的态度和专业精神	1 ~ 5	
	团队合作（5 分）	在小组学习或讨论中，积极参与，与他人合作良好	1 ~ 5	
	责任心（5 分）	对学习任务认真负责，确保学习质量	1 ~ 5	
	创新能力（5 分）	能够提出新颖的附着体义齿制作工艺步骤及改进方法	1 ~ 5	
学生自我评价与反思				
小组评价				
教师评价				
总评成绩				

任务三　附着体义齿的保养及修理

任务案例

【案例】

患者，男，65 岁。患者上颌牙齿因龋坏、牙周病等原因，多颗牙齿陆续缺失，行附着体义齿修复后，自觉义齿松动、咀嚼效率低，且基牙时有疼痛，遂来就诊。口腔检查：上颌右侧 1246 缺失，左侧 13567 缺失。余留牙中，右上 3 松动 Ⅱ 度，牙龈退缩约 3mm，牙周袋深度约 5mm；左上 2 松动 Ⅰ 度，牙龈轻度红肿，牙周袋深度约 3mm；其余基牙松动度在 Ⅰ 度以内，牙龈有不同程度的炎症表现。颌间距离适中，牙槽嵴吸收程度为中等。

【问题】

1. 患者行附着体义齿修复后，出现义齿松动的原因是什么？
2. 针对该患者出现的问题应如何处理？

【任务分析】

从患者的日常生活细节入手，分析可能导致义齿松动的原因，并耐心地向患者解释义齿出现问题的原因、修理方案的细节以及预期的效果。考虑患者基牙的复杂状况，以患者口腔整体健康为出发点，协调义齿修理和基牙维护工作。让患者在整个修复过程中感受到专业关怀，获得良好的修复体验。

【知识链接】

附着体可摘局部义齿经试戴后，若出现软组织症状、咬合异常等情况，其处理方法同常规可摘局部义齿。若因长期使用附着体义齿，导致附着体变形、破损或折裂等情况引起义齿固位不良时，应按不同原因区别处理。

一、附着体固位力的调整

附着体义齿在使用一段时间后，由于日常摘戴、自然磨耗，或是不良咬合习惯、不当取戴方式等因素影响，附着体易出现磨损，进而导致固位力下降。当确认是附着体磨损致使固位力不足时，就需要对其进行固位力调整。调整时，必须选用附着体专用设备（工具），进行精细微调。操作过程中切忌使用暴力，且每次调整的幅度不宜过大，应依据不同附着体的类型及其磨损程度，适度把控调整量。

此外，附着体可摘局部义齿固位力的调整，还可借助调节附着体的辅助结构来实现。如通过合理调整舌侧支撑臂，能够减少附着体阴阳两部件间的磨耗，进而增强义齿的固位效果。

二、附着体的更换

附着体的更换包括更换义齿内附着体部件和基牙或钉帽上附着体部件，临床上可根据实际情况，更换附着体的一个部件或全部部件。

（一）更换义齿内附着体部件

1. 更换的原因

（1）附着体经过一段时间使用后，发生了严重磨损，固位力减弱。

（2）义齿内附着体部件损坏。

（3）只需要更换义齿内附着体部件即可达到改善固位的目的。

2. 更换的步骤

（1）仔细检查基托的密合性。

（2）取出义齿内附着体部件。

（3）选择新的附着体部件，使之与基牙上附着体部件相匹配。

（4）采用专用工具调整附着体的固位力。

（5）将新的附着体部件戴入基牙附着体部件上，取模，将新的附着体部件复位到阴模上，灌模，完成工作模型制作。

（6）用焊接或粘固的方法将附着体与支架连接。

（7）常规完成义齿。

（二）更换基牙或钉帽上附着体部件

1. 更换的原因

（1）附着体基牙金属冠或钉帽出现边缘漏或松动。

（2）附着体基牙或根管口发生继发龋。

（3）附着体基牙发生牙髓或根尖病变。

（4）烤瓷冠出现崩瓷现象。

2. 更换的步骤

（1）去除金属冠或钉帽，重新进行基牙或根管预备。

（2）制取印模，灌注模型，颌位记录，上𬌗架。

（3）在模型上制作附着体牙冠或钉帽的树脂铸型，并在口内试戴。

（4）常规完成金属冠或钉帽，在口内试戴，并行暂时性粘固。

（5）取出义齿中的附着体部件，将其戴入金属冠或钉帽上，然后将义齿在口内就位。

（6）保持金属冠或钉帽与附着体部件的轻微接触，并加以固定。

（7）完成义齿，检查密合性。

（8）永久性粘固金属冠或钉帽。

三、附着体的修理

（一）修理的原因

1. 附着体过度磨损。
2. 附着体部件断裂。
3. 附着体可摘义齿其他部件的损坏。
4. 附着体部件与金属支架焊点断裂。

（二）修理的方法

1. 焊接法 采用高温焊接法和激光点焊法对断裂部位进行焊接。修理附着体部件时，要去除包裹附着体部件的树脂，使需要焊接的部位完全暴露。焊接前应先仔细检查金属支架在模型上的复位情况，固定后再进行焊接修理。

2. 增加舌侧支撑臂 由于附着体可摘义齿本身设计上的缺陷，造成附着体受到的殆力过大，除对受损的附着体进行修理外，还可考虑增加舌侧支撑臂以缓冲殆力。增加舌侧支撑臂的方法是先在口内制备基牙舌侧支撑臂肩台，将义齿戴入口内取印模，翻制带有义齿的超硬石膏模型，然后在模型的基牙上制作舌侧支撑臂蜡型，并与基托或支架连接，再将蜡型包埋、铸造、打磨、抛光，铸造完成的舌侧支撑臂在模型上就位，用自凝树脂将其连接部分包埋在基托中，打磨抛光义齿，最后临床试戴，完成附着体义齿的修理。

【任务评价】

详见表 13-3。

表 13-3 附着体义齿的保养及修理任务评价

主要测评项目		评价标准	分值 / 分	得分
专业知识掌握程度（50 分）	更换义齿内附着体部件（20 分）	能够准确表述附着体部件更换的原因及步骤	16 ～ 20	
		能基本说出附着体部件更换的原因及步骤，但不够全面	8 ～ 15	
		只能模糊说出附着体部件更换的原因及步骤	4 ～ 7	
		完全不了解附着体部件更换的原因及步骤	0 ～ 3	
	更换基牙或钉帽上附着体部件（20 分）	能够准确表述基牙或钉帽上附着体部件更换的原因及步骤	16 ～ 20	
		能基本说出基牙或钉帽上附着体部件更换的原因及步骤，但不够全面	8 ～ 15	
		只能模糊说出基牙或钉帽上附着体部件更换的原因及步骤	4 ～ 7	
		完全不了解基牙或钉帽上附着体部件更换的原因及步骤	0 ～ 3	
	附着体的修理（10 分）	能够准确表述附着体义齿修理的方法	8 ～ 10	
		对附着体修理的方法有一定了解但不够准确	4 ～ 7	
		完全不了解附着体修理的方法	0 ～ 3	

续　表

主要测评项目		评价标准	分值 / 分	得分
应用能力（30 分）	案例分析（20 分）	能准确运用所学知识分析案例，合理完成附着体义齿的修理	16 ～ 20	
		能分析部分问题，但操作不全面	8 ～ 15	
		分析有较大偏差	4 ～ 7	
		无法进行案例分析完成附着体义齿的修理	0 ～ 3	
	实际场景模拟（10 分）	能在模拟场景中正确完成附着体义齿的修理	8 ～ 10	
		对附着体义齿的修理存在一些问题	4 ～ 7	
		操作完全错误	0 ～ 3	
素质能力（20 分）	专业素养（5 分）	对附着体义齿保养及维修的学习表现出积极的态度和专业精神	1 ～ 5	
	团队合作（5 分）	在小组学习或讨论中，积极参与，与他人合作良好	1 ～ 5	
	责任心（5 分）	对学习任务认真负责，确保学习质量	1 ～ 5	
	创新能力（5 分）	能够提出附着体义齿保养及维修的新方法	1 ～ 5	
学生自我评价与反思				
小组评价				
教师评价				
总评成绩				

▶任务拓展

附着体义齿和种植义齿联合应用

附着体义齿和种植义齿联合应用是一种较为先进的口腔修复方式，结合了两者的优点，为复杂的牙列缺损和缺失患者提供了更好的修复选择，其优势如下。

1. 提高固位和稳定性　种植体为义齿提供了可靠的固位和稳定支持，尤其适用于牙槽骨吸收严重、常规附着体义齿固位困难的患者。附着体则可以进一步增强义齿的固位力，使义齿在行使功能时更加稳固，减少义齿的松动和移位。

2. 分散𬌗力　种植体和天然牙共同承担𬌗力，能够更均匀地将𬌗力分散到牙槽骨和基牙上，减轻了单一基牙或种植体的负担，降低了基牙松动和种植体周围骨吸收的风险，提高了修复体的长期成功率。

3. 更好地保留天然牙　对于一些基牙条件稍差，但仍有保留价值的天然牙，可以通过附着体与种植义齿联合应用，在利用种植体提供支持的同时，尽量保留天然牙，避免了不必要的拔牙，最大限度地保留了患者的天然牙列。

4. 美观效果好　联合应用可以根据患者的口腔情况和美观需求进行个性化设计，使修复体的外形和颜色更加自然逼真，与周围的牙齿和组织协调一致，提高了患者的美观满意度。

考试知识点总结　　**项目小结**

协和云课堂……　拓展练习及参考答案

（宋　巍）

项目十四　可摘局部义齿制作辅助技术

教学课件

任务目标

素质目标

具备严谨细致、认真负责的工作态度和职业道德素养，树立团队合作精神，注重医技沟通与合作，不断探索可摘局部义齿制作的辅助技术和方法，提高义齿制作的质量和效率。

知识目标

（1）掌握：可摘种植义齿定义、数字化设计软件的操作方法和技巧。

（2）熟悉：数字化技术的原理和应用。

（3）了解：数字化技术在口腔修复领域的应用和发展、可摘种植义齿上部结构的种类及各自的特点。

能力目标

（1）能够依据不同的修复设计方案，利用平行研磨仪对义齿部件进行个性化的研磨加工，保障义齿的就位顺利与功能稳定。

（2）能够运用专业的数字化设计软件，依据口腔解剖学原理和修复学要求，独立设计出合理的可摘局部义齿结构。

（3）能够准确解读种植手术方案和患者口腔状况，确定种植上部修复体的类型、结构与材料。

任务一　平行研磨技术

任务案例

【案例】

患者，男，68 岁。双侧下颌 567 缺失，要求进行后牙修复。检查见缺牙区牙槽嵴低平，剩余基牙 I 度松动，咬合关系正常，该患者对美观要求较高，拒绝种植义齿修复。

【问题】

1. 面对牙槽嵴低平与基牙松动的状况，如何运用平行研磨技术设计出稳固且舒适的义齿，满足患者咀嚼需求？

2. 患者对美观要求高，应该怎样在平行研磨技术应用中，兼顾义齿的美观性与功能性？

【任务分析】

面对患者复杂的口腔状况，要秉持精益求精的态度运用平行研磨技术，充分考虑义齿的美学设计，从义齿的外形塑造到颜色选择，从部件的隐蔽性设计到与口腔组织的协调性，都要以患者的需求为出发点，用专业技能为患者打造舒适、有效的修复方案。

【知识链接】

平行研磨技术是一种集定位、研磨和切削操作于一体的精细义齿加工方法，旨在为附着体、套筒冠等义齿的顺利就位和良好固位提供条件。同时，该技术还具有保护附着体和基牙的作用，能够增强义齿的固位与稳定性。

引入共同就位道和精细研磨技术后，附着体义齿和种植义齿得到了极大的发展和应用。最早的牙科用平行研磨仪是在 1935 年由瑞士人根据垂直测量仪的原理设计的，其研磨臂是固定的，加工部件需要沿着研磨臂移动，繁琐且精度较低。而现代的平行研磨仪可以在三维方向上移动，并配备了微动力马达，显著提高了加工部件的精度，同时缩短了加工时间。这种高精度的平行研磨仪为可摘局部义齿提供了准确的安装位置和精细的固定条件，常用于制备内冠、外侧支撑臂的台面和箱形结构、殆托凹等部件。

一、平行研磨仪

平行研磨仪是牙科技师用在各种桥基牙、基柱、内冠、桩核和精密附着体之间获得共同就位道的设备。它用于对这些实体进行平行度设计、观测、研磨和钻孔等操作。

（一）组成

平行研磨仪由动力系统、平行旋转系统、照明系统和工作平台四个部分组成（图 14-1），共有八个主要部件。常见的类型分为单臂机型和双臂机型。单臂机型只有一个操作臂，可以用于切削蜡型和研磨金属，但需要更换不同的工具；而双臂机型有两个操作臂，一个用于切削蜡型，另一个用于研磨金属，不需要更换工具，使用起来更加方便。有些双臂机型还可以加温切削蜡型的刀具，提高蜡切削的速度和精度，对于制作复杂的冠桥更为便捷。平行研磨仪的八个主要部件如下。

1. 底座 是设备的基座，基座上安置有垂直高度调节杆、控制系统、万向模型台、数字显示表、电源，以及一些操作部件的开关、工作照明灯等。

2. 垂直高度调节杆 将其垂直安置在底座上，其上的部件可以保证水平移动臂沿其长轴方向移动并锁定在任意高度。垂直高度调节杆上刻有垂直高度标尺，以标示水平移动臂的工作高度。

3. 水平移动臂　安装在垂直高度调节杆上，能够绕该杆进行圆周运动，或者沿着垂直高度调节杆的长轴方向移动，抑或沿移动臂的方向移动并在空间中任意位置锁定，以确保其末端安装的研磨工作头能够有效覆盖模型工作区的整个区域。研磨工作头中心垂线（与观测杆长轴方向平行）与垂直高度调节杆长轴方向之间的平行度是确保观测和研磨精度的关键因素，这一精度取决于水平移动臂及系统的加工和安装精度。

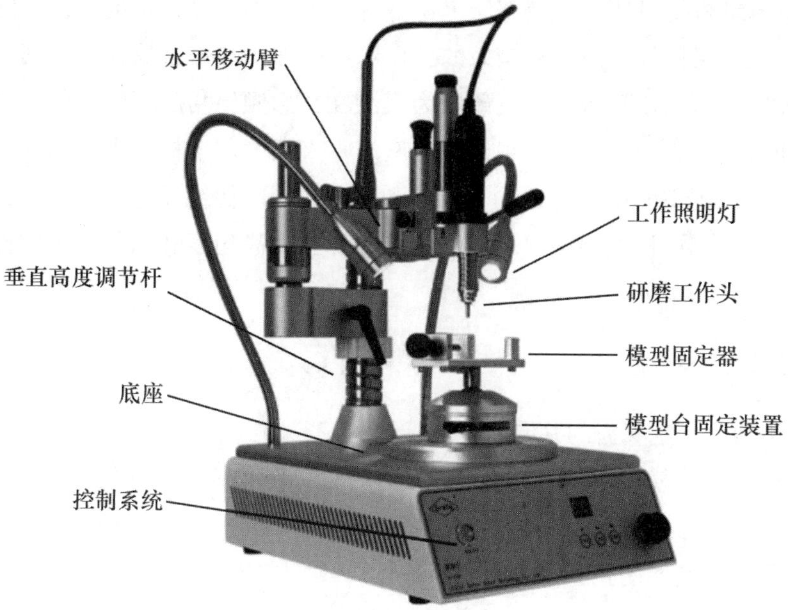

图 14-1　平行研磨仪

4. 研磨工作头　该工作头能够固定平行观测杆、研磨电动机、电蜡刀等工具。

（1）平行观测杆：可用于检查工作模型基牙的平行度，描记出牙冠的最大周径线，并确定义齿的共同就位道。安装在研磨电动机上的车针则可以切削或研磨铸件冠、精密附着体、种植牙基台等，使各铸件形成共同的就位道。研磨电动机上的车针夹持器通常采用直径为 2.35mm 的标准夹头。

（2）研磨电动机：有左、右转向及相应控制。电动机在低转速工作时可保证较高功率的输出，噪声低。电动机转速为 1000 ～ 35 000r/min，可以手动调节转速，也可用脚控开关控制。

（3）电蜡刀：由加热体和蜡刀头组成。锥度蜡刀头为 2°、4°和 6°，以便直接形成蜡型的锥度。可根据需要换装蜡刀头，蜡刀头外表镀铬，具有良好的导热性能和使用效率。当电蜡刀通电被加热，根据需要调整温度，可以在蜡型上加工，调整蜡型的平行度。

5. 万向模型台　分为模型固定器和模型台固定装置。利用模型台固定组件（通过电磁力作用）能够将万向模型台牢固地安装在底座上。模型固定装置的定位螺钉可将其上的模型紧固，而装置上的球面轴承则允许向任意方向转动模型。当底部的中心限位环被向上提起或向下按下时，模型固定装置能够锁定在特定位置（0°）或者自由旋转。通过让模型台固定组件在基座平面上朝任何方向移动，以及让模型固定装置围绕其球面轴承朝任何方向转动并锁定，可以实现模型在三维空间中的精确定位。

6. 工作照明灯　采用高亮度的卤素光源，为工作区提供清晰的视野。

7. 控制系统　该仪器的控制中枢由电源、电源开关、电动机控制模块、电蜡刀控制器、数字显示面板、照明工作灯以及万向模型台固定开关等组件构成。它负责控制电动机的转速、切削扭矩、电蜡刀的工作温度、照明系统以及万向模型台的磁力固定。此外，仪器还配备了脚控制器，用于操控研磨电动机的工作状态。

8．切削杂物盘 安装于基座平板四周，用于收集切削下来的碎屑，防止碎屑散落在仪器周围。

（二）工作原理

平行研磨仪由电动机提供所需交流变频电源，并通过反馈信号显示电动机实际工作状态，如转速、负荷、转向、阻转保护等。调节电蜡刀的工作温度来加工和修整蜡代型，其温度调节可以用数字显示。在电磁控制的万向模型台上，电磁铁为模型在任意倾斜角度下的定位提供固位力，使得定位过程快捷、方便且稳定，并易于解除锁定。底座、垂直高度调节杆和水平移动臂确保模型工作头能够在模型工作区的三维空间中任意移动、调节和定位，同时始终保持与 y 轴平行。观测标尺保证了定位的准确性。精密的机械结构确保了模型观测、加工的高精度和高效率。脚控制器仅用于控制工作电动机。

（三）平行研磨仪的功能

1．作为观测平台，确定义齿的共同就位道。

2．将附着体或附着体替代件的位置校准，平行转移，使其精确地安放于义齿的适当位置。

3．根据修复体类型修改蜡型或研磨铸件，使之相互平行或保证其轴面应有的角度。

4．具有打孔作用，且能使孔与孔之间相互平行。

二、附着体义齿研磨程序及研磨工具

（一）附着体义齿的研磨程序

1．确定共同就位道 将工作模型正确地放置在研磨仪的模型台上，用研磨工作头夹持平行观测杆，分析义齿的共同就位道。

2．安放固定针 当确定了共同就位道后，在保证不妨碍修复体制作的情况下，在工作模型的中央位置钻一个直径为 6mm 的孔洞，用于安置固定针。该固定针的作用是确保工作模型每次放置在研磨仪的工作平台上时都能保持准确的位置。需要注意的是，钻孔的位置不能干扰到后续的研磨工作。将固定针通过研磨仪转移到模型上的孔洞中，并使用石膏材料进行固定。待石膏固化之后，取下研磨仪的杆和固定针杆。

3．制作牙冠蜡型 将工作模型从研磨仪的模型台上取下，上𬌗架，并在基牙上制作牙冠蜡型。针对某些冠内和冠外附着体，若有由塑料或树脂制成的预制熔模，需要在牙冠模型上预留出相应的位置。这些预制熔模都配备有可供夹持的转移杆。在蜡型制作完成后，按照固定针的指引，将工作模型精确地放回研磨仪的工作台上，并利用研磨工作头上的夹具，夹住附着体预制熔模的转移杆，然后平移至牙冠蜡型中并用蜡填充固定，以保证各附着体具有一致的就位方向。

4．研磨蜡型 常用方法主要有两种。一种方法是使用方形刻蜡刀，以低速和轻压力对蜡型进行研磨。研磨时应顺着低阻力方向进行，即从左向右，这样有助于保持研磨表面的光洁与洁净。另一种方法是采用圆形刻蜡刀并配备蜡刀加热装置，使刻蜡在特定温度环境下进行。温度的设定主要依据室温和蜡的熔点。设定的温度应能使蜡恰好熔化。在研磨蜡型时，需注意选择合适的蜡刀头和使用方法。在研磨舌侧支撑臂和殆支托时，应确保牙冠蜡型的舌侧平整，并与修复体的就位道方向平行。蜡型研磨完成后，即可进行常规的包埋和铸造操作。

5. 制作研磨模型

（1）工作模型制作：将铸件戴入患者口中，重新取印模。为便于后续操作，预先在铸件冠内表面均匀涂布一层液状石蜡，接着放入少许自凝塑料并插入桩，待塑料凝固。再将铸件准确就位在印模中，随后灌注工作模型。

（2）研磨准备：若铸件能在重取的工作模型上就位，把相应铸件上的转移杆、工作模型重新定位在研磨仪的模型台上，做好研磨准备。

（3）模型保护与研磨块制作：为保护工作模型，在研磨工作头夹持器上插入一根金属杆，将其高度调整到与铸件的殆面平齐，用蜡把金属杆与铸件粘合后一同取出。将部分工作模型翻制成铅代型，安放铸件，再把金属杆重新夹持在研磨工作头上。最后，将铅制工作模型下部包埋在石膏中，制成研磨块，完成准备工作等待研磨。

6. 研磨及抛光　安装研磨刀具，开启研磨仪，将转速调整到 3000 ～ 5000r/min，用较轻的力量，从右到左开始研磨。研磨前应测量铸件的厚度，以便确定研磨厚度。最后，在研磨刀具上缠绕麻纱，抛光研磨面。

（二）研磨工具

根据研磨的目的，可将研磨工具大致分为三种类型：铰刀、打孔钻和锪钻。

（1）铰刀：是一种多刃刀具，用于孔或面的半精密和精密研磨。当对孔的加工精密度要求不高时，特别是对位置的精度要求不严格时，钻孔后，通过铰孔即可达到制作要求。铰刀加工的光洁度可达▽ 6 ～▽ 9，精度等级可达 IT7（2 级）以上。

根据刀刃的形状，可将铰刀分为棘皮齿铰刀、直齿铰刀和螺旋齿铰刀；根据铰刀头的形状，可将铰刀分为圆头铰刀、平头铰刀和角度头铰刀三种类型；根据铰刀轴面成角，将铰刀分为锥度铰刀和无锥度铰刀。

（2）打孔钻：铸件的粗加工工具，呈麻花状，因此又称麻花钻。钻孔的光洁度为▽ 3 ～▽ 4，精度等级可达 IT13（7 级）。

（3）锪钻：是一种倒角和研磨平面的工具，刀刃的工作部分仅局限于钻的头部。常见的锪钻有倒角锪钻和平面锪钻两种。

三、研磨操作方法和注意事项

（一）常规研磨操作方法

1. 将研磨面三等分　研磨铸造金属全冠的颈 1/3 必须平行，研磨殆 2/3 呈一定锥度。用球形研磨刀从殆缘制备环形肩台。颈部研磨下限应低于附着体，但高于组织面 0.5mm。

2. 研磨颈部使之形成肩台　肩台与垂直面的夹角圆钝，咬合面边缘制备成 6°环形肩台。

（二）研磨的注意事项

1. 高度调节。固定螺丝必须始终与水平移动臂相接触，防止水平移动臂滑落。
2. 研磨过程中应不断地涂布研磨蜡或油，以便冷却加工件和研磨工具。
3. 切削蜡型应包括整个蜡型外表面，采用特制的切削刀具从蜡型最厚部位开始操作。
4. 研磨时需加力于工作件上，操作者的手指需固定工件，防止加工件松动。
5. 研磨须朝一个方向进行，来回移动研磨则会造成铸件表面形成垂直的沟或槽。
6. 铸造合金应尽量选用低硬度的合金。
7. 研磨过程必须保持连续性，不要期望在短时间内研磨去许多材料，研磨要一次完成。
8. 当进行金属、塑料或蜡研磨时，应戴上防护镜和帽子。若在高温下使用电蜡刀，应注意做好防护工作，防止皮肤灼伤。
9. 仪器应由专业维修人员进行检查和定期维护。

【任务评价】

详见表 14-1。

表 14-1　平行研磨技术任务评价

主要测评项目		评价标准	分值 / 分	得分
专业知识掌握程度（50 分）	平行研磨仪的定义（10 分）	能够准确阐述平行研磨仪的定义	8 ～ 10	
		对定义有一定了解但不够准确	4 ～ 7	
		完全不了解平行研磨仪的定义	0 ～ 3	
	研磨程序（20 分）	详细且准确地列出每个研磨程序并说明要点	16 ～ 20	
		能列出部分研磨程序并说明要点	8 ～ 15	
		只能模糊说出一些研磨程序的要点	4 ～ 7	
		完全不记得研磨程序步骤	0 ～ 3	
	研磨工具（20 分）	能区分研磨工具的几种类型并熟知各自的特点	16 ～ 20	
		能大致区分研磨工具的类型了解各自特点	8 ～ 15	
		研磨工具几种类型区分不明确且各自特点不明晰	4 ～ 7	
		无法正确辨识研磨工具的几种类型	0 ～ 3	
应用能力（30 分）	案例分析（20 分）	能准确运用所学知识分析案例中的研磨工具选择是否合理，并提出改进建议	16 ～ 20	
		能分析部分问题，但不够全面	8 ～ 15	
		分析有较大偏差	4 ～ 7	
		无法进行案例分析	0 ～ 3	

续　表

主要测评项目		评价标准	分值 / 分	得分
应用能力（30 分）	实际场景模拟（10 分）	能在模拟场景中正确选择和应用研磨工具	8～10	
		选择和使用有一定问题	4～7	
		完全错误	0～3	
素质能力（20 分）	专业素养（5 分）	对可摘局部义齿的平行研磨技术表现出积极的态度和专业精神	1～5	
	团队合作（5 分）	在小组学习或讨论中，积极参与，与他人合作良好	1～5	
	责任心（5 分）	对学习任务认真负责，确保学习质量	1～5	
	创新能力（5 分）	能够提出新颖的可摘局部义齿平行研磨技术的应用思路或改进方法	1～5	
学生自我评价与反思				
小组评价				
教师评价				
总评成绩				

▶任务拓展

平行研磨仪与先进技术的融合应用

一、激光辅助研磨技术

在现代口腔修复领域，材料科学不断取得突破，新型陶瓷材料因其出色的生物相容性和美观性被广泛应用于可摘局部义齿制作。然而，这些陶瓷材料往往具有较高的硬度，传统研磨方法正在面临挑战。

激光辅助研磨技术应运而生。在加工含有陶瓷成分的义齿材料时，激光预处理是关键步骤。例如，通过高能量密度的激光束照射陶瓷表面，能够使材料的晶体结构发生改变，产生微小的裂纹和缺陷。这些变化看似破坏了材料的完整性，但实际上在后续研磨过程中，研磨工具更容易沿着这些预先形成的薄弱区域去除材料，从而大大提高了研磨效率。

同时，激光预处理还可以精确控制材料的去除量和去除位置。利用计算机辅助设计与制造系统，根据义齿的三维模型，设定激光的加工路径和参数，能够在微观层面上对材料进行精准的改性，使得后续研磨过程能够更加稳定、精确地进行。

二、超声研磨技术

超声研磨技术基于超声振动原理，在可摘局部义齿金属部件的加工中展现出独特优势。在研磨过程中，超声换能器产生高频振动，通过变幅杆传递到研磨工具上。这种高频振动使得研磨工具与工件之间产生间歇性的微小分离和接触。

当研磨工具与工件分离时，磨粒能够得到充分的冷却和更新，有效避免了传统研磨中因磨粒堆积和过热导致的表面损伤。而在接触瞬间，由于振动的冲击作用，磨粒对工件表面的切削力更加均匀且柔和，减少了对金属基体的过大压力，从而降低了材料表面产生划痕、变形等缺陷的风险。

任务二　可摘局部义齿的数字化技术

任务案例

【案例】

患者，女，63岁。因右侧下颌56缺失多年就诊，要求修复。患者自述有高血压、心脏病病史；否认传染病等其他系统性病史和药物过敏史；无吸烟史。口腔检查：患者右侧下颌56缺失，缺牙区牙槽嵴条件尚可，邻牙未出现明显倾斜移位，对颌牙略有伸长，颌间距离尚可。

【问题】

1. 鉴于患者患有高血压和心脏病，如何在可摘局部义齿数字化修复过程中，确保各项操作的安全性，避免因修复过程引发患者身体不适？

2. 面对患者复杂口腔状况，应该怎样利用数字化技术实现可摘局部义齿的个性化设计与精准制作，提升修复效果？

【任务分析】

面对患有高血压和心脏病的患者，在数字化修复过程中，要将患者的安全放在首位。从口腔扫描、数据采集到义齿设计与制作，都要充分考虑患者的身体状况，在确保操作不会对患者的生命健康产生威胁的前提下，运用数字化技术进行精准分析和处理，获取口腔内的精确数据，设计出符合患者口腔生理特点的义齿修复方案。

【知识链接】

视频：可摘局部义齿的数字化技术

目前，可摘局部义齿修复中所采用的数字化技术包括数据采集技术、计算机辅助设计（computer aided design，CAD）、计算机辅助制作（computer aided manufacturing，CAM）三部分。可摘局部义齿现阶段主要是支架结构可通过CAD/CAM技术设计并制作。CAD/CAM制作的可摘局部义齿支架精度较高，且支架各部件可实现参数化的设计，可精确控制支架结构强度，达到比传统支架更为理想的修复效果。

一、可摘局部义齿 CAD/CAM 系统牙体预备及数据采集

（一）牙体预备与印模制取

1. 常规方式　遵循传统设计理念，常规进行卡环臂、支托凹和隙卡沟的制备，并制取印模。

2. 数字化辅助方式　利用可摘局部义齿设计软件，预先设置卡环臂和支托的位置，选择卡环类型等关键参数，根据此设计方案指导牙体预备，再进行数字模型的采集。

（二）数据采集

其过程与固定义齿类似，但由于活动义齿黏膜软组织结构难以模拟其功能状态，因此可在常规取模、灌注模型操作之后，将模型置于扫描仪中完成数据采集。此过程可以采用非接触式光学扫描技术，以获取精确数据。

1. 文档创建与信息录入　启动计算机，打开专用于可摘局部义齿修复的 CAD 软件，新建文档。在文档中输入患者的姓名、年龄、性别、就诊日期、缺损诊断、修复体设计要求、修复材料需求，以及诊疗医师的姓名和联系方式等信息。这些专用软件一般设有一系列菜单窗口，通过下拉菜单便可填入相应内容。若软件支持导入患者电子病历和医师修复设计要求等信息，操作将更为便捷。

2. 文档检索　完成建档后，能够依据患者姓名或建档时间等关键词对文档进行检索。

3. 文档保存　完成口腔形态的数字化采集后，需将采集到的数据以特定格式保存。常用文件格式有 STL、ASC 和 AGS 等。这些文件通常需借助专门的应用软件读取，为后续可摘局部义齿制作的数字化设计与数字化制作环节做好准备。

二、可摘局部义齿的计算机辅助设计

可摘局部义齿支架的 CAD 工艺流程通常是将支架结构拆解成各个独立组件进行设计，这些组件包括大连接体（如腭板、腭杆、舌板、舌杆）、卡环、支托和网状结构等。然后通过小连接体将这些独立组件连接成一个完整的支架结构。以下以 3Shape 软件操作为例，介绍可摘局部义齿支架的设计过程。

（一）模型观测

1. 确定就位道　在软件中对数字牙模进行模型观测时，可以使用平均倒凹法或调节倒凹法，尽量选择与𬌗平面垂直或接近垂直的就位道。

2. 倒凹填补　为方便可摘局部义齿支架的摘戴，倒凹的填充角度建议设置为 4°～6°。在此范围内，角度越大，义齿在倒凹区离开天然牙或黏膜越多，义齿就位越容易。但过大的角度可能会导致义齿戴入后与基牙之间出现缝隙（图 14-2）。不利倒凹影响义齿就位，需进行倒凹填补，但注意卡环的固位臂需进入倒凹区，该区域为有利倒凹，不可进行倒凹填补。

3. 蜡型修整　在蜡型修整界面，不同倒凹深度用不同的颜色呈现。需要使用蜡型雕刻工具，将自动填补在卡环尖端部位的倒凹蜡适度去除。去除倒凹蜡的量应根据卡环尖进入倒凹的深度而定。Ⅰ型卡环为 0.25mm，Ⅱ型卡环为 0.5mm，Ⅲ型卡环为 0.75mm。同时在骨尖、骨嵴、拔牙窝、上颌

结节、腭皱襞、牙颈部等处进行蜡型修整处理。

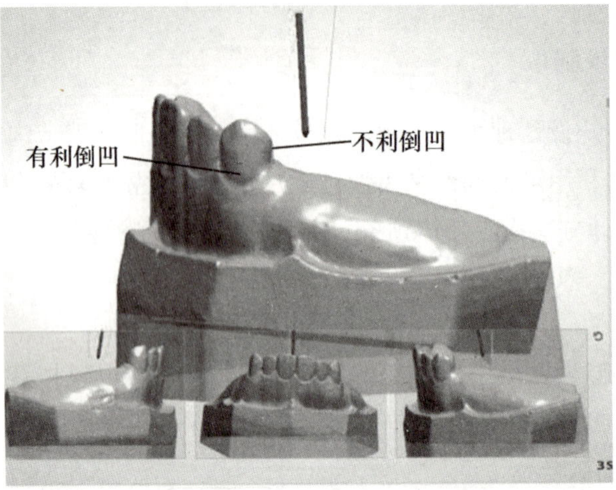

图 14-2　倒凹填补

（二）固位网设计

1. 绘制固位网范围　软件数据库提供多种固位网形式。在缺隙区牙槽嵴区域，有两种绘制固位结构范围的方式：一是逐点绘制，二是利用快速编辑功能连续绘制曲线。

（1）边界确定

1）内侧边界：即内终止线，其位置应处于缺失牙舌面假想连线的舌腭侧 2mm 处。

2）近远中边界：依据缺失牙的近远中径来确定。

3）唇颊侧边界：需盖过牙槽嵴顶约 2mm，同时要确保不影响后续排牙工作。

（2）完成：绘制完成时，需使最后一点与第一点重叠，以此确认完成固位结构范围的绘制。

2. 固位结构生成与设置　选定固位结构后，软件会依据绘制区域自动铺设固位结构，并在其组织面生成基底蜡。若选择孔状固位结构（图 14-3），可在控制面板中对固位网孔的大小和间距进行设置。另外，点击固位网边缘的蓝点可激活操纵杆工具，通过拖动中心蓝点能改变网孔的位置，点击旋转箭头则能够调整网孔排列的方向。

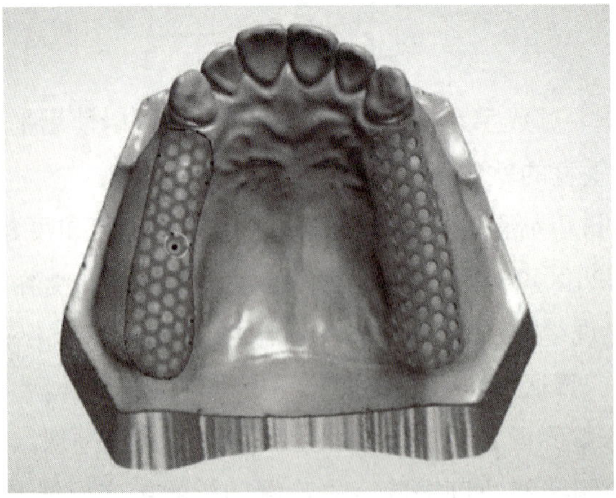

图 14-3　固位网结构调整

3. 基底蜡覆盖范围调整　为维护邻近基牙邻面的牙龈组织健康，减少菌斑附着，可对基底蜡的覆盖范围进行调整。将光标置于内终止线处，此时基底蜡的边缘会呈现绿色线条。按住 Shift 键，滑动鼠标滚轮，向前滑动可减小基底蜡的范围，反方向滑动可增大其范围。

（三）𬌗支托设计

𬌗支托工具可设定𬌗支托的厚度，一般为 1.5mm。在需要放置𬌗支托的基牙上绘制𬌗支托的范围，方法同固位结构部分。

（四）大连接体设计

依据实物模型或数字模型上的纹理设计图，在模型上进行大连接体的绘制工作。

1. 舌板类大连接体　绘制舌板类大连接体时，需先设定其厚度，该厚度要求与铸造支架一致。

2. 舌杆类大连接体　舌杆类大连接体分为解剖舌杆和标准舌杆，通常用于下颌。在控制面板中，可对舌杆的形态以及组织面自动缓冲的厚度进行设置。

3. 与固位网的衔接　大连接体与固位网衔接的部分，必须重叠相连。软件会自动修整这一衔接处的结构，确保不会挤占固位网结构的位置。

4. 上颌关闭型马蹄状腭板制作　若要制作上颌关闭型马蹄状腭板，可利用大连接体的“开窗工具”，在大连接体上绘制出开窗范围即可（图 14-4）。

5. 设计效果预览　完成大连接体的绘制后，可预览大连接体与支架其他组件融合后的整体效果（图 14-5）。

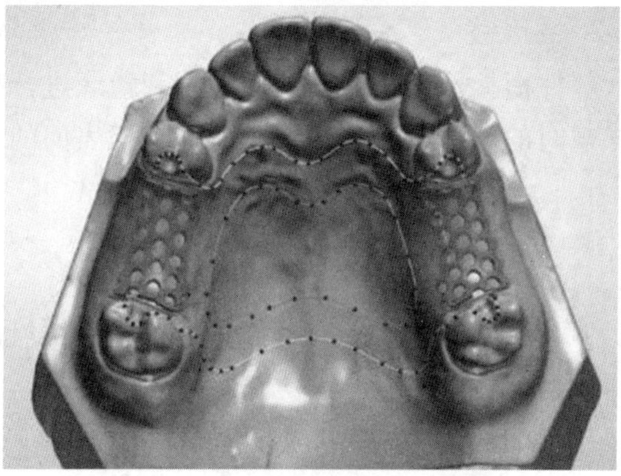

图 14-4　关闭型马蹄状腭板的设计

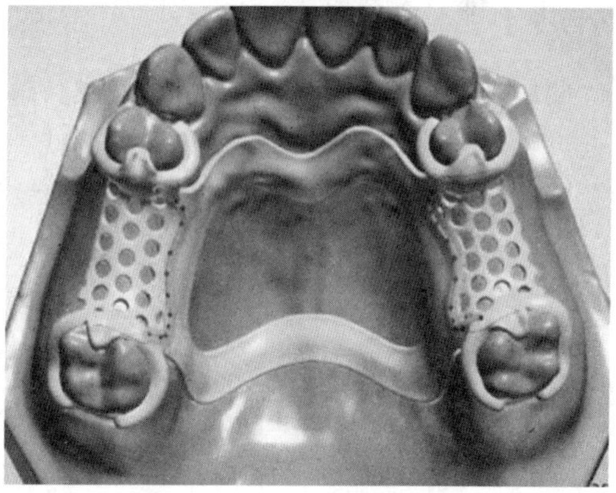

图 14-5　设计效果图预览

（五）缓冲区设计

使用缓冲工具，设定缓冲蜡层厚度，在上颌硬区周围绘制缓冲范围进行缓冲（图 14-6）。

（六）卡环设计

卡环设计工具可对邻面板与卡环进行选择及形态调整（图 14-7），对邻面板与卡环形态调整的操作见表 14-2。

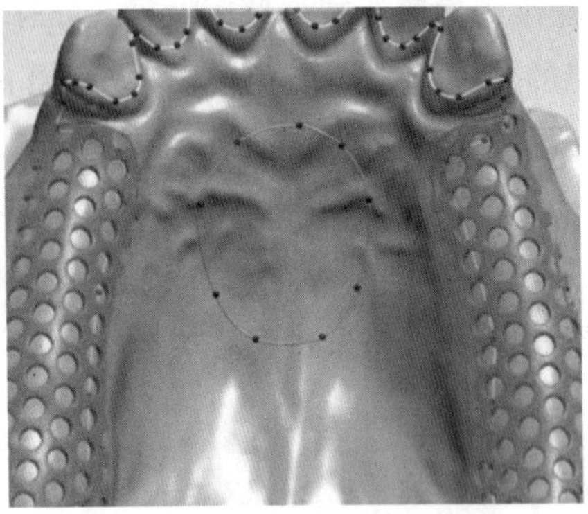

图 14-6　绘制缓冲区

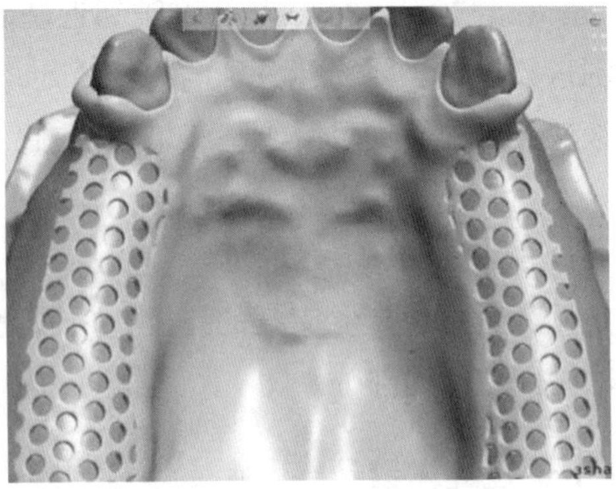

图 14-7　卡环的设计

表 14-2　邻面板与卡环形态调整的操作

调整内容	电脑按键
调改卡环与邻面板某一点的厚度	按住 Ctrl 键并滚动鼠标滚轮
调改卡环与邻面板某一点的宽度	按住 Shift 键并滚动鼠标滚轮
调改卡环与邻面板整体的厚度	按住 Alt + Ctrl 键并滚动鼠标滚轮
调改卡环与邻面板整体的宽度	按住 Alt + Shift 键并滚动鼠标滚轮

（七）雕刻数字蜡型

使用雕刻工具对支架的数字蜡型进行修整，对各个部件衔接部分和邻面区域的锐利边缘进行光滑处理，使支架边缘呈现连续圆滑的曲线，增加患者佩戴时的舒适度。将内终止线处支架表面的不平整区域填平，避免影响后续外终止线的放置操作。

（八）放置终止线

放置外终止线时，要参考内终止线的位置，两者之间要保持约 2mm 的距离以便形成加强带，保证固位网与大连接体的连接强度，防止义齿受力折断（图 14-8）。若需更改终止线方向，可右击终止线，选择“反转样条”来改变方向。单击终止线的蓝点可对其高度和宽度进行修改。

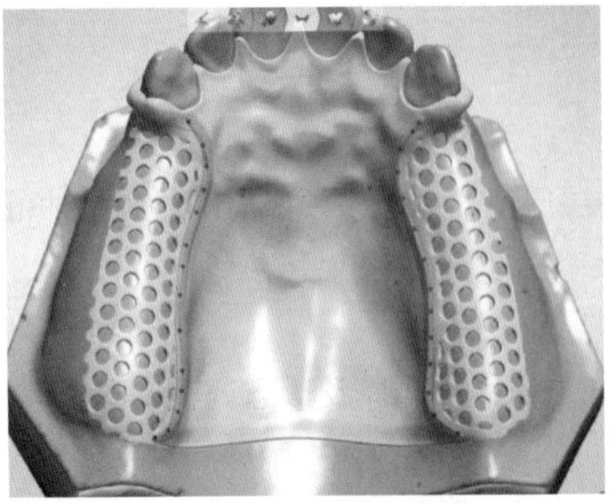

图 14-8　终止线设计

（九）添加附件

1. 固位附件　附件工具库中提供多种预成附件，可在人工牙的盖嵴部放置固位附件，加强人工牙与支架的连接（图 14-9）。

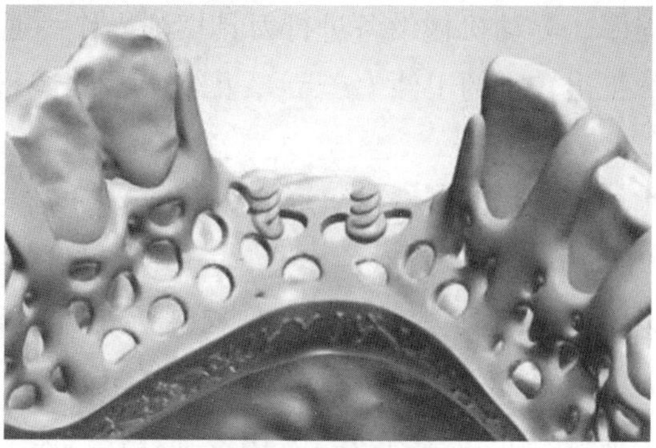

图 14-9　固位钉

2. 附件纹理　附件纹理库中提供多种纹理图案，可对支架表面进行纹理覆盖。选取支架表面需要纹理雕刻的范围，软件会自动完成凹凸纹理效果（图 14-10）。一般只在上颌的连接体设计花纹，增加义齿在患者口内的逼真感，下颌为防止异物的堆积而不做花纹处理。

3. 支点与支撑杆　针对游离端缺失的病例，需要在固位网的远端设计支点，防止义齿在后期制作时移位（图 14-11）。义齿跨度距离较长的部位可增加支撑杆，防止支架在制作过程中发生变形。

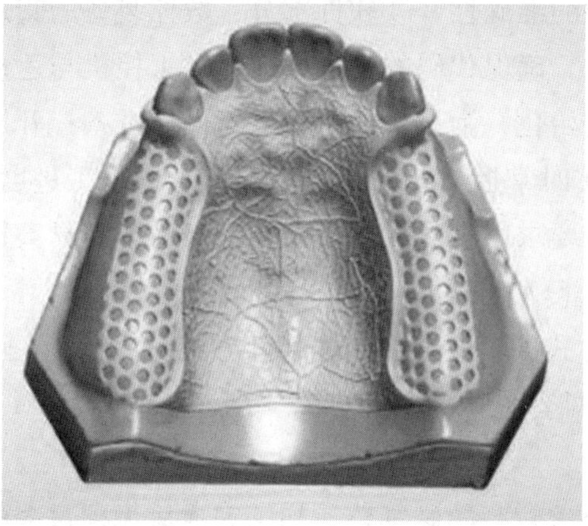

图 14-10　表面纹理

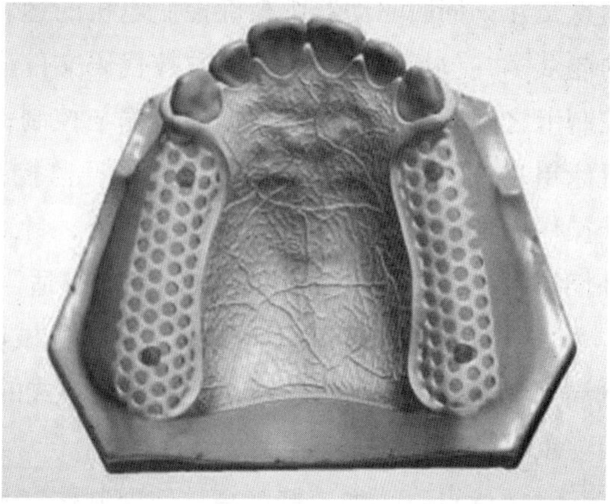

图 14-11　设计支架支点

4. 衬垫空间设定　一般情况下，为了保证支架与模型的密合，衬垫空间参数设定为零。

完成以上操作后保存数据，完成可摘局部义齿基底部的支架设计工艺流程。保存的数据将用于后续导入 CAM 软件和设备进行数字化制作。

三、可摘局部义齿的计算机辅助制作

目前，计算机辅助制作技术用于可摘局部义齿数字化制作产品的主要方式有两类：一类是计算机辅助制作切削成型；另一类是计算机辅助制作堆砌成型，又称快速成型技术。

（一）计算机辅助制作切削系统

1. 成型原理 计算机辅助制作切削系统属于传统的 CAM 技术，运用去除法来成型产品。它借助 CAM 软件设定的工艺和程序，驱动机械设备进行刀具切削操作。通过将较大体积的整块材料上多余的部分逐步去除，最终加工出较小的工件（产品），因此归属于减材制造技术。

2. 切削系统设备

（1）多轴数控机床：是当前可摘局部义齿 CAD/CAM 制造切削系统普遍采用的设备。

1）特点：具备 3 ～ 5 个轴向自由度，简称 3–5 轴。这里的“轴”指的是切削刀具和坯料移动与旋转的自由程度。3 轴切削设备切削刀具仅沿着 X、Y、Z 轴在三维空间做直线运动；4 轴切削设备还能使坯料做旋转运动；5 轴切削设备能进一步使设备主轴做旋转运动。设备自由度的多少，直接决定了该设备能够加工产品的几何结构的复杂程度。采用多轴数控机床来铣削、磨削金属材料，这种方式制作出可摘局部义齿支架，具有很好的加工精度，但由于支架形态的复杂性较大，加上金属的切削难度大，因此设备的加工效率会受到影响。

2）组成：多轴数控机床设备的组成主要包括机械部分、控制部分和软件部分。①机械部分：涵盖加工主轴、运动机构、冷却系统以及配电系统。加工主轴负责带动刀具进行切削作业；运动机构控制刀具和坯料的移动；冷却系统用于降低切削过程中的温度，保证加工质量；配电系统为设备提供稳定的电力支持。②控制部分：包含工业控制机及其外围设备、信号输入输出接口、伺服驱动器等。工业控制机是整个设备的控制核心，负责处理各种指令；信息输入输出接口实现设备与外部的信息交互；伺服驱动器则精确控制电机的运转，确保运动的准确性。③软件部分：数控装备的管理功能众多，包括对产品生产的数控代码文件进行语法检查，确保代码的准确性；建立工控机与运动控制卡之间的通信，实现数据的传输与控制；进行系统初始化，为设备的正常运行做好准备；开展机床单步调试，方便检测设备的性能；监控系统状态，实时掌握设备的运行情况；管理加工进度，让操作人员清楚了解加工的进程。此外，针对产品的特殊要求，多数软件具备自动对刀及刀具磨损补偿技术，以提高加工精度，同时还设有适当的人机界面管理，方便操作人员进行操作。

（2）激光切削设备：CAM 系统除以机械切削为主流方式外，还存在激光切削方式。但是，在可摘局部义齿数字化制作领域，激光切削方式的应用极为少见。

3. 优缺点

（1）优点：①加工精度高，适合制作对表面光洁度要求较高的修复体，加工完成后无须过多的后续处理步骤。②加工过程简单，不容易出现错误。③对修复体 CAD 设计生成的 stl 格式文件的完整性要求不高，允许出现小部分立体几何结构上的错误，如模型存在小孔、钉状物、坏边等错误。④几乎所有常见的修复材料都能加工。⑤加工后的修复体内部均质性较好。

（2）缺点：①无法加工嵌套、镂空等复杂结构。②刀具易磨耗。③材料浪费，90% 以上的材料被切削掉，且无法回收利用。

4. 使用方法

（1）将已完成的可摘局部义齿设计导入 CAM 排版软件中。

（2）根据准备用于 CAM 切削的材料块的情况，合理安排执行切削的位置，确保可摘局部义齿或可摘局部义齿的熔模能够完整顺利地加工出来。

（3）通过软件将加工指令发送给 CAM 设备，由设备进行加工。

（4）设备加工完成，即数字化制作结束之后需人工去除切削连接部分。

（二）计算机辅助制作堆积成型系统

对于形状复杂、体积不大但伸展范围广的义齿部件制作，如采用“去除成型法”，则需要很大的毛坯，并且需要去除大部分材料，这会显著降低经济效益，同时刀具路径的设计也会非常复杂，很多精细部位和倒凹区域的加工会很困难。因此，需要采用全新的加工技术，即所谓的“堆积成型技术”，又称快速成型技术（rapid phototyping，RP），是一种基于离散堆积成型原理的成型技术。

1. 成型原理　将设计好的工件的各个断面分别加工出来，再将这些断面的毛坯薄片按一定的顺序逐步叠加在一起，最终形成完整的三维实体。

2. 快速成型技术的优缺点

（1）优点

1）复杂结构加工能力强：基于离散堆积成型原理，能将复杂三维制造简化为二维叠加，可制造任意复杂的三维几何实体，如镂空、中空、倒凹等精细复杂结构，且能一次成型，无须后续组装，越是复杂零件越能凸显优势，尤其适合传统方法难造或无法制造的复杂型腔、型面产品。

2）高度集成：融合计算机技术、数控技术、激光技术与材料技术等，实现多技术综合集成。

3）设计制造一体化：达成机械工程学科追求的材料提取与制造过程一体化、设计与制造一体化两大先进目标。

4）制造速度快：修改或重组 CAD 模型，就能快速获得新零件设计和加工信息，几小时到几十小时即可制造出产品。

5）高度柔性：无须专用夹具或工具，就能完成复杂制造过程。

6）材料选择广泛：因不同 RP 工艺成型方式各异，材料使用多样。

7）经济高效：与多种技术结合，加快产品更新，降低生产周期与成本。

8）材料利用率高：除支撑结构材料外，几乎无其他材料损耗，节约材料。

9）可同时加工多个产品：区别于数控切削设备因工作原理和坯料体积限制，同一时间只能加工一个产品的情况，该技术可同时加工多个产品。

（2）缺点

1）成本较高：市面上 3D 打印机价格普遍偏高。

2）表面质量欠佳：加工产品表面粗糙度高，金属制品尤为明显，常无法直接使用，需手动打磨抛光等后期处理。

3）材料适用性局限：不同 CAD/RP 技术适用材料不同。

4）文件要求严格：对 stl 格式文件完整性要求极高，不允许有立体几何结构错误，常需借助第三方软件修复模型后才能用于加工。

3. 快速成型技术的种类　快速成型技术根据成型方法可分为两类：基于激光及其他光源的成型技术（laser technology），如立体光刻技术、选域烧结技术、选择性激光熔融技术等；基于喷射的成型技术（jetting technology），如三维打印（3DP）。下面将其中比较成熟的工艺做简单的介绍。

（1）立体光刻技术（stereolithography apparatus，SLA）

1）工作原理：是基于液态光敏树脂的光聚合原理工作的。这种液态材料在一定波长和强度的紫外光照射下能迅速发生光聚合反应，分子量急剧增大，材料从液态转变为固态。

2）SLA 工艺步骤：液槽中盛满液态光固化树脂，激光束在偏转镜作用下对液态表面进行扫描。扫描轨迹和光线的有无均由计算机控制，光点照射到的地方液体会固化。成型开始时，工作平面位于液面下一个确定的深度，聚焦后的光斑按计算机指令逐点扫描并逐点固化。当一层扫描完成后，未被照射的地方仍保持液态树脂状态。然后升降台带动平台下降一层高度，已成型的层面上再覆盖一层新的树脂，刮板将黏度较大的树脂液面刮平，接着进行下一层的扫描。新固化的一层会牢固地粘在前一层上，如此重复直到整个零件制造完毕，最终得到一个三维实体模型。

3）技术特点：SLA 工艺成型的零件精度较高，加工精度一般可达到 0.1mm，原材料利用率近 100%。但这种方法也有自身的局限性，比如需要支撑、树脂固化收缩导致精度下降、树脂材料有一定的毒性等不足。SLA 技术在可摘局部义齿数字化制作应用中，主要用于义齿支架熔模的制作，是使用较早、较成熟的一种熔模制作方法。

4）3D 打印技术使用材料：在可摘局部义齿支架熔模的 3D 打印中，通常选用树脂或蜡作为打印熔模的材料。随着科学技术的发展，现阶段 3D 打印的材料逐渐扩展到金属、树脂、陶瓷、细胞组织和高分子聚合物等。

（2）选域激光烧结技术（selective laser sintering，SLS）：选域激光烧结技术由美国得克萨斯州大学奥斯汀分校研发。该技术利用激光逐层烧结粉末状材料来成型产品。

1）工艺过程：①将材料粉末均匀铺洒在零件制造槽内，随后刮平上表面，确保粉末分布均匀，为后续烧结做准备。②计算机控制激光扫描仪，按照 CAD 分割得到的零件截面形状进行扫描。在此过程中，二氧化碳激光发射光束，照射并烧结表层粉末材料。在激光的作用下，粉末材料颗粒间相互融合，烧结在一起，形成零件的当前截面，并与下面已成型的部分牢固连接。③当一层截面烧结完成后，再次铺上新的一层材料粉末，然后计算机继续控制激光，有选择地对下一层截面进行烧结。如此反复循环，直至整个零件的所有截面都烧结完成，最终形成完整的三维零件。

2）在可摘局部义齿制作中的应用：①熔模制作。SLS 技术能够烧结树脂类材料，利用这一特性，可将其用于制作可摘局部义齿支架的熔模。②金属支架制作。由于该技术使用的激光具有高强度的特点，它还能直接烧结金属粉末材料，从而用于制作可摘局部义齿的金属支架部分。

（3）选择性激光熔融技术（selective laser melting，SLM）：最早由美国得克萨斯州大学奥斯汀分校研制。它的工作原理和 SLS 技术类似，不过 SLM 技术运用了更高功率的激光束和更小直径的光斑。这种改进使得烧结后的产品结构更致密，尺寸精度更高，表面更光洁，力学性能也更优良，是快速成型技术领域近期的新成果。SLM 技术主要采用颗粒更小的金属粉末，如钛、钛合金、钴铬合金和镍合金等，将金属粉末完全熔融结合，从而直接得到成型产品。目前，德国 EOS 公司在选择性激光熔融（SLM）领域占据领先地位，将其核心技术命名为“直接金属激光烧结技术”（direct metal laser sintering，DMLS）。该技术不仅在工业生产中广泛应用，还用于可摘局部义齿金属支架的制作。

（4）三维打印技术（three-dimensional printing，3D 打印）：三维打印技术是一种新兴的快速成型技术，采用分层加工和叠加成型的方式。通过逐层增加材料（包括液体、粉材、线材或块材等）来生成三维形态实体。

1）原理：通过 CAD 进行矢量建模，将立体模型分割成一层层的薄片，厚度可以从几十微米到几百微米不等。模型分割完成后，由 3D 打印（CAM）设备进行打印。打印设备的喷头逐层喷出材料，层层叠加连接，最终生成三维实体模型。打印完成后，需要对实体模型进行固化处理、剥离、打磨和修整等一系列后期处理，得到表面光滑的高分辨率实体模型。3D 打印设备喷涂的材料可以是粘接剂、光敏树脂、熔化的热塑性树脂或蜡等。

2）工艺过程：以喷射粘接剂的三维打印快速成型机为例。①铺粉：铺粉装置在成型活塞上方均匀铺设一层粉末材料。②喷射粘接剂：打印设备的喷头在 CAM 软件控制下，依据分割模型的截面轮廓信息，在水平面上沿 X、Y 方向运动，有选择性地喷射粘接剂。粘接剂渗入被喷涂材料的间隙或微孔，使其相互粘接，从而形成模型截面轮廓的图形薄片。③循环成型：一层薄片成型后，喷头上升一个截面层的高度，接着进行下一层的铺粉与粘接操作。如此循环往复，直至完成最后一层的铺粉与粘接，三维工件便成型。

值得一提的是，在这种 3D 打印成型工艺中，未被粘接的粉末材料会自然构成支撑结构，产品成型后无须额外剥离支撑结构。

（三）计算机辅助制作堆积成型系统操作方法

1. 将已完成的可摘局部义齿设计文件（常用 stl 格式）导入快速成型设备中。
2. 准备快速成型设备的加工材料，设置快速成型设备的加工参数。
3. 对快速成型设备下达开始加工的指令。
4. 设备加工完成，即数字化制作结束。后期需人工去除支撑物等多余部分。

随着数字技术的不断创新与完善，可摘局部义齿的设计制造逐渐趋向于个性化、精准化和便捷化。根据目前的研究，从临床设计到制作成型的各个环节仍有进一步提升和完善之处。在使用口内、口外扫描器械进行数据获取时，对于大面积数据的综合分析能力还有待加强。目前可摘局部义齿数字化设计系统仍依赖技师的工作经验。未来的智能系统可根据患者自身的咬合特点和周围软组织形态，通过数据分析和整合设计出更适合患者个性化特征的可摘局部义齿。

【任务评价】

详见表 14-3。

表 14-3　可摘局部义齿的数字化技术任务评价

主要测评项目		评价标准	分值 / 分	得分
专业知识掌握程度（50 分）	CAD/CAM 的定义（10 分）	能够准确阐述 CAD/CAM 的定义	8 ～ 10	
		对定义有一定了解但不够准确	4 ～ 7	
		完全不了解 CAD/CAM 的定义	0 ～ 3	
	CAD 的步骤（20 分）	详细且准确地列出 CAD 操作的每个步骤并说明要点	16 ～ 20	
		能列出部分 CAD 操作的步骤并说明要点	8 ～ 15	
		只能模糊说出一些 CAD 操作步骤的要点	4 ～ 7	
		完全不记得 CAD 操作步骤	0 ～ 3	

续　表

主要测评项目		评价标准	分值 / 分	得分
专业知识掌握程度（50分）	CAM的分类（20分）	能区分 CAM 的几种类型并熟知各自的特点	16 ～ 20	
		能大致区分 CAM 的类型了解各自特点	8 ～ 15	
		CAM 几种类型区分不明确且各自特点不明晰	4 ～ 7	
		无法正确辨识 CAM 的几种类型	0 ～ 3	
应用能力（30分）	案例分析（20分）	能准确运用所学知识分析案例中的CAD/CAM技术选择是否合理，并提出改进建议	16 ～ 20	
		能分析部分问题，但不够全面	8 ～ 15	
		分析有较大偏差	4 ～ 7	
		无法进行案例分析	0 ～ 3	
	实际场景模拟（10分）	能在模拟场景中正确选择和应用 CAD/CAM 系统	8 ～ 10	
		选择和使用有一定问题	4 ～ 7	
		完全错误	0 ～ 3	
素质能力（20分）	专业素养（5分）	对可摘局部义齿数字化技术的学习表现出积极的态度和专业精神	1 ～ 5	
	团队合作（5分）	在小组学习或讨论中，积极参与，与他人合作良好	1 ～ 5	
	责任心（5分）	对学习任务认真负责，确保学习质量	1 ～ 5	
	创新能力（5分）	能够提出新颖的可摘局部义齿数字化的应用思路或改进方法	1 ～ 5	
学生自我评价与反思				
小组评价				
教师评价				
总评成绩				

▶任务拓展

口腔 CAD/CAM 的发展历史

1971 年，Francois Duret 将 CAD/CAM 概念引入口腔修复学领域，他和 Preston 开始把计算机辅助设计与计算机辅助制作应用于牙科实践，开启了牙科数字化新时代。

1983 年，法国 Duret 研制的第一台牙科 CAD/CAM 系统样机问世。

1984 年，法国牙医 Francois Duret 博士首次应用 CAD/CAM 原理进行牙科印模。同年，Hull 提出三维打印概念，并于 1986 年将立体光固化成型技术应用于快速成型技术。

1985 年，Duret 教授在国际牙医学术会议上利用相关设备制作出首个后牙瓷全冠并成功用于患者口腔，标志着 CAD/CAM 技术在口腔医学领域实际应用成为现实。

1987 年，瑞士苏黎世大学的 Werner H. Mörmann 教授与德国西诺德联合开发了 Cerec

系统，这是世界上首个一次性完成全瓷修复的椅旁CAD/CAM系统，也首次提出了椅旁CAD/CAM概念。

1989年，Duret在芝加哥会议上采用光学印模获取数字模型，4小时内加工出后牙牙冠，创立了Sopha系统。

20世纪90年代，光电子、计算机、图像分析处理等技术进一步发展，越来越多牙科CAD/CAM系统问世。

20世纪90年代中后期，计算机技术、设备及材料等迅速发展，口腔修复CAD/CAM技术走向成熟。

1998年，Groth等将polyjet光敏聚合技术应用于快速成型技术。

2009年，德国西诺德公司发布Cerec AC系统，图像采集较Cerec3更准确。

至今，全球虽仍有大部分牙科诊所采用传统印模方式，但已有Cercon、Lava、Procera、Everest、Cerec inlab等多种CAD/CAM系统面世，人工智能和机器学习等技术也融入其中，推动着口腔CAD/CAM技术不断发展。

任务三 可摘局部义齿种植上部结构制作技术

任务案例

【案例】

患者，女，64岁。下颌牙列缺失、上颌牙列缺损多年，原有义齿固位不良，咀嚼效率低，要求种植修复。治疗方案包括在下颌常规植入四个种植体，三个月后进行二期手术，两周后制取印模，行种植体支持式纯钛杆卡覆盖义齿修复，上颌则采用铸造纯钛支架可摘局部义齿修复。患者对修复效果非常满意。

【问题】

1. 针对该患者下颌种植体支持式纯钛杆卡覆盖义齿修复，其上部结构的制作技术要点有哪些?

2. 上颌铸造纯钛支架可摘局部义齿上部结构制作的关键步骤和注意事项有哪些?

【任务分析】

具有严谨的工作态度和精湛的技能制取，能精确反映种植体的位置、方向以及周围软硬组织形态的印模，综合考虑种植体的分布、患者的咬合关系和口腔黏膜的承受能力，利用计算机辅助设计（CAD）软件进行虚拟设计，优化杆卡的形态和连接方式，以达到良好的应力分布和固位效果。

【知识链接】

可摘种植义齿上部结构的制作应遵循义齿制作的一般原则，除种植手术外科导板、制取印模和模型、上部结构与种植体的连接结构等较为特殊外，其他步骤与传统义齿类似。

一、种植手术前外科导板的制作

（一）外科导板的重要性

在种植手术中，精准确定种植体的植入位置、深度和三维方向对种植成功起着关键作用。种植外科导板是术前制作的辅助工具，其设计依据未来义齿人工牙排列位置、受力情况、上部结构特点以及患者骨质和骨量等因素。通过这些信息能够精确规划种植体植入的关键数据，如部位、角度和深度等。制作好的导板用于手术中指导种植体精确植入，以实现术前精心设计、术中精准操作和术后正确修复，保障种植修复过程的成功与高效。

（二）外科导板的制作方法

1. 传统外科导板制作 这种导板制作方法简单，成本较低，在临床上应用较为普遍。但是它存在固位差、精度和准确度不够理想等缺点。

（1）模型准备：取印模并灌注模型，依据咬合关系，使用人工牙或者蜡雕刻成型牙，将牙列恢复完整后，再次用石膏翻制已经修复完整的模型。

（2）导板成型：把透明的薄塑胶板在热压成型机上烤软，通过负压吸附到石膏牙列模型上，冷却后进行修整。

（3）位置确定装置制作：在导板的相应部位设定并制作植入孔、隧道或者金属管等装置，用于确定位置。这些模板上的孔、隧道或者金属管的直径与导向钻的直径相同。

2. CAD/CAM 技术导板制作 根据 CT 和虚拟手术获得的数据，利用 CAD/CAM 软件和快速原型技术制作个性化种植手术导板。这种导板通过相应器械能够控制种植备洞过程中钻头的位置、方向和植入深度，提高了种植修复的精确性。不过，其定位精度还有待进一步提升。

（1）扫描准备：先制作一副临时修复体用于 CT 扫描，患者佩戴修复体进行 CT 扫描。如果患者缺牙不多，也可以不制作临时修复体，直接在软件中进行修复体设计。

（2）数据处理与方案设计：扫描数据通过相关软件读取后进行三维重建。在此基础上，结合修复体和骨组织的信息，制订最佳种植设计方案，包括种植体的数目、位置、角度和深度的设计，进而完成种植手术导板的设计。

（3）导板制作：将导板模型数据经过处理后输入计算机辅助制作设备（如快速成型机）来加工制作导板。

二、种植基台位置关系的转移

种植基台位置关系的转移是上部结构制作的关键环节，主要包含取印模和灌注模型两个步骤。

（一）取印模

印模柱分为种植体水平和基台水平取模两种，这里以开窗式种植体水平取模为例进行说明。

1. 印模柱就位　在取模前，先将愈合帽从种植体顶部取下，然后把开窗式印模柱精准地放置在口内种植体上，并拧紧导向螺丝。

2. 选择合适托盘　选用开窗托盘，确保其开窗部位与种植体位置相对应，方便后续拆卸印模柱。

3. 制取印模　使用硅橡胶类印模材料进行取模。当印模材料固化后，旋松导向螺丝，然后脱模，取出带有印模柱的印模。

（二）灌注模型

1. 检查印模　灌注模型前，无论是临床医生还是义齿加工中心，都要仔细检查印模。义齿加工中心接收印模后，尤其要重点检查转移体的状态。

（1）印模柱结构：为保证制取印模和模型过程中种植体的位置、方向不变，印模柱的连接结构形态必须与口内基台完全一致。

（2）吻合度：口外种植体替代体和印模柱的吻合度要与口内种植体与印模柱的吻合度相同，在紧固过程中不能出现任何偏移。

（3）印模材料强度：选用的硅橡胶印模材料要有足够的强度，避免因从口内取出印模、松懈或紧固导向螺丝而引起印模柱位置发生轻微变化。

（4）印模柱端口：印模柱的端口不能有任何印模材料，否则种植体替代体和印模柱之间没有紧密吻合，会导致印模转移出现误差。

2. 灌注操作　将种植体替代体与印模内的印模柱准确连接并固定，然后灌注模型，使种植体替代体埋入模型内。待模型硬化后，拆卸印模柱，取出托盘，这样就得到了带有种植体替代体的工作模型。

3. 人工牙龈处理　为确保牙龈边缘与修复体的邻接关系，在灌注模型时，首先要在种植体替代体和印模柱结合处的四周注入 2 ～ 4mm 的人工牙龈材料。等人工牙龈材料硬固后，再常规灌注工作模型。这种人工牙龈可以反复取下和复位，既能显示牙龈边缘位置，又不会对技师操作修复体龈下部分造成妨碍。

三、种植义齿工作模型上𬌗架

常规修整种植义齿工作模型，记录咬合关系并上𬌗架。由于种植体与牙槽骨形成骨结合以及其与可摘义齿之间的结合方式，需要严格控制种植修复体承载的负荷，就要求精心设计种植义齿的咬合关系，可摘种植义齿修复应进行面弓转移，上全可调式𬌗架或者半可调式𬌗架，依据患者个体情况设置𬌗架的髁导斜度、切导斜度等数值。

四、附着体可摘种植义齿的制作

（一）杆卡式附着体的可摘种植义齿的制作

杆卡式附着体的杆和卡有预成杆卡和个性化制作的研磨杆卡两种，与杆相匹配的卡有金属、树脂、尼龙等多种材质。预成杆卡杆的横截面有圆形、卵圆形和方圆形三种形状，其中圆形、卵圆形固位效果较好，并且在义齿戴入后可有一定的动度。方圆形稳定性强，但在负荷状态下会产生不利的侧向扭矩。在临床上使用的杆多为卵圆形。铸造的个性化杆卡可以调整其横截面形态，提高固位力，通常需要在水平研磨仪上进行切削，以获得共同就位道。

1. 连接杆的制作

（1）选用配套杆附着体：种植系统多有不同型号的杆附着体供选。依据患者口内种植体数目、部位及距离，选长度合适、类型相宜的杆附着体，必要时可截短杆长。在工作模型上，将杆与金属接圈焊接后，用固定螺丝固定在基台上，该法简单方便。

（2）失蜡铸造法制作杆附着体：先在工作模型基台上放置成品或塑料接圈，用蜡棒或树脂棒连接接圈形成连接杆熔模，经铸造完成连接杆，再用螺丝固定于基台。此方法制作的连接杆具个性化且成本低，但制作烦琐、精度稍差。若通过帽状冠固位体粘接连接连接杆与基台，多采用失蜡铸造法制作帽状冠及连接杆。

无论何种方法，都要依据牙槽嵴形态、基台位置决定连接杆的形态、长度及位置。遵循杆与牙槽嵴关系、与下颌铰链轴平行的设计原则，确保舌正常活动、口腔卫生易维护、人工牙排列有序、种植体均匀受载。当种植体数量较多，可选择侧壁平行、固位力强的杆；数量少时，考虑圆形或椭圆形、具应力中断作用的杆。

2. 位置和方向的确定

（1）距牙槽嵴顶距离：杆距牙槽嵴顶至少 2mm，以保障牙龈黏膜健康。

（2）与颞下颌关节铰链轴关系：在中线两侧，杆的走行方向应与双侧颞下颌关节铰链轴连线平行。

（3）颊舌向位置：杆的颊舌向位置需居中，避免影响舌运动、排牙及美观，预排牙可指导固位杆位置确定。

3. 制取带连接杆的印模和模型 将杆附着体固定后，用软蜡填塞金属杆下方空隙消除倒凹，采用二次印模法完成全颌印模，灌制工作模型。模型修整后，把咬合关系转移至𬌗架。

4. 完成杆附着体阴性部分及上部结构

方法一：按支持形式选预成杆附着体阴性配套部分，多数杆卡系统提供尼龙或金属材质的固位卡。依杆长调整卡长，卡长一般与杆的水平部分相同，也可采用多个卡，注意卡两端勿压迫龈乳头。将夹卡被动就位于连接杆上，用石膏填塞杆下方空隙与基牙倒凹周围，包埋部分卡以稳定其位置。用蜡包绕基台和杆卡附着体，让夹卡龈方固位形埋于基托内，按常规全口义齿制作步骤完成上部结构。该方法可一次性固定附着体阴性部分，但制作复杂，夹卡易移位。

方法二：先按常规步骤完成传统义齿，再在义齿组织面安放附着体阴性部分。在基托组织面磨出或预留容纳附着体阴性部分的位置，将附着体阴性部分套合在阳性连接杆上，调拌自凝树脂置于基托组织面凹陷内，义齿放入口腔就位。为防止自凝树脂进入阳性部分倒凹，可先在阴性部分包裹一层橡胶障橡皮。待自凝树脂固化后，附着体阴性部分便固定在义齿组织面与阳性连接杆对应的位置。

5. 初戴上部结构 要求戴入时义齿完全就位、无翘动，种植体受力均匀，支持固位良好。游离端基托与黏膜轻微接触，附着体杆卡间有 0.3 ～ 1.0mm 间隙。后牙咬合时，杆卡均匀接触，后段基托与黏膜紧密接触，种植体与黏膜均匀受力；𬌗力消除后，上部结构恢复至刚戴入位置。同时，义齿需具备良好的自洁、被动清洁效果，以保护种植体。

（二）球帽式附着体的可摘种植义齿的制作

球帽式附着体依靠机械固位，球形固位体多与基台穿龈部分相连，材质通常为金属，也有高强度树脂材质的。不同球附着体系统设计的固位力有所差异，与之配套的帽状结构粘固在义齿内，两者相互嵌合产生固位效果。该附着体适用于颌间距离较小、牙弓呈尖圆形且不适合杆卡式连接的患者，对种植体共同就位道要求相对宽松，允许有15°以内的倾斜。若倾斜角过大导致应力集中，球形结构颈部会折断，进而起到应力中断作用，保护种植体。

1. 制作球形结构蜡型 在基桩代型上制作球形结构，利用基准板精确校正其位置，随后用蜡包覆球形结构的基底。常规包埋、铸造；也可将球形结构用蜡固定在金属基桩上，再通过焊接使其连接为一体。当两个及以上种植体基桩同时安装球帽附着体时，必须确保彼此平行，以获取共同就位道。需特别注意，严禁对球形结构进行喷砂和打磨操作，仅可对其表面进行抛光处理。

2. 安装球帽 在患者口内先试戴带有球形结构的基桩，再将球帽戴在球形结构上，同时将塑料圈戴到球帽上，然后进行印模制取，翻制工作模型，用于制作可摘义齿。将带有球形结构的基桩固定在种植体上后，先对义齿进行试戴与调试。调试完成后，在义齿组织面上对应球帽的位置打出直径2～4mm的小孔，直至穿透到磨光面。放置间隙纸后，把球帽连同塑料圈戴到球形结构上，在义齿组织面的球帽处填塞自凝树脂，随即把义齿戴入口中就位。待自凝树脂凝固后，取出义齿，从其组织面取出塑料圈，再次将义齿戴入口腔。

3. 调节固位力 在一些情况下，必须对球帽型附着体的固位力进行调节。例如，初戴球帽型附着体义齿时，为使患者逐步适应，需将固位力调小。待患者适应后，再适当调大固位力。而且经过长时间使用，因磨损等因素导致义齿固位力变小时，也应调大固位力。义齿固位力的调节需使用专门工具－固位力调节器。

（三）套筒冠式附着体可摘种植义齿的制作

套筒冠式可摘种植义齿制作方法会根据颌间距离有所不同。当颌间距离较大，需将套筒冠的内冠粘接于种植体基台上，外冠固定在基托组织面；若颌间距离过小，可直接将种植体基台或基底作为内冠。制作套筒冠内外冠的材料，尽量选择同种材料，以减少微电流产生。另外，套筒冠固位力与内冠聚合度相关，聚合度越大，固位力越小。聚合度8°以上时，主要起支持作用，为支持型固位体；聚合度8°以下时，具有固位作用，为固位支持型固位体。其制作基本步骤如下。

1. 制作内层冠 在工作模型上连接套筒用基桩，于平行研磨仪工作头上安装刻度器，依据所需固位力调整内聚角度，通常为2°～8°，随后对基桩牙龈以上部分进行研磨。

2. 制作外层冠 采用金沉积或失蜡铸造法完成外层冠的制作。

3. 完成外形塑造 将调整好的外层冠套在套筒式基桩上，按不同修复方式继续操作。若采用金属树脂牙冠，按其操作步骤和要求，分层塑型固位体外冠形态，同时完成桥体人工牙外形的堆塑；若采用烤瓷外冠，需先完成烤瓷外冠及其桥体的制作；若缺牙区使用成品树脂人工牙修复，需根据咬合关系排列人工牙，进而完成人工牙外形及基托蜡型的塑造。

4. 义齿佩戴 戴义齿时，把外层冠套叠在套筒式基桩上，将基桩固定于种植体，通过内外层冠之间的摩擦力实现义齿固位。

（四）磁性附着体式可摘种植义齿的制作

磁性附着体的固位能力通常不及机械固位和摩擦固位，但是磁性附着体可以很好地保护种植体，当过大𬌗力作用于义齿时，在侧向力作用下，磁体和衔铁的接触面会发生少量移动，从而减小施加于种植体的不良应力。磁性附着体的适用范围广，医生、技师操作较为简单，患者摘戴也十分方便，易于清洁，通常用于种植体数目较少或者骨质条件较差的病例。

1. 制作带衔铁的基桩 在工作模型上连接基桩，将成品顶盖衔铁用蜡固定在基桩顶端，常规包埋。采用金合金或钴铬合金铸造后，即形成一个顶端嵌有软磁合金衔铁的基桩。

2. 制作义齿 将闭路磁体和缓冲垫片吸附于顶盖衔铁上，常规制取模型，上𬌗架，完成义齿制作。注意适当加厚放置磁性固位体的舌侧基托，必要时应设计铸造金属基托或支架，以防基托在此处折裂。

3. 戴牙及粘固磁体 义齿试戴合适后，于基托中预留的磁体窝舌侧基托上开直径为 2 ～ 3mm 小孔，将闭路磁体与缓冲垫片准确吸附在衔铁上，调少许自凝树脂置于义齿基托的磁体窝中，戴入义齿，嘱患者做牙尖交错咬合，待自凝树脂凝固后，清除由小孔中溢出的多余的自凝树脂，并打磨抛光。

【任务评价】

详见表 14-4。

表 14-4 可摘局部义齿种植上部结构制作技术任务评价

主要测评项目		评价标准	分值 / 分	得分
专业知识掌握程度（50 分）	可摘种植义齿的定义（10 分）	能够准确阐述可摘种植义齿的定义	8 ～ 10	
		对可摘种植义齿定义有一定了解但不够准确	4 ～ 7	
		完全不了解可摘种植义齿的定义	0 ～ 3	
	外科导板的制作、基台位置关系的转移（20 分）	详细且准确地列出外科导板、基台位置关系转移的制作步骤及要点	16 ～ 20	
		能列出部分外科导板、基台位置关系转移的制作步骤并说明要点	8 ～ 15	
		只能模糊说出一些外科导板、基台位置关系转移的制作步骤及要点	4 ～ 7	
		完全不记得外科导板、基台位置关系转移的制作步骤及要点	0 ～ 3	
	可摘种植义齿上部结构种类（20 分）	能区分可摘种植义齿上部结构的几种类型并熟知各自的特点	16 ～ 20	
		能大致区分可摘种植义齿上部结构的类型了解各自特点	8 ～ 15	
		可摘种植义齿上部结构几种类型区分不明确且各自特点不明晰	4 ～ 7	
		无法正确辨识可摘种植义齿上部结构的几种类型	0 ～ 3	

续　表

主要测评项目		评价标准	分值 / 分	得分
应用能力（30 分）	案例分析（20 分）	能准确运用所学知识分析案例中的可摘种植上部结构选择是否合理，并提出改进建议	16 ~ 20	
		能分析部分问题，但不够全面	8 ~ 15	
		分析有较大偏差	4 ~ 7	
		无法进行案例分析	0 ~ 3	
	实际场景模拟（10 分）	能在模拟场景中正确选择和应用可摘种植上部结构	8 ~ 10	
		选择和使用有一定问题	4 ~ 7	
		完全错误	0 ~ 3	
素质能力（20 分）	专业素养（5 分）	对可摘种植义齿的制作表现出积极的态度和专业精神	1 ~ 5	
	团队合作（5 分）	在小组学习或讨论中，积极参与，与他人合作良好	1 ~ 5	
	责任心（5 分）	对学习任务认真负责，确保学习质量	1 ~ 5	
	创新能力（5 分）	能够提出新颖的可摘种植义齿上部结构设计思路或改进方法	1 ~ 5	
学生自我评价与反思				
小组评价				
教师评价				
总评成绩				

考试知识点总结

项目小结

协和云课堂…… 拓展练习及参考答案

（张　静）

参考文献

[1] 潘灏，杜士民. 可摘局部义齿修复工艺技术［M］. 4版. 北京：人民卫生出版社，2021.

[2] 林雪峰，潘灏. 可摘局部义齿修复工艺技术［M］. 3版. 北京：人民卫生出版社，2015.

[3] 赵铱民. 口腔修复学［M］. 8版. 北京：人民卫生出版社，2020.

[4] 赵铱民. 口腔修复学［M］. 7版. 北京：人民卫生出版社，2012.

[5] 赵铱民. 口腔修复学［M］. 6版. 北京：人民卫生出版社，2008.

[6] 杨亚茹. 可摘局部义齿工艺技术［M］. 北京：中国中医药出版社，2015.

[7] 农一浪. 可摘局部义齿工艺技术［M］. 北京：人民卫生出版社，2003.

[8] 赵信义. 口腔材料学［M］. 6版. 北京：人民卫生出版社，2020.

[9] 于海洋. 口腔修复工［M］. 北京：人民卫生出版社，2019.

[10] 黄呈森. 可摘局部义齿修复工艺技术［M］. 北京：中国医药科技出版社，2019.

[11] 杜士民，战文吉. 可摘义齿修复工艺技术［M］. 3版. 北京：人民卫生出版社，2015.

[12] 麻健丰，李水根. 口腔修复学［M］. 4版. 北京：人民卫生出版社，2022.

[13] 王勇. 口腔数字化技术［M］. 2版. 北京：人民卫生出版社，2023.

[14] 吴江，高勃. 数字化技术在可摘局部义齿修复中的应用［M］. 北京：人民卫生出版社，2023.